la p

Changer de révolution

DU MÊME AUTEUR*

À LA TABLE RONDE

DANS LA COLLECTION « LA PETITE VERMILLON »

Exégèse des nouveaux lieux communs, 1994

Métamorphose du bourgeois, 1998

Anarchie et christianisme, 1998

La Subversion du christianisme, 2001

Sans feu ni lieu. Signification biblique de la Grande Ville, 2003

La Pensée marxiste, 2003

L'Illusion politique, 2004

L'Idéologie marxiste chrétienne, 2006

Autopsie de la révolution, 2008

Ellul par lui-même, 2008

De la révolution aux révoltes, 2011

Pour qui, pour quoi travaillons-nous ?, 2013

La Parole humiliée, 2014

La Foi au prix du doute, 2015

*

DANS LA COLLECTION « CONTRETEMPS »

L'Espérance oubliée, 2004

Les Successeurs de Marx, 2007

*

Le Défi et le nouveau. Œuvres théologiques (1948-1991), 2007

*

Patrick Chastenet : *Entretiens avec Jacques Ellul*, 1994. Réédition sous le titre *À contre-courant*, coll. « La Petite Vermillon », 2014.

* *Voir bibliographie en fin de volume.*

Jacques Ellul

CHANGER DE RÉVOLUTION

L'INÉLUCTABLE PROLÉTARIAT

Présenté et annoté par Michel HOURCADE,
Jean-Pierre JÉZÉQUEL et GÉRARD PAUL

La Table Ronde
26, rue de Condé, Paris 6^e^

Première parution : Le Seuil, 1982.

ISBN 978-2-7103-7102-1.

www.editionslatableronde.fr

Changer d'utopie ? Développements et contradictions de la pensée ellulienne

Changer de révolution, sous-titré *L'inéluctable prolétariat*, publié en 1982 aux éditions du Seuil dans une collection dirigée par Jean-Claude Guillebaud [1] n'avait pas encore été réédité alors que *L'Illusion politique* l'a déjà été deux fois. Et, contrairement à la plupart des livres d'Ellul, il a été peu traduit [2]. C'est pourtant un ouvrage qui apporte un éclairage singulier sur une pensée que l'on savait globale, que l'on découvrira parfois faire écho à des publications anciennes, parfois contredire d'autres écrits mais surtout

1. Dans son livre *Castoriadis, une vie* (La Découverte, 2014), François Dosse, à propos des relations entre Castoriadis et Ellul, cite une lettre du 1er décembre 1981 de Guillebaud au premier : « Je viens d'envoyer à la fabrication un livre de Jacques Ellul que nous publierons en mars prochain, la *Métamorphose du prolétaire...* » avant d'évoquer la « communauté de pensée » entre les deux hommes et de proposer « un déjeuner à trois ». Un peu plus tard, Ellul organisera à Bordeaux une conférence de Castoriadis.

Nous apprenons donc que le titre a fait l'objet d'hésitations, peut-être de débats. Il n'est pas totalement impossible qu'Ellul ait un moment envisagé d'évoquer un lien avec sa *Métamorphose du bourgeois* (Calmann-Lévy, 1967 ; La Table Ronde, 1998) dans lequel il montrait qu'au-delà de ses multiples avatars le bourgeois, inventeur de l'idée de Progrès, de la société industrielle, du capitalisme et, fondamentalement, du « primat du Faire », avait investi la société tout entière. Cette subversion du corps social par l'idéologie bourgeoise est concomitante de l'apparition au fil du temps et selon les circonstances et les lieux de prolétariats divers.

2. Une seule traduction en langue portugaise (Brésil).

capable de porter la perspective d'un projet de civilisation radicalement différente par la voie exigeante d'un processus révolutionnaire.

Dans les années 1970-1980, le vocabulaire politique est encore couramment émaillé d'emprunts à la phraséologie marxiste : capitalisme, impérialisme, communisme, aliénation ou encore lutte des classes coulent au fil de la plume ou sont brandis dans le débat politique. La parution de *Changer de révolution* s'inscrit donc dans un esprit du temps fortement marqué par une idéologie qui, en 2015, n'a, de fait, pas survécu à la dislocation de l'Union soviétique de 1991. Socialisme et communisme campent pourtant alors sur une position qui paraît inexpugnable et vouée à s'étendre encore. Ellul constate dans son ouvrage que « le communisme a conquis un tiers du monde » (page 347).

L'Union soviétique est dirigée par un pouvoir qui semble monolithique, incarné depuis dix-huit ans (1964) par un même dirigeant, Leonid Brejnev, secrétaire général du Parti communiste. Soutien idéologique et logistique des mouvements « révolutionnaires » dans de nombreux pays, l'Union soviétique envoie ses troupes envahir l'Afghanistan à la fin de 1979, perturbant la scène diplomatique et militaire mondiale.

À la même époque, la république populaire de Chine émerge de la « révolution culturelle » et confie une part croissante du pouvoir à un dirigeant marginalisé, voire vilipendé, sous Mao, Deng Xiaoping. Celui-ci, tout en agissant dans le cadre du Parti communiste chinois, dynamise et ouvre vers l'extérieur l'économie de son pays.

L'expansion du communisme dans le monde inquiète en Occident les politiques et les stratèges sans préoccuper pour autant la totalité de l'opinion publique. Au contraire, le communisme, que ce soit dans ses versions soviétique, chinoise, cubaine ou autres, séduit encore de nombreux esprits et bon nombre d'intellectuels de renom. Il bénéficie de plus dans des pays comme l'Italie et la France de l'efficace courroie de transmission de partis communistes bien implantés. Le premier secrétaire du Parti communiste français, Georges Marchais, apporte son soutien, non sans remous (y compris internes), à l'invasion de l'Afghanistan. Aux élections législatives de mars 1978, le PCF rassemble quelque 5 800 000 suffrages, soit plus d'un électeur sur cinq (20,6 %). En 1981, la France élit un président socialiste qui nomme des ministres communistes au gouvernement, suscitant quelque inquiétude à la Maison-Blanche alors occupée par Ronald Reagan.

Toutefois, la vérité sur ce que sont les conditions de vie réelles dans les pays se proclamant socialistes ou communistes fait de plus en plus l'objet de révélations et de témoignages que les instances officielles des « partis frères » occidentaux peinent à canaliser ou endiguer et plus encore à contredire.

Parmi les publications qui sèment le doute sur les bienfaits apportés par la révolution communiste de 1917 et la crédibilité des discours officiels s'impose le nom de Soljenitsyne, Prix Nobel de littérature en 1970 dont *L'Archipel du goulag* en 1974 révèle pour certains ou confirme pour d'autres l'existence des camps de travail forcé et de l'industrie pénitentiaire en Union soviétique, au cœur de la problématique développée par Ellul dans le présent ouvrage[1].

L'impact de ces témoignages et de ceux des dissidents soviétiques qui quittent leur pays est autant de faire douter de certains discours politiques que d'attiser des controverses partisanes de plus en plus éloignées d'une pensée marxiste dont l'exégèse n'occupe plus guère qu'Ellul et quelques érudits...

À l'Institut d'études politiques de Bordeaux où il a enseigné pendant plusieurs décennies, ses étudiants ont été de longue date instruits des subtilités de cette pensée

---

1. S'il fait volontiers référence à l'œuvre de Soljenitsyne pour compléter sa documentation, Ellul ne fait pas mention en revanche de *Rue du prolétaire rouge* de Nina et Jean Kéhayan paru en 1978 au Seuil. Dans cet ouvrage qui a connu un certain retentissement, un couple français de militants communistes convaincus relate son séjour de deux ans en URSS et sa déconvenue devant une société en décalage total avec l'image flatteuse dressée en France par les dirigeants communistes.

et sensibilisés aux développements et contradictions d'un marxisme qui n'en finit pas d'alimenter le débat politique et idéologique en France. Le public qui aurait souhaité approfondir ses connaissances sur la révolution de 1917 ou l'évolution des pays socialistes pouvait pour sa part se reporter à plusieurs de ses ouvrages antérieurs, notamment ceux consacrés à la révolution.

Notons encore qu'en ce début des années 1980 des réflexions et des projets sociaux fleurissent en France autour des thèmes de l'autogestion, de la durée du travail ou du temps choisi alors même que dans certains pays de l'Europe de l'Est, et particulièrement en Pologne en 1981, se dessine l'expérience d'une nouvelle forme de société, treize ans après l'écrasement du printemps de Prague qui aura néanmoins largement influé sur l'évolution du monde communiste.

Il va sans dire enfin que les lecteurs de *La Technique ou l'enjeu du siècle* paru en 1954 ou du *Système technicien* de 1977 ne pouvaient être indifférents aux évolutions de l'informatique qui paraissait pouvoir devenir à terme accessible aux particuliers grâce à la micro-informatique tandis qu'apparaissaient ou se développaient des techniques nouvelles telles que robotique ou automatisation.

⋆

Alors que sa carrière universitaire s'achève en 1980, Ellul poursuit une intense activité d'écriture, publiant de 1979 à 1981 une demi-douzaine d'ouvrages dans les domaines, déjà largement explorés, et qui souvent s'entrecroisent, de la technique, de la révolution et de la foi chrétienne.

Déjà sur le sujet de la technique *Le Système technicien* de 1977 avait repris des thèmes développés dans *La Technique ou l'enjeu du siècle* de 1954 en introduisant la notion de système, par nature dépourvu de « feedback » et donc privé de toute possibilité d'autocorrection. Or *Changer de révolution* oppose à cet enfermement technicien une issue possible à saisir ici et maintenant. Le livre de 1982 apparaît ainsi au carrefour des ouvrages traitant de la technique et de ceux traitant de la révolution, laquelle pour Ellul est nécessaire, possible et aussi inséparable de sa foi.

Les deux premiers livres consacrés à la révolution suivent de peu les événements de mai 1968 avec des titres aussi brefs qu'explicites. *Autopsie de la révolution* en 1969 ne fait pas qu'enterrer l'espoir révolutionnaire du communisme au demeurant décrit comme battu en brèche par le nationalisme. Il préfigure le contenu de *Changer de révolution* dans son dernier chapitre intitulé « La révolution nécessaire[1] » : quelle action de l'homme peut changer le cours des choses.

D'une tonalité voisine, *De la révolution aux révoltes* paru en 1972 expose qu'« aujourd'hui, la révolution est un leurre et que seules des révoltes locales peuvent avoir un réel impact sur les conditions concrètes d'existence ».

Les dernières pages de *L'Idéologie marxiste chrétienne* de 1979, sous-titré *Que fait-on de l'Évangile ?* esquissent un propos que l'on retrouvera dans l'ouvrage de 1982 : les chrétiens doivent résolument refuser d'adhérer à l'idéologie sans contenu qu'est devenu le marxisme et entrer « dans une *autre* voie révolutionnaire ».

Sur le versant théologique de l'œuvre d'Ellul, *La Foi au prix du doute* de 1980 décline les relations mouvantes entre révélation et religion, foi et croyance. Il publie la même année un ouvrage inclassable, *L'Empire du non-sens*, consacré à l'art dans une société dominée par la technique où le travail de symbolisation du créateur est remplacé par sa seule virtuosité technique. En 1981, enfin, paraît *La Parole humiliée* sur la prolifération du bavardage et la place démesurée prise par les images dans un réel falsifié et sur la possible réconciliation de la parole et de la vie.

Que ce soit l'effet ou non de ce rythme intense de publications, Jacques Ellul fait l'objet en 1981-1982 d'une exposition médiatique inhabituelle avec une invita-

1. Rappelons que *La Révolution nécessaire* (Jean-Michel Place, 1933, réédition en 1993, avec une préface de Nicolas Tenzer) était déjà le titre de l'ouvrage publié par Robert Aron et Arnaud Dandieu, deux figures du courant personnaliste Ordre nouveau.

tion à l'émission de télévision *Apostrophes* du 27 février 1981 animée par Bernard Pivot à l'occasion de la parution de *La Parole humiliée*, émission au cours de laquelle sera également présenté *La Foi au prix du doute*. Entre 1980 et 1985, il apparaît trois fois au journal télévisé de la mi-journée d'Antenne 2 à l'invitation du journaliste Noël Mamère, ancien élève à l'Institut d'études politiques et auteur d'un ouvrage sur la télévision préfacé par Ellul.

Le journal *Le Monde*, qui lui a souvent ouvert ses colonnes, publie le 27 mai 1981, quelques jours après l'élection à la présidence de la République de François Mitterrand, un article qui sera largement commenté et critiqué : « Rien d'important ne s'est passé le 10 mai 1981 ». Le sort du tiers monde, thème important de *Changer de révolution*, figure en bonne place dans cet article.

★

Changer de révolution se développe au long de six chapitres où le thème de l'impératif d'industrialisation revient sous la plume d'Ellul comme agent de la fatalité prolétarienne et de la désillusion révolutionnaire.

Le premier chapitre (« Au commencement était le capital ») est le rappel de quelques fondamentaux de la pensée marxiste tels que capital, force de travail, plus-value, aliénation, prolétariat ou encore révolution. L'analyse de Marx que retient Ellul est que le machinisme, le développement économique et la croissance du capital passent par l'accumulation de la plus-value générée par le travail ouvrier. Un prolétariat se constitue, le développement du système capitaliste engendre des contradictions qui ne peuvent trouver leur solution que par une révolution dans laquelle le prolétariat joue le rôle moteur. Une phase transitoire de dictature du prolétariat permet de construire le socialisme qui n'est possible qu'à un niveau élevé de développement économique et d'abondance, le socialisme devant ultérieurement déboucher sur la société communiste, achèvement de l'Histoire. Pour autant le capitalisme, note Ellul, a su à ce jour surmonter presque toutes les contradictions analysées par les marxistes et, en tant que système économique, il est encore durable pour longtemps alors que paradoxalement, en Union soviétique, l'industrialisation lourde imposée par le pouvoir révolutionnaire pour égaler l'Occident a conduit à un capitalisme d'État et du même coup au développement d'un prolétariat qui n'existait guère en 1917.

Les chapitres suivants sont donc consacrés à passer en revue les expériences révolutionnaires d'URSS et de Chine, à scruter la situation des pays du tiers monde et des sociétés les plus technicisées pour exposer au final les conditions d'un passage à une société sans prolétaires.

En intitulant le second chapitre « La dictature sur le prolétariat en URSS », Ellul décrit une société issue non de Marx mais d'une utopie totalitaire animée par la volonté d'industrialiser le pays et conduisant inéluctablement à l'exploitation de la population, donc à la création d'un prolétariat qui au lieu d'exercer la dictature la subit. La formation d'un prolétariat nouveau dans un pays à direction communiste donnant la priorité à l'industrialisation obéit à la même nécessité et remplit la même fonction que le prolétariat né antérieurement dans les pays capitalistes. L'élément nouveau créé par le régime soviétique est l'instauration du travail forcé et du camp de concentration longtemps niés par les autorités mais visibles pour les observateurs impartiaux. L'analyse et la documentation utilisées par Ellul sur les camps de concentration sont complétées par plusieurs références à *L'Archipel du goulag* de Soljenitsyne paru six ans plus tôt. Le diagnostic porté par Ellul sur l'Union soviétique en 1982 est qu'il s'agit d'une société idéologiquement bloquée hésitant à quitter l'industrie lourde pour l'économie de l'information et le système technicien.

La Chine est dans le chapitre suivant l'objet d'une étude destinée à vérifier l'hypothèse d'une politique permettant de développer l'économie sans créer un prolétariat. En intitulant ce troisième chapitre « La fin de la nouvelle voie chinoise », Ellul annonce des développements peu encourageants. En effet, contrairement à ce que l'on imaginait volontiers et parfois avec enthousiasme en Europe, la Chine n'avait aucunement inventé une nouvelle voie mais était en train de reproduire, avec deux cents ans d'écart, la création d'un prolétariat tout comme l'Occident lorsque celui-ci était au même stade de développement. Lorsque Mao, qui selon Ellul a tout tenté pour éviter le piège de la capitalisation, meurt en 1976, son successeur Deng Xiaoping privilégie la croissance et l'efficacité technicienne pour accumuler le capital que Mao a refusé de constituer. Comme en Union soviétique, les camps de concentration et le travail forcé ont contribué à fournir de la main-d'œuvre gratuite. Ellul complète son analyse en soulignant la volonté d'insertion de la Chine dans le capitalisme et l'économie mondiale lorsqu'elle propose sa main-d'œuvre aux pays étrangers, créant ainsi de toutes pièces un prolétariat. Inéluctable prolétariat né d'une inexorable mondialisation résultant de la fascination exercée par le modèle que constitue le mode de vie occidental.

On retrouve dans le quatrième chapitre de l'ouvrage intitulé « Le Naufrage du tiers monde dans le prolétariat » la tonalité désenchantée des chapitres précédents. Ellul constate que l'industrialisation est l'élément commun aux pays du tiers monde, malgré leur diversité. Pour les élites de ces pays, l'industrialisation, au détriment souvent de la production agricole alimentaire, est la forme de la modernisation et du progrès et elle est aussi impulsée par les sociétés multinationales. Elle est enclenchée, nous dit-il, rien ne l'arrêtera et elle produira un prolétariat. En effet, dans la mesure où l'industrialisation n'est pas encore achevée, le prolétariat n'est pas encore totalement constitué mais il faut s'attendre à sa croissance. Les pays occidentaux y contribuent politiquement et économiquement mais aussi l'URSS et dans une moindre mesure la Chine pour des raisons stratégiques

Ellul exprime son scepticisme sur le nouvel ordre économique international proposé par l'ONU et sur le dialogue Nord-Sud (« véritablement un dialogue de sourds »...), thématiques qui animaient la scène internationale dans les années 1970. Il propose en revanche, pour limiter les dérives constatées et la création d'un prolétariat, une voie recourant notamment à un apport d'énergies et de techniques douces ainsi que des unités de production automatisées et à haute technicité afin d'utiliser peu de main-d'œuvre et de maintenir un large secteur d'activités traditionnelles.

Ellul consacre en outre dans ce chapitre de brefs développements à des pays particuliers (l'Iran, Cuba) et la dernière partie du chapitre au Cambodge et au Vietnam où il décèle « un prolétariat volontairement institué ». Il étudie attentivement les camps de travail forcé au Vietnam et le « délire politique total » au Cambodge apparu à partir de 1975.

« Un nouveau prolétariat », avant-dernier chapitre de l'ouvrage, reprend des éléments d'analyse déjà développés par Ellul dans ses deux ouvrages sur la technique et ses deux ouvrages sur la révolution cités plus haut.

Aujourd'hui, observe-t-il, la lutte contre le capitalisme ne sert à rien car ce n'est plus lui qui produit le prolétariat mais la nécessité de l'industrialisation dans certains pays et, dans d'autres, le passage à une société technicienne imprévisible peuplée d'individus déracinés. Parallèlement, le socialisme se révèle impuissant face à ces défis car il continue à raisonner comme il y a un siècle.

« Vers la fin du prolétariat ? », le chapitre le plus long de l'ouvrage, le seul à bénéficier d'un titre porteur de quelque espoir, conclut le livre par la proposition d'une stratégie de rupture alliant la micro-informatique avec un socialisme révolutionnaire rénové, volontariste, et par l'esquisse d'un programme d'action qui fait écho aux *Directives pour un manifeste personnaliste* [1] publié par Ellul et son ami Bernard Charbonneau quelque cinquante ans plus tôt.

1. Jacques Ellul, Bernard Charbonneau, *Directives pour un manifeste personnaliste*, texte dactylographié datant de 1935, probablement peu diffusé, publié pour la première fois en 2003 par Patrick Chastenet dans les *Cahiers Jacques Ellul*, n° 1, « Les années personnalistes », inclus dans le recueil de textes *Nous sommes des révolutionnaires malgré nous*, Le Seuil, 2014.

L'option du socialisme reste pour Ellul la seule orientation politique possible car son objectif explicite est la fin du prolétariat, la fin de l'aliénation, la libération de l'homme. Il s'en explique, après avoir exclu le socialisme totalitaire créateur du goulag, en passant en revue les différents types de socialisme que sont le socialisme purement gestionnaire (Suède) et le socialisme réformateur (France, Allemagne). Il juge ces deux formes en réalité réactionnaires, ancrées dans le XIXe siècle et analysant la société comme si rien depuis n'avait changé. Pour Ellul, l'option socialiste a aussi une justification pratique puisque les deux seules expériences tentées pour trouver une nouvelle forme de société en Tchécoslovaquie en 1968 et en Pologne en 1981 l'ont été sur la base du socialisme.

Précisant qu'il n'avait jamais dit que la technique, en dépit de son autonomie, ne pouvait pas être maîtrisée, il constate dans la période de rédaction de son livre des transformations (l'automatisation, l'informatisation, la micro-informatique) qui lui paraissent pouvoir orienter la société dans un nouveau sens. L'informatisation par exemple peut permettre de réduire drastiquement le temps de travail et d'organiser la décentralisation et l'autogestion. Cette orientation suppose toutefois une volonté politique et la conscience claire que la conjonction entre socialisme et nouvelles techniques, qui est à ses yeux la *seule* orientation possible, n'est ni spontanée ni certaine. Il faut qu'il soit à la fois un socialisme de la liberté et un socialisme révolutionnaire et il doit admettre que l'État bureaucratique centralisé et l'objectif de croissance et de puissance sont des facteurs d'aliénation.

Aux sceptiques il affirme que c'est maintenant qu'une véritable révolution est nécessaire, même si cela peut paraître dérangeant et utopique. Car « ce qui est encore plus utopique c'est de croire que notre monde occidental va pouvoir continuer sa vie de croissance, comme ça va. Ce qui est monstrueux c'est de croire que l'écart de richesse et de pauvreté va pouvoir s'élargir indéfiniment, ce qui est affolant. C'est la montée de la technique de plus en plus puissante et autonome. C'est cela qui est l'impossible.

Cela, c'est-à-dire la croissance indéfinie de la richesse et du prolétariat, ensemble» (page 361).

Dans le détail, cette révolution doit comporter cinq éléments : la reconversion totale de la puissance productrice de l'Occident par une aide totalement désintéressée au tiers monde, en vue de la satisfaction de ses besoins réels ; le choix délibéré et courageux de la non-puissance, ce qui signifie le renoncement aux moyens militaires et à l'État centralisé ; l'éclatement et la diversification dans tous les domaines ; la réduction drastique du temps de travail ; l'abolition du salariat, remplacé par la répartition entre tous, travailleurs et non-travailleurs, du produit annuel de la richesse.

Enfin, quittant le domaine du constat et du programme, Ellul affirme dans les dernières pages sa conviction personnelle tout entière appuyée sur la Révélation et le message biblique. La révolution ellulienne suppose une conversion des esprits, une *metanoïa*.

Que la révolution prônée par Ellul relève d'un acte de foi n'empêche pas l'érudit et le pédagogue qu'il était de conduire comme à son habitude un propos démonstratif adossé à une documentation particulièrement riche et variée.

Changer de révolution est un des ouvrages les plus documentés d'Ellul qui apporte un grand soin aux références bibliographiques. On dénombre une bonne centaine de références de lecture avec cette particularité que la moitié d'entre elles se rapportent à des publications des années 1979-1981. Ellul s'appuie sur les informations et études les plus récentes et les plus larges disponibles sur les sujets économiques, politiques ou sociaux et force est de reconnaître que le sujet du changement de société inspirait alors des auteurs nombreux et divers. Les fréquentes références et citations empruntées aux revues et à la presse (avec une mention particulière pour le journal *Le Monde*) soulignent encore plus l'actualité du sujet. Mais ce qui est surtout frappant, c'est l'orientation idéologique et politique des principaux auteurs référents convoqués par Ellul pour participer aux fondements de son analyse :

tous marqués de l'idéal socialiste, l'économiste britannique Robert Theobald, le philosophe tchèque Radovan Richta (lequel se réclamera jusqu'au bout du marxisme), Ivan Illich, ainsi que les philosophes et politistes français André Gorz et surtout Cornelius Castoriadis.

*

Pour bien comprendre la logique qui préside à cet ouvrage et l'enchaînement des différents chapitres, il faut repartir des sources de la pensée d'Ellul, en particulier la source principale qui modèle son appréhension de la société : Marx. L'année même, 1982, où était édité ce livre Ellul déclarait à Jean-Claude Guillebaud qui l'interviewait pour le compte du *Nouvel Observateur* et lui demandait s'il pouvait être qualifié de « marxologue » : « Marxologue, oui, mais pas seulement. Je dirai vraiment marxiste dans la mesure où je n'ai pas trouvé de pensée ou de méthode qui me permette de mieux analyser le monde où je vis. Marx, c'est sûr, a orienté mes interprétations en profondeur[1]. »

L'entretien se poursuivait sur ses désaccords fondamentaux avec le mouvement communiste et l'incompréhension qu'il a rencontrée chez les intellectuels français « de gauche ».

Comme l'a proclamé plusieurs fois Ellul, et très explicitement dans l'entretien cité ci-dessus, son projet avec Bernard Charbonneau était d'actualiser en quelque sorte l'explication marxiste du monde en la centrant, non plus sur l'économie, le capital, mais sur la technique, le système technicien. À ce « détail » près, si l'on ose dire, on retrouve chez Ellul l'enchaînement de concepts et de démonstrations proposé par Marx. Si besoin était, ce livre en est une confirmation supplémentaire. Le maillon essentiel pour Ellul, celui sur lequel il porte une critique fondamentale, est le travail. Le travail permet la reproduction du capital, mais il est aussi le moteur de l'aliénation de l'individu. Et

1. *Nouvel Observateur*, 17 juillet 1982.

ici le vocabulaire a une importance particulière : le mot d'aliénation subroge celui d'exploitation, tout en l'englobant au demeurant. Le couple d'opposition aliénation/exploitation peut être considéré comme le critère – certes un peu réducteur – définissant deux grandes écoles du marxisme : celle qui s'appuie sur le Marx économiste du *Capital* qui privilégie la détermination économique et celle du Marx philosophe des écrits de jeunesse qui voit surtout dans le système économique un facteur dégradant pour la condition humaine provoquant au final une réification du vivant humain. Une tendance envisage la révolution comme un changement de structures économiques par l'appropriation collective des moyens de production ; l'autre est à la quête d'un homme nouveau, authentique, libéré de sa fausse conscience. Les deux « écoles » dont les frontières et les dogmes ne peuvent évidemment être strictement définis peuvent légitimement s'appuyer sur tel ou tel ouvrage de Marx pour affirmer leur orthodoxie. Ellul se rattache clairement à l'école « philosophique » où l'on peut, sans vouloir être exhaustif, retrouver dans leur diversité : Lucáks, Gramsci, l'École de Francfort, Korsch et, plus proche de lui, le marxisme tchèque, les inspirateurs du printemps de Prague à la tête desquels se trouvait Radovan Richta. Celui-ci est largement cité dans le présent ouvrage et le marxisme tchèque a fait l'objet d'un cours spécifique d'Ellul à l'IEP de Bordeaux[1]. Cette priorité accordée au concept d'aliénation permet de comprendre un rapprochement intellectuel inattendu : celui avec le mouvement situationniste. La revue *Internationale situationniste* avait distingué le livre d'Ellul *Propagandes* à sa sortie[2] et ce thème de la propagande est éclairant pour notre propos. La propagande ce n'est pas seulement chez Ellul une œuvre de prosélytisme en faveur de telle ou telle conviction ou action politique ; elle a une fonction sociale bien plus large et indispensable à la dynamique même de nos socié-

---

1. « Le marxisme tchécoslovaque », chapitre 4 de l'ouvrage posthume *Les Successeurs de Marx*, La Table Ronde, 2007.

2. Revue *Internationale situationniste* n° 8, janvier 1963, p. 7.

tés technicisées. Face à un monde incompréhensible et menaçant, la propagande *donne une explication claire et simple du monde où il vit* [...] *évidente et satisfaisante ; il détient une clef qui lui permet d'ouvrir les portes, il n'y a plus de mystère, tout peut s'expliquer* [...] *elle joue pour l'homme et pour la structure sociale un rôle tel que plus rien dans le monde politique ni dans le monde économique ne pourrait se développer ni s'ordonner sans l'intervention de cette puissance*[1].

Dans *Le Bluff technologique* publié en 1988 Ellul va consacrer tout un chapitre à la publicité devenue à ses yeux la forme dominante de la propagande dans la société contemporaine. L'aliénation du travailleur-producteur est redoublée par celle du consommateur ; qu'il soit consommateur de loisirs « organisés » ou de gadgets à l'utilité incertaine ou éphémère. D'où l'importance de la publicité dans la reproduction et l'élargissement du système, « capitaliste » pour la pensée critique classique d'inspiration marxiste, « technicien » pour Ellul.

Le sous-titre de *Changer de révolution*, « *L'inéluctable prolétariat* », a une résonance paradoxale ; c'est presque un oxymore, la révolution étant censée abolir le prolétariat. Mais qu'est-ce que le prolétariat pour Ellul ? Le prolétariat, c'est la mise au travail de la majeure partie de la société, un travail qui est le contraire de l'autonomie : l'asservissement au système technicien. La prolétarisation du tiers monde est pour lui la mise au travail – industriel en général[2] – de larges masses paysannes qui vivaient jusqu'alors dans un système économique autonome. L'inscription dans le système d'échanges internationaux – on ne parle pas encore de « globalisation » – des populations du tiers monde signifie leur prolétarisation ; de toute évidence Ellul est à

---

1. *Propagandes*, Librairie Armand Colin, 1962, p. 178-179 ; réédition Economica, 1990.

2. Mais ce phénomène de « mise au travail » donc d'inéluctable prolétarisation perdure avec la tertiarisation du système économique, reflet de la dématérialisation du système technicien. L'aliénation dans les centres d'appels du Maghreb n'est pas moindre que dans les ateliers textiles du Sud-Est asiatique.

rebours des discours industrialistes et lénifiants sur le « développement ».

Dans cette perspective, la révolution qu'appelle Ellul de ses vœux porte sur les moyens de s'affranchir du travail. Dans nos sociétés, la réduction « drastique » du temps de travail conjuguée à la généralisation la plus poussée des techniques d'automatisation et de robotisation concourt à cet objectif. Mais c'est aussi pour libérer les pays du tiers monde qu'Ellul envisage de leur allouer une aide massive, en l'occurrence un transfert de toutes les technologies de pointe, informatiques et électroniques particulièrement. Cette aide devrait permettre d'économiser du travail humain industriel et de sauvegarder, voire développer, le secteur d'agriculture vivrière ; le contraire de l'évolution que l'on va constater dans les décennies suivantes avec les dégâts humains et écologiques que l'on connaît.

Toutes les références citées par Ellul dans les deux derniers chapitres attestent bien de son inscription dans une réflexion de l'époque qui porte certes sur le sens du projet socialiste, mais aussi et surtout une réflexion sur le travail dans la société et son devenir alors que s'étend le chômage de masse.

Plus encore qu'une révolution socio-économique, une telle révolution est avant tout culturelle puisqu'elle met en jeu les rapports de l'individu et de la collectivité avec le travail. Le travail est certes contrainte mais c'est aussi un vecteur d'intégration dans des rapports sociaux. Ellul est bien conscient que le chômage, la privation de travail, est source de souffrance pour celui qui en est victime. Il ne néglige pas non plus la nécessité de poursuivre la production de biens et services indispensables. Il s'appuie explicitement sur les travaux d'André Gorz[1], lequel envisageait un double secteur : un secteur « hétéronome » utilisant les techniques les plus modernes pour la production de base

---

1. André Gorz, *Adieux au prolétariat*, Éditions Galilée, 1980 ; édition augmentée, Le Seuil, 1981.

de la société, et un secteur artisanal autonome, sans recherche de productivité.

Et parce qu'elle est avant tout culturelle, cette révolution de l'organisation sociale exige parallèlement une « mutation de l'homme », « une transformation des finalités de la vie ». C'est en fonction de cette nécessité que se comprend l'irruption dans les ultimes pages de cet ouvrage de l'appel à la Révélation en Dieu, en Jésus-Christ. Seul un chrétien authentique pourra trouver dans sa foi – en dehors même des Églises instituées – la force nécessaire à la remise en cause de ses choix de vie routiniers (puissance, réussite, argent, efficacité...). Cette proclamation de foi est d'autant plus surprenante que dans le cadre d'un ouvrage « sociologique » elle était inédite. Jusqu'à cette date, 1982, Ellul avait toujours pris soin de séparer de manière étanche les deux versants de son œuvre à l'exception d'un livre d'entretiens[1].

★

Parvenu à ce stade, soit une présentation de *Changer de révolution* dans son contexte de 1982, le lecteur peut légitimement se demander si une réédition était bien nécessaire. Sans doute serait-il excessif de parler de livre maudit. Mais mal reçu, mal aimé, certainement. Donnant naissance immédiatement à des interprétations divergentes sinon polémiques, générateur de contresens pointés ultérieurement par l'auteur lui-même. À se demander si l'ouvrage n'avait pas été publié par inadvertance...

Le point majeur est que la révolution escomptée dans ce « manifeste ellulien » qu'est le dernier chapitre de *Changer de révolution* n'a pas eu lieu. La question qui se pose est autant de savoir si elle était possible que si les lecteurs y avaient cru. Et Ellul lui-même...

Avec le recul d'un tiers de siècle on peut penser que l'histoire a joué un mauvais tour à Ellul. Au moment où

1. *À temps et à contretemps*, entretiens avec Madeleine Garrigou-Lagrange, Le Centurion, 1981.

paraissait le présent ouvrage c'est à l'autre bord de l'échiquier politique et géopolitique que débutait une « révolution » d'une tout autre nature. Contre-révolution pour certains, la vague « néolibérale » inaugurée par les élections successives de Margaret Thatcher en Grande-Bretagne puis Ronald Reagan aux États-Unis allait changer le paradigme des bouleversements économiques, politiques et sociaux dans les décennies suivantes. Il serait naïf d'interpréter cette « révolution » comme l'aboutissement d'un quelconque complot politique et idéologique par un comité central d'économistes libéraux associés à des politiciens conservateurs. Conforté ultérieurement par l'effondrement du bloc socialiste d'Europe de l'Est, le changement en question est bien plus le fruit d'un affaissement des valeurs de solidarité, de coopération, fondements des projets socialistes, au profit d'une « privatisation » de la société comme de l'individu [1] selon des valeurs de marché et de concurrence. Retournement culturel avant tout et l'on connaît l'importance de ce facteur pour Ellul dans tout projet de transformation sociale.

Dans ce nouveau panorama idéologique, ce nouveau contexte économique et social, faut-il admettre que tout projet alternatif, tout combat pour de nouveaux paradigmes de la société sont vains ? Ce n'est certainement pas être fidèle à Ellul que d'abandonner l'ambition révolutionnaire esquissée ici, sous prétexte que le mot a été démonétisé et que la mode est au tout-marché.

Ellul reviendra quelques années plus tard sur son « projet » révolutionnaire sans dissiper toute ambiguïté. En 1988, dans *Le Bluff technologique* [2], l'auteur met les choses au point dès les premières pages, visant notamment un livre de A. Bressand et C. Distler, *Le Prochain Monde, Réseaupolis* : « Une première erreur : l'ambivalence de la

---

1. La fameuse phrase de Margaret Thatcher est éloquente à cet égard : *Il n'y a pas de société, il n'y a que des hommes, des femmes et des familles.*

2. Hachette, 1988 ; réédition Fayard (Pluriel), 2012, avec une préface de Jean-Luc Porquet.

technique, c'est en 1960 que je l'ai analysée pour la première fois. Et cela n'a rien à voir avec la reconnaissance que la technique apporte parfois des produits extrêmement satisfaisants, utiles, ce que je n'ai jamais nié. Le premier contresens provenait de cette qualification "d'opposé à la technique" ! Ceci est aussi absurde que de dire que je suis opposé à une avalanche de neige ou à un cancer. C'est enfantin de dire que l'on est "contre la technique" ! Le second contresens de ces deux auteurs est le suivant : ils citent un passage de *Changer de révolution*. Mais ce livre a très généralement été compris tout de travers. On a dit que j'avais changé d'opinion au sujet de la technique parce que je disais, par exemple, que certaines techniques nouvelles pouvaient servir à un effort de décentralisation et qu'elles étaient créatrices de temps libre. Mais je n'ai jamais dit le contraire ! Le malheur, c'est qu'ici on oublie la moitié de ma démonstration : *certaines* techniques peuvent *éventuellement* avoir ces effets positifs, si, *en même temps*, se produit une double mutation dans la société : l'accès au pouvoir d'un *socialisme révolutionnaire de la liberté* (qui n'a rien à faire ni avec le P.S., ni avec le communisme, il faudrait revenir aux idées de Proudhon, de Bakounine, prendre au sérieux celles de Castoriadis), et puis un bouleversement économico-social fondamental (suppression du salaire, économie de distribution, etc.). Tout cela est rendu *possible* (alors qu'auparavant c'était impensable par défaut de moyens d'application) par ces nouvelles techniques, mais bien entendu, celles-ci n'entraînent *par elles-mêmes aucune* modification allant dans ce sens. En écrivant cela, je n'ai rien réexaminé du tout de mes anciennes analyses de la société technicienne. J'ai simplement indiqué qu'il pouvait y avoir une mutation s'il y avait conjonction entre quelques techniques-moyens, et un changement à cent quatre-vingts degrés du politico-économique. J'indiquais aussi que le temps pour ce faire était bref, peut-être quelques mois, au mieux quelques années. Ces années sont écoulées. Il est aujourd'hui trop tard pour espérer changer le cours de la technique. Une chance décisive dans l'histoire de l'humanité a été perdue. »

Et un peu plus loin, il poursuivra sur un ton très pessimiste : « Actuellement, j'estime que la partie est perdue. Et que le système technicien exalté par la puissance informatique a échappé définitivement à la volonté directionnelle de l'homme. » Ellul y reviendra ultimement dans les *Entretiens*[1] de 1992 (p. 58) en émettant de sérieux doutes quant à la possibilité que le socialisme de liberté qu'il appelait de ses vœux se réalise un jour. « *Changer de révolution* est donc, dit-il à Patrick Chastenet, le plus pessimiste de mes livres ! » Ces propos de repentance, sinon de résipiscence, étaient de nature à apaiser toutes les inquiétudes de disciples un moment troublés par l'apparition d'un Ellul prêchant les bienfaits de la technique mise au service de perspectives révolutionnaires.

Il n'est évidemment pas question de réécrire *Changer de révolution* ni de choisir entre les propos d'Ellul ceux qui conviendraient le mieux à telle ou telle démonstration. On ne peut que constater qu'il n'est, dans toute l'œuvre, aucun thème qui ait fait l'objet de tant de variations, donné naissance à tant d'interprétations divergentes. Y compris de la part de l'auteur lui-même. Il est certain qu'il n'est pas possible de paraphraser Clemenceau en affirmant péremptoirement : « Ellul est un bloc », et symétriquement la réflexion sur les thématiques traitées par Jacques Ellul ne peut être réduite à la confrontation de quelques pages de deux ou trois livres.

Frédéric Rognon[2] a mis en évidence le dialogue interne permanent qui caractérise la pensée de Jacques Ellul, allant bien au-delà de la séparation de l'œuvre, établie par l'auteur lui-même, en deux « volets », sociologique et théologique. Ainsi, *Changer de révolution* apparaît au carrefour de plusieurs orientations de la réflexion de Jacques Ellul : le livre clôt une trilogie sur la révolution, il est aussi dans la

1. Jacques Ellul, Patrick Chastenet, *Entretiens avec Patrick Chastenet*, La Table Ronde, 1992 ; réédition sous le titre *À contre-courant*, La Table Ronde, 2014.

2. Frédéric Rognon, *Jacques Ellul, une pensée en dialogue*, Labor et Fides, 2007.

ligne de la critique de la technique mais aussi, à l'évidence, dans le courant de la recherche d'une nouvelle Éthique de la liberté. Entre le programme politique énoncé dans *Changer de révolution* et les retours de l'auteur en 1988 et 1992, Jacques Ellul persiste dans son projet dans *Les Combats de la liberté* publié en 1984. Ce volume clôt le cycle de l'*Éthique de la liberté* commencé en 1964 avec *Le Vouloir et le Faire* et poursuivi en 1974 avec les deux volumes intitulés *Éthique de la liberté.*

Dans ses différents ouvrages sur la révolution, Ellul n'écrit pas seulement en historien mais aussi en sociologue sinon (quoi qu'il s'en défende) en philosophe, en tout cas en observateur lucide et critique de la société contemporaine. Et si le thème tient une place importante dans sa pensée, c'est aussi parce que la révolution est pour lui un concept opératoire, un outil d'action à la disposition des hommes.

Et ceci depuis longtemps : quatre textes rédigés par Ellul et son ami Charbonneau, les trois premiers entre 1935 et 1937, le dernier en 1948, ont été publiés en 2014 sous le titre évocateur *« Nous sommes des révolutionnaires malgré nous »* avec une introduction pénétrante de Quentin Hardy. Les mots révolution et révolutionnaire reviennent des dizaines de fois dans ces textes qui datent d'une période qui était encore, pour les deux auteurs, le temps de l'apprentissage et de la construction des fondements de leur(s) pensée(s).

Or, la pensée et la vie politiques des années 1930 sont largement marquées par le thème et le concept de révolution. À gauche, bien évidemment, où non seulement le jeune PCF mais également la tout aussi jeune SFIO s'affichent révolutionnaires, l'un dans la ligne de Lénine, l'autre dans celle de Jaurès. Au sein d'Ordre nouveau, l'un des courants personnalistes, Aron et Dandieu publient en 1933 *La Révolution nécessaire* évoqué précédemment. Les mots et les concepts sont moins ouvertement affichés à droite mais les orientations politiques de Maurras et des ligues sont ouvertement révolutionnaires, et même au sens premier du terme d'un retour à des fondements et traditions reniés. Ainsi, les concepteurs du programme politique, social et économique de l'État français de Vichy l'ont baptisé « Révolution nationale ». L'idée de « révolution nécessaire », Ellul l'avait si bien intégrée dans sa pensée politique qu'il en fera le titre du dernier chapitre de l'*Autopsie*.

Il y a quelque audace à évoquer une « pensée politique » en l'appliquant à l'auteur de *L'Illusion politique*. Nous affirmons qu'Ellul, même contempteur de l'État, même anarchiste, même révolutionnaire, ne pouvait imaginer une société viable sans un minimum d'institutions politiques[1]. Sous ce rapport, *Les Combats de la liberté* nous semblent particulièrement éclairants : « apparaît alors le grave problème : nous sortons ici d'orientations de l'éthique chrétienne pour entrer dans des questions d'évaluation technique, économique, et de "politique". Il me semble que jusqu'ici nous nous sommes gardés de le faire dans la mesure où il nous apparaissait que les chrétiens ne sont pas de meilleurs politiques ou économistes que les autres. Mais lorsque, d'une part, apparaissent des moyens qui semblent permettre de résoudre une crise, moyens que les autres ne semblent pas prêts à accepter ou à mettre en œuvre, lorsque, d'autre part, c'est une situation encore fluide et tout à fait nouvelle, lorsque, enfin, il ne s'agit pas du tout de s'engager à la suite des autres dans des voies toutes faites où déjà des millions d'hommes se sont engagés, alors le chrétien peut avancer un certain nombre de propositions en tant qu'il doit être porteur de nouveau. Et ceci d'autant plus que les blocages ou les timidités paraissent être de l'ordre psychologique ou spirituel ».

En six pages qui suivent ce prologue, Ellul résume la totalité de l'analyse économique, sociale et politique

---

1. « Un véritable anarchiste pense qu'une société anarchiste, sans État, sans pouvoirs, sans organisation, sans hiérarchie, est possible, alors que moi, je ne le pense pas », Jacques Ellul, *Anarchie et Christianisme*, Atelier de création libertaire, 1988 ; réédition La Table Ronde, 1998, p. 32.

livrée dans *Changer de révolution*, réitère ses propositions concrètes, redonne au lecteur, en un seul paragraphe, toutes les références des auteurs sur lesquels il s'était appuyé, y ajoutant encore quelques titres d'ouvrages parus plus récemment : après la parution de *Changer de révolution*, il a poursuivi sa recherche de documentation sur la même thématique.

Entre *Changer de révolution* et *Les Combats de la liberté* nous voyons donc une magistrale illustration du dialogue interne à la pensée d'Ellul : dans le premier l'analyse historique et sociologique rend nécessaire et tout à la fois permet une révolution à laquelle le chrétien donnera sens ; dans le second les exigences d'une foi chrétienne pleinement assumée et incarnée le conduisent à prôner l'engagement, lorsque les circonstances le permettent et l'exigent, dans un combat politique explicitement révolutionnaire.

⋆

Il est évident que la déception de Jacques Ellul a été à la mesure de l'enthousiasme qu'il avait mis à décrire les buts et les moyens de « sa » révolution socialiste. Son propos laissait cependant de côté nombre de questions bien concrètes ; Ellul n'avait rien d'un Lénine, il était convaincu de savoir quoi faire mais ne se préoccupait guère de rechercher où, quand, comment, avec qui.

Pour tenter une relecture, ici et maintenant, de ce livre paru il y a trente-trois ans, repartons de l'auteur lui-même. Dans ses derniers *Entretiens* publiés, immédiatement après avoir constaté l'échec de ses propositions, il déclare : « Cela dit, cette situation de désordre latent ne pourra durer éternellement. Ou l'on opère une profonde mutation, ou l'on sombre dans la dictature. Il y a des moments dans l'Histoire où l'on peut agir et nous sommes actuellement dans une situation fluide. » C'était en 1992, deux ans avant sa disparition.

Que s'est-il passé depuis ? Nous ne voyons pas que le monde ait évolué différemment de ce que laissaient entrevoir, sinon prévoir, les analyses de Jacques Ellul : les mots « mondialisation » (en français) ou « globalization » (en globish) sont censés suffire à la description de ce que nous qualifierons de système technico-économique mondial[1]. Le « désordre latent » pointé par Ellul est toujours présent mais la révolution qu'il jugeait nécessaire l'est-elle encore ?

---

1. Ellul insiste sur la nécessité de distinguer Technique et Économie. Dans *Le Système technicien*, il appelle à la rescousse C. Wright Mills : « Il n'est pas exagéré d'affirmer qu'aujourd'hui l'un des plus grands dangers de la civilisation réside dans l'incapacité dont font preuve les esprits rompus aux sciences de la Nature de percevoir la différence entre l'économique et le Technique » (Calmann-Lévy, 1977, p. 36). La formulation paraît très excessive, elle nous paraît aussi extrêmement trompeuse : que, conceptuellement, le système technicien doive être différencié *des* systèmes économiques, cela est certain. Mais cette différenciation ne doit pas conduire à occulter l'interpénétration désormais totale entre le système technicien et un système économique devenu global et uniforme dans la réalité de son fonctionnement. Déjà dans *L'Illusion politique*, Ellul pointait la convergence entre l'Occident libéral et ce qu'il considérait déjà ne pas pouvoir qualifier autrement que de capitalisme d'État (« énorme entreprise de capitalisme d'État comme l'URSS », La Table Ronde, 2004, p. 343).

Dès lors que l'on s'engage dans une analyse critique de notre système social et dans la perspective d'exprimer les conditions pour contrecarrer une évolution – des évolutions – constatée ou anticipée comme profondément néfaste, il ne nous paraît pas possible de le faire en séparant, de manière artificielle, deux faces d'une même réalité : le système économique se nourrit de Technique (et d'idéologie technoscientiste), le système technicien ne survivrait pas s'il n'était tiré par la mystique de la croissance. « L'ardente obligation » de la croissance, « l'impératif » de la compétitivité, « l'absolue nécessité » de « créer » des emplois justifient la recherche permanente de l'innovation technique.

On remarquera d'ailleurs que les propositions « révolutionnaires » d'Ellul, les mêmes dans *Changer de révolution* et *Les Combats de la liberté*, sont d'ordre économique (la distribution du revenu, l'aide au tiers monde), socio-politique (l'éclatement et la décentralisation), philosophique et éthique (le choix de la non-puissance), faisant ainsi naître un rapport différent aux techniques. En fait, Ellul introduit sans vraiment l'expliciter un rapport dialectique entre système économique et système technicien.

La technique a accru son emprise dans tous les domaines, y compris le corps humain[1], depuis des organes purement mécaniques jusqu'au cerveau en passant par les gènes. Elle a investi totalement le monde de la finance[2] jusqu'à le déconnecter de l'économie réelle. Les médias à la recherche de techniques de divertissement de plus en plus sophistiquées ont pratiquement abandonné toute fonction d'espace public de débats. La nature, animale et végétale, est largement soumise par l'homme non seulement à des expérimentations mais à des manipulations opérationnelles totalement intégrées dans les processus de production. Il n'est pas jusqu'aux dérèglements climatiques que d'aucuns envisageraient de corriger par des interventions dans la stratosphère.

*

Qu'en est-il aujourd'hui des schémas de compréhension du monde contemporain et des éventuels moyens d'action de la collectivité pour maîtriser son devenir dans un XXIe siècle qui ne s'est pas inauguré sous les auspices d'un long fleuve tranquille ?

Du côté des héritiers de la mouvance néolibérale il est difficile de discerner une pensée intellectuelle construite et systématisée. On constate tout au plus des vœux et des justifications pour prolonger et approfondir les tendances en cours : plus de concurrence, plus de marché (prioritairement mondial), plus de recours à des techniques de plus en plus sophistiquées, aventureuses et surtout génératrices de dégâts environnementaux de plus en plus incontrôlables. Les termes enchanteurs de « progrès » et « croissance » tiennent lieu de soubassement philosophique à ces discours.

---

1. Voir, entre autres nombreux ouvrages : Céline Lafontaine, *Le Corps-marché. La marchandisation de la vie humaine à l'ère de la bioéconomie*, Le Seuil, 2014.

2. Gaël Giraud, *Illusion financière*, Éditions de l'Atelier, 2012 ; réédition en 2014.

Mais il existe aussi une floraison d'analyses critiques de provenances diverses et sous des angles d'attaque pluriels. Il serait illusoire, dans le cadre de cette introduction, d'espérer parvenir à en réaliser une synthèse. On peut cependant tenter d'en dégager quelques axes ou quelques auteurs marquants et déceler éventuellement une filiation avec l'héritage intellectuel d'Ellul.

On ne peut véritablement parler d'école mais plutôt de courant dans ce qui poursuit une critique « néo-marxiste » privilégiant le facteur économique et insistant sur la « financiarisation » du monde qui s'autonomise en phagocytant la sphère de production réelle. Ces réflexions se cantonnent en général à la seule sphère économique en déplorant la corruption – dans tous les sens du terme – de l'économie réelle par la bulle financière permanente que représente le volume fantasmagorique des transactions financières. Sont stigmatisées les théories néolibérales, dominantes dans la pensée économique d'aujourd'hui, qui ont entraîné la montée inexorable du chômage et des inégalités.

Il faut signaler ici une stimulante contribution à ce débat, contribution qui explicitement se référait à Ellul. Dans leur communication au colloque de Bordeaux pour le centenaire de la naissance d'Ellul (2012), deux professionnels de la finance ont analysé l'évolution des marchés financiers depuis les années 1980 avec les outils critiques d'Ellul sur la technique[1] : approche originale et particulièrement éclairante.

D'autres approches s'intéressent à différents aspects du social et particulièrement à la question du travail. Une auteure peut s'inscrire dans la continuité des réflexions d'Ellul sur cette problématique du travail : Dominique Méda[2], même si elle est davantage l'héritière intellectuelle

---

1. Bruno Gizard et Alban Caillemer du Ferrage : « Les anticipations prophétiques de Jacques Ellul et l'évolution des marchés financiers » dans *Comment peut-on (encore) être ellulien au* XXIe *siècle*, La Table Ronde, 2014, p. 44-69.

2. Dans l'abondante bibliographie de Dominique Méda nous retiendrons plus particulièrement *Le Travail. Une valeur en voie de*

d'André Gorz que d'Ellul. C'est une autre perspective qu'explore Alain Supiot avec un livre majeur, *L'Esprit de Philadelphie : la justice sociale face au marché total*[1]. L'auteur dénonce l'effacement des mesures de protection du monde du travail au niveau international et de tout esprit de solidarité, au rebours de ce qui avait présidé à certains accords internationaux au sortir de la Seconde Guerre mondiale. Devenu professeur au Collège de France en 2012, il a introduit la traduction française de l'ouvrage de Bruno Trentin, *La Cité du travail, la gauche et la crise du fordisme*[2] rédigé une quinzaine d'années auparavant ; dans ce texte le grand leader syndical italien déplorait l'absence de propositions de la gauche européenne face à la désagrégation inéluctable du système de production fordiste tout en réfléchissant aux formes d'aliénation générées par le système en question qui ne saurait susciter de regrets.

Dans ce registre d'un approfondissement de la question du travail on peut citer des auteurs qui font le lien avec la tradition marxiste, tout en la renouvelant : Moishe Postone[3] et Anselm Jappe[4], ce dernier propagateur en France de la revue allemande *Krisis*.

Il existe aussi des critiques plus globales de la société moderne qui s'attaquent à ses fondements même, le progrès et la modernité pour résumer cavalièrement en deux mots ce que visent les auteurs susceptibles d'être cités ici : Pierre André Taguieff[5], Jean-Claude Michéa, Amiech et

---

disparition, Aubier, 1995, réédition Champs Flammarion, 1998 ; *Qu'est-ce que la richesse ?*, Aubier, 1999, réédition Champs Flammarion, 2000 ; *Le Travail, la révolution nécessaire*, Éditions de l'Aube, 2010 ; *La Mystique de la croissance*, Flammarion, 2013.

1. Le Seuil, 2010.

2. Fayard, 2012.

3. Moishe Postone, *Temps, travail et domination sociale : une réinterprétation de la théorie critique de Marx*, Mille et une nuits, 2009.

4. Anselm Jappe, *Les Aventures de la marchandise, pour une nouvelle critique de la valeur*, Denoël, 2003.

5. Dans sa prolifique bibliographie qui s'attaque à plusieurs facettes de la modernité, citons en rapport avec notre propos : *Résister au bougisme*, Mille et une nuits, 2001 ; *Le Sens du progrès*, Flammarion

Mattern pour *Le Cauchemar de Don Quichotte*[1], François Meyronnis *(Proclamation sur la vraie crise mondiale*[2]*)*, Erik N. Conway et Naomi Oreskes dans une fiction prospective parfaitement documentée, *L'Effondrement de la civilisation occidentale*[3], Bertrand Méheust, philosophe et psychologue, avec *La Politique de l'oxymore*[4], etc.

S'il fallait distinguer dans la galaxie de la pensée critique un auteur dont la filiation avec *Changer de révolution* serait la plus manifeste, c'est sans doute le nom de Serge Latouche qui s'impose[5]. Économiste universitaire marginalisé dans ce milieu, critique de la technique dans le sillage d'Ellul, Serge Latouche a popularisé en France le thème de la « décroissance », une expression à l'origine de laquelle se trouve le mathématicien économiste Nicholas Georgescu-Roegen[6]. Proche du MAUSS (Mouvement anti-utilitariste dans les sciences sociales), Latouche a fait en quelque sorte école, stimulant une véritable mouvance de la décroissance avec sa presse[7] et même un « Parti pour

---

2002, réédition Champs Flammarion 2006 ; *Les Contre-réactionnaires : le progressisme entre illusion et imposture*, Denoël, 2007.

1. Matthieu Amiech, Julien Mattern, *Le Cauchemar de Don Quichotte. Retraites, productivisme et impuissance populaire*, Flammarion, 2004 ; réédition La Lenteur, 2013.

2. Les liens qui libèrent, 2014.

3. Les liens qui libèrent, 2014.

4. La Découverte, 2009 ; réédition en 2014 avec une postface inédite de l'auteur.

5. Parmi la trentaine d'ouvrages publiés par Latouche, nous retiendrons *L'Occidentalisation du monde*, La Découverte, 1989 ; *La Mégamachine*, La Découverte, 1995 ; *Décoloniser l'imaginaire : la pensée créative contre l'économie de l'absurde*, Parangon, 2003 ; *Le Pari de la décroissance*, Fayard, 2006 ; *L'Âge des limites*, Mille et une nuits, 2012.

6. D'origine roumaine mais naturalisé américain, Nicholas Georgescu-Roegen (1906-1994) a appliqué à l'économie la loi de l'entropie propre à la physique thermodynamique. En français on trouve un de ses principaux ouvrages : *La Décroissance : entropie, écologie, économie*, Sang de la terre 1995, réédition en 2006.

7. On peut citer trois organes de presse réguliers : *La Décroissance*, mensuel ; *Silence*, mensuel ; *Entropia*, revue trimestrielle.

la décroissance », dont il a immédiatement désapprouvé la naissance, fidèle en cela à la pensée de Jacques Ellul.

Enfin, dans les toutes dernières années, de fait depuis le choc qu'a constitué pour beaucoup la crise apparemment financière, en réalité systémique et globale, de 2008-2009, on a vu naître ou renaître une critique que nous pourrions qualifier d'« interne » en ce sens qu'elle émane d'économistes (mais aussi, ce qui est plus nouveau, de chercheurs en sciences sociales dans des champs divers) qui entendent remettre en cause le cadre de l'analyse théorique dominante, libérale ou néoclassique. Immanuel Wallerstein pilote, dans un ouvrage collectif, les réponses à la question : *Le Capitalisme a-t-il un avenir ?*[1], Jean-Pierre Dupuy s'interroge sur *L'Avenir de l'économie*[2] tandis que deux autres auteurs, parmi de nombreux autres, Paul Jorion[3], mathématicien, anthropologue et économiste (l'un des trop rares à avoir annoncé la crise des subprimes de 2007), et Steve Keen[4] pointent non seulement les contradictions mais encore les impasses de la doxa économique.

★

Nombre de ces analyses critiques rejoignent implicitement Ellul (sans nécessairement s'y référer – et il n'est pas question de les enrôler sous une bannière ellulienne) en considérant que les cadres économiques, sociaux, juridiques et politiques sont désormais totalement inadaptés à la maîtrise d'un système technicien mondialisé. Bien peu évoquent l'idée d'une révolution, terme passé de mode dans la philosophie politique, sans doute depuis qu'il est

1. Immanuel Wallerstein (sous la direction de), *Le Capitalisme a-t-il un avenir ?*, traduit de l'anglais (E.U.) par Marc Saint-Upéry, La Découverte, 2014

2. Flammarion, 2012.

3. Paul Jorion, *Misère de la pensée économique*, Fayard, 2012 ; *Penser l'économie autrement* (avec Bruno Colmant), Fayard, 2014

4. Steve Keen, *L'Imposture économique*, Éditions de l'Atelier, 2014. À noter que le livre est préfacé par Gaël Giraud, cité plus haut.

utilisé pour qualifier l'apparition sur le marché d'un soda light ou d'un jeu vidéo.

Aucune réforme, terme galvaudé qui risque d'être prochainement aussi démonétisé que celui de révolution, ne paraît pouvoir permettre de maîtriser ou d'infléchir le cours des choses. La révolution prônée par Ellul, toujours nécessaire, est-elle encore possible ?

À cette question, le matérialisme historique apportait (au moins dans la vulgate marxiste) une réponse simple parce que quasiment mécanique : capital – prolétariat – contradictions – révolution socialiste – société communiste. Fin de l'histoire, rideau. Mais, au-delà, il faut bien voir que presque tous les historiens, au moins depuis l'apparition de la science historique moderne, ont une tendance naturelle à présenter un enchaînement logique des événements qui permet d'aboutir implicitement à l'idée que tel grand bouleversement était inscrit naturellement dans tout ce qui l'avait précédé. Ainsi de la Révolution française, de la Grande Guerre, comme d'ailleurs de la suivante, du mouvement de décolonisation, etc. La rationalité occidentale rejoint dans sa reconstitution du passé le fatalisme prêté à l'Orient : « mektoub », c'était écrit.

Cependant, on ne trouve jamais, dans l'histoire, de révolution qui n'ait pas été précédée d'une importante effervescence intellectuelle et qui ne soit fondée sur un idéal, référant soit à un passé magnifié, soit à l'avènement d'un avenir radieux, parfois les deux.

La Révolution américaine a débuté par des événements qui n'avaient que l'apparence d'une révolte, elle était bien déjà soutenue par l'esprit de ceux qui furent ultérieurement reconnus comme les pères de la jeune république. En 1789, l'immense majorité des paysans et du peuple de Paris (à l'exclusion des marchands et artisans) était illettrée mais les rédacteurs des cahiers de doléances et les députés du Tiers (ainsi que les plus éclairés de la noblesse et du clergé) étaient imprégnés de Montesquieu, de Rousseau, de Voltaire. La Révolution de 1917 a été conçue et mise en œuvre par des bolcheviks nourris de la philosophie marxiste et du pragmatisme théorisé par Lénine.

Au final, toutes les révolutions résultent de la conjonction d'une vision intellectuelle (éventuellement incarnée en courants divers) et d'une volonté politique, conjonction survenant dans un contexte d'événements favorables mais parfaitement contingents.

Or, de cette nécessité d'un substrat que nous qualifierons d'idéologique nonobstant la connotation péjorative désormais attachée au terme, Ellul avait une parfaite conscience. Nous l'avons vu, dans les quinze dernières pages de *Changer de révolution*, il expose les conditions intellectuelles et morales indispensables à la naissance d'un esprit révolutionnaire capable de tirer parti des conditions objectives selon lui favorables qu'il a analysées dans la longue première partie du chapitre 6 « Vers la fin du prolétariat ? ». Et ces conditions paraissent d'une exigence telle (« frugalité assumée en commun », « austérité révolutionnaire ») qu'elles ne peuvent résulter que d'un profond bouleversement épistémologique, une prise de conscience globale et partagée, une « révolution culturelle » (et il emploie ces termes dans leur sens littéral et non en référence à la vaste manipulation lancée quelques années auparavant par Mao) et au final, la mise en œuvre d'une « éthique de la non-puissance ».

Et surtout, il place explicitement la prise de conscience qu'il appelle sous le signe de la « Révélation de Dieu en Jésus-Christ ». On ne peut qu'être surpris que le final du livre – à peine plus de deux pages – n'ait pas suscité davantage d'interrogations, n'ait pas été pris comme une interpellation et que les controverses se soient focalisées sur une sorte d'« apostasie technophile » de l'auteur. On n'entend guère aujourd'hui dans les différentes églises de voix qui s'élèvent avec force pour seulement évoquer les dérives du système technico-économique mondialisé.

Nombre de lecteurs d'Ellul, on le sait, ne partagent pas sa foi et ne manqueront pas de chercher ailleurs, dans les nombreuses analyses que nous avons évoquées, les fondements d'un esprit révolutionnaire susceptible de déclencher un bouleversement sociétal. On en décèle quelques signes dans les réflexions autour du concept de

« commun[1] », sans doute aussi dans « l'éthique de la non-puissance » qui peut être partagée par des non-croyants. Castoriadis, dont la pensée est certainement indispensable à l'élaboration du projet d'une société libérée, n'a pas véritablement de successeurs ou au moins de ce que l'on pourrait appeler des relayeurs. Le philosophe paraît avoir été condamné à une longue période de purgatoire à laquelle Ellul a largement échappé.

Enfin, il est difficile de discerner, dans des initiatives contestataires ponctuelles ou dans des collectifs de réflexion comme *Pièces et main-d'œuvre* ou *Technologos*, un potentiel de mobilisation assez large pour enclencher un processus de transformation du système. Au moins à court terme.

★

Jacques Ellul récusait énergiquement pour lui-même la qualification fondée sur la définition triviale du prophète

---

1. Ce concept a été mis en lumière notamment par Elinor Ostrom (Los Angeles, 1933 – Bloomington, 2012), première femme honorée du prix Nobel d'économie en 2009. Contre Garrett Hardin, tenant de « la tragédie des biens communs » (la gratuité d'une ressource conduit naturellement à une surexploitation irrationnelle et au gaspillage), elle s'est attachée à montrer qu'il existe des modes de gestion optimale des biens communs à travers des « arrangements institutionnels efficaces ». À partir de 1990, elle s'est intéressée aux caractères spécifiques des biens communs du savoir dont le partage ne réduit pas le stock et n'appauvrit personne. Un seul de ses livres a été traduit en français : *La Gouvernance des biens communs. Pour une nouvelle approche des ressources naturelles*, Éditions de Boeck, 2010.

Plus récemment, Pierre Dardot et Christian Laval ont publié *Commun* (sous-titré *Essai sur la révolution au* XXI*e siècle)*, présentant, après une analyse fouillée du concept, notamment sur le plan historique, un corpus de propositions politiques tendant à fonder une économie politique du commun (La Découverte, 2014).

Enfin, dans son dernier ouvrage, *La Nouvelle Société du coût marginal zéro* (Les liens qui libèrent, 2014), Jeremy Rifkin annonce l'avènement d'une économie du partage et « l'essor des communaux collaboratifs ».

généralement confondu, dans l'imaginaire populaire, avec le devin. Le prophète, disait-il en se référant à la tradition biblique, « c'est celui qui observe la réalité et lance au peuple ou au souverain : voilà ce qui arrivera si vous continuez à vivre ainsi ». Dans l'Ancien Testament, le prophète, *Vox clamentis in deserto*, appelait à la conversion, la *metanoïa* des Grecs.

Peut-être Ellul avait-il raison de penser qu'une occasion avait été manquée. Peut-être avait-il tort d'affirmer qu'elle l'était à tout jamais. Peut-être la conversion espérée par Ellul n'est-elle seulement pas encore advenue mais toujours en gestation.

MICHEL HOURCADE
JEAN-PIERRE JÉZÉQUEL
GÉRARD PAUL

I

AU COMMENCEMENT ÉTAIT LE CAPITAL...

1

Un schéma

Nous allons commencer, pour assurer notre démarche, par le rappel de notions très simples. Pour la compréhension de la genèse du monde moderne, il n'y a pas de meilleur guide, à mon sens, que Marx, et je me bornerai à redire le schéma qui me paraît sûr, simplifié certes, mais non modifié par les lectures récentes, ni par l'enthousiasme sur les *Grundrisse*. Une réflexion sur le Prolétariat ne peut que suivre sa propre démarche, puisqu'il semble bien que ce soit en effet ainsi qu'il ait procédé. Il n'est pas parti d'une philosophie générale et transcendante lui permettant d'expliciter la réalité économique du monde moderne, pour de là atteindre la condition humaine dans cette société, et déboucher sur la nécessité d'une action révolutionnaire. Mais il semble qu'il ait suivi le cheminement inverse et, assailli par la réalité tragique du prolétariat, il remonte de là à l'origine, le processus économique qui le produit, puis à une philosophie de l'homme et de l'histoire.

Rappelons les données. La réalité première, c'est l'existence du capital. C'est le procès du capital lui-même qui engendre le prolétariat. Mais ce capital comment va-t-il naître ? Il y a un premier temps, à vrai dire assez mystérieux, celui de la capitalisation primitive. Comment est-on passé du moment où il n'y avait pas de capital, où chacun gagnait sa subsistance, chaque foyer assurant lui-même la totalité des besognes nécessaires à sa vie, au moment où il va y avoir une séparation entre ceux qui ont un certain capital, une réserve de vivres et d'outils, une dimension de terres cultivables, et ceux qui n'ont plus que leurs bras à louer ou à vendre pour assurer leur existence ?

Pour Marx, dans ce premier temps, il y a violence, accaparement et vol : « L'accumulation primitive, *c'est-à-dire* l'expropriation des travailleurs. » L'explication est peut-être laborieuse, et ne marche pas nécessairement avec ce que les ethnologues et anthropologues actuels disent de la question. Mais peu importe. Il est bien exact qu'à un moment de l'histoire il y a cette « accumulation primitive », probablement associée à une tendance à la délimitation des terres, à l'appropriation privée. Et certains se trouvent en effet dans une situation de subordination. Ce n'est pas seulement une division entre des plus riches et des moins riches. Il y a effectivement une rupture de condition plus grave. Il y a ceux qui, ayant profité d'une accumulation primitive, commencent à avoir une quantité de biens qui excède leur propre capacité d'utilisation. Ils sont amenés à faire appel à d'autres pour utiliser ces biens (trop de terres pour qu'un seul ménage les cultive, trop d'armes pour qu'un seul chasseur les utilise...). Or il y en a qui se sont appauvris et qui n'ont pas ces moyens de subsistance, plus assez de terre, plus assez d'outils, etc. Ceux-là vont alors se mettre au service des premiers. C'est très simpliste, mais sans doute pas inexact. Il faudrait détailler les analyses d'Engels là-dessus, ce n'est pas notre propos. Par contre une fois que l'accumulation primitive a commencé se produit un mouvement de constitution du capital qui engendre inéluctablement sa croissance et l'exclusion d'un plus grand nombre.

Le capital premier permet d'engager d'autres travailleurs, et ceux-ci vont produire une valeur économique qui excède le coût d'achat de leur force de travail. C'est une erreur alors d'interpréter la pensée de Marx avec des termes comme « sur-travail » (le capitaliste faisant travailler l'ouvrier plus d'heures que ce qui était dû... mais au nom de quoi le capitaliste pourrait-il exiger cela ?) ou encore en disant que le capitaliste vole à l'ouvrier une partie de la valeur produite (sur quelle base le vol pourrait-il se faire ?) ou encore que le patron paie un salaire mais garde pour lui une partie du produit... Au contraire Marx souligne toujours avec force que tout ceci est parfaitement légal, régulier, que le capitaliste ne vole rien, que c'est le mécanisme lui-même qui est ainsi. Et sa position est beaucoup plus forte que celle de l'indignation généreuse de celui qui voudrait affirmer que le capitaliste est un voleur, un oppresseur, et que l'ouvrier est dépouillé injustement. En effet, s'il en était ainsi, nous serions situés sur un terrain de bonne volonté, d'honnêteté, de morale autrement dit. Par conséquent un patron qui serait bon, juste, équitable pourrait ne pas voler ses ouvriers, ne pas faire de profit, ni exiger un sur-travail. Il pourrait faire travailler les ouvriers pour une somme correspondante à la valeur produite. Or, c'est bien exactement ce que Marx veut exclure. Cette hypothèse n'est pas pensable. La qualité morale du patron ne change rien.

Ce sont des mécanismes objectifs qui produisent ce profit, qui engendrent la plus-value. Celle-ci est le résultat immanquable du fonctionnement du système. (Bien entendu, je me situe ici dans le régime capitaliste, je laisse de côté la production du capital dans les périodes esclavagistes, féodales, etc., ce qui compliquerait les choses inutilement pour notre propos.)

Comment fonctionne alors ce système, si miraculeusement ? C'est la théorie de la valeur qui l'explique. Tout le monde connaît la « valeur-travail ». Un objet a pour mesure de sa valeur la quantité de travail qu'il a été nécessaire de fournir pour le produire. Là encore, je laisse de côté tous les détails, la différence entre l'essence et la mesure de la valeur, la qualité du travail, etc. Je garde la ligne générale. Or, l'une des découvertes de Marx a été de voir qu'en régime capitaliste le travail est devenu une marchandise. Ici nous sommes au centre de l'explication. Le travail n'est plus ce qu'il devrait être, il n'est plus une expression libre de l'activité humaine, il n'est plus la spécificité de l'homme. En régime capitaliste, le travail est une marchandise que l'on achète à son prix de marché. Ce prix correspond (avec les nuances et les difficultés que Marx a longuement analysées sur la relation prix/valeur) à sa valeur. Or, quelle est la valeur marchande, la valeur d'échange du travail ? Elle doit être mesurée exactement comme pour toute marchandise, d'après la quantité de travail qui a été nécessaire pour la produire. Or, quelle est cette quantité de travail ? C'est exactement ce qui permet de reproduire la force de travail de l'ouvrier. C'est-à-dire sa nourriture, et tout ce qui est nécessaire pour entretenir sa vie (logement, chauffage, habillement), tout ce qui est nécessaire pour que, le lendemain matin, l'ouvrier soit de nouveau prêt à travailler ; mais c'est aussi la reproduction de la force de travail à long terme, c'est-à-dire qu'il y a un moment où l'être humain, comme la machine, s'use, et il faut le remplacer par un plus jeune : son fils. Une part de la valeur produite doit donc être consacrée à l'élevage des enfants qui remplaceront le père. Cette opération est identique à celle que fait le capitaliste quand il met de côté de l'argent en vue de remplacer la machine qui s'use au fur et à mesure qu'elle fonctionne. C'est un « amortissement » de l'ouvrier, comme il y a amortissement de la machine.

Remarquons d'ailleurs la beauté du terme : amortissement. Il s'agit de combler le vide produit par la mort. Ce sont donc ces trois facteurs qui déterminent objectivement la valeur de la force de travail. Si telle est sa valeur économique, déterminée par la théorie de la valeur, il est évident que le capitaliste va l'acheter au prix correspondant à sa valeur, pas plus. De même que l'on achète un objet à un prix correspondant, de même ici. Il n'y a aucune raison pour que le capitaliste paie davantage. On ne conçoit pas quelqu'un qui, venant acheter un objet à un marchand, lui dise : « Mais non, votre prix n'est pas assez élevé, quoiqu'il corresponde à la valeur, je vous paie davantage ! » On achète l'objet à sa valeur c'est tout. De même pour le travail de l'ouvrier. Le patron ne le vole pas en lui payant son travail à sa valeur évaluée selon le critère de toutes les marchandises. Le patron ne peut payer un autre prix, même s'il a de bons sentiments. Mais, et c'est la seconde trouvaille de génie faite par Marx, qu'est-ce que le patron achète ? On dit en général : le travail de l'ouvrier. Or c'est faux. Il achète sa *force de travail*. C'est contenu dans la conception même de la valeur. Ce que l'ouvrier mange, ce qu'il paie pour se chauffer, etc., reproduit quoi : non pas du travail, mais la force de travail de cet ouvrier, sa capacité à travailler, ses muscles et ses nerfs. Donc quand le patron paie un prix correspondant à cette valeur, c'est la force de travail qu'il achète, et non pas un temps limité du travail ouvrier. Ce contresens est la source de formules absurdes (le patron paie à l'ouvrier huit heures, mais il l'oblige à travailler dix heures... là encore on sort de l'analyse du mécanisme en utilisant des formules qui renvoient à un arbitraire du patron, à une contrainte dont on ne sait pas d'où elle vient !). Le patron ayant acheté la force de travail fait évidemment travailler l'ouvrier autant de temps que cette force de travail peut fonctionner dans la journée. Il n'y a aucune raison, si j'achète une machine, pour que je dise : elle pourrait travailler vingt-quatre heures, mais je ne la ferai fonctionner que six ou huit heures... Ce serait absurde. La force de travail de l'ouvrier peut s'exercer pendant dix heures, ou douze, ou quatorze. Au-delà, cette force est épuisée, il faut la « reproduire ». Donc tout à fait légitimement, le patron fera travailler l'ouvrier autant de temps que la force de travail de celui-ci fonctionne.

Or, la dépense nécessaire pour reproduire cette force de travail peut être couverte par une durée de travail bien moindre. Et c'est ici la troisième découverte géniale de Marx. La force de travail de l'être humain mise en application se révèle bien supérieure à celle des machines à vapeur. Celles-ci consomment plus d'énergie qu'elles n'en produisent. Mais la machine humaine est bien supérieure. Elle produit plus d'énergie qu'elle n'en consomme. C'est-à-dire concrètement, elle produit plus de valeur économique qu'elle n'a besoin d'en absorber pour être produite. Autrement dit, si le travailleur était libre et travaillait juste pour reproduire sa propre force de travail, il n'aurait besoin de travailler que six ou sept heures par jour. Cela suffirait pour produire son pain et ses habits, et ceux de ses enfants. Mais voilà, il a vendu sa force de travail, et le patron le fait travailler autant que cette force peut fonctionner. Si bien que pendant les six, sept, huit heures de travail, l'ouvrier fournit une valeur correspondante au salaire qui lui a été versé comme prix (légitime, pas injuste, correspondant à l'exacte mesure de son travail) de sa force de travail. C'est la valeur d'échange de cette force de travail qui a été reproduite. Mais il y a eu, au profit du capitaliste, aliénation de la valeur d'usage. Et à partir de ce moment, la force de travail va continuer à produire une valeur qui revient normalement au patron, mais que celui-ci n'a pas eue à payer. Il y a un sur-travail (par rapport à celui nécessaire pour reproduire la force de travail), il y a production d'une valeur supplémentaire (plus-value) qui n'est, en rien, le résultat d'un vol du patron, ni d'une contrainte, ni d'un marché de dupes : c'est la combinaison entre la théorie de la valeur et la loi du marché. Il reste donc inévitablement aux mains du patron cette valeur supplémentaire, qui va se répartir entre divers postes, et finalement ce qui lui revient en argent, c'est un profit. Mais celui-ci ne peut pas être supprimé tant que subsiste la base selon laquelle le travail est acheté en tant que marchandise. Il y a donc croissance inévitable du capital. Celui-ci permet à un second « circuit » d'acheter une nouvelle quantité de force de travail. Et celle-ci produira inévitablement une plus-value complémentaire. Autrement dit, la croissance du capital est théoriquement illimitée, tant qu'il existe une force de travail disponible. Et le rôle du capitaliste sera forcément de découvrir sans cesse de nouvelles forces de travail à intégrer dans le processus de production. Par ailleurs on voit que la situation du travailleur est déjà tragique : plus il travaille, plus il produit de plus-value, c'est-à-dire justement ce qui va accroître cette puissance qui l'exploite et le dépouille, en même temps qu'il lui donne le moyen de mettre au travail un nombre croissant de travailleurs.

Et ceci sera l'un des caractères de la condition du prolétaire : d'une part son travail ne peut servir qu'à rendre plus puissant son ennemi (le capital), d'autre part son travail payé à son juste prix ne lui permettra jamais de sortir de sa condition de prolétaire. Il est inexorablement fixé à la répétition indéfinie de la mise en fonctionnement de sa force de travail par le capitaliste. Et il n'y a aucun avenir pour lui ni pour ses enfants. Quel avenir pourrait-il y avoir pour une bicyclette ou pour un fourneau ? Tout est donc lié à la transformation du travail en marchandise. Ces notions tout à fait simples sont connues de tout le monde, je le sais, mais il était indispensable, je crois, au début de cette étude sur l'« inexorable prolétariat » de rappeler la base à partir de laquelle tout doit s'expliquer.

Il ne faut pas ici se tromper. Cette capitalisation est la condition de tout progrès. D'un côté elle déclenche le « mal » par la prolétarisation, de l'autre, on ne peut rien faire dans la société s'il n'y a pas cette accumulation capitaliste. L'homme ne sortira jamais de sa condition animale, de prédateur, de parasite, s'il ne procède à cette accumulation, d'abord primitive, puis peu à peu capitaliste. Les capitalistes, les bourgeois ne sont pas des méchants. Ils jouent leur rôle historique et grâce à eux le « progrès » peut avoir lieu. Le progrès suppose que l'on dispose d'une marge, par exemple de nourriture, pour faire autre chose que quêter quotidiennement sa ration. Il suppose aussi que l'on ait une réserve de capitaux à investir dans des entreprises qui ne rapporteront qu'au bout d'un cycle plus ou moins long. Il suppose enfin que l'on ait une quantité de capitaux permettant des recherches techniques nouvelles. Donc l'accumulation capitaliste fondée sur l'expropriation, l'aliénation et l'exploitation est la condition de tout développement de l'humanité, de tout enrichissement ultérieur. L'un ne va pas sans l'autre. Mais, dans la mesure où l'accumulation capitaliste a permis un progrès décisif avec le passage à l'industrialisation et à l'exploitation de toutes les ressources naturelles, elle conduit à la fois à la situation la plus désespérée de ceux qui sont exploités, et à une croissance productive qui doit permettre la satisfaction des besoins de tous les hommes. Autrement dit on arrive bien, aux yeux de Marx, à la dernière période historique, caractérisée par le triple fait : concentration absolue et accumulation à la limite de tous les capitaux/production de biens (en corrélation) presque illimitée/aliénation absolue des expropriés. On ne peut pas aller au-delà. Il suffit alors en effet de l'expropriation des expropriateurs pour que d'une part les prolétaires recouvrent la totalité de leur humanité, et que d'autre part la totalité des possibilités productives soit mise à la disposition de tous. Cette élimination du capitalisme est inéluctable : d'une part le prolétariat est arrivé à son inhumanité absolue, il ne peut plus supporter, d'autre part le capitalisme lui-même par son propre fonctionnement se condamne à disparaître. En se développant, en mettant en place l'appareil de production, en faisant avancer le « progrès », le capitalisme développe en même temps sa contradiction globale (le prolétariat) et se ruine lui-même.

En premier lieu rappelons l'essentiel au sujet du Prolétariat[1]. Il faut rappeler ce que Marx nous dit du prolétaire. Ce n'est pas le Pauvre. J'ai souvent dénoncé cette erreur (par exemple dans *L'Idéologie marxiste chrétienne*). Marx ne s'est pas intéressé aux pauvres en tant que tels, et il n'a pas fondé son analyse de la société sur une opposition entre des riches et des pauvres. Pour lui prolétaire n'est pas équivalent à pauvre. Le prolétaire est celui qui, d'une part, est dépouillé de la totalité de ses moyens de vivre par la croissance du capital, d'autre part, n'a qu'une issue pour survivre, c'est vendre sa force de travail au capitaliste. Mais comme le capi-

1. Castoriadis dans son excellent livre *Le Contenu du socialisme* (UGE, « 10/18 », 1979) critique, après beaucoup d'autres, le concept même de prolétariat. Ce concept avait un contenu quand il désignait comme sujet de la révolution un groupe ayant une réalité sociale massive et nette, les ouvriers manuels soumis uniquement à des tâches d'exécution. Mais aujourd'hui, ces « purs exécutants » sont devenus minoritaires : on ne peut plus parler de « la dictature de l'immense majorité... », tout le monde est salarié. Qui est donc prolétaire ? Pour y répondre je me réfère non pas à la définition purement économiste (travailleur exploité produisant une plus-value) mais à l'image beaucoup plus large que Marx a fournie *à partir* de cette situation économique. Or, je constate que les données de la condition prolétarienne existent toujours, même lorsque la condition économique a disparu. C'est pourquoi je garde quand même ce mot ; de même que celui d'*aliénation* : encore un terme ambigu ! Castoriadis en donne une vue très juste quand il écrit : « Les produits de l'activité de l'homme prennent, face à lui, une existence sociale indépendante, et au lieu d'être dominés par lui, le dominent (ce qui est typique de la technique). L'aliénation est donc ce qui s'oppose à la créativité libre de l'homme dans le monde créé par l'homme... C'est l'objectivation de l'activité humaine dans la mesure où elle échappe à son auteur sans que son auteur puisse lui échapper... » L'objectivation devient aliénation dans la mesure où elle ne peut plus être consciemment reprise ou supprimée... Ce qui se passe dans le système technicien et la croissance de l'informatique. « La société capitaliste est une société aliénée en tant qu'elle est dominée par ses propres créations, en tant que ses transformations ont lieu indépendamment de la volonté et de la conscience des hommes. »

talisme produit la totalité des conditions humaines de vie dans notre société, le prolétaire est celui qui cumule en lui la totalité des caractéristiques négatives de cette société. Le capitalisme utilise les machines et s'incarne dans l'industrie, le prolétaire sera soumis à la machine et exclusivement un ouvrier de l'industrie. Le capitalisme concentre la main-d'œuvre et provoque une urbanisation accélérée, le prolétaire sera un homme de la ville, exclusivement. Pour Marx, il n'y a pas de prolétaires à la campagne. Le capitalisme pour obtenir la force de travail nécessaire arrache les paysans à la terre et les entraîne dans un milieu artificiel, le prolétaire sera un homme *déraciné*, et qui a perdu sa patrie. De ce fait, le prolétaire est un homme sans culture, car il a été enlevé à son milieu naturel traditionnel, et il ne peut pas accéder à une culture de type bourgeois, répandue par l'École et les Journaux. Les salaires du prolétaire ne lui permettent pas de vivre vraiment, dès lors sa femme et très tôt ses enfants doivent s'engager dans le travail industriel ; de même la durée du travail aussi longue que possible interdit au prolétaire de vivre une vie de famille « normale », autrement dit, le prolétaire est celui qui n'a pas de famille. Le travail d'usine, non seulement pénible et dangereux, fait que le prolétaire ne peut pas mener une vie saine : il n'a pas de santé... Ainsi le prolétaire est un homme déraciné, exploité, urbanisé, sans patrie, sans famille, sans culture, sans santé, réduit à être un « appendice de la machine »... Remarquons en passant que si Marx attaque la patrie et la famille, ce n'est point « en soi », ce n'est pas parce que la patrie et la famille sont mauvaises, mais parce qu'elles sont devenues bourgeoises, elles sont un privilège. C'est un malheur pour le prolétaire de n'avoir pas de famille et pas de patrie. Et dans la mesure où ce que sont devenues famille et patrie est purement bourgeois, alors il faut lutter contre elles, les détruire non pas parce que « famille et patrie » mais parce que « bourgeoises », c'est-à-dire modelées par le capitalisme.

Enfin ce prolétaire est, en tout, dépouillé de son individualité même. En effet, il est spécialisé dans le travail qu'il a à faire. Et en tant que spécialisé, il n'a de valeur que dans la mesure où il est incorporé dans un ensemble (le travailleur collectif) où sa spécialisation sera complétée par les spécialisations complémentaires de ses autres co-ouvriers. Pris isolément, le travailleur parce que spécialisé n'a aucune valeur : ce qu'il sait faire n'a aucun intérêt. Et si dans l'ensemble des spécialistes nécessaires pour accomplir une tâche de production, un spécialiste manque, tous les autres sont réduits à rien. Dès lors la situation de chaque prolétaire est infiniment fragile. La seule chose qui donnait, dans cette société, une « valeur » à l'homme, le prolétaire en est doublement dépouillé : sa force de travail est vendue, sa capacité de travail est insignifiante ! Ainsi le prolétaire n'est en rien un modèle de l'homme, ce que doit devenir l'humanité. Au contraire, il est la négation de l'homme. Ainsi, encore, ce n'est pas ce que pense, ce que veut, ce que vise le prolétaire qui intéresse Marx. Il ne croit nullement à une « bonne » pensée ouvrière. Il ne faut pas être à l'écoute de ce que le prolétaire dit. Le prolétaire ne sait rien, n'a rien à dire, n'éclaire en rien la condition du monde moderne. Ce qui compte c'est ce qu'il est, en lui-même.

On s'est souvent trompé sur la spontanéité prolétarienne chez Marx. Il ne veut certes pas dire que les prolétaires vont inventer par leur réflexion ou leurs revendications une forme satisfaisante d'économie. Mais que l'être, la condition du prolétaire font que spontanément il joue le rôle historique qui lui est dévolu. En subissant la totalité des aliénations, en étant réduit à la négation de tout ce qui fait une vie humaine, le prolétaire ne peut que nier sa propre condition, et par là jouer son rôle historique, qui est la suppression de ce qui est l'origine de son inhumanité : le capitalisme. Ainsi le mouvement historique n'est pas la négation du capitalisme en tant qu'il serait injuste, etc., mais bien la négation de la négation chez le prolétaire de ce qui fait de lui une absence de l'homme. Et ce faisant, il libère tous les hommes de leurs inhumanités. C'est-à-dire que la manifestation de son être est exactement le facteur dialectique qui convient. Marx est souvent très dur pour la « pensée ouvrière », il n'est en rien « ouvriériste ». Mais le prolétaire ne peut pas faire autrement que de jouer le rôle historique que sa condition implique et qui est la négation de sa propre condition. Mais en niant sa propre condition, en cherchant à la détruire, voilà que par là même il détruit forcément toutes les aliénations qui pèsent sur l'homme, puisqu'il concentre en lui toutes les aliénations. En se niant lui-même (et il ne peut pas faire autrement, puisqu'il ne peut pas supporter la négation en lui de tout ce qui est humain), le prolétaire détruit les aliénations que tous les hommes subissent à des degrés plus ou moins graves. Tous, nous subissons certains déracinements, pour beaucoup la vie de famille est difficile, le lien avec la patrie est plus vague, plus incertain, l'accès à la culture est incohérent... mais personne d'autre que le prolétaire ne cumule en lui *toutes les aliénations*, toutes les oppressions. Et le prolétaire, c'est celui-là seul qui subit toutes ces aliénations, toutes ces oppressions. Sitôt qu'elles sont mitigées, partielles, compensées, il n'y a plus de prolétariat au sens de Marx. C'est pourquoi

Marx était hostile au réformisme, à l'amélioration par des atténuations successives de cette condition prolétarienne. Il était hostile au travail des syndicats, car en diminuant la rigueur de l'aliénation, sa totalité, on ne dira pas que l'on diminue la volonté révolutionnaire du prolétariat, ou qu'on l'adapte, mais bien plus fortement que le prolétariat cesse de l'être, il n'a plus aucun rôle historique à jouer. Il est dans le système et non plus la négation des systèmes.

Il faut revenir au si beau texte de Marx sur le Prolétariat : « Il faut la formation d'une classe qui ait des chaînes absolues, d'une classe de la société bourgeoise qui n'appartienne pas à cette société bourgeoise, mais en soit l'exact contraire, la négation de toutes ses faces. Une classe qui représente la dissolution de tous les avantages et de toutes les conditions sociales normales pour l'homme dans le capitalisme. Une classe qui possède le caractère universel en raison de sa souffrance universelle et qui ne revendique aucun droit particulier parce qu'on ne lui a pas fait un tort particulier mais un tort absolu. Une classe qui ne revendique plus un titre historique pour avoir le pouvoir ou l'autorité, mais seulement un titre humain. Une classe qui ne soit pas en opposition avec les *conséquences* mais en opposition universelle avec les *principes* de la société moderne. Il faut *nécessairement* une classe qui ne puisse s'émanciper sans s'émanciper *de* toutes les catégories sociales, politiques, intellectuelles, humaines, et en même temps sans *les* émanciper toutes avec lui. Il faut une classe qui soit la perte totale de l'homme et qui ne puisse donc se conquérir elle-même que par la reconquête totale de l'homme » (*Papiers posthumes - Litterarische Nachlass*, édités par Mehring). Il faut vraiment savoir que pour Marx, c'est cela le prolétariat, rien d'autre, pas seulement une classe ouvrière malheureuse, ou un peu exploitée, ou ne profitant pas de tous les avantages sociaux. Et il faut, pour qu'il y ait révolution, subversion du capitalisme, que cette condition soit poussée à l'extrême. C'est pourquoi Marx ne peut « penser » que l'aggravation de la condition prolétarienne (la paupérisation), en même temps que l'extension de cette condition à un nombre croissant d'hommes, subissant de plus en plus, par la croissance de l'accumulation capitaliste et la concentration des capitaux, l'aliénation réciproque de ceux qui sont dépouillés et deviennent prolétaires. Mais encore une fois, il ne faut pas s'y tromper : ce n'est pas la méchanceté des capitalistes, ni le capitalisme en soi qui produit le prolétariat. Je le répéterai : si l'on veut obtenir un développement des forces de travail (par exemple le machinisme) *il faut* une capitalisation, et celle-ci ne peut être obtenue que par expropriation des travailleurs. Le capitaliste est seulement un « agent historique ». Le prolétariat n'est pas le produit de l'avarice ou de l'esprit d'exploitation du capitaliste, mais de la nécessité historique inéluctable de développer les forces de production. Quoi qu'il en soit, la poussée jusqu'au bout du prolétariat détermine, inévitablement, la crise du capitalisme.

Mais celle-ci est en même temps déclenchée par les contradictions internes du capitalisme. Rappelons d'un mot les principales. La concurrence entre les capitalistes fait qu'il y a élimination constante des plus faibles, des moins habiles qui tombent dans le prolétariat, avec les couches moyennes, avec les petits artisans et commerçants, etc. Le capitalisme se concentre en prolétarisant de plus en plus d'individus. On arrivera à un moment où tout le capital sera concentré entre un tout petit nombre de mains, la presque totalité des hommes étant devenue prolétaire. Ceci ne peut subsister. De même, le capitalisme conduit à une réduction (tendancielle) du taux de profit. Ici je n'entrerai pas dans le détail de la démonstration. C'est-à-dire que davantage de capitaux incorporés produisent finalement un profit toujours plus réduit. Et à la limite, il n'y a presque plus intérêt à augmenter le capital. Mais on ne peut pas arrêter la machine. Elle continue à incorporer du capital même à perte. Ce qui est absurde. De même nous rencontrons la question (que nous retrouverons dans un autre contexte) de la croissance illimitée : le mécanisme que nous avons décrit n'a aucune raison de s'arrêter jamais. Chaque circuit productif produit de la plus-value qui est inévitablement réincorporée (en partie) dans le capital actif. Il n'y a pas de raison logique pour que ce mouvement s'arrête. Dès lors qu'est-ce qui permet de dire que le capitalisme serait condamné ?

Il y a cependant deux raisons plus radicales manifestant une contradiction destructive. D'abord, le capital engagé dans la production permet évidemment de produire toujours plus de marchandises, qui seront lancées sur le marché, et qui *doivent* être achetées. Or, *en même temps*, le jeu de la concentration capitaliste réduit un nombre croissant d'individus à la condition de prolétaires, c'est-à-dire de ceux qui peuvent tout juste acheter ce qui est strictement indispensable pour survivre, et reproduire la force de travail, dès lors il y a évidemment une réduction du pouvoir d'achat de la société, le marché se réduit. Quand un commerçant fait faillite, et devient prolétaire (n'ayant plus que sa force de travail à vendre), il est évident que c'est une capacité d'achat qui disparaît. Ainsi, plus le capitalisme accumule de capitaux, plus, en même temps, il produit de marchandises et diminue le nombre de ceux qui peuvent les acheter.

Ici nous sommes bien devant une contradiction interne du capitalisme qui est ruineuse (crises de surproduction, ou de sous-consommation).

Mais il existe une autre contradiction du capitalisme que souligne fermement Marx et qui est non moins importante. La contradiction entre la sphère de la production et la sphère de la consommation. Dans la production, l'usine est organisée. C'est même le talent de l'entrepreneur, d'organiser le travail collectif de façon à ce qu'il soit toujours plus efficace. Il ne peut pas y avoir d'industrialisation, ni de progrès de la production sans cette organisation. Mais celle-ci porte d'abord sur la force du travail. Les ouvriers ne travaillent pas individuellement, mais chacun a son poste, chacun a sa tâche précise combinée avec celle des autres : c'est la condition de la productivité. Chaque ouvrier fait partie d'un ouvrier collectif. Autrement dit, il y a, dans la sphère de la production, une mise en ordre, un « programme » d'une part, mais aussi une « socialisation » : on est sorti de la production individuelle par des milliers de petits artisans, pour accéder à une production collective. Elle est « collectivisée ». Et il y a contradiction d'abord entre le fait de la *propriété* de l'entreprise, qui est privée, appartenant à un seul, et puis cette collectivisation de la *réalité*, ce qui fait que l'usine existe, c'est-à-dire le travail. Contradiction qui va s'accroître et devenir intolérable. Mais elle est doublée par une autre : la sphère de la distribution, elle, est totalement anarchique, incohérente, inorganisée. C'est le marché. Et il est expérimentalement faux que le marché ait la merveilleuse vertu que lui attribuaient les économistes classiques. Le marché, c'est le désordre, l'incohérence, et la contradiction. Il est faux qu'il y ait des ajustements successifs, et que tout se rééquilibre. Le marché produit les crises et l'injustice de la distribution. Et, en réalité, plus la production est *socialement* organisée, plus la « distribution-consommation » est incohérente. Cette contradiction ne peut se résoudre que par le passage de l'organisation sociale à la sphère de la distribution-consommation. Le capitaliste industriel produit lui-même sa perte par l'amélioration de cette organisation, qui suppose le passage au socialisme. Telles sont les principales contradictions internes du capitalisme qui induisent le passage du capitalisme industriel au socialisme, sans toutefois que ces contradictions suffisent par elles-mêmes à effectuer ce passage. Nous n'insisterons pas sur les autres, et sur les démonstrations de détail qui sont hors de notre propos.

Mais il faut rassembler les quatre propositions, qui, malgré tous les délayages, les exégèses, les raffinements des commentateurs restent essentielles : – Le Machinisme et le développement économique ne sont possibles que par la capitalisation. – Cette capitalisation produit inévitablement un prolétariat (puisqu'elle ne peut se faire que par le prélèvement d'une réserve sur ce qui devrait être payé à l'ouvrier). – Le prolétariat provoque la révolution, la ruine du capitalisme et le passage au socialisme. – Le socialisme n'est possible qu'à un niveau d'économie développée et d'abondance. Il n'y a pas à sortir de là dans la pensée de Marx. Et je crois fermement que cette analyse de Marx est *exacte*. Toute industrialisation, quel que soit son mode, tout machinisme, toute technique exigent du capital d'abord, de la main-d'œuvre disponible et déracinée ensuite. Toute *industrialisation*, en s'accroissant, exige de plus en plus d'accumulation capitaliste, donc de plus en plus de prolétariat. C'est la bourgeoisie qui a mis ce processus en marche, elle a été historiquement chargée de cette fonction. « Le système des machines-outils automatiques recevant leur mouvement par la transmission d'un automate central est la forme la plus développée du machinisme productif. La machine isolée a été remplacée par un monstre mécanique qui, de sa gigantesque membrure, emplit des bâtiments entiers ; sa force démoniaque, dissimulée d'abord par le mouvement cadencé et presque solennel de ses énormes membres, éclate dans la danse fiévreuse et vertigineuse de ses innombrables organes d'opération[1]. »

C'est le régime capitaliste qui, pour la première fois dans l'histoire, a su créer les conditions propices à l'application de la science et de la technique dans la sphère de la production. « L'industrie moderne ne considère jamais comme définitif le mode actuel d'un procédé. Sa base est donc révolutionnaire, tandis que celle de tous les modes de production antérieurs était essentiellement conservatrice. Au moyen de machines, de procédés chimiques et d'autres méthodes, elle bouleverse, avec la base technique de la production, les fonctions des travailleurs et les combinaisons sociales du travail, dont elle ne cesse de révolutionner la division établie en lançant sans interruption des masses de capitaux et d'ouvriers d'une branche de production dans une autre[2]. » La bourgeoisie est le premier acteur historique de cette conquête du monde. « C'est elle qui, la première, a démontré ce que peut accomplir l'activité humaine. Elle a réalisé de tout autres merveilles que les pyramides d'Égypte, les aqueducs romains et les cathédrales gothiques, elle a fait de tout autres

1. Karl Marx, *Le Capital*, Flammarion, livre 1, chap. XV, p. 278.
2. *Ibid.*, p. 350.

expéditions que les invasions et les croisades [1]. » Et il ne peut y avoir de socialisme que si l'on a accédé à ce stade d'abondance.

2

Accumulation, Technique et Prolétariat

Tout ce que nous venons de décrire implique en réalité que la destruction du capitalisme et la libération du prolétariat proviennent d'une action extérieure au jeu économique lui-même. Le processus de croissance du capitalisme tel que Marx l'a décrit n'implique pas en réalité sa destruction. Il y aura seulement accroissement du nombre des prolétaires toujours mieux intégrés, dans la mesure d'ailleurs où, comme Marx le prévoyait, il pourrait y avoir augmentation des salaires et raccourcissement de la durée du travail, sans que cela ait la moindre incidence sur le processus de croissance et sur la prolétarisation. On sait en effet que nous sommes en présence d'une des difficultés majeures rencontrées par Marx. Il avait démontré la puissance d'absorption du capital, la nécessité de son accroissement, nécessité en vertu du fonctionnement même du système capitaliste, et nécessité en vue de ce fonctionnement. Le capital ne peut jouer son rôle économique qu'à condition de s'accroître, ce qui se produit fatalement par la conversion de la plus-value en capital, impliquant une modification dans la composition du capital, et par la suite une baisse tendancielle du taux du profit, mais sans que jamais on puisse envisager un passage à la limite, et de ce fait un arrêt de la

1. Karl Marx, *Manifeste communiste*, Éd. Costes, p. 61.

croissance du capital, de l'accumulation capitaliste. Marx a tenté de démontrer que cette accumulation ne pouvait pas être indéfinie, mais pour cela il était obligé de faire intervenir des facteurs non économiques. Le problème restait finalement entier. Et l'on sait que c'est Rosa Luxemburg qui a repris la question, y consacrant un livre entier (*L'Accumulation du capital*, 1912). « Il s'agissait de savoir si le capitalisme en général... était capable d'évoluer et les marxistes russes légalistes ont fait une démonstration si complète de cette aptitude qu'ils ont même prouvé théoriquement la possibilité pour le capitalisme de durer éternellement. Il est clair en effet que si l'on admet l'accumulation sans limites du capital, on a aussi prouvé sa viabilité sans limites... Si le mode de production capitaliste est en état d'assurer sans limites l'accroissement des forces de production, le progrès économique, alors il est invincible. »

Tel est effectivement le problème posé. Le capital fonctionne en s'accroissant, si la croissance est indéfinie, si le capital peut assumer à la fois l'utilisation de toute la main-d'œuvre et la mise en application de tous les progrès techniques, si la rotation des diverses formes du capital continue, à n'importe quelle échelle, à s'effectuer de la même façon, il n'y a donc plus aucune raison *économique* de penser que le capitalisme verra se multiplier les crises, et que la situation deviendra objectivement révolutionnaire. Il n'y aurait donc plus que des solutions révolutionnaires putschistes. Rosa Luxemburg a eu alors la même perspicacité que dans la question de la paupérisation. Le tort de Karl Marx avait été de poser le problème de l'accumulation dans sa forme absolue et, en somme, de façon abstraite et théorique. Rosa Luxemburg le ramène à la question *historique* concrète des *conditions* de l'accumulation. Or, sitôt que l'on considère la situation concrète dans laquelle s'effectue la croissance capitaliste, on s'aperçoit qu'elle ne peut pas être illimitée. Au lieu de prendre l'accumulation capitaliste comme un phénomène économique, à traiter selon les méthodes de la science économique, il faut l'envisager dans son contexte global, dans son milieu social d'ensemble, dont il est un des facteurs : à ce moment l'accumulation devient dialectique. « Elle se développe en dialectique du système capitaliste entier » (Lukács). Il faut, pour comprendre l'impossibilité de cette accumulation indéfinie, tenir compte d'abord des cadres nationaux dans lesquels forcément se situe le capitalisme, et en seconde limite, au travers de l'impérialisme [1], de la conquête et de l'exploitation des peuples non occidentaux, qui permettent un délai, une survie au capitalisme, mais dont les possibilités, ni comme marchés ni comme fournisseurs de matière première, ne sont indéfinies. Ici Rosa Luxemburg voit en effet des limites de caractère « naturel », sans d'ailleurs y insister.

Cette réinsertion de l'accumulation dans le contexte global conduit donc à la certitude de ses limites : « Dès l'instant, écrit-elle, où le schéma de reproduction élargie, chez Marx, correspond à la réalité, il indique l'issue, la limite historique du mouvement d'accumulation, c'est-à-dire la fin de la production capitaliste. L'impossibilité de l'accumulation signifie, au niveau capitaliste, l'impossibilité d'un développement ultérieur des forces productives et ainsi la nécessité historique objective du déclin du capitalisme. De là résultent toutes les contradictions dans le mouvement de la dernière phase, la phase

1. Est-il nécessaire de rappeler que Lénine n'est en rien l'inventeur du concept d'impérialisme qui avait été mis au point par Rosa Luxemburg ?

impérialiste, période terminale dans la carrière historique du capital. » Plus le capitalisme se développe, plus l'accumulation devient difficile. Mais le capitalisme ne se développe que par et pour cette accumulation et il ne peut pas rester stationnaire (ce qui veut dire qu'il n'y aurait plus de plus-value, donc plus de capitalisme !). Autrement dit : ou bien l'accumulation est possible indéfiniment, et alors le capitalisme durera indéfiniment, il n'y aura jamais passage au socialisme ; ou bien l'accumulation rencontrera de plus en plus de difficultés, jusqu'à une limite impossible à dépasser dans le capitalisme, et alors les guerres, révolutions, crises, etc., sont, non pas des accidents dont on pourrait débarrasser la société, mais l'expression de l'essence la plus intime du capitalisme arrivé à la limite des possibilités de l'accumulation. « La tendance objective de l'évolution du capitalisme vers ce terme suffit à produire, bien avant qu'il ne soit atteint, une telle aggravation sociale et politique des contradictions dans la société et une situation tellement intenable qu'elles doivent nécessairement préparer la fin du système régnant. Les contradictions sociales et politiques ne sont elles-mêmes pourtant en dernière analyse que le produit du caractère *économiquement* intenable du système capitaliste et elles puisent à cette source leur aggravation constante dans la mesure exacte où ce caractère intenable devient sensible » (Rosa Luxemburg). Et ce caractère économiquement intenable, c'est l'impossibilité d'une accumulation indéfinie. Tel était le problème des limites alors posé.

L'évolution historique a pourtant déjoué la réflexion (par ailleurs exacte !) de Rosa Luxemburg. Elle n'a, si l'on peut dire, pas été assez loin : dans la mesure où l'accumulation doit être replacée dans le contexte global, il fallait se demander *quel* était réellement ce contexte. Et s'il n'était pas le contexte de toute activité économique, capitaliste ou non. Dans ce cas, le problème de la limite à l'accumulation n'allait-il pas se poser *aussi* pour l'économie socialiste ? Dans la mesure où l'on repartait toujours de l'accumulation produite par la plus-value, la question n'avait pas de sens, mais à partir du moment où on envisageait cette accumulation comme le simple facteur de la croissance économique, celle-ci mettant en œuvre toutes les possibilités de la « nature », devait évidemment se poser *aussi* le problème de la limite à *toute* croissance. Comme les marxistes étaient liés à leur analyse des contradictions du système capitaliste, et où, les contradictions résolues, on devait arriver à un *autre* stade de l'économie, ils ne pouvaient pas voir cette question.

Comme cela est arrivé très souvent, les marxistes ont correctement posé des problèmes, ont vu, les premiers, les problèmes de fond de notre société, mais ont été ensuite bloqués par la conviction de la différence incommensurable, dans tous les domaines, entre le stade capitaliste et le stade socialiste de l'évolution économique. Or, ce qui s'est produit, ce à quoi nous assistons, c'est un phénomène inattendu : le capitalisme a su depuis les vingt dernières années surmonter à peu près toutes les contradictions qui avaient été analysées par les marxistes et qu'ils croyaient mortelles. On a résolu presque tous les problèmes économiques tels qu'on les voyait alors*[a]. Les problèmes eux-mêmes ont changé.

---

* Les appels de note en lettre renvoient aux notes des éditeurs ; ceux en chiffre renvoient à celles de Jacques Ellul.

a. Rappelons que cet ouvrage a été initialement édité au premier trimestre 1982.

Marx avait assez parlé pourtant du changement du quantitatif en qualitatif, mais il n'avait pas envisagé le fait qu'au-delà d'une certaine dimension, au-delà d'une certaine accumulation du capital, les problèmes (et les contradictions) changent qualitativement : ce qui aurait été une crise tragique en 1900 avec un capitalisme semi-développé reste assurément une crise, un obstacle, un inconvénient, mais à la longue « épongeable » grâce à l'énormité et à la puissance du système. Celui-ci n'a en effet pas seulement *changé* dans ses structures, il a surtout modifié ses dimensions. Les proclamations toujours renouvelées selon lesquelles le système capitaliste est à toute extrémité, au bord de la crise dernière, à la limite de l'effondrement, etc., sont des incantations magiques sans plus. Que cela satisfasse ou non, le capitalisme (certes considérablement modifié par rapport à celui de 1900, et dans une certaine mesure *socialisé*) est, en tant que système économique, encore durable pour longtemps. Et plus l'accumulation se poursuit, plus le capitalisme se renforce. Ce n'est donc pas cette limite qui est redoutable pour lui, mais avant d'avoir atteint cette limite à l'accumulation possible, nous nous trouvons maintenant en présence d'autres limites.

Rappelons qu'il s'agit de celles provoquées par l'éventualité d'un épuisement de certaines matières premières, par la pollution et les nuisances (les coûts externes qui doivent être « internalisés ») et l'ensemble des problèmes posés par l'environnement. Rappelons que les contradictions se sont déplacées : la contradiction majeure est provoquée par la croissance démographique. Celle-ci *doit* continuer parce qu'elle est la condition de la croissance économique mais, du fait de sa rapidité, elle entraîne des difficultés de plus en plus impossibles à résoudre. Or, ces limites et ces contradictions affectent maintenant de la même façon les deux types de régime. Si l'on peut dire en effet que le système socialiste est mieux à même que le régime capitaliste d'internaliser les coûts puisqu'il n'y a pas de problème de rentabilité, d'un autre côté on constate que le capitalisme a su faire de la plupart des entreprises d'épuration, de lutte contre la pollution, etc., un autre secteur de l'activité capitaliste. Un point c'est tout. Il est assuré que le pays où la lutte contre nuisances et pollutions est le mieux conduite ce sont les États-Unis qui sont les seuls à avoir enregistré des réussites étonnantes en ces domaines. Si, d'un autre côté, on peut dire que les problèmes d'environnement ne sont pas aussi graves en pays socialistes, cela tient, non pas au régime économique et social, mais à la moindre densité de population dans la plupart de ces pays (sauf bien entendu la Tchécoslovaquie, etc.). Il n'y a pas non plus de problèmes d'environnement en Afrique du Sud ou, pour l'ensemble du territoire, en Australie[b] ! En réalité les questions posées, les limites que l'on peut maintenant prévoir pour la croissance économique sont les mêmes en régime capitaliste et en régime socialiste. Sans aucun doute, et c'est ici que je rejoindrais Sauvy[1], si la limite de la croissance était atteinte, cela signifierait l'ouverture d'une crise sans précédent. Le système est tel que l'on ne peut pas tout simplement dire :

---

b. On voit bien ici le chemin parcouru depuis la parution en 1982 de *Changer de révolution* : il n'est évidemment plus possible aujourd'hui d'écrire ce qu'Ellul écrit ici sur l'environnement dans les pays de l'Est (après la « découverte » des niveaux de pollution atteints en RDA avant la chute du Mur) ou sur l'Australie (les risques d'atteinte à la Grande Barrière de corail ou les événements climatiques).

1. Cf. Alfred Sauvy, *Croissance zéro*, Calmann-Lévy, 1973.

maintenant on va s'arrêter. Si l'on s'arrête, il y aura des répercussions innombrables et désastreuses.

Rosa Luxemburg avait donc raison en démontrant que l'arrêt de l'accumulation entraînait une crise radicale. Mais il ne s'agit plus seulement de l'accumulation, c'est de l'activité même, et la crise éventuelle n'atteint plus seulement le régime capitaliste. La nouvelle limite à l'activité économique qui est apparue dépasse les différences de régime et d'organisation. Or si la crise en question n'est plus la crise du système capitaliste débouchant sur le socialisme, mais celle de toute l'activité économique, alors il n'y a plus de succession nécessaire et irrécusable du socialisme au capitalisme. Ou, plus exactement, sans doute le capitalisme dans ses nouvelles structures se socialisera de plus en plus, les réformes demandées par les socialistes seront de mieux en mieux exécutées par le « capitalisme » dans la mesure où l'on pourra continuer à donner ce nom à un régime mixte, qui ne sera plus le capitalisme bien typé des origines, et pas davantage un système de transition vers le socialisme : la mixité ne signifie pas forcément l'instabilité, le transitoire.

Le capitalisme n'obéit plus aux lois posées par Marx, pas davantage que le socialisme qui s'est institué ne répond, nulle part, aux espérances premières. C'est que (et Lukács, après Rosa Luxemburg, avait raison d'y insister sans voir d'ailleurs jusqu'où cela pouvait mener !) l'important n'est pas telle organisation ou tel mécanisme économique, mais la considération de la globalité sociale. Or, ici la mutation (scientifique et technique) est incommensurable par rapport à tout ce qui avait été envisagé par Marx. Certes, un certain socialisme peut s'instaurer, qui répondra à des problèmes économiques, et sera une façon de les résoudre : mais ce sont exactement les problèmes qui avaient été posés par Marx. Pas d'autres. La réponse est correcte mais le problème est dépassé. Et d'ailleurs si l'on accepte maintenant cette réponse, si le capitalisme accepte un certain nombre de transformations dans le sens socialiste, si même il s'engage dans la voie de la coexistence pacifique et de la coopération avec les régimes socialistes les plus avérés, les questions auxquelles sont données ces réponses ne sont plus les vraies, celles qui risqueraient d'affecter le système lui-même (les réactions contre Cuba ou contre le Chili sont des réactions d'intérêts capitalistes *particuliers* et non pas une défense globale du système ! Il est évident que, pour se maintenir et progresser, le capitalisme devra accepter l'élimination du latifundisme d'Amérique latine). Dès lors, la limite atteinte maintenant par la croissance économique ne détermine plus, comme la limite de l'accumulation capitaliste, le passage au socialisme. C'est même ce qui a permis de dépasser la limite supposée de cette accumulation capitaliste qui aujourd'hui pose la question décisive (par suite du saut qualitatif) de la limite de la croissance. Autrement dit, parce que le capitalisme a su éviter l'obstacle analysé par Rosa Luxemburg, et qui devait produire la crise vers le socialisme, il a d'une part rendu ce passage au socialisme possible mais anodin, et d'autre part fait surgir un ensemble de difficultés imprévues qui constituent maintenant la véritable limite, mais également valable pour les deux modes d'organisation économique.

Il reste néanmoins une hypothèse à envisager : n'est-ce pas parce que le socialisme s'est édulcoré, a renoncé à sa véritable prétention révolutionnaire, que le communisme est entré dans les moules antérieurs (nationalisme, moralisme, économisme avec la rentabilité ou la création d'un nouveau système de plus-value, étatisme, bureaucratie, etc.), n'est-ce pas pour cela qu'en définitive la situation est telle que nous la connaissons ? Autrement dit les limites actuelles à la croissance ne sont-elles pas toujours fonction de la structure capitaliste, le communisme étant en fait devenu un capitalisme d'État dans tous les pays avancés ? Il est donc normal qu'il trouve les mêmes limites, qui restent en définitive des limites à l'accumulation capitaliste. Le remède serait alors la radicalisation révolutionnaire du communisme marxiste. Mais on éprouve une première difficulté : tous ceux qui soutiennent cette thèse se réfèrent à des nations qui sont passées au stade socialiste dans un état économique arriéré. Il est évident que la limite à l'accumulation capitaliste ne paraît pas en Chine ou à Cuba mais cela ne tient pas à la radicalisation révolutionnaire, mais à l'arriération économique. Peut-on alors penser qu'il y aura un passage de ce stade au stade avancé, par une croissance propre, qui permettra d'éviter la question de la limite ? Et bien entendu non pas seulement de la limite à l'accumulation capitaliste puisque par hypothèse il n'y aura jamais capitalisation, mais aussi des limites telles qu'elles se sont dévoilées ces dernières années.

On a, bien entendu, pour justifier cette thèse fait appel au fameux mode de production asiatique, analysé bien schématiquement par Marx (et mis en lumière, puis au premier plan depuis Godelier[c]). Ici, Marx montrait seulement que l'on pouvait passer du stade de la commune primitive au stade

---

c. Maurice Godelier, *La Notion de « mode de production asiatique » et les schémas marxistes d'évolution des sociétés*, Paris, Centre d'études et de recherches marxistes, 1964.

socialiste par la seule étape intermédiaire du mode de production asiatique qui impliquait la création d'un État absolu, total et intégrateur. Il n'a pas expliqué, et ses successeurs non plus, comment on se débarrasserait de cet État... qui est finalement un capitaliste collectif ! Mais le problème n'est pas là. Peut-on concevoir que par le biais de la « production asiatique » on puisse éviter les problèmes *actuels* ? En fait, on peut bien comprendre comment on passerait, sans féodalité ni capitalisme bourgeois, à la société socialiste par la seule croissance intégratrice du corps social : mais il faut quand même, de toute évidence, arriver à un niveau de production et d'organisation qui permette d'accéder au socialisme (qui ne se conçoit pas sans un haut niveau de production !). Or, ceci impliquerait que l'on invente non pas seulement quelques changements techniques, mais la totalité d'un système technicien fondé sur des bases différentes et fonctionnant selon des lois différentes de celles du système technicien actuel. Or, on ne peut même pas imaginer ce que cela signifie. L'imbrication entre Science-Technique-Économie (même si on prétend que la Science n'est qu'une idéologie) produit un système qui est le nôtre à moins que l'on arrive à éliminer la base scientifique idéologique. Ce fut la tentative chinoise que nous aurons à examiner.

Ainsi, nous sommes en présence de cette remarquable difficulté théorique que le prolétariat est obligé de se développer en même temps que le capitalisme. Si la technique est une puissance de libération du prolétariat, ce que nous verrons aussi, cette technique conduit-elle au socialisme ? Non, mais à un régime de type nouveau pour évacuer le legs d'aliénation du capitalisme, pour arriver à une limite au-delà de laquelle l'accumulation ne serait plus possible, en même temps que le prolétariat serait libéré de toutes ses aliénations, il faudrait imaginer un monde socialiste ascétique, fondé sur la privation, le refus de la puissance technique, etc. Cela me conviendrait assez, mais l'échec des expériences sur le stimulant moral remplaçant les stimulants économiques, aussi bien à Cuba qu'en Chine, laisse penser que cet ascétisme est peut-être acceptable pour une petite élite révolutionnaire, sûrement pas pour des peuples entiers qui seront forcément au contact avec la consommation occidentale. Autrement dit un radicalisme révolutionnaire qui prétendrait attaquer les problèmes actuels soulevés par la technique, orienté vers l'autogestion, la suppression de l'État, de la bureaucratie, l'orientation de la production vers les « besoins naturels », etc., implique la destruction de tout l'appareil, ce qui veut dire, sans aucune discussion possible, une régression économique. Le communisme radical est totalement incapable de recueillir le legs du capitalisme développé contrairement à ce que pensait Rosa Luxemburg : la technique impose sa loi et, si on veut lui échapper, ce ne peut être qu'au prix de la réduction de la puissance, de l'efficacité, de la productivité, etc., donc cela implique un retour à un état comparable à celui du début de la révolution industrielle pour prendre un nouveau départ dans une autre direction. Il s'agirait d'effacer deux cents ans d'application technique et de dégager la science de l'idéologie bourgeoise. Mais cela ne peut pas se faire *après coup* ; pour y arriver il faudrait recommencer. La limite atteinte actuellement par le système capitaliste ne peut être franchie simplement par un socialisme qui prendrait le relais en modifiant l'appropriation des biens de production : ce n'est plus la question devant laquelle nous nous trouvons car ce n'est plus l'impossibilité de continuer à accroître le capital qui est notre limite ! Ainsi le radicalisme révolutionnaire d'inspiration marxiste est une idéologie sans référence avec le réel, et au travers de lui nous rejoignons le dilemme posé par le « Zero Growth » qui, tout idéologique qu'il soit, reste plus proche du réel. À moins que, pour atteindre cet objectif, il ne faille passer par une mutation révolutionnaire, ce qui me paraît en effet la seule voie possible. Mais il s'agit d'une révolution d'un tout autre modèle que celui pensé par Marx et Rosa Luxemburg.

Il existe une tradition bien assise selon laquelle la technique doit faire naître le communisme. Elle remonte, bien entendu, à Marx lui-même. On connaît le triple schéma. En première ligne, le rapport, en même temps irremplaçable et conflictuel, entre forces de production et rapports de production. Tout le monde connaît le procès (s'il est mécaniciste, il est trop simple, et, comme l'ont montré Plekhanov et Lukács, et bien après eux Althusser... il ne correspond pas à la pensée de Marx). Or, ce qui nous importe ici c'est seulement le rappel que pour Marx, d'une part la technique est l'élément principal des forces de production, que c'est elle qui progresse de façon ininterrompue, qui produit le progrès, et de là entraîne le conflit avec les rapports de production, organismes stabilisants et bientôt réactionnaires. La technique seule est progressiste, elle va nécessairement vers l'avenir, donc c'est elle qui vise (clairement ou non) l'instauration du communisme, et la fin du prolétariat. Mais c'est elle aussi qui provoque cette crise. Car c'est elle qui met fin à la domination capitaliste.

La technique entraîne inévitablement l'éclatement du mode de production capitaliste. Elle entraîne une production excédentaire que le marché ne peut pas absorber. Elle provoque une économie de main-d'œuvre qui réduit une part croissante des travailleurs en chômage. Et l'on sait alors la double conséquence : d'un côté, le capitalisme obligé de chercher toujours de nouveaux marchés passe au stade impérialiste, qui est celui de sa propre décomposition. D'un autre côté, la croissance du nombre des chômeurs entraîne la paupérisation du prolétariat (car il faut, rappelons-le, dans la pensée de Marx, évaluer la paupérisation non pas sur le plan individuel, mais global, de classe, et par conséquent faire la moyenne entre ce que gagne l'ouvrier qui travaille et l'absence de gain du chômeur pour savoir quel est le niveau de vie du monde ouvrier). Le capitalisme se trouve donc inévitablement écrasé par le nombre des chômeurs, et ne peut faire face à cette paupérisation croissante entraînant une révolte. D'ailleurs le capitalisme étant orienté, poussé, mais aussi limité par le seul objectif de la recherche du profit ne peut utiliser la technique que dans la mesure où celle-ci améliore la production de la plus-value. Il est dès lors totalement incapable d'assumer la technique dans toutes ses dimensions, en particulier lorsque celle-ci exige des investissements non rentables, ou encore lorsqu'elle tend (et elle y arrive *forcément*) à réduire le taux du profit. Mais la technique, elle, ne cesse pas de se produire, de se développer, donc elle exerce une pression de plus en plus forte sur les structures socio-économiques : il n'est pas possible de maintenir indéfiniment cette technique dans l'attente, de la stériliser, l'accumulation des moyens potentiels fait nécessairement sauter le verrou d'opposition capitaliste, et par ce biais aussi déclenche la crise. Mais cette crise est celle du conflit entre les forces de production, portées par les travailleurs contre la classe exploiteuse, des capitalistes, si bien que la technique faisant éclater le capitalisme débouche inévitablement sur le communisme. Elle est le vecteur privilégié de cette puissance nouvelle.

Arrivée à son plein développement, la technique entraîne une mutation des rapports de production, et ceux-ci sont reconstruits en fonction de l'état nouveau de ces forces de production, c'est-à-dire de la technique. Or, cette technique exige une collectivisation des ressources et des méthodes qui ne peuvent être individuelles. De plus, elle suppose une motivation d'action qui n'est plus l'intérêt individuel puisque la technique obéit à l'efficacité sociale. Dès lors la structure socio-économique du communisme est à la fois nécessitée par la croissance technicienne et capable d'absorber au fur et à mesure tous les développements de cette technique, qui ne sera plus bridée, barrée par des obstacles extérieurs. Il y aura dès lors coïncidence parfaite entre organisation de la société et capacité de la technique. L'un conditionnant l'autre, et la technique ne rencontrant plus d'obstacle pourra ainsi se développer indéfiniment sans que cela remette en cause les structures nouvelles. En réalité, la coïncidence est même plus profonde : en effet cela revient à considérer une double libération. D'un côté la technique tend à libérer les hommes du poids, des contraintes, des limitations, des dangers de la nature, de l'autre le communisme libère les hommes du poids des contraintes, des limitations, des dangers de la société, et tout particulièrement de l'État. Le communisme accomplit donc ce que la technique prépare. Leur conjugaison arrive à une double libération de l'homme, si bien que la croissance de la technique ne trouve son achèvement que dans l'institution du communisme. D'où la glorification de la technique chez Marx, et la confiance d'un optimisme complet, dans son développement qui ne peut être qu'un progrès pour l'homme. La technique travaille en même temps pour l'homme [1] et le communisme. Elle ne peut pas disparaître dans le communisme au contraire [2]. Dans la société communiste, l'autorité devient de type technique. Elle n'est plus politique. Elle correspond, chacun le sait, au fameux passage annoncé par Saint-Simon du gouvernement des hommes à la gestion des choses. Le pouvoir devient gestionnaire, sans plus. Mais qui dit gestion, dit forcément technique. Comme l'exprime bien Engels : « il y a subordination et hiérarchie, mais comme dans un navire pour qu'il puisse continuer sa route ». Nécessité technique du pouvoir fondée sur « l'emploi des machines et la collaboration métho-

---

1. Voir par exemple Kostas Axelos, *Marx, penseur de la technique*, UGE, coll. « 10/18 », 1961. À la vérité, il reste cependant un double problème, sans parler des questions spécifiques issues d'une croissance technicienne d'un type inattendu. Je reste dans la problématique classique du marxisme. La première question vient de ce que K. Marx a toujours affirmé que le passage au communisme ne peut s'effectuer que lorsque le système capitaliste a fourni tout ce qu'il était susceptible de fournir. Donc sur la base d'une technique déjà très développée, et d'une production économique également considérable : lorsque toutes les « infrastructures » sont posées. Il ne pouvait être question d'instaurer un communisme de la misère ayant pour charge d'assumer à la fois la mise en place des techniques et la croissance économique. Nous aurons à voir que c'est là le point crucial de tous les régimes communistes actuels. La seconde question tient à l'identification entre structures et groupes humains, c'est-à-dire « forces de production-prolétariat », « rapports de production-bourgeoisie ». Tant que les forces de production s'analysaient en machinisme et industrialisation, il pouvait y avoir en effet relation entre ceux-ci et le monde ouvrier. Mais la croissance technicienne est d'un autre type : en réalité, apparaît une autre catégorie, les techniciens qui ne sont pas des ouvriers, ni des manuels ni des prolétaires. Et c'est aux techniciens que s'assimile la force de production proprement technique. Ceci modifie considérablement le schéma et explique pourquoi les communistes essaient à tout prix de faire entrer les techniciens dans le prolétariat.

2. Sur tout ceci voir l'excellent livre de L. Sfez, *L'Enfer et le Paradis : critique de la théologie politique*, PUF, 1978, deuxième édition sous le titre *La Politique symbolique*, PUF Quadrige, 1993.

dique de nombreuses personnes». «Si j'oppose ces arguments aux anti-autoritaires les plus effrénés ils se retranchent derrière cette seule réponse : Ah cela est vrai mais il ne s'agit pas ici d'une autorité que nous conférerions à nos délégués : nous les chargeons seulement d'une certaine mission... Ces gens-là s'imaginent pouvoir changer la chose en modifiant le nom» (texte cité par Sfez).

En apparence, il n'y a pas de difficulté dans la transposition technique-autorité. Car, toujours selon Lénine, il n'y a plus de commandement dans la société communiste, mais uniquement des fonctions de surveillance et de comptabilité (sur le fameux modèle de la poste !). Ainsi la technique est encore un facteur favorable au communisme : elle permet justement de substituer à l'autorité, au politique antérieur, un système objectif de moyens, qui enlève tout caractère subjectif, aléatoire et autoritaire à cette organisation qui devient objective, neutre et mathématique : l'homme n'a plus besoin d'être supérieur à l'homme puisque c'est le système organisationnel qui l'est. Progrès complémentaire : la technique de production exigeait et permettait le passage au communisme, maintenant la technique de gestion permet le fonctionnement de ce communisme avec dissolution du pouvoir politique. Qui plus est, répétition de la précédente concordance, elle le permet et elle l'exige : car dans toute autre organisation que la communiste, la technique de gestion ne pourra jamais s'appliquer pleinement : elle sera chaque fois bloquée par les intérêts individuels (or, n'oublions pas, ces intérêts individuels ne sont pas seulement *permis* dans le capitalisme : ils sont *produits* par le système, alors qu'ils sont dissous et, à proprement parler, deviennent sans objet dans le communisme). Qui plus est, la technique rend cette gestion de plus en plus simple. Certes les problèmes deviennent plus difficiles et complexes, mais les méthodes permettent de les résoudre de plus en plus aisément, si bien qu'à la limite on trouve le célèbre texte sur « la cuisinière », remise à la mode par Glucksmann[1], où il nous est donc annoncé que toute la gestion de l'Économie et de la société sera à la portée de n'importe quelle cuisinière. Nouveau miracle de la technique, rendant à la fois possible, mais aussi nécessaire le communisme (nécessaire puisque, sans lui, jamais la cuisinière ne serait dans une situation telle qu'il lui serait loisible de participer à cette gestion). Et finalement, la gestion courante sera contrôlée par le peuple lui-même, peuple en armes, s'il le faut pour veiller à ce que personne n'usurpe un pouvoir, à ce que tout marche objectivement. « Le peuple armé s'en chargera aussi simplement, aussi facilement qu'une foule quelconque d'hommes civilisés, même dans la société actuelle, sépare des gens qui se battent ou ne permet pas qu'on rudoie une femme. » Ainsi il y aurait un contrôle permanent du peuple entier sur les techniciens, c'est-à-dire sur ceux qui exerceraient une autorité. « Surveillance continuelle qui ne s'éclaire que par une conscience globale de la situation. C'est alors le règne de la totalité simultanée supprimant les divisions entre syndical et politique, manuel et intellectuel, ville et campagne, administration et politique, décision et exécution. Les fonctions publiques, dira Engels, perdront leur caractère politique et se transformeront en simples fonctions administratives qui veilleront aux intérêts de la société. Le problème de l'autorité en tant que commandement ne se pose

1. André Glucksmann, *La Cuisinière et le Mangeur d'homme*, Le Seuil, coll. « Combat », 1975.

plus... » montre excellemment Sfez. Mais tout cela n'est possible, donc ne fait la réalisation même du communisme que grâce à la conjugaison des diverses techniques. Et Sfez procède, en deux lignes, à la mise en question montrant qu'il y a illusion : « L'autorité, même technique, ne suppose-t-elle pas un double décalage de temps ? Premier décalage de temps de celui qui confère l'autorité à celui qui l'exerce, deuxième décalage de celui qui l'exerce à ceux qui obéissent au commandement ? » Il n'en reste pas moins pour la pensée marxiste stricte que la technique est toujours libératrice du prolétariat.

3
Déviations

Par rapport à l'analyse de Marx que nous avons brièvement rappelée, se sont produits deux événements qui allaient tout perturber. Le premier ce fut la révolution effectuée par les bolcheviks en 1917, le second, le passage de la société industrielle que Marx avait connue à la société technicienne où la technique est autre chose que ce que l'on avait imaginé.

Tous ceux qui connaissent un peu la pensée de Marx ont forcément été arrêtés par cette difficulté, banale mais fondamentale, à savoir que la révolution communiste n'a pas éclaté, comme le disait Marx, dans les pays les plus industrialisés, dans les pays où le prolétariat était le plus nombreux, mais dans un pays faiblement industrialisé et où le prolétariat représentait 5 % de la population ! Lénine a essayé, péniblement, de justifier cette contradiction avec son fameux *Impérialisme, stade suprême...* mais on a trop négligé le fait que si cette nouvelle analyse expliquait à la rigueur la survie du capitalisme à ses contradictions que Marx avait analysées et qui aurait dû produire la catastrophe vers la fin du XIXe siècle, elle n'explique absolument pas, malgré sa prétention, le fait de la révolution en Russie. Et ici il faut reprendre la querelle Kautsky-Lénine ; Kautsky était, rappelons-le, considéré comme bien supérieur au point de vue théorie marxiste à Lénine en 1910. Il était très proche de Plekhanov. Devant la possibilité affirmée par Lénine d'une révolution communiste en 1917, puis devant sa réussite, il démontre que Lénine a tort sur le plan théorique, et que cette erreur entraîne par conséquence que sa révolution n'est pas une révolution communiste. On a trop oublié cette vigoureuse mise en garde[d].

Pour Kautsky, il ne peut y avoir de passage au socialisme, selon Marx, que lorsque certaines conditions économiques *objectives* sont réalisées. Il rappelle qu'il faut avoir atteint un niveau élevé de production industrielle. Et que, par ailleurs, sur le plan général, on doit revenir à la « loi » posée par Marx qu'un système économique ne cède la place que lorsqu'il a produit *tout* ce qu'il était capable de produire, lorsqu'il a atteint son plein développement, et ne peut pas aller plus loin. En affirmant ceci, Kautsky ne nie nullement, contrairement à ce qu'on a voulu lui faire dire, la nécessité d'une révolution violente ; ce n'est pas de la social-démocratie. Il se borne à constater, conformément à Marx, que l'on ne peut pas faire une révolution n'importe quand, et dans n'importe quelles circonstances : il y a des conditions objectives nécessaires pour que la révolution soit celle du pro-

d. Sur les débats entre Lénine, Kautsky et Plekhanov, voir le cours de Jacques Ellul, *Les Successeurs de Marx*, La Table Ronde, 2007.

létariat. Quand ces conditions sont réunies, alors le prolétariat, guidé par le Parti, peut faire cette révolution (et il doit la faire). Mais si ces conditions objectives ne sont pas réunies, alors ce que l'on peut tenter ne sera pas une révolution communiste et prolétarienne. Ce qui ne veut pas dire que cette tentative doive échouer, mais ce sera une « aventure de type blanquiste », ce sera un putsch, et au mieux une révolution comparable à celle de 1789, c'est-à-dire en définitive une entreprise de type bourgeois.

Or la Russie de 1917 n'est pas industrialisée, elle ne comporte pas de capital accumulé, la bourgeoisie y a très peu d'importance, elle est un État en cours d'industrialisation, mais ce n'est pas durant cette période qu'une révolution communiste est possible. Ce serait comme si on avait prétendu la faire en Angleterre au milieu du XVIIIe siècle. La seconde critique contre la volonté de Lénine de faire la révolution hic et nunc dérive de la précédente. Pour Marx, le passage au socialisme ne peut se faire que lorsque la classe ouvrière est suffisamment nombreuse et forte pour imposer sa volonté. C'est indispensable pour que nous soyons en présence d'une révolution *prolétarienne*. Tant que le prolétariat industriel est une toute petite fraction de la population, cela implique des possibilités considérables de développement économique du capitalisme. Il faut arriver au stade où c'est vraiment l'énorme majorité de la population qui est exploitée par une infime minorité. Or, ce n'est pas le cas en Russie : il y a une énorme majorité paysanne, sans doute exploitée, mais les paysans inclus dans un système seigneurial ne sont pas des prolétaires. Il y a ensuite une énorme quantité de fonctionnaires. Là encore ce n'est pas du prolétariat. La toute petite minorité ouvrière ne peut pas procéder à la révolution que montre Marx selon laquelle la majorité opprimée et exploitée retourne la situation et devient la majorité au pouvoir, opprimant l'ancienne minorité bourgeoise et capitaliste. D'ailleurs il est bien caractéristique que cette Révolution de 1917 n'a pas été faite par le prolétariat industriel, mais par l'armée russe en déroute, vaincue, débandée, et que Lénine a utilisée pour prendre le pouvoir. Mais alors, si le prolétariat ouvrier n'a pas *fait* la révolution, si ce n'est pas la *majorité* ouvrière qui a pris le pouvoir, celui-ci ne sera pas exercé par une dictature du prolétariat. Celui-ci n'est même pas organisé en Russie. Il n'y a même pas de vrai parti prolétarien ni de syndicats puissants. Il n'y a aucun organisme prolétarien d'exercice du pouvoir. Dès lors celui-ci ne pourra être aux mains que d'un groupe minoritaire qui exercera le pouvoir par violence, par contrainte et *au nom du* prolétariat. C'est-à-dire un pouvoir de type putschiste. N'importe quel groupe bourgeois peut faire une pseudo-révolution de ce genre et la réussir, et prétendre diriger au nom du peuple, mais cette dictature d'une minorité est fondamentalement contraire à ce que Marx avait pensé comme résultat de l'évolution normale de l'Histoire.

Et nous arrivons à la troisième critique de Kautsky contre Lénine : pour Marx, c'est l'évolution normale de l'histoire qui doit porter le socialisme au pouvoir. Normale, c'est-à-dire dialectique. C'est lorsque l'on est arrivé au stade ultime d'une période caractérisée par un ensemble de rapports de production construits en fonction d'un certain type de forces de production, que la révolution pour passer au stade historique suivant devient possible, pas avant. Or, de toute évidence, la Russie n'est en rien arrivée à ce stade-là. Dès lors on peut dire que la révolution bolchevique organisée par Lénine est en train de fausser le cours de l'histoire, de rendre impossible, dans une certaine mesure, le plein développement de la phase précédente et donc d'embrouiller totalement la lutte de classe. Évidemment la vue (exacte à mon sens) de Kautsky selon laquelle c'est le cours de l'histoire et la majorité prolétarienne qui produisent les conditions de la révolution peut entraîner une double déviation : celle de la démocratie non dictatoriale (puisque, le prolétariat étant devenu la majorité, il suffit d'obtenir cette majorité *électorale*, le prolétariat accède au pouvoir et cela de façon démocratique), et celle d'un mécanicisme historique (il suffit de laisser faire le cours de l'histoire, et l'on accédera, sans intervention révolutionnaire, au socialisme). Bien entendu, ce furent deux arguments développés par Lénine dans son conflit avec Kautsky. Enfin la dernière critique de fond de celui-ci contre la Révolution de 1917 était que dans la pensée de Marx la révolution prolétarienne devait être *mondiale*. Et il rappelait l'« hérésie » du « socialisme national » de Bernstein. Il est impossible de faire une révolution communiste dans un seul pays. Non pas, comme on le dira par la suite, à cause du danger que les nations capitalistes font courir au pays de la révolution communiste, mais parce que le prolétariat est universel, il est international. « Prolétaires de tous les pays unissez-vous. »

Il est impensable dans la perspective de Marx qu'il y ait des révolutions prolétariennes dans un seul pays, dans le cadre national, dans les frontières imposées par la bourgeoisie. Malgré la phrase bien connue de Marx que l'on ressort toujours pour justifier la révolution dans un seul pays, et selon laquelle chaque prolétariat doit d'abord vaincre sa bourgeoisie nationale, il ne peut faire de doute que, dans la pensée de Marx, le prolétariat étant international (je dirais « par essence » !), il ne peut faire qu'une révolution internationale. Or, la tentative de Lénine est nationale. Et il y est bien obligé parce que, souligne Kautsky, le développement des prolétariats est extrêmement inégal selon les pays (européens !) : très important en Allemagne et en Angleterre, un peu moins en France, presque inexistant en Italie et en Espagne, très insuffisant en Russie. Mais à cela s'ajoute le fait que les liens entre ces prolétariats sont faibles. Ils ne sont pas solidaires. Ils existent chacun pour soi dans le cadre national. L'échec de l'effort de la CGT en 1914 en direction du prolétariat allemand en est la preuve. Chaque prolétariat laissera son voisin se débrouiller. De même qu'il fallait, dans chaque pays, passer du prolétariat en soi au prolétariat pour soi, par la prise de conscience, de même la révolution vraiment communiste marxiste ne pourra avoir lieu que par la prise de conscience de la solidarité, et plus, de l'unité internationale du prolétariat par le prolétariat. Dans la mesure où ceci n'existe pas, où l'Internationale n'est en rien prête à effectuer la révolution, on va aller vers un nationalisme socialiste qui est le contraire de ce que Marx voulait.

Voilà donc les quatre critiques fondamentales sur le plan de la théorie que Kautsky adressait à Lénine, dès le début de l'initiative de Lénine. Et l'on est bien obligé de constater par la suite de l'histoire que l'analyse théorique de Kautsky était exacte, et que la dénonciation des erreurs de Lénine permettait d'annoncer ce qui s'est effectivement produit ! À cela il faut ajouter des critiques dans la pratique de la révolution. Je serai plus bref.

Kautsky attaque la méthode de confiscation aveugle de la propriété que Lénine a pratiquée, en annonçant que cela conduirait inévitablement à un désastre économique (en même temps qu'à une accumulation d'injustices). Par ailleurs Kautsky admettait deux méthodes possibles de passage au socialisme qu'il estime trouver chez Marx, et récuse l'exclusivisme de Lénine. Il refuse que la dictature du prolétariat soit une forme autoritaire et absolutiste de gouvernement centralisé. Cette dictature, dit-il, deviendra alors forcément celle d'un homme. Enfin, il montre que Lénine « pour échapper à un Thermidor » a été, au fur et à mesure, obligé de changer son programme révolutionnaire puis d'y renoncer tout à fait : les bolcheviks en 1917 étaient défenseurs du suffrage universel, et le supprimèrent en 1918. Ils étaient adversaires de la peine de mort en 1917 et la rétablirent en 1918. Ils ont aboli le système des contrats de travail en 1918 et les rétablissent en 1919. Ils brisent la bureaucratie en 1918 et la rétablissent de plus en plus envahissante en 1919-1920. Ils suppriment grades et hiérarchie dans l'armée puis les rétablissent en 1919-1920. Ils ont voulu supprimer les classes sociales, mais ils ont créé une classe inférieure au prolétariat (ceci est intéressant ; Kautsky le note dès 1919 !) et une nouvelle classe supérieure au prolétariat (la bureaucratie) [1]. Autrement dit Lénine a dû supprimer toutes les conquêtes de la révolution. Il s'est trouvé pris dans un dilemme concret : ou bien Lénine reste vraiment fidèle au programme annoncé au début de son mouvement, mais alors la révolution échoue. Ou bien il faut avant tout faire réussir cette révolution (il s'agit alors simplement d'une prise du pouvoir à conserver) mais pour cela il faut abandonner tout ce qu'il y avait de marxiste dans le programme !

La raison du succès de Lénine, dira Kautsky, *c'est*

---

1. Tout cela dans *Terrorisme et Communisme*, 1919, trad. fr. N. Stchanpak, Jacques Povolozfy, s.d.

l'échec du socialisme marxiste. Et si l'on combine ces analyses de la pratique avec les quatre critiques théoriques, nous devons dire : ou bien la révolution telle que la voulait Lénine était vraiment conforme à Marx, mais alors elle devait immanquablement échouer. Ou bien ce putsch de Lénine va réussir mais il n'est en rien une révolution communiste prolétarienne, et en rien conforme à la pensée de Marx. Bien entendu, Lénine a voulu réfuter cela point par point, mais on n'a pas souvent remarqué que le grand ouvrage « théorique » de Lénine, *L'Impérialisme, stade suprême...* était bien un essai d'interprétation en fonction de l'évolution du monde, et d'explication du retard de la révolution, mais était beaucoup plus la justification de l'abandon de toutes les données posées par Marx comme conditions sine qua non de la possibilité de la révolution. Et par la suite cet *Impérialisme* donnera aux commentateurs la possibilité d'expliquer, de façon apparemment marxiste, la réussite de la révolution dans un pays où, en principe, elle n'était pas prête, où il n'y avait pas les conditions objectives et où le prolétariat n'était pas mûr. Cependant si l'on a souvent en effet discuté de la question : « Comment la Révolution communiste a-t-elle été justement possible en Russie », on n'a généralement pas étudié la question aussi importante théoriquement et beaucoup plus importante pour les conséquences historiques de savoir ce que signifiait la phrase célèbre, souvent exaltée, de Lénine : « Le communisme, c'est les soviets plus l'électrification. » Or, ceci est une pure stupidité. Que signifie, exactement dans le prolongement de la critique de Kautsky, l'électrification ? En réalité, il s'agit de la *création* de toute l'industrie lourde. Celle que, selon l'analyse de Marx, la bourgeoisie était chargée de faire. Mais que ce soit en régime communiste ou en régime capitaliste, la création de cette industrie lourde ne peut s'effectuer que par la capitalisation. Et ce n'est pas le changement de « superstructure » qui va modifier le processus lui-même. La structure du processus reste la même qu'il s'agisse d'organisation capitaliste ou d'organisation communiste. C'est-à-dire que, dans les deux cas, il ne peut y avoir formation de l'industrie que par accumulation du capital. Et il ne peut y avoir accumulation du capital que dans la mesure où il y a prélèvement de valeur sur la valeur produite par le travail ouvrier, c'est-à-dire sur-travail et profit. (La seule différence c'est que dans le cas communiste tout le profit revient à l'État, qui n'est pas prolétarien, dans l'autre une part du profit enrichit des personnes privées.)

Dès 1935, par exemple dans la revue *Ordre nouveau*, on parlait de capitalisme d'État pour désigner l'URSS. Le mot scandalisait.

Dans mon livre de 1954 sur la Technique[1], j'avais expliqué le mécanisme du profit en URSS. Mais c'est seulement depuis 1970 environ que l'on admet cette conception du capitalisme d'État toutefois sans en tirer la conséquence radicale : là où il y a capital, il y a inévitablement création d'un prolétariat. Autrement dit l'URSS a été la seconde étape de création du prolétariat mondial. Après le prolétariat produit par le régime capitaliste, il y a eu le prolétariat produit par le régime communiste. Et je maintiens le terme, au sens le plus fort donné par Marx. Il est le résultat, par rapport au schéma établi par Marx, de la révolution léniniste.

1. Jacques Ellul, *La Technique ou l'Enjeu du siècle*, Armand Colin, 1954 ; réédition Economica, 1990.

Mais le schéma a été aussi bouleversé par un second événement, la technicisation. C'est-à-dire le passage de la société industrielle analysée par Marx à un nouveau type de société, appelée postindustrielle, mais que je préfère nommer technicienne et technicisée. Or, ce n'est pas une simple querelle de mots. Les deux types possèdent des caractères exactement inverses. La société technicienne n'est pas la société industrielle arrivée à un certain stade de développement. Elle est *autre chose* qui tient non au développement indéfini de machines mais à l'application de méthodes, techniques, véritablement autres. C'est ainsi que la société industrielle implique la croissance des machines (au sens strict). Elle a pour règle que la machine la plus importante est aussi la plus efficace, que les groupements de machines sont d'autant plus rentables qu'ils sont plus grands (le toujours plus grand, toujours plus lourd), que l'on doit consommer toujours plus d'énergie pour produire, que pour servir ces machines il faut une main-d'œuvre ouvrière croissante (malgré l'économie de main-d'œuvre produite par la mécanisation, il y a nécessairement croissance du monde ouvrier), et la véritable force productrice de valeur, comme l'avait dit et démontré Marx, c'est le travail humain qui reste le moyen permettant aux machines de fonctionner.

Or, tout ceci n'est plus vrai (partiellement en tout cas). La croissance des techniques produit des phénomènes complètement nouveaux. Le lien, le rapport entre les secteurs de la société et de l'économie, c'est maintenant l'information. Tout repose sur les réseaux d'information et non plus sur les circulations de marchandises. D'autre part le double fait de l'automatisation et de l'informatisation appliquées à l'industrie, les servo-moteurs et les systèmes autocontrôlés, fait que maintenant les ensembles de machines peuvent fonctionner sans intervention, sans manipulation humaines. Il y a maintenant véritablement économie absolue, et non plus relative, de main-d'œuvre[1]. Mais la conséquence énorme, c'est qu'en réalité à partir de ce moment ce n'est plus le travail humain qui est créateur de valeur. Toute la théorie de Marx est renversée par le simple processus technicien. Bien entendu, ce travail créateur de valeur existe encore, mais en si faible quantité, appliqué à des faits si différents, que l'on ne peut plus tenir les raisonnements d'autrefois. Ce qui est véritablement *créateur* de valeur, c'est la technique elle-même, ou, comme tient à le dire Richta, la « révolution scientifique et technique[2] ». Les ensembles de machines en autofonctionnement créent de la valeur... Mais ce n'est pas tout ; l'orientation technicienne va vers le plus petit, et non vers le plus grand. C'est-à-dire qu'après avoir étendu l'efficacité à des domaines abstraits, non concrétisés, elle s'est orientée, dans la même recherche d'efficacité, vers le « micro », la miniaturisation des appareils (que l'on ne peut plus guère appeler machines) en même temps que dans l'intégration des segments. Autrement dit, il y a exactement retournement de la tendance. Ce n'est plus le gigantisme qui exprime le progrès mais l'efficacité obtenue par le moyen le plus petit, en même temps que le plus discret.

Bien entendu, le « Small is beautiful », devenu le mot d'ordre des partisans de l'écologie et de la lutte contre la société technicienne, est judicieux et tout à

1. Sauvy qui n'a pas vu cette transformation poursuit donc ce qui était vérité autrefois et devient une erreur, à savoir que, plus il y a de machines, plus il est nécessaire d'avoir d'ouvriers.

2. Radovan Richta, *La Civilisation au carrefour*, Le Seuil, coll. « Points Politique », 1974.

fait satisfaisant, mais il faut bien se rendre compte que cette excellente formule correspond exactement à la tendance *de fait* de la technique moderne de pointe. Et si j'étais méchant je dirais qu'elle n'a pu voir le jour que par le phénomène lui-même de miniaturisation. Or, cette tendance-là implique aussi une réduction de la consommation d'énergie. Avec les grandes machines, bien entendu, il fallait une consommation d'énergie toujours croissante, et à la limite de façon exponentielle. Au contraire, quand on recherche l'efficacité dans l'engin le plus réduit, il y a évidemment moindre consommation d'énergie. La tendance ancienne est déjà retournée. On peut retenir une dernière opposition (mais il y en a d'autres...) : le processus de croissance industrielle est un processus linéaire, alors que la croissance technicienne est polycentrique et polyorientée. L'industrie se développe par addition et combinaison de machines allant toujours dans le même sens. Il y a engendrement de la phase successive par la précédente selon un schéma que l'on peut prévoir. Au contraire, les techniques modernes peuvent s'appliquer, pour chacune, à des dizaines de domaines différents, elles engendrent des conséquences multiples et le plus souvent imprévisibles. Elles ouvrent de nouveaux domaines d'action et d'intervention. Il y a éclatement des directions dans lesquelles l'efficacité technique s'applique. On a alors, je dirais une sorte de croissance en étoile. Ce qui donne bien entendu le sentiment d'une incohérence et une incertitude quant à l'orientation de notre société.

Enfin cette société technicienne est caractérisée, tout le monde le sait, par le primat des services sur les produits. C'est le développement du secteur tertiaire par rapport au secondaire. Mais ce primat des services repose sur la diffusion des techniques abstraites modernes. Les deux sont liés. Et il s'agit pour l'individu, dès lors, d'avoir des compétences plutôt que de la force physique d'une part et de l'argent capitaliste d'autre part. Tels sont les principaux traits de tendance de cette société technicienne.

Ainsi nous passons à un stade totalement différent : le prolétariat y est, dans sa forme tragique, de moins en moins nécessaire, comme aussi bien l'exploitation forcenée. Et les niveaux de vie peuvent s'élever avec d'autres moyens que de l'absorption du travail vivant. Mais bien entendu lorsque j'ai ainsi, sommairement, opposé les deux types de société, lorsque j'ai fixé la date de 1945, je ne veux pas dire qu'il n'y a plus de société industrielle, qu'il y a eu coupure entre les deux de façon nette, catégorique, et qu'à une phase succède une autre inverse, pas plus que je dis qu'il n'y a plus d'usines ou de machines, ni de prolétariat ! Ce serait absurde, et les phénomènes historiques ne sont jamais des phénomènes radicaux présentant des coupures brutales.

En réalité, alors que s'installait et devenait dominante la société industrielle, il y avait un monde paysan, une économie agricole qui subsistaient, très nombreux, très puissants pendant tout le XIXe siècle. Ils étaient progressivement marginalisés, vidés de leur substance et de leur population : mais cela a pris un siècle et demi. Il en est de même aujourd'hui. La croissance technicienne n'a pas évacué la société industrielle, mais tend, et tendra à le faire. La tendance est renversée, mais les deux sociétés sont interpénétrées, il y a pour le moment toujours accumulation de machines, consommation d'énergie, absorption de forces humaines, etc., cela n'a plus d'avenir mais subsistent les phénomènes sur lesquels on s'obsède parce qu'ils étaient hier les principaux.

Mais par ailleurs, la relation entre les deux est

aussi une relation de succession historique et de conditionnement progressif ; c'est-à-dire que le développement de la technique, la constitution de la société technicienne ne sont possibles qu'à partir de, et sur la base de, l'organisation industrielle. Nous sommes typiquement en présence de ces cas de succession historique dont Marx dit qu'il est impossible de sauter un stade. Pour passer au stade successif, il faut avoir traversé la plénitude du stade précédent. Et l'on peut y appliquer entièrement la formule de Marx selon laquelle un nouveau stade historique ne peut avoir lieu que lorsque le précédent a fourni tout ce qu'il était capable de fournir. Plus précisément, il ne peut y avoir transformation des rapports de production que lorsque l'organisation antérieure des rapports de production en fonction d'un certain type de forces de production a permis à celles-ci de donner tout ce dont elles étaient capables (ce qui veut dire d'ailleurs que, d'un stade à l'autre, il y a donc nécessairement « progrès »). Il est vain de chercher à établir de nouveaux rapports de production tant que le système antérieur n'a pas donné son maximum. Autrement dit, l'établissement de la technique dans son immense diversité de domaines, l'élaboration progressive d'une société technicienne (avec ces caractères inverses de la société industrielle) ne sont possibles que lorsque le système industriel a porté *tous* ses fruits.

Il ne faut pas concevoir le nouveau système comme supprimant, annulant l'ancien : il est bien évident que lorsque l'industrie a dominé l'agriculture, on a continué néanmoins à consommer des produits agricoles ! Et de ce fait l'activité agricole a bien continué, mais on sait à quel point d'une part elle a été vidée de son personnel humain, d'autre part elle a été entièrement « mutée » par l'invasion industrielle (l'agriculture industrielle, le système agro-alimentaire, etc.). De même, il est évident que l'on continuera à consommer des produits industriels, des autos, des étoffes synthétiques, etc., mais l'industrie se trouvera incluse dans un *autre mode de production*, et elle changera elle aussi de caractère. Mais ceci ne peut survenir que lorsque l'industrie a donné (et on y est, on a même dépassé le point !) tout ce qu'elle pouvait fournir. Pour la question qui nous occupe ici nous tirons la double conséquence suivante : tout d'abord le passage à la société technicienne permet l'évacuation progressive du prolétariat industriel (ce qui ne veut pas dire, hélas, la fin des relations de domination, ou la suppression de l'aliénation... mais elles sont d'un autre type, exactement comme l'aliénation de l'ouvrier est différente de ce qu'était celle du serf), mais en second lieu : il n'était possible d'atteindre le stade technicien qu'au travers du stade industriel, c'est-à-dire au travers de la création d'un prolétariat. Celui-ci a été la base indispensable du nouvel essor technique ; le passage par l'enfer, vers une certaine libération... Mais en tout cas, la suppression progressive du prolétariat n'est en rien le fruit de progrès de la conscience, des droits de l'homme, etc., ou des luttes victorieuses de la classe ouvrière, elle résulte de la force des choses, du passage d'un type de forces de production à un autre type.

Donc cette mutation vers l'automatisation et l'informatisation ne remplace pas du tout les secteurs primaires et secondaires de la production, si elle fait néanmoins changer complètement ces activités de caractères et de processus. Nous avons dit, de toute façon, que cette croissance des techniques dans tous les secteurs implique une consommation de capital absolument délirante. Toute l'industrie spatiale, toute l'industrie des télécommunications, sont des dévoreuses de capital. Tout ce que l'on a consommé au XIXe siècle, pour industrialiser, n'est rien, même le développement des chemins de fer, même la construction des grandes aciéries étaient des jeux d'enfants à côté de la dépense exigée par la croissance de l'informatisation-automatisation de toutes les activités, y compris industrielles. Or, d'où peut venir cette nouvelle accumulation de capital ? La réponse de Marx est maintenant pratiquement annulée. En effet, tout cet immense processus d'informatisation-automatisation qui envahit le secteur secondaire et gagne lentement le primaire a comme premier résultat la décroissance du travail[1]. Il y a économie de temps de travail. C'est le principal effet de cette mutation. Dès lors on ne peut plus appliquer la théorie de la capitalisation provenant de la plus-value effectuée sur l'achat du temps de travail. Ce travail ouvrier n'est plus dans notre société la source de cette croissance vertigineuse du capital. Bien entendu, il le reste partiellement en ce que cette informatisation-automatisation n'est pas encore appliquée partout et qu'il y a encore des usines classiques, des entreprises dans certains secteurs (bâtiment par exemple) tout à fait semblables à ce qui existait il y a cinquante ans. Mais c'est une survivance. L'avenir n'est pas à ces entreprises. Donc

1. Je fais seulement allusion ici à ce problème pour le moment insoluble de savoir si l'informatisation-automatisation économise du travail ou bien crée des emplois et absorbe de la main-d'œuvre. Hippocrate dit oui, mais Galien dit non. Il y a partage à peu près équitable entre les deux tendances, je pourrais citer des dizaines de noms avec d'aussi bonnes raisons. Ce qui me paraît les départager, c'est la pratique : or celle-ci démontre radicalement que, partout où il y a automatisation, il y a suppression massive d'emplois sans aucune création en contrepartie. Par exemple les enquêtes faites au Japon sur cent deux usines automatisées.

la création de valeur nouvelle, surtout dans les proportions gigantesques que nous voyons, ne provient pas du travail ouvrier. Il faut admettre que c'est en effet l'application de la science à la technique et de la technique directement à l'activité économique qui est productrice de valeur. Dans une usine automatisée-informatisée, comme il en existe déjà, où il y a quelques dizaines d'ingénieurs et un nombre à peu près équivalent d'OS, c'est la machine elle-même et non le travail humain qui produit directement des marchandises, sans le concours, pour la plus grande partie, de ces humains. Ce qui est le facteur de la valeur produite (car enfin les milliers de marchandises sont bien de la valeur !) c'est uniquement l'activité des machines autoguidées, autocontrolées, mais ce qui est à l'origine de cette valeur, c'est la recherche scientifique et la technique appliquée : nous sommes situés à un autre niveau de la production de valeur, avec une autre source. Alors faut-il dire qu'il y a suppression du prolétariat dans ces conditions, va-t-on vers une société sans prolétaires, et notre problème est-il résolu ? Est-ce que le prolétariat a une chance de disparaître ? Pour y répondre, il faut examiner trois expériences historiques.

D'abord, l'expérience des pays qui ont fait une révolution socialiste et où s'est instauré un régime se déclarant communiste, et qui de ce fait *devaient* exclure, éliminer le prolétariat. Car il devait y avoir en même temps, pour une faible durée, une dictature du prolétariat, et la suppression de la condition prolétarienne. Le prolétariat a-t-il disparu là, alors que c'était l'objectif déclaré de la révolution ? Nous prendrons comme exemple l'URSS. En second lieu l'expérience de la Chine, où Mao, parfaitement conscient du problème de la survie du prolétariat, de la relation entre accumulation du capital et création du prolétariat, du rapport entre machinisme géant et condition prolétarienne, a voulu expressément éviter ce chemin qui avait été celui du capitalisme occidental du XIXe siècle. Il a voulu prendre une autre voie (donc ne pas imiter l'URSS qui avait déjà adopté le chemin de l'industrialisation occidentale). A-t-il réussi à éliminer le prolétariat ? Enfin, il y a l'expérience des pays du tiers monde et de leur modernisation. Il n'était pas évident, d'avance, que ces pays entreraient dans le processus de développement par l'accumulation capitaliste. Ils auraient pu choisir une autre voie de développement, et par conséquent éviter la création d'un prolétariat. Y ont-ils réussi, et dans ce domaine quel est leur avenir ? Nous ne pourrons bien entendu pas prendre le détail de chacun des quelque quatre-vingt-dix pays du tiers monde, mais seulement quelques exemples.

II

LA DICTATURE SUR LE PROLÉTARIAT EN URSS

Question en apparence scandaleuse et saugrenue. Comment pourrait-il y avoir un prolétariat dans un pays communiste où la révolution a été faite par le prolétariat pour supprimer la condition prolétarienne ! Cependant, trois formules provoquent la perplexité ! D'abord celle de Lénine relevée plus haut : « Le communisme c'est les soviets plus l'électrification. » N'y revenons pas !

Mais « l'homme est le capital le plus précieux » proclame Staline dans un de ses livres célèbres[e] au moment où se multipliaient les camps. Il faut de suite reconnaître le caractère ambigu de cette formule. Sans doute elle déclare que l'homme est précieux. Non point en tant qu'homme : en tant que capital. Dès lors il doit être utilisé comme un capital. Il a une valeur *économique*, il doit être capitalisé, produire des fruits, être mis en exploitation. C'est exactement cela que veut dire la formule sur le capital. Et si l'on y voit un humanisme, on ne peut qu'être par la suite

---

e. Joseph Staline, *L'Homme, le capital le plus précieux*, Éditions sociales, 1952.

désabusé, car le capital n'est jamais valable en soi et par soi, mais seulement par sa productivité, son insertion dans le processus de production économique ! Qui plus est la formule suppose une opposition radicale entre celui qui *est* le capital et celui qui l'utilise, cet « homme-capital » est en réalité l'objet d'un sujet actif qui organise au mieux la destinée de ce capital... Il n'y a donc guère de surprise à avoir quand on considère la suite à partir de cette première formule. Une fois de plus, Staline était parfaitement honnête : il disait clairement dans ses textes ce qu'il allait faire, quelle était la stratégie, la tactique qu'il allait appliquer, mais il prenait ses formules au pied de la lettre quand ses lecteurs, les communistes, tous idéalistes, ne pouvaient pas croire ce que Staline disait, et l'interprétaient comme des paraboles ou des métaphores.

Enfin il y a la formule de la « dictature du prolétariat ». Qu'est-ce que cela peut bien vouloir dire (je ne parle pas ici du débat devenu banal entre Marx et Bakounine sur le rôle du Parti), car enfin après la révolution il n'y a plus, il ne peut plus y avoir de prolétariat puisque celui-ci est lié à une structure *économique* capitaliste. Cette structure ayant été balayée, remplacée par une autre, je veux bien qu'il y ait encore une lutte des classes puisque j'admets que la classe bourgeoise ne soit pas éliminée d'un coup, qu'il y a des résistances et des habitudes persévérantes, mais enfin il ne peut plus y avoir de prolétariat au sens réel. Il faudrait donc dire au mieux : dictature de ceux qui *furent* des prolétaires autrefois ou bien dictature de la classe ouvrière. Mais ici on sent tout de suite la difficulté : et les paysans ? et les employés ? Donc, ceux qui *ont été des prolétaires* et qui maintenant exercent le pouvoir. Mais justement, ce n'était pas la formule retenue : dictature du prolétariat. Cela veut donc dire, un prolétariat *maintenu*. C'est bien embarrassant. Mais si nous regardons la Russie, voici un autre embarras : il n'y avait pas de vrai prolétariat *important* en Russie. Sur une population d'environ 140 millions, il y avait moins de 3 millions d'ouvriers, 95 % des Russes étaient paysans, et pas forcément paysans misérables, mais de toute façon, nous l'avons vu, le paysan n'est pas un prolétaire. Alors que devient l'idée fondamentale du processus de développement bien connu : la société tout entière se prolétarise, les classes moyennes tombent dans le prolétariat, les paysans déracinés vont en ville et deviennent des prolétaires, et l'on trouve une société comportant une immense majorité de prolétaires, une infime minorité d'exploiteurs qu'il suffit d'exproprier et d'éliminer ? Mais la Russie, ce n'est pas cela du tout. Comment faire une dictature du prolétariat sans prolétariat ? Et bien entendu les deux sont liés (s'il n'y a pas industrialisation arrivée à son maximum de développement possible, il n'y a pas non plus prolétariat !).

Cette question éminemment centrale, Glucksmann l'a bien vue, quand il rappelle le mot de Lénine en 1921 selon qui « le prolétariat a disparu », et Glucksmann souligne que d'une part la classe ouvrière avait été saignée à blanc par la guerre civile, et qualitativement écrémée de ses meilleurs éléments... Et il répond qu'il y a, au fond, deux manières de justifier une dictature du prolétariat sans prolétariat, soit en faisant entrer dans cette catégorie tous les pauvres des campagnes (mais cela, l'orientation de Mao, n'est pas conforme à Marx, et les bolcheviks n'entreront pas dans cette voie), soit en idéologisant, c'est-à-dire en considérant une sorte de spiritualité, ou de métaphore du prolétariat ! « Si le prolétariat n'est pas présent en fait, il l'est en idée, le souffle du marxisme dans la tête des dirigeants prouve l'existence du prolétariat. » Et c'est bien au fond ce que dit Bettelheim [1] : « C'est le cours même des événements qui démontre par la pratique l'existence de la dictature du prolétariat, la réalisation de l'unité fondamentale des masses populaires guidées par le parti bolchevique mettant en œuvre le marxisme révolutionnaire. » C'est admirable. Mais au fond c'est dommage que le prolétariat industriel du XIXe siècle n'ait pas été lui aussi du domaine de l'idée, de l'abstraction, de la métaphore… ! On aurait moins souffert. Quoi qu'il en soit, il y a une troisième possibilité, que Glucksmann n'envisage pas : s'il n'y a pas de prolétariat, eh bien, il suffit de le faire ! d'en créer un. Et après tout, c'est assez cohérent : il n'y a pas d'industrie lourde, il n'y a pas généralisation de l'industrie, il n'y a pas de dominante industrielle dans l'économie : il faut donc le faire. Et de façon coïncidente, le prolétariat va apparaître. Aussitôt, protestation, mais les ouvriers d'industrie en URSS ne sont pas des prolétaires. Ne discutons pas, admettons-le, nous trouverons le prolétariat ailleurs. Toujours est-il qu'à partir du moment où l'industrie existe, il y a enfin une classe ouvrière nombreuse au nom de qui, par délégation supposée et représentation ambiguë (l'Enfer et le Paradis de Sfez !), la dictature va enfin pouvoir s'établir et se présenter fermement sous le nom de dictature du prolétariat. Et de fait le prolétariat a bien été créé, à la fois dans l'usine, où les ouvriers ont été effectivement des prolétaires, mais aussi hors de l'usine !

1. Charles Bettelheim, *Questions sur la Chine après la mort de Mao Tsé-toung*, Maspero, 1978.

1
Les origines

Il n'y avait pas les bases économiques. Il a fallu les créer. C'est-à-dire exactement qu'il a fallu s'engager dans le processus de l'accumulation primitive. Et l'on connaît les débats théoriques acharnés entre 1918 et 1924 opposant ceux pour qui il faut quand même arriver à parler en effet d'accumulation capitaliste, et ceux qui s'y refusent. Mais comment appeler autrement le fait qu'il faut quand même obtenir des capitaux (eh oui, même en URSS !) pour monter une industrie. Et ces capitaux comment peut-on les obtenir ? d'où vient la valeur qu'il faut accumuler ? ne viendrait-elle plus du travail ouvrier ? Non, il y a bien accumulation primitive d'un capital... et Boukharine qui a vu le drame refuse de procéder ainsi : cela reviendra à refaire un véritable prolétariat, à traiter les campagnes en colonies, réserves de main-d'œuvre et de richesses, que l'on va traiter pour édifier l'industrie soviétique exactement comme le capitalisme a traité la réserve paysanne. Et il redoute même que l'organisation qui va se développer soit finalement comparable à celle des grands trusts capitalistes... L'accumulation primitive indispensable pour la création d'une industrie est la même en capitalisme et en socialisme, qui garantirait que cette accumulation se ferait différemment ? Et peut-être pour avoir trop durement dénoncé le drame de l'accumulation primitive, et répété qu'elle ne pouvait pas être socialiste, Boukharine finit par être éliminé.

De toute évidence, l'accumulation ne pouvait pas changer de caractère. La concentration s'établit à la fois par le moyen de l'expropriation et par celui de l'exploitation. Les deux se sont manifestés en URSS.

Et la réponse, bien faible, bien idéologique de ceux qui maintenaient le caractère inévitable mais socialiste de cette accumulation, c'est que l'État qui procède à... l'expropriation, l'exploitation et l'accumulation est, heureusement, un État prolétarien. Mais personne n'a jamais su ce que c'était que ce caractère prolétarien de l'État... où sont les prolétaires ? et d'abord qui sont-ils ? Ceux justement qui sont expropriés et exploités par ledit État. Serait-ce à dire qu'ils décident eux-mêmes de leur propre exploitation... On peut continuer longtemps. Et jamais une étiquette n'abolit le réel. Accumulation socialiste parce que ce serait l'État maintenant au lieu d'un particulier qui l'entreprend et l'organise ? Mais on connaît l'exacte appréciation de Marx : « L'État propriétaire des forces de production n'est pas la solution du conflit (entre le caractère social des forces productives et la propriété privée) mais il renferme le moyen formel, l'anse par où elle peut être saisie », ce qui signifie tout bêtement que cela peut éventuellement être un moyen pour accéder au socialisme mais ni *le* moyen ni le moyen *nécessaire*.

Si l'on entre dans l'habitude de réflexion de Marx, on doit savoir aussitôt que tout ce qui est de l'ordre des moyens doit sans cesse être réévalué en fonction de l'expérience. Or, l'expérience démontre depuis un demi-siècle et plus que la propriété des forces de production par l'État a été réalisée de toutes les façons, et par les États capitalistes, et par des États fascistes, sans que cela signifie le moins du monde une approche du socialisme. L'identification entre propriété d'État – planification – socialisme est une des plus énormes stupidités théoriques des communistes modernes, et un volontaire aveuglement à l'égard de toute l'expérience historique de l'Occident moderne. Sans quoi admettons avec joie que le national-socialisme était une approche triomphale du socialisme pur[1]. Bien entendu, on revient toujours au même formulaire : oui mais l'État des soviets c'est autre chose, et selon Staline « l'État c'est-à-dire le peuple tout entier ». Ici encore nous nous bornons à souligner la grossière falsification. Mais qui, rappelons-le, n'est autre que celle des libéraux et républicains : car ils pouvaient dire, en 1792 ou en 1850, de la même façon « l'État c'est-à-dire le peuple tout entier », en fonction de la théorie et de l'idéologie du moment. Hélas, l'État quel que soit son adjectif qualificatif reste l'État, républicain, démocratique, socialiste, communiste, il reste un complexe d'appareils bureaucratiques, de moyens de contrainte, de fins spécifiques, et d'apparence de légitimation par une relation fictive au peuple ou au prolétariat. Mais il est entre les mains de... Désolé. Il est entre les mains d'une « classe » spécifique, la classe politique et la classe bureaucratique, qui présente exactement les mêmes caractères en URSS et aux États-Unis.

En tout cela, il n'y a aucune garantie que l'État (soviétique) soit l'agent d'une accumulation industrielle présentant des caractères différents de l'accumulation primitive capitaliste. Or, ceci est déjà contenu chez Marx lui-même. Dans la *Critique du programme de Gotha*, je lis qu'il faudra, dans une société communiste, défalquer du produit du travail les sommes nécessaires pour accroître la production, remplacer les moyens de production usagés, répondre

1. Bien entendu je connais l'objection selon laquelle le national-socialisme n'a pas confisqué les grandes entreprises capitalistes, et qu'il était même à leur service. C'est une vue tout à fait superficielle, car le poids politique de l'État hitlérien a réduit les plus grandes puissances capitalistes allemandes en un véritable esclavage.

aux frais d'administration et de gestion indépendants de la production, assurer l'entretien de la classe gestionnaire, et de ceux qui sont incapables de travailler et dans l'ensemble répondre aux besoins globaux de la société... Après (après *seulement*, souligne Sfez), le produit du travail diminué de tout cela sera réparti entre les travailleurs. Et nous trouvons exactement la même analyse encore plus précise et rigoureuse chez Lénine dans *L'État et la Révolution*.

J'avais, il y a bientôt trente ans, fait une petite étude sur le mécanisme des finances soviétiques et souligné que finalement l'énorme ponction des « impôts » s'effectuait sur quoi ? mais uniquement sur la plus-value produite par les ouvriers. Autrement dit, qu'il n'y avait strictement rien de changé : la valeur produite n'était pas intégralement attribuée au producteur, il y avait encore plus-value, distribuée exactement comme dans le système capitaliste entre quantité de secteurs, un seul manquant, celui du « profit » au sens étroit, revenant au détenteur de capitaux. C'est-à-dire une différence de 5 à 6 %... Et Sfez dans sa récente étude insiste sur les termes « défalquer », établir des « réserves », qui sont des termes portant sur le résultat financier du travail, et qui reprennent les méthodes de gestion purement capitaliste. Il propose d'autres formules qui sont bien plus proches du socialisme, et il ajoute : « Cette idée de réserve constitue le mode même du capital... (j'ajouterai : de constitution, d'accumulation du capital !). Retenir, détourner, accumuler, dériver vers d'autres canaux le produit du travail, cela ne rend pas un son très nouveau... » En somme, ce qui a été effectivement pratiqué en URSS, le processus d'accumulation en vue de créer l'industrie, est exactement l'application de ce qui avait été prévu théoriquement. Il n'y a pas eu trahison de nobles origines :

il y a dès le départ une hypocrisie, un mensonge doctrinal, ou une erreur théorique. Mais le fait est là.

Le troisième volet préparatoire, c'est évidemment la fascination technicienne en URSS. Il y avait la conviction préalable que le socialisme ne devait être que le socialisme de l'abondance, et que le capitalisme en avait trouvé le moyen grâce à l'industrie. Il fallait donc créer cette industrie, et une industrie de base, lourde, reproduisant exactement ce qui avait été fait en Occident. Mais on est passé de là, bien entendu, à la production d'une idéologie productiviste d'abord, puis technicienne. Sur quel terrain allait se placer très rapidement le gouvernement soviétique : celui de la justice, de la liberté, de l'égalité, de la recréation de rapports humains transparents, de la réconciliation des hommes entre eux, de l'homme avec la nature, et finalement de l'homme avec lui-même, le terrain de l'annulation de toutes les aliénations dont l'homme était victime, de la souplesse des relations sociales et des relations de travail, et en dernière analyse de la suppression de toute autorité dominante, ce qui veut dire la suppression de l'État et du droit... ? non, de tout cela il y a soixante ans qu'il n'en est plus question, plus *jamais* question. De quoi parle-t-on ? De productivité, de procès technique, de croissance de la richesse collective. Un vocabulaire économiste. Et la plus grande célébration ne fut pas la conquête d'une liberté réelle mais de l'expédition dans l'espace du premier satellite... Quand on est saisi par une telle idéologie technicienne, il faut bien s'attendre à en voir les fruits !

J'entends bien. On me dira avec une innocence feinte : mais ne faut-il pas commencer par établir les bases d'un système industriel puissant pour qu'ensuite on puisse accéder..., etc. Combien raisonnable, évidente, une telle formule. Le seul petit ennui est alors de savoir où s'arrêtent les « bases du système industriel » ; les fusées atomiques, l'exploration de l'espace ? nécessité pour l'instauration du communisme de consommation ? qui doit venir après le communisme de production, mais qui est, ne l'oublions pas, l'objectif, puisque, comme Marx l'a montré, l'une des condamnations du régime capitaliste, c'est la contradiction entre le *mode* de production (qui est collectif et social) et le système de la propriété privée, entre l'organisation *sociale* de la production et l'anarchie de la répartition et de la distribution... Donc où s'arrêter ? et l'on doit aussitôt répondre : nulle part et à aucun moment. Saisi par la fièvre technicienne, le monde dirigeant (politiciens, administrateurs, savants, techniciens) de l'URSS obéit aux mêmes lois que le monde dirigeant capitaliste : toujours plus efficace, toujours plus rapide, toujours plus puissant. Loi de la technique même. On veut faire aussi grandiose, et bientôt plus, que le monde capitaliste. Et c'est à ce niveau *exclusivement* que se situent la concurrence et la comparaison.

Plus de liberté moins de contraintes qu'en Occident ? Qui donc en parle ? Les ennemis de l'URSS, voilà ce que l'on vous répond. Par contre, plaçons-nous sur un terrain sérieux : ce sont les tonnes de charbon, d'acier, de blé, les mises en cultures, les moyens de transport, la production de l'or... Le meilleur, c'est le gagnant dans cette course. La seule et unique démonstration de l'excellence du régime soviétique c'est sa capacité à produire plus et plus vite que le régime capitaliste. On se souvient de la promesse de Khrouchtchev en 1960, déclarant que bientôt on serait au niveau de production des États-Unis et qu'en 1980 on les aurait dépassés sur tous les plans... Cette promesse était la seule visée, et la seule justification fournies pour le régime communiste. Sans doute, je connais bien le mécanisme : tout le reste est « présupposé ». C'est-à-dire : « à quoi bon parler de liberté ou de justice : on les a. Elles sont déjà instituées, elles sont intégrées dans la société en question. Ce n'est plus un objectif à atteindre » (bien sûr, il vaut mieux ne pas insister sur le dépérissement de l'État). Mais nous connaissons historiquement ce genre d'oblitération, ce fut aussi celui de nos révolutions. Une fois proclamées et inscrites la Liberté, la Fraternité, l'Égalité, eh bien l'affaire était faite, on pouvait s'occuper d'autre chose ! Et l'on s'est effectivement occupé de tout autre chose ! Ce qui s'est passé en URSS est identique. Mais « l'autre chose » était provoquée par le vertige technique qui a succédé tout normalement, comme en Occident, à l'impératif industriel.

Après avoir créé l'accumulation de base indispensable, comment aurait-on renoncé à s'en servir absolument et à la perfectionner indéfiniment ? Comment aurait-on fait passer au second plan ce qui exigeait l'effort illimité de toute la nation ? Il est bien évident que le communisme s'est trouvé piégé par cette nécessité, non seulement d'établir l'accumulation primitive, mais ensuite d'en tirer tous les avantages. Car ceux-ci débouchaient en troisième étape sur le modèle technicien, complètement différent du modèle communiste de société. On a cédé à ce que j'appelais ici le vertige technique, c'est-à-dire cette évidence que tout ce que la technique permet de faire devient un impératif absolu de la conscience collective, et qu'il « faut » résolument le faire. Tous les autres objectifs se sont effacés derrière cette passion pour la technique. Et bien entendu, il y a toutes les légitimations possibles ! D'un côté, comment pourra-t-on accéder à l'assouvissement de tous les besoins humains si l'on n'entre pas dans cette voie de la croissance illimitée, de l'autre, comment dépasser les nations capitalistes si on n'est pas à la pointe du progrès technique ? Or, ce dépassement n'est pas une donnée secondaire : il repose sur deux impératifs : d'abord, les nations capitalistes développant leur puissance, le pays socialiste sera mis en grand danger, même militaire, s'il n'est pas à la hauteur. Ensuite, il faut démontrer l'excellence du communisme par sa capacité à produire mieux et plus. N'a-t-on pas promis aux peuples que le passage au communisme serait la fin de la misère et l'entrée dans le bonheur ?

En présence de ces arguments mille fois répétés il faut souligner l'importance du choix du critère : ce qui démontre la supériorité d'un régime c'est son aptitude à utiliser des techniques et à produire plus. Nous pourrions dire que c'était typiquement le critère capitaliste libéral industriel (que le meilleur gagne !), mais je préfère souligner le caractère parfaitement technicien de cet argument : il s'agit de l'efficacité. Le régime communiste est supérieur parce que plus efficace. Et cette subordination à l'idéologie technicienne, je la retrouve dans des aspects concrets qui ont existé dès le début. Car ce que nous venons d'élucider s'est formé progressivement en URSS. Au fur et à mesure que s'installait l'industrie lourde, puis que se développaient les recherches de pointe, l'idéologie technicienne devenait plus assurée, plus évidente. Mais elle se trouve dès l'origine. Car nous trouvons, à la naissance du régime communiste en URSS, deux aspects complémentaires et gros de toute la suite.

D'abord l'idéologie forcenée du travail. Bien entendu, ceci se situe en droit-fil de la pensée de Marx. Il ne faut pas oublier que celui-ci fait du travail la spécificité de l'homme par rapport aux animaux. Que l'homme se fait homme par le travail, et, pour le monde moderne, que le travail est seul créateur de valeur. On comprend assez mal Glucksmann (dont quand même le dessein est de dédouaner Marx des erreurs du communisme ultérieur, et en particulier de toute la politique soviétique) quand il affirme : « Lorsque ses camarades entonnèrent la louange du travail humain créateur de valeur et seul producteur de richesses, Marx voulut y mettre une sourdine : le travail n'est pas la source de toute richesse... Les bourgeois ont d'excellentes raisons pour attribuer au travail cette surnaturelle puissance de création. » Il tire cette phrase de la *Critique du programme de Gotha*, mais comment peut-il oublier que ceci ne met en rien en question la thèse de fond, qui reste, précisément, dans cette « critique », que le travail est le premier besoin vital en société communiste. En réalité, Marx a partagé intégralement l'idéologie du travail de son temps. Comment oublier le passage romantique et idéaliste où il fait du travail le fondement de la relation fraternelle entre les hommes. « L'Histoire n'est que la création de l'homme par le travail humain. » « L'homme, en agissant par un mouvement (le travail) qui s'exerce sur la nature en vue de la transformer, transforme en même temps sa propre nature. »

Le travail est bien plus, pour Marx, que le facteur de la production économique : il y a chez lui une véritable mystique du travail qui fonde la solidarité humaine et donne naissance à l'histoire : « Dans ton usage de mon produit je jouirai directement de la conscience d'avoir satisfait par mon travail un besoin humain et objectivé l'essence de l'homme, d'avoir été pour toi le moyen terme entre toi-même et le genre humain, d'être donc connu et ressenti par toi comme un complément de ton propre être, et une partie nécessaire de toi-même, donc de me savoir confirmé aussi bien dans ta pensée que dans ton amour, d'avoir créé dans la manifestation individuelle de ma vie la manifestation de ta vie, d'avoir donc confirmé et réalisé directement dans mon travail... mon essence humaine, mon essence sociale[f]. »

Cette passion pour le travail, l'obligation d'y soumettre tout homme, nous la trouvons au plus haut point chez Lénine. Pour justifier la nécessité « d'une soumission absolue des ouvriers aux ordres personnels des dirigeants soviétiques investis de pleins pouvoirs dictatoriaux », Lénine accusait le capitalisme qui avait « laissé en héritage des masses laborieuses totalement ignorantes, abruties et indisciplinées[1] » (ce jugement d'ailleurs pose le problème fondamental du caractère prolétarien de la révolution léniniste. Oui ou non était-elle le fait du prolétariat formé par la société capitaliste ? Oui ou non s'agissait-il de la dictature de ce prolétariat ? !). Or, Lénine, il ne faut jamais l'oublier, avait une admiration illimitée pour Taylor (mais oui ! Taylor qui était la bête noire des anarcho-syndicalistes français était le modèle pour Lénine !).

De ce fait l'idéal était d'arriver à transformer toute la société en une immense usine, « faire que la société tout entière ne soit plus qu'un seul bureau et un seul atelier », construit sur le modèle de l'usine appliquant sans aucune réserve les méthodes et les conceptions de Taylor. Et par conséquent, « la révolution exigeait que les masses obéissent sans réserve à la volonté

---

f. Karl Marx, *Manuscrits de 1844.*

1. Ces citations sont extraites du remarquable essai de D. Loschak *Le Droit et l'institution totalitaire,* in *L'Institution,* PUF, 1981.

unique des dirigeants du travail ». « Grâce à cette discipline, les entreprises fonctionnaient avec la précision d'un mécanisme d'horlogerie et l'autorité des dirigeants rappellerait la direction délicate d'un chef d'orchestre... ainsi s'obtiendraient l'harmonie comme résultat d'une soumission totale à la volonté de son chef, l'efficacité économique comme effet de l'autorité absolue de la hiérarchie administrative, l'ordre comme produit de la discipline. » On ne peut pas mieux décrire ce qui en contrepartie nécessite et produit un prolétariat ! Mais cette fois, ce n'est plus le prolétariat provenant du libre jeu du capital, c'est le prolétariat volontairement institué pour l'accomplissement de l'utopie totalitaire. Et cette idéologie a été intégralement reprise par les successeurs, avec en plus, en URSS, l'application. La concurrence avec le régime capitaliste ne s'établit pas seulement au niveau de la production, mais de la qualité du travail. Staline : « Pourquoi le socialisme peut-il, doit-il vaincre et vaincra-t-il nécessairement le système d'économie capitaliste ? Parce qu'il peut fournir des exemples de *travail supérieur*, un *rendement plus élevé* que le système capitaliste... » (*Questions du léninisme*). Et à cela correspondent aussi bien le stakhanovisme que la Piatiletka[g] [1].

Mais la réciproque est également inévitable, c'est-à-dire que si le travail est le bien absolu, le refus ou la négligence dans le travail est le mal absolu. Et ceci se trouve appliqué dès Lénine. En janvier 1918, Lénine,

---

g. « Piatiletka » est le mot en langue russe pour « Planification ». L'ouvrage le plus ancien écrit sur le sujet semble être : M. Farbman, *Piatiletka, le plan russe*, Éditions Rieder, 1921.

1. Mouvements que j'étudiais déjà en 1950 dans *La Technique ou l'Enjeu du siècle*, comme des exemples achevés de la technicisation...

au pouvoir depuis trois mois, fait du travail la loi, et déclare qu'il faut organiser l'émulation socialiste afin de « nettoyer la terre russe de tous les insectes nuisibles »... c'est-à-dire ceux qui ne travaillent pas assez. Des rentiers ? des bourgeois ? mais non ! « Les ouvriers qui tirent au flanc », « les parasites mendiants ». « Les saboteurs qui se qualifient d'intellectuels »... Et Trotsky est bien semblable. Il annonce lui aussi la création du travail forcé et des camps lorsqu'il publie en décembre 1919 ses 24 thèses, dont celle-ci : « Qui ne travaille pas ne doit pas manger. L'homme par nature essaie d'échapper au travail : le zèle ne lui est pas inné. » C'est bien là une promesse de la contrainte au travail par l'État. Comme l'écrit excellemment Glucksmann : « Le premier axiome énonce le principe d'État soviétique. Le second indique la principale tâche dévolue à cet État : le paysage est dessiné, l'ouvrier fainéant, le paysan affairiste, le cadre saboteur assiègent un État qui, paré de toutes les vertus, doit mettre ce beau monde au travail et économiser pour tous. »

À partir de là peuvent se développer sans répit l'exaltation du travail créateur, de l'essor des forces productives, les décorations des ouvriers de choc, et la passion de la révolution technique. Car l'idéologie du travail n'est que l'expression primaire et préalable à l'idéologie de la technique. Il faut (et il en est ainsi chaque fois) commencer par croire que le travail exprime l'homme, le sauve et l'accomplit pour ensuite accepter la totalité des techniques, et commencer à tout vouer à la croissance. Sans l'idéalisme préalable du travail, la technique n'a pas de chance d'être reçue comme l'arbitre suprême et la loi absolue. Il faut d'abord penser à l'action, puis à l'action productrice, puis à l'action rentable, puis à l'action efficace, y penser et y croire de façon que tout se réduise finalement là. Et alors, qu'est-ce qui peut rendre cette action et productrice et efficace ? Évidemment la technique. Celle-ci arrivant d'un coup ne pourrait séduire l'homme qui en serait effrayé. Mais l'homme soumis à un travail astreignant, comment n'accepterait-il pas cette technique qui vient à lui comme une libération ? Et l'homme convaincu que *tout* sera transformé par le travail, comment n'entrerait-il pas avec joie et reconnaissance dans ce jeu technicien qui précisément lui assure l'efficacité ? Tout en URSS, après les autres pays, mais comme eux, repose donc sur cette idéologie du travail, qui devient en même temps la justification des camps de travail, de rééducation par le travail. Nous le retrouverons.

Très vite, en même temps, se développe une autre passion, celle de l'organisation, de la gestion, de l'administration (des choses !) que l'on appellera plus tard bureaucratie. Et comme toujours, tout marche selon la nécessité. Comment voulez-vous qu'il en soit autrement ? Comment aurait-il été possible que cet immense pays se convertisse au communisme sans une énorme organisation ? Que la mise en train d'une planification économique ait lieu sans une administration ? Que la mise en mouvement d'une population aussi considérable vers la construction du communisme se fasse sans un moteur et des courroies de transmission ? Mais sitôt que l'on évoque ces nécessités inévitables, rigoureusement inévitables (et je voudrais bien savoir quel homme d'État à la place de Lénine aurait fait autrement...), alors paraît aussitôt la technique. Car il faut la meilleure gestion, l'organisation la plus efficace. C'est-à-dire technique, parce qu'il y a des objectifs à atteindre immédiatement. On ne peut pas jouer avec le feu. Il faut réaliser. La technique d'abord. La technique partout.

Il n'y a pas de mystère. Nous en verrons les effets. L'industrialisation d'abord. Qui débouche ensuite sur la technicisation. Mais la technique se rapporte à tout. Et il y aura en même temps la technique policière et la technique agricole, et la technique de manipulation des masses et celle de planification. Maintenant tous les fondements sont en place.

Il ne faut jamais oublier que la société soviétique est sortie non de Marx mais d'une utopie. Elle a prétendu « instaurer, dans un microcosme à l'écart et à l'abri du reste de la société », un ordre définitif et objectivement juste. « L'ordre de l'institution totalitaire est une utopie, s'il est vrai que l'utopie, c'est le triomphe du système, un monde automatique, une algèbre de la vie sociale, la nécessité sans le hasard. Pour y arriver il faudra recourir... au contrôle totalitaire des existences individuelles... refusant la spontanéité humaine et imposant un ordre de choses prédéterminé, harmonieux et parfait... Là où le libéralisme pose des règles, le totalitarisme impose un modèle...[1]. » C'est dans cette logique que s'inscrit la prolétarisation généralisée du peuple de l'URSS.

2
Les deux prolétariats

Un problème difficile : il n'y avait pas de prolétariat ouvrier nombreux. Les ouvriers libres en passant au régime soviétique ont cessé d'être des prolétaires. Et pourtant l'industrialisation, l'accumulation primitive impliquent la création du prolétariat. Cette loi

1. Cf. D. Loschak, *Le Droit et l'Institution totalitaire*, *op. cit.*

fut observée grâce aux camps. L'URSS a fait son passage industriel grâce à un prolétariat, et le prolétariat fut celui des camps et du travail forcé. Il y a deux secteurs : l'ouvrier noble et libre, et le véritable prolétaire du goulag. Mais ce n'est en rien surprenant : en 1870 aussi il y avait deux secteurs dans le monde industriel occidental : il y avait l'ouvrier « conscient » cultivé militant et combattant, et puis l'ouvrier affamé, misérable, écrasé. L'on sait bien que les Trade Unions anglais, par exemple, furent les syndicats de l'aristocratie ouvrière qui ne se reconnaissait guère dans la plèbe affamée des dockers par exemple. Aujourd'hui, de même, nous savons bien qu'il y a encore les deux secteurs, « nos » ouvriers qui ne sont réellement plus des prolétaires, et puis les travailleurs immigrés.

Cependant, du point de vue marxiste, les uns comme les autres étaient des prolétaires. Peut-on aller jusqu'à dire que les ouvriers libres en URSS sont des prolétaires présentant tous les caractères du prolétariat capitaliste ? J'irai en effet jusque-là. Qu'est-ce qui a réellement changé pour l'ouvrier d'usine ? Il participe au pouvoir par les soviets ? mais les soviets ne représentent plus qu'une illusion du pouvoir. L'élection de représentants change-t-elle de toute façon une réalité fondamentale ? Imaginons des prisonniers, dans une prison, qui auraient le droit d'élire leurs représentants, avec capacité de discuter d'un certain nombre de données, sauf d'une seule : le fait qu'ils soient prisonniers, cela changerait-il leur condition effective ? Certes, l'ouvrier n'est plus exploité par un patron, il ne travaille plus pour le bénéfice considérable d'un capitaliste... Mais il travaille pour... la collectivité ? point du tout ! pour l'État, qui consacre 40 % du prélèvement sur les salaires ouvriers à des dépenses militaires ou à des aventures spatiales, dont l'ouvrier, s'il était consulté, se passerait bien ! Ces ouvriers n'ont toujours que leur force de travail à vendre, et ils dépendent en tout de l'État patron ; on le voit bien avec le jeu des cartes d'alimentation, ou encore avec les journées obligatoires de travail gratuit, offertes « joyeusement et librement », ou encore avec l'application à des travaux contraints, ou encore avec les déplacements d'office d'ouvriers, envoyés autoritairement travailler dans telle usine, en changeant souvent de République. Ces ouvriers n'ont aucune garantie (autre que la dénomination verbale qu'il s'agit de société communiste, de dictature du prolétariat, d'État prolétarien, etc.). Les syndicats soviétiques, nous savons ce qu'ils sont (la courroie de transmission)... La Russie n'avait pas de prolétariat. Pour industrialiser, il en fallait un. On a donc massivement urbanisé, industrialisé en transformant une quantité de paysans (environ 40 %) en ouvriers prolétaires[1].

Il y a donc eu, en conséquence du régime communiste, un élargissement du prolétariat, et une perte pour celui-ci des « libertés formelles » qui étaient difficilement conquises par le prolétariat des pays capitalistes. Les prolétaires soviétiques sont *in abstracto* maîtres de l'État prolétarien, en réalité rien n'a changé pour eux. D'ailleurs, les résultats sont les mêmes : croissance du *turn over*, sabotage, truquage des statistiques, détournements de matières premières, alcoolisme, absentéisme[2]... moyens de se

1. Il semble qu'il faille encore sous-distinguer dans le prolétariat libre ceux qui travaillent pour la société civile et ceux qui travaillent pour l'armée, dans les « usines fermées », qui sont matériellement très privilégiés mais soumis à des contrôles extrêmes.

2. Tous ces faits commencent à être bien attestés, indiscutables. Voir la brève étude d'A. Besançon : *Anatomie d'un spectre. L'Économie politique du socialisme réel*, Calmann-Lévy, 1981.

défendre pour un prolétariat à qui la grève n'est pas permise. Toutefois, les choses ne sont pas si simples. L'URSS devait s'industrialiser. Elle a créé ce prolétariat. Mais d'une part avec une certaine élévation du niveau de vie, avec la stabilisation du régime, d'autre part avec l'obligation de passer à un stade supérieur, celui de la société technicienne, on ne pouvait maintenir ce prolétariat ouvrier de 1925 au niveau le plus bas, celui du prolétariat anglais de 1850. Il fallait bien concéder à la fois une relative indépendance et une relative amélioration. Vacances. Raccourcissement (relatif) de la journée de travail, application à des travaux moins pénibles. Le prolétariat soviétique sortait des limbes. Oui, mais... l'industrialisation lourde n'était pas finie ! loin de là ! Et puis la totalité des gisements de matières premières n'était pas mise en service. Mais ils se situaient dans des régions mortelles. Il n'était plus possible, peut-être dès 1930, en tout cas pour le plan de 1938, d'appliquer le « prolétariat libre souverain » à des tâches atroces de cet ordre, à la misère absolue. Et pourtant il fallait continuer. Alors se multiplie le second ordre du prolétariat, celui qui correspond exactement au prolétariat que Marx décrivait : celui qui va vivre, si l'on peut dire, en tout cas proliférer dans les camps de concentration qui avaient déjà servi bien auparavant pour procéder à l'industrialisation accélérée, et pour les « grands travaux ». Mais pour le prolétariat libre, la situation changeait paradoxalement.

La situation soviétique de la main-d'œuvre est paradoxale. Sur l'ensemble du territoire, tout le monde est d'accord pour constater un important chômage, cependant que localement, dans de nombreux endroits, manque la main-d'œuvre. Pénurie de main-d'œuvre d'un côté (qui va aller en s'aggravant puisque la population active va diminuer dans les dix années qui viennent, d'où pas question de procéder à une réduction du temps de travail, sur les quarante heures obligatoires), chômage de l'autre (à Alma Ata, on estimait qu'il y avait eu 31 jours de « perte de travail » pour l'année *par tête de travailleur* !). Comment expliquer cette contradiction ? Les uns parlent de chômage frictionnel, d'autres de la liberté de choix des travailleurs, qui préfèrent partir à la recherche du travail le plus rentable, avec des primes, ou dans des régions plus agréables (le taux de rotation de beaucoup d'entreprises est de 11 % par an), les jeunes sont de plus en plus exigeants... Mais le fait est là : l'URSS ne maîtrise plus son prolétariat comme il y a vingt ans. Le chômeur volontaire pourtant risque toujours des sanctions : inscription sur son livret de travailleur, accusation de parasitisme... Quant à l'absentéisme, le plus frappant est l'incohérence des réponses et des informations : selon un article soviétique cité par J.-P. Dumont[1], le temps moyen de travail réel des ouvriers oscille de 50 à 70 % de la durée légale de travail. Les pertes de temps volontaires se situent entre 15 à 20 % par personne (20 jours par an). Mais tel dirigeant syndical déclare que c'est de l'ordre de 1,5 jour par an et par personne. Tel directeur d'usine de 4 jours, tel ingénieur en chef de 9 jours (pour la même région et les mêmes entreprises !). L'alcoolisme se développe[2], comme dans tout prolétariat, c'est maintenant une réalité indiscutée... Signes de la prolétarisation malgré l'égalité socialiste...

Les camps de concentration que l'on rencontre non seulement en URSS mais dans beaucoup de

1. Enquête de J.-P. Dumont, *Le Monde*, septembre 1979.
2. Alain Besançon, *Anatomie d'un spectre*, *op. cit.*

pays communistes, ou leur équivalent (c'est-à-dire le travail forcé que l'on rencontre dans les pays communistes qui n'ont pas de « camps »), ne sont pas le fruit d'une perversion ni d'une doctrine, ni d'une volonté totalitaire, ni d'un effort pour « gouverner la plèbe de l'extérieur » (Glucksmann) mais sont l'expression du besoin économique d'avoir une main-d'œuvre ne coûtant pratiquement rien, réduite au strict minimum vital et totalement disponible, c'est-à-dire un prolétariat. C'est la condition pour arriver à une industrialisation et une accélération de la production laissant un profit sur lequel se construira l'économie.

Le camp de concentration a une apparence politique mais une réalité économique. Les pays communistes obligés de constituer eux-mêmes leur base industrielle ont été obligés de constituer son moyen de production, c'est-à-dire le prolétariat. Il y a là une nécessité inéluctable. Et cette constitution était nécessitée elle-même par l'adoption des techniques sans lesquelles un pays communiste ne peut pas entrer en compétition avec les pays capitalistes. Sous son aspect politique, le camp apparaît très vite. Lefort, s'appuyant sur Soljenitsyne, rappelle que son acte de naissance est bien plus ancien qu'on ne l'imagine. Le décret du 5 septembre 1918 prescrivait de « protéger la République des Soviets contre les ennemis de classe en isolant ces derniers dans des *camps de concentration* ». Donc l'idée et même la formule naissent ici. Et c'est Lénine qui est l'inventeur : il faut, écrit-il ailleurs, « enfermer les *douteux* dans des camps de concentration... ». Bien entendu, c'est plus doux que le massacre. Mais qui est visé : ceux sur qui on a des doutes... Cela donne toute l'extension au nouveau régime, qui n'est pas alors de *répression* mais de *prévention*, et qui n'est pas de l'ordre de la sanction pénale régulière mais de la séparation d'un élément potentiellement dangereux.

C'est bien la constitution d'une catégorie sociale entière, mise à l'écart, exclue : comment ne pas évoquer dès maintenant le concept de « classe dangereuse » ? Et ce qui est très intéressant, c'est précisément le retournement de situation. Les ouvriers, en régime capitaliste, ont été parqués, puis institués en classe dangereuse. Ici, nous avons un processus inverse, tout à fait significatif : il y a une classe dangereuse, qui va être parquée, et transformée en ouvriers... La normalisation s'effectue vite. Des camps surgissent un peu partout, et l'on y applique l'idée de rééducation par le travail. Ils disparaissent pour la plupart vers 1922, mais au profit d'une organisation systématique et d'un projet concentrationnaire. En 1921 paraissent « les camps du Nord à destination spéciale ». Il s'agit alors non plus d'exclure de la ville, et de placer par petites unités mais de regrouper de façon systématique en un seul lieu, en un ensemble destiné à la production (les îles Solovki). Le travail forcé y est alors introduit. Mais il y a encore des progrès à faire : la spécialisation, la méthode d'organisation ne sont pas élaborées. C'est davantage le bagne, comparable à bien des bagnes occidentaux, avec violence et misère mais pas encore de système rationnel ni de réglementation minutieuse. Toutefois, note judicieusement Lefort après Soljenitsyne, il y a déjà un aspect moderne : le principe de l'auto-contrôle, de l'inter-surveillance des détenus, et l'idéologie, la visée de la « société bonne », il ne s'agit pas encore du « système constrictif » que l'archipel du goulag a si merveilleusement étudié. Très vite nous accédons à une nouvelle dimension avec le principe à la fois simple et radical : il faut que le camp de concentration fournisse une main-d'œuvre gratuite, qui survivra grâce au strict minimum, qui sera contrainte à un travail qui corresponde à la totalité de travail que peut fournir la « force de travail » jusqu'à l'extrême limite, et qui, dans la mesure où l'ouvrier meurt vite, permet un remplacement accéléré. Nous avons défini exactement le prolétariat.

En même temps, la justification morale apparaît qui correspond exactement à celle du capitalisme : le travail régénérateur. La rééducation par le travail. Comme le dit férocement Glucksmann : « Si le travail est l'essence de l'homme, forcer au travail revient à retourner chacun vers son humanité. Le travail forcé n'est-il pas la réconciliation de l'homme avec l'homme ? » Mais bientôt ce qui se produit est un virage gigantesque, peut-être pas assez interprété par Soljenitsyne mais mis en lumière par Glucksmann : le camp devient le réservoir essentiel de main-d'œuvre, le fournisseur de travail *d'abord et en premier lieu*, il n'est que secondairement un moyen de répression pénale, ou de protection de la société. Et c'est pourquoi, en même temps les internements se produisent pour n'importe quelle raison, et la masse augmente incroyablement. Il ne s'agit plus de punir et redresser par le travail. Il s'agit d'avoir une main-d'œuvre soumise à « la loi d'airain des salaires », et dont la justification se trouve dans la pénalité pour un crime supposé. Exactement comme dans le capitalisme bourgeois, la misère ouvrière était la sanction que la « Main invisible » donnait à la paresse, à l'imprévoyance et au vice. Les révolutions qui historiquement comptent, dit Marx, sont celles qui « dépouillent les grandes masses de leurs moyens de production et d'existence traditionnels, les lancent sur le marché du travail, prolétaires sans feu ni lieu. Mais la base de toute cette évolution, c'est l'expropriation des travailleurs ». Accumulation primitive du capital par mutation du paysan en ouvrier, par spoliation du paysan devenant prolétaire. Phénomène à l'origine du capitalisme, et que nous trouvons tel quel en URSS.

Et c'est alors le flot de millions de paysans « dékoulakisés » qui va être dirigé vers le camp de concentration, nouveau visage de l'univers urbain concentrationnaire où s'engouffrait le flot des paysans dépossédés au XIXe siècle dans l'Occident en cours d'industrialisation. « C'était une véritable migration des peuples, une catastrophe ethnique » (Soljenitsyne). Et c'est encore l'ironie féroce de Glucksmann : le parti « a su combiner l'enthousiasme révolutionnaire russe et le sens pratique américain (Staline) pour régler en quelques années un problème qui ailleurs a requis des siècles. Il y eut le mauvais côté : 15 millions de morts probables (famine, camps, massacres). Il y eut le bon côté : 20 millions de paysans libérés (de leurs terres) se pressant aux portes des nouvelles usines. Et de nouveau 20 millions d'hommes que la campagne libère pour la "ville", entre 1950 et 1960 ».

Marx disait que l'Angleterre bourgeoise avait, en expropriant ses paysans, livré à l'industrie des villes les bras dociles d'un prolétariat sans feu ni lieu... « Grâce à notre théorie, dit-il, nous avons nommé collectivisation cette expulsion des cultivateurs : l'exode rural fut la marche vers le socialisme et nous prouvâmes au monde que ces prolétaires étaient les véritables "dictateurs" du pays... Nous avons rattrapé et dépassé l'accumulation primitive décrite par Marx. De plus nous avons su transformer les paysans en prolétaires. Ce que vérifie la Thèse de Notre Comité Central : chez nous tout le monde est dictateur... » Et dans l'univers des camps de travail forcé on applique les meilleures méthodes d'organisation du travail, la division entre la décision et l'exécution, la gestion planifiée du travail, le travail aux pièces, à la journée de travail (de durée illimitée), le travail aux « petits bâtons », etc. Le principe d'organisation envahit toutes les sphères d'activité. C'est *aussi* de la technique. Soljenitsyne a raison d'écrire à propos des camps qu'« il est peu de domaines où notre demi-siècle se soit manifesté avec autant d'esprit de suite et jusqu'au bout ». À l'époque où, parmi la gauche française, Staline et l'URSS étaient intouchables mais où grâce à quelques hommes de génie, de courage et de travail (D. Rousset et son équipe[h], B. Charbonneau qui peut-être le premier parla de Magadan...) on commençait à savoir que le camp de concentration existait en URSS (1946), nous entendions sans fin la réponse suivante : « Il n'y a aucune comparaison entre les camps de concentration hitlériens, et les camps de travail soviétiques – les premiers visent à l'extermination, les seconds à la rééducation, la réadaptation. Dans le premier c'est le mépris ignoble de l'homme, dans le second, c'est le respect et l'on cherche à permettre à l'homme une réinsertion saine dans le corps social. »

Il y a bien une différence entre les deux mais elle n'est pas de cet ordre. Les deux systèmes sont dominés par la technique. Mais dans les camps nazis, celle-ci est tout à fait superficielle : technique de mise à mort, technique de torture, technique d'éva-

h. David Rousset, Théo Bernard et Gérard Rosenthal, *Pour la vérité sur les camps concentrationnaires*, Le Pavois, 1951, réédition Ramsay, 1990.

cuation des cadavres... Dans les camps soviétiques, la technique est au contraire beaucoup plus élaborée. Technique d'organisation minutieuse, de soumission à un ordre, qui est féroce, mais c'est un ordre. Soljenitsyne a parfaitement raison de voir là l'effet d'une nécessité économique. L'organisation de la répression est l'effet d'un projet consistant à assujettir toutes les forces à un objectif national de production. Son texte est très clair : le camp se situe à l'intersection entre la nécessité de produire à bas prix et la justification théorique du camp. « L'État qui se proposait de devenir fort en un court délai... et ne consommait rien en provenance de l'extérieur avait besoin d'une main-d'œuvre.

a) la moins chère possible et dans l'idéal, gratuite

b) accommodante, prête à tout moment à être transférée d'un lieu à un autre, sans lien de famille, n'exigeant ni logement aménagé, ni écoles, ni hôpitaux, et même pendant un certain temps ni cuisine ni bains publics.

Se procurer cette main-d'œuvre n'était possible qu'en engloutissant ses propres enfants » (*L'Archipel du goulag*, II, III[1]). Bien entendu le camp, montre Soljenitsyne, remplit *aussi* d'autres fonctions, il est un moyen de terreur pour les autres, il est un système, permet de faire vivre des dizaines de milliers d'officiers et de surveillants... mais tout ceci est quand même secondaire par rapport à la nécessité économique. Et la tendance remarquable, c'est celle de l'extension du camp à toute la nation. Au fond il se produit un phénomène comparable à ce qui s'est produit au cours du XIXe siècle occidental : je disais plus haut qu'il y avait deux catégories d'ouvriers, une

1. Alexandre Soljenitsyne, *L'Archipel du goulag*, Le Seuil, t. 1 et 2, 1974, t. 3, 1976.

« élite » et une masse écrasée. Mais Marx avait vu juste en indiquant que l'élite ouvrière devait se prolétariser. C'est le même mouvement en URSS ! Progressivement, l'idée du « travail constrictif » s'étend à tout, c'est-à-dire que le régime du camp apparaît comme tellement idéal que la classe ouvrière libre est bientôt soumise à des réglementations comparables.

Ainsi le livret de travail dès 1938 qui est exactement le même que le livret napoléonien. Il doit être présenté à toute embauche, il indique les emplois antérieurs, les sanctions, les déplacements, les causes du départ du poste précédent. Sans livret pas de travail possible. Puis, en 1940, toute une législation du travail : ceux qui quittent leur emploi de leur propre gré sont passibles du camp de travail, un retard à l'usine de plus de vingt minutes correspond à une absence, une première absence est punie de « travail correctif » avec retenue de 15 % du salaire, puis on punit les ouvriers qui ont l'audace de changer d'emploi de leur propre initiative, enfin intervient la mesure décisive selon laquelle les salariés peuvent être transférés, changés d'emploi sans leur consentement : c'est la grande mesure destinée à lutter contre les difficultés de main-d'œuvre dans tel secteur de production ou telle région : l'ouvrier devient un pion qui peut être déplacé selon les besoins objectifs, affecté n'importe où, sans sa volonté, bien entendu sans qu'il puisse protester si peu que ce soit. Autrement dit, se reproduit exactement ce qui avait eu lieu dans le monde capitaliste : la seule différence, c'est que là, l'ouvrier était amené à se déplacer sous la contrainte du chômage et des bas salaires, pour aller vers les régions ou le secteur de production où il y avait pénurie de main-d'œuvre, donc salaires plus élevés. La contrainte en URSS devient immédiate, administrative et ne laisse aucun choix. Autrement, les méthodes sont strictement les mêmes, tendant à transformer les ouvriers ordinaires en prolétaires, selon le processus que Marx lui-même avait analysé : regroupement, autorité, hiérarchie, spécialisation, parcellisation, division entre les ouvriers, subordination à des surveillants, contraintes, sanctions et menaces (mais ici ce n'est plus le chômage qui est la menace suprême, c'est la déportation). Ainsi, tout devient identique au fur et à mesure que *s'installe la grande industrie dans un monde s'industrialisant de façon globale*.

Mais nous rencontrons alors une question essentielle : la réponse à tout ceci, bien connue, c'est que tout change de caractère lorsque c'est intégré dans une société socialiste, lorsque c'est soumis au contrôle du prolétariat qui commande. La *même* institution, objectivement, change de *nature* suivant le contexte (nous dirions aujourd'hui : le système) dans lequel elle se trouve. Ainsi, dit-on, il est totalement inexact de comparer terme à terme ce qui se passe dans la société capitaliste et ce qui se passe dans la société socialiste, parce que la direction, la finalité, l'objectif sont différents, et surtout parce que l'autorité à qui on obéit est autre : c'est la volonté de tous sur tous, et non de quelques-uns sur tous. Quant à l'objectif, il est bien évident qu'il y a contradiction : dans un cas, il s'agit de la reproduction indéfinie d'une plus-value, dans l'autre de la construction du socialisme. Cet argument repose d'ailleurs sur un texte de Marx indiquant que les lois d'un mode de production ne sont ni comparables ni transférables d'une période à une autre, c'est-à-dire par exemple que le mode de production esclavagiste obéit à d'autres lois que le mode féodal, même si, en apparence extérieure, ce sont les mêmes.

Cet argument a fait fureur pendant les années 1950-1968. Il faut quand même y répondre. Et il y a deux réponses. La première, sur laquelle je ne m'attarderai pas, parce que je l'ai développée dans d'autres cadres depuis longtemps[1], c'est qu'il y a cohérence entre la fin et les moyens. C'est-à-dire que l'on n'établit jamais la justice par des moyens injustes, pas plus que la liberté par la voie d'une dictature (même dite temporaire). Les moyens comportent en eux-mêmes des conséquences inévitables, et débouchent sur des finalités qu'ils portent également en eux-mêmes. Les fins, à l'inverse, sont déjà comprises dans les moyens. Ainsi des moyens justes font régner déjà, hic et nunc, la justice même si celle-ci est présentée comme un but ultime. Des moyens instaurant la liberté dans les rapports immédiats instaurent la liberté, etc. Il ne peut pas y avoir contradiction entre les fins et les moyens. Dès lors, quand nous considérons les moyens soviétiques nous sommes obligés de dire qu'ils portent en eux l'industrialisation et le mécanisme de la plus-value, jamais et en rien l'instauration du socialisme ni le passage du socialisme au communisme. La seconde critique est aussi fondamentale : un système social n'est pas constitué de fragments dont l'ensemble serait totalement différent. C'est-à-dire que le système dans sa globalité reçoit ses traits et caractères de l'ensemble des facteurs qui le composent. Autrement dit quand nous considérons le système soviétique nous y voyons une accumulation de traits, d'institutions, de comportements, d'autorités, d'organisations dont on ne peut dire d'aucun qu'il soit socialiste, et nous ne trouvons aucun élément dont on puisse dire

---

1. Cf. par exemple Jacques Ellul, *Exégèse des nouveaux lieux communs*, Calmann-Lévy, 1966 ; réédition La Table Ronde, 2004.

qu'il soit manifestement socialiste. Comment pourrions-nous déclarer que le tout est alors socialiste ? Ce n'est pas une question de quantité ni d'addition mais de combinaison des éléments entre eux. La police, la répression, l'autoritarisme, l'armée, la contrainte absolue, le monopole des informations, la hiérarchie des salaires, la production de plus-value, la création d'une caste dirigeante... nous pourrions continuer indéfiniment. Par-dessus le tout il y a une phraséologie, un vocabulaire, des affirmations sans fondement mais mille millions de fois répétées, sur le socialisme, la construction du socialisme, etc. Mais nous sommes ici en présence, de façon tout évidente, de pure et simple idéologie, jouant le rôle classique de l'idéologie, voile et justification. Comment pourrions-nous dire que nous sommes en présence d'un ensemble socialiste alors qu'aucune de ses parties ne l'est ? Comment l'ensemble pourrait-il éviter, au-delà des mots et des intentions, de subir les caractères qui lui viennent de chacune de ses composantes ? Comment les composantes pourraient-elles changer de caractère en fonction d'un ensemble qui n'est en rien ce qu'il dit être ?

De toute évidence, le système composé ainsi n'est pas socialiste, ni communiste. Le camp est bien un camp de concentration comparable à tous les autres, obéissant aux mêmes lois, et le travail forcé aussi, et le prolétariat aussi, de même qu'une auto soviétique ne se conduit pas autrement qu'une auto capitaliste. Il ne suffit pas de proclamer qu'une société est communiste alors que toutes ses composantes sont contraires au socialisme pour que celles-ci « changent de signe ». Toutefois reste l'affirmation que c'est le prolétariat qui est maître et que l'État soviétique est aux mains des travailleurs. C'est sans doute la question, de toutes, qui a été la plus discutée et l'on sait maintenant, du reste, que c'est une pure fiction. Par conséquent, le camp de travail soviétique est un camp de concentration qui n'obéit pas aux volontés du prolétariat mais dans lequel le prolétariat est à la fois constitué et enfermé.

Dans la pensée marxiste, chaque groupe de travailleurs doit être inséré dans un certain *mode* de production. Et c'est ce mode de production qui donne au collectif de ces travailleurs ses caractères et ses limites. Nous arrivons, avec le système soviétique, à un prolétariat, mais un prolétariat assez particulier. Quel est le mode de production spécifique de ce complexe du « système constrictif », avec ses camps et le travail forcé d'une part, la superstructure administrative et idéologique d'autre part ? Le mode de production est caractérisé par l'ensemble des forces de production (ici, l'industrialisation) et par les rapports de production. Les rapports de production sont je le rappelle les « rapports entre des catégories d'agents et des moyens de production », rapports des producteurs entre eux, rapports de classes, mais aussi organisation de ces rapports par des moyens juridiques, techniques, administratifs. Ces rapports entre les hommes au sein de la production sont socialement déterminés, et sont organisés. Et le mode de production prend ses caractères fondamentaux du système des rapports, ainsi le mode de production féodal prend ses caractères du servage, etc. Or, en ce qui concerne les rapports de production, Glucksmann, avec les outrances que l'on sait, a fait une véritable découverte : « Qui libère le paysan de la terre, fait orienter la population rurale en direction des nouveaux combinats, lie l'ouvrier à la machine sous le contrôle d'une triple hiérarchie (technique, administrative, policière) ? La *terreur*. Et il ne faudrait pas mettre cette terreur au compte des rapports de production ? »

Ceci est totalement exact, fondamentalement en accord avec la pensée de Marx. Celui-ci en effet a toujours analysé ces rapports de production en fonction de ce qui lie, contraint, « oblige » le travailleur à son travail, en fait un servant aliéné des forces de production. Rapport juridique qui évacue totalement l'homme dans l'esclavage, rapport politique de supériorité dans la féodalité, rapport économique d'aliénation de la force de travail dans le capitalisme. Et maintenant, rapport de terreur.

Marx avait, bien entendu, déjà montré le rôle de la contrainte : violence du pouvoir politique dans la création économique, dans l'accumulation primitive, violence patronale dans le développement du capitalisme. Mais nous arrivons à quelque chose de très différent : la combinaison entre une étatisation complète et technique des moyens de production avec une utilisation totale de la force de travail de manière technique, comme jamais il n'avait été possible de l'utiliser, et avec la création systématique de cette force de travail quand et comme on le désire. Le double facteur de la toute-puissance de l'État et de l'application universelle des moyens techniques donne à la terreur et à l'utilisation de la force de travail un caractère véritablement nouveau dont le rapport interne est bien celui de la terreur. Et Glucksmann résume le mode de production soviétique par les quatre formules suivantes : « L'usage de la terreur comme rapport de production – l'invention du camp comme force productive moderne – le primat de l'industrie lourde, ou militaire, ou spatiale, sur tout ce qui satisferait les besoins, "spontanés" de la collectivité – les décisions du Comité central du PC comme unique critère distinguant ce qui est socialiste de ce qui est capitaliste. » Et dans le domaine des superstructures, au rapport de production qu'est la terreur, s'adjoint, se conjugue la propagande.

Mais en face de cette évidente importance du camp au point de vue économique, apparaît une objection de taille : en réalité nous sommes en présence d'un bluff incroyable, car le camp de concentration ne produit rien de sérieux, il n'y a pas de véritable service économique du camp, le camp est plutôt coûteux, ce qui est produit ne couvre pas les frais, il n'y a aucune rentabilité économique de ce travail. C'est donc plutôt dans le domaine de l'absurde tragique qu'il se situe, que dans l'économique. « On peut se demander si la réduction du système concentrationnaire à sa fonction économique ne procède pas encore d'une illustration héritée du marxisme » (Lefort). Le camp d'extermination nazi avait une fonction économique (seconde !), il était producteur de matières premières (graisse, os, cheveux, dents en or... !) mais il n'était pas question de croire à la valeur du travail obtenu dans les camps. Le camp soviétique, qui n'est pas un camp d'extermination, n'a pas plus de valeur dans ce domaine.

Certes, il y a eu des tentatives, reconnaît-on. On a maintenant beaucoup d'informations sur les travaux effectués par les détenus au service du Plan, et il y a bien un nouveau type d'exploitation combinant le servage avec l'organisation industrielle, mais ça ne servait finalement pas à grand-chose. Les camps de concentration ont été inefficaces sur le plan économique. Certes on peut dire qu'il faut distinguer les objectifs des planificateurs et les résultats obtenus dans la réalité... mais la discordance est trop grande ! Le système des camps, l'« Archipel du goulag », a été extrêmement coûteux finalement, et d'un rapport faible, « comment expliquer qu'il ait été économiquement nécessaire ou seulement que le coût de l'entreprise soit demeuré invisible ? » (Lefort). Et si la direction des camps maquille la réalité de cette inefficacité, cela signifie, ajoute encore Lefort, que cet *échec est perçu*, mais ne doit pas *apparaître*. Dès lors, « l'existence des camps relève d'une nécessité indifférente au cours de la planification ». Telle est la thèse de Lefort[i], et il s'appuie sur bien des textes et constatations de Soljenitsyne. Celui-ci, par exemple, dans une incidente, souligne que peut-être l'utilité économique des camps résidait uniquement « dans le crâne de Staline » (ce qui d'ailleurs veut quand même aussi dire que le projet économique du camp de concentration émanait du plus haut sommet...). Mais enfin si tout réside dans l'image que Staline se fait de la réalité, il vaut mieux ne pas parler d'économie mais de fantasme économique, fantasme de la nécessité... En outre, Soljenitsyne montre l'absurdité du transfert incessant des détenus d'un camp à un autre, d'un chantier à un autre... Comment croire qu'il s'agisse d'une volonté claire et délibérée qui s'exprime ainsi ? Le camp correspond à une autre nécessité. Enfin, Soljenitsyne montre aussi les malfaçons, les échecs, comme la célèbre entreprise du « Belomor Kanal », première application du programme d'exploitation du travail forcé au service de l'État... canal construit sans aucun investissement, sans aucun matériel, avec des pelles et des brouettes, aboutissant à l'extermination de dizaines de milliers de détenus (mais en était-ce le but ?) et, finalement, le canal qui manquait de profondeur se révélait inutilisable. Donc, est-on tenté de dire, l'objectif de toute cette mobilisation

---

i. Claude Lefort, *Un homme en trop : réflexions sur l'Archipel du goulag*, Le Seuil, 1976.

n'était pas le canal ! Mais plus profondément, n'est-on pas en présence d'une illustration au sujet de ce caractère économique du camp : d'une part à notre époque, il est bien évident que la forme esclavagiste est complètement dépassée, on sait parfaitement que le travail de l'esclave est moins rentable que le travail ouvrier. Comment ceux qui ont lu et connaissent Marx pourraient-ils en revenir à une forme esclavagiste après les critiques fondamentales de Marx, et après les évaluations objectives des techniques de travail ?

« Non seulement l'Archipel ne fait pas ses frais mais le pays est même réduit à payer fort cher le plaisir de le posséder », dit Soljenitsyne. Le détenu ne cherche pas à faire bien son travail, il est en plus gaspilleur, il ne prend aucun soin de l'outillage. Le résultat du travail est toujours de mauvaise qualité. Il faut d'ailleurs ajouter que ceci est beaucoup plus exact du détenu que de l'esclave ancien ; car l'esclave du système esclavagiste vit sa situation à l'intérieur d'un ensemble social pour qui l'esclavage est *légitime* aux yeux de tous, et de l'esclave lui-même. Quand on devient esclave (prisonnier de guerre par exemple), on entre dans une condition *normale*, acceptée d'avance par le prisonnier. Il n'y a aucune régression du système social. Alors qu'avec l'organisation concentrationnaire, le système constrictif, on va à l'encontre de toutes les croyances et de tous les modèles idéaux de société répandus en Occident depuis le XVIIIe siècle. La condition dans le camp n'est si effroyable que parce qu'elle est une condition anormale, contradictoire aussi bien au libéralisme qu'au socialisme, elle est une régression par rapport au travailleur (aliéné mais libre ou semi-libre...). Donc le déporté fournira un travail infect, sabotera, etc. Ce qui va augmenter assurément le coût de production par la nécessité des contrôles, surveillances. L'entretien de chaque esclave coûte à l'État un surveillant... qui a une famille ! souligne Soljenitsyne. De plus chaque grand directeur de camp, apprenons-nous dans Soljenitsyne, utilise cette main-d'œuvre à son propre profit. L'intendance d'un camp organise son propre secteur économique, en dehors des exigences de la planification. Il y a très remarquablement la reconstitution d'une sorte de patronat privé, grâce à l'utilisation de cette main-d'œuvre gratuite, en marge des prévisions globales. Donc au niveau de la richesse collective, le solde est négatif.

Or, je pense qu'en réalité toute cette discussion sur la non-rentabilité des camps est extrêmement superficielle. Tout d'abord, il faut mesurer avec ce qui est commensurable. Or, le prolétariat dont il est ici question ne doit pas être mesuré en comparaison avec la classe ouvrière du monde capitaliste, ni la rentabilité des camps avec celle des pays avancés, mais avec ce que fut le capitalisme à ses débuts, et avec cette classe prolétarienne. Or, nous voyons exactement le même gaspillage de main-d'œuvre, la même absence de souci pour la santé, pour la durée de la vie humaine, le même mépris pour les conditions de vie, la même absence de calcul de la rentabilité de l'ouvrier. Au fond, dans le capitalisme naissant, nous l'avons indiqué plus haut, il y a une usure incroyable de l'homme, et le seul souci que le résultat soit atteint[1]. Il peut paraître aberrant d'ex-

1. La subordination de l'homme à la machine, sans limite, conduisait à des résultats effrayants : les ouvriers meurent très jeunes, le logement est innommable, la nourriture insuffisante, la tuberculose se développe rapidement et, de façon coïncidente, la criminalité, la journée de travail s'établit aux environs de quatorze heures, seize heures par jour. Rendue nécessaire par le fait que la

terminer la force de travail, une fois qu'on a fixé l'objectif économique, ou de réduire les hommes à un tel état de dénuement, de faiblesse, de peur que leurs énergies en soient ruinées : c'est aberrant, mais c'est bien ce que le capitalisme avait fait, et c'est ce que l'on a appelé le prolétariat ! Et il n'y avait pas un vrai calcul de rentabilité tenant compte de tous les

---

machine, elle, ne se fatigue pas, que, au contraire, il faut l'amortir le plus rapidement possible, et rendue possible par le fait des éclairages nouveaux dans les ateliers, diminuant considérablement les risques d'incendie. Les enfants sont mis au travail, à la fois obligatoire par l'insuffisance des gains des parents et possible parce que la machine exige moins de force physique. Dès lors à six ans l'enfant paraît dans l'usine, pour une journée de dix heures. Il y a une usure effroyable du matériel humain. Or, ce qui est remarquable ici, c'est que nous sommes en présence d'une *attitude anti-économique.* Alors que l'on représente toujours le bourgeois comme obéissant à un pur calcul de rentabilité, lorsqu'il utilise la main-d'œuvre, il a ici un *comportement irrationnel.* En effet d'un côté, il a été bien vite prouvé qu'au bout d'une certaine durée le travail de l'ouvrier devient moins efficace, moins rapide, moins exact : les défectuosités, les accidents, les malfaçons se multiplient. Il a ensuite paru très vite que l'usure trop rapide d'un ouvrier exigeait son remplacement, ceci ne se faisant pas sans un décalage, le nouveau n'étant pas de suite au niveau d'efficacité de l'ancien. Il a enfin été montré, dès 1840, que le travail des enfants trop jeunes était inefficace, et que les maladies d'enfants empêchaient le renouvellement normal de la main-d'œuvre. Sans compter, ce qui n'était pas évident de suite mais est quand même apparu assez tôt, la création d'une « classe dangereuse », qui allait être *économiquement* un facteur de trouble, de désordre et de perte, et ceci était facilement prévisible. Autrement dit, un bon calcul économique impliquait une limitation de la durée du travail. Il aurait fallu, pour être rationnel, rechercher exactement le niveau de productivité maximal du travail ouvrier. Mais ceci n'a pas pénétré rapidement, et l'on se trouve devant un curieux phénomène : ces bourgeois, si exacts dans leur calcul de rentabilité des capitaux, dans l'usage des biens, se sont montrés totalement inefficaces dans l'usage de la main-d'œuvre. Il y a là un fait étrange, qui tient peut-être à la fascination du mécanique (comme s'il allait de soi que l'ouvrier soit uniquement appendice de la machine...) et peut-être à une certaine haine de l'homme, une passion de dominer et de tuer. Et puis sans doute cette réaction de propriétaire : j'ai acheté la force de travail, j'en use comme je l'entends, comme de ma propriété privée. Abusus. Or, toute cette hyper-exploitation était inutile au point de vue écono-

éléments mais seulement la question de savoir s'il y avait une accumulation de valeurs (de capital) produite. Marx a eu infiniment raison de souligner que l'on devait faire cette évaluation dans l'ensemble, globalement, et non pas ouvrier par ouvrier, ou entreprise par entreprise. C'est exactement le même problème avec le travail forcé et les camps.

De même, nous trouvons une évidente relation avec le problème des colonies : on sait depuis longtemps que, pour l'ensemble de la métropole, la colonie n'était pas rentable. Elle coûtait même fort cher, et le solde était généralement déficitaire globalement. Mais d'une part la colonie était une source de puissance et d'enrichissement potentiel, d'autre part elle servait dans l'immédiat à enrichir des personnes (en l'occurrence des capitalistes) et nous avons constaté le même fait avec les camps. Les camps représentent assez bien par rapport à l'URSS ce qu'étaient en 1920 les colonies par rapport à la France (avec bien entendu le fait de la main-d'œuvre sous-payée, surexploitée, etc.). On insiste aussi beaucoup sur les

---

mique, la plus-value n'étant pas directement liée au temps de travail, mais aussi à la productivité de la machine. La rentabilité eût été infiniment meilleure avec une exploitation de l'homme bien moindre. Il y a là une sorte de folie furieuse anti-humaine, qui est très singulière mais qui ne peut hélas plus nous surprendre aujourd'hui. Les bourgeois n'étaient pas des monstres. Et les créateurs du goulag, avec tous leurs auxiliaires, et les créateurs du travail forcé en Chine, au Vietnam, au Cambodge, non plus, ne sont pas des monstres. Mais ils obéissaient à la double nécessité, non pas à proprement parler économique : d'une part affirmer totalement le primat de la machine, pour constituer un équipement de base monumental, et ceci supposait de briser toutes les résistances humaines ; d'autre part, disposer librement de grandes masses humaines, qui seraient utilisées au gré des nécessités, et qui devaient être exactement malléables : si le calcul était faux économiquement, il était juste techniquement. Seul l'homme déraciné et aliéné peut être un exact servant de la machine. Et c'est finalement cela qui était visé dans cette surexploitation et cette inhumanité.

erreurs, les gaspillages, etc., mais qui ne voit que c'est exactement le même fait dans le monde capitaliste ? Il a fallu abandonner le Belomor Kanal, qu'à cela ne tienne ! Il a aussi fallu abandonner le célèbre canal des Lacs dans le Sud-Ouest qui, sitôt ouvert, a dû être comblé précipitamment par suite d'une énorme erreur de calcul ! Et qui ne se souvient de Concorde ou de l'Aérotrain ! Non, le fait que cette main-d'œuvre travaille mal et que ses produits soient souvent mauvais n'est en rien un argument pour démontrer que l'un des objets essentiels du camp n'est pas économique.

Il faut encore, quand on parle de rentabilité, tenir compte de deux questions complémentaires : rentable par rapport à quoi ? et pour qui ? Il ne s'agit nullement de calculer la rentabilité immédiate et directe, mais de la situer dans une « vue d'ensemble de l'économie ». Par conséquent la question est de savoir si les camps étaient utiles, nécessaires pour l'ensemble de l'économie, et non pas si chacun en soi présentait au bout de l'année un solde positif de ses comptes... Il y a rentabilité de chaque élément à l'intérieur du système, mais il y a aussi rentabilité *du* système lui-même, de l'existence de ce système. Ce sont deux choses différentes : un camp peut ne pas être rentable, mais sans ces camps, le système n'aurait pas existé du tout, simplement ! La seconde remarque tient au fait que le problème n'est pas le même en capitalisme privé libéral et en capitalisme d'État : dans le premier cas, une entreprise non rentable fait faillite, dans le second on peut maintenir des quantités d'entreprises non rentables, mais jugées nécessaires, car le calcul s'effectue sur la globalité. Tout cela tend à dire que les calculs de rentabilité ne signifient rien pour savoir si l'on se trouve ou non en présence d'un prolétariat industriel, et d'une accumulation capitaliste primitive. Il reste que grâce au camp on obtenait deux choses inappréciables : d'abord un effet de terreur qui rendait le reste de la population malléable, ensuite une main-d'œuvre gratuite (même si elle était coûteuse autrement), totalement à disposition et applicable à n'importe quoi, ce qui a permis entre autres la plupart des grands travaux.

Ce sont les deux points que je développerai sommairement. Pour le premier, Glucksmann, ayant mis en lumière la terreur comme rapport de production, a en même temps insisté sur la valeur économique du camp comme moyen de pression sur le reste du monde de la production. En régime capitaliste, le moyen de pression, c'est le chômage. En régime soviétique, c'est l'éventualité de la condamnation au camp. Le paresseux, l'incapable, l'improductif... au camp, dès lors tout le monde va s'évertuer à produire. Le camp a donc un effet secondaire sur le plan économique. Il est la menace secrète, sourde et lourde, précisément à cause de l'indistinction des chefs possibles de condamnation.

Il ne faut pas séparer les divers secteurs. Comme Marx avait montré qu'il fallait « lire » la condition ouvrière au travers de celle du chômeur, de même il faut lire l'économie soviétique au travers du camp. Le chômeur est un évident gaspillage de la société (une bonne force de production qui reste inutilisée) mais sans lui le capital ne fonctionnerait pas en tant que tel. De la même façon, le camp est un gaspillage en soi, mais sa seule présence conduit, provoque les autres à travailler avec plus d'acharnement par la crainte permanente de cette dégradation, d'un travail « libre » à un travail forcé, par la terreur installée du fait de l'énormité du système. Ainsi le camp est bien une des conditions d'existence de l'économie soviétique, il est rentable exactement dans la mesure où il la fait exister, comme instrument de contrainte en vue du travail, « instrument de prolétarisation du paysan, d'éducation disciplinaire de l'ouvrier, et de stratification hiérarchique de la société ». Mais en outre il faut bien se rendre compte que sans les camps aucun des grands travaux effectués en URSS n'aurait eu lieu. Et l'idée de base, fort simple, rejoint exactement celle qui a provoqué tant d'admiration en Chine : remplacer le matériel coûteux occidental par une masse énorme de travailleurs. Après tout, cela correspond quand même à Marx : il n'y a de créateur de valeur que le travail humain, d'une part, mais d'autre part : l'ouvrier seul produit, cent ouvriers solitaires, chacun travaillant indépendamment produisent cent fois, mais la merveille de l'organisation du travail, c'est que les cent ouvriers *organisés*, en un ensemble, en un ouvrier collectif, par division et spécialisation, produisent cent cinquante fois plus. La machine n'est jamais qu'une occasion donnée à la force de travail de s'exercer en tant que force productrice.

En tout cas, il est évident que la concentration d'énormes masses de main-d'œuvre est productrice. Et l'on sait du reste que les pyramides, tous les grands travaux pharaoniens ont été construits par l'accumulation de main-d'œuvre. Nous aurons à y revenir pour la Chine. Actuellement considérons simplement le fait que l'URSS, démunie de moyens mécaniques multiples et surtout en nombre suffisant, a résolu la question en substituant à la machine défaillante un prolétariat énorme et concentré. Nous revenons à la méthode fort bien décrite par Marx de l'accumulation capitaliste. D'autant plus que cette utilisation de la main-d'œuvre directe correspond exactement à la loi capitaliste d'utilisation des machines telle que Marx l'avait dégagée quand il avait prouvé que le capitaliste n'emploie des machines, et ne remplace la main-d'œuvre humaine par des machines, que dans la mesure où l'amortissement des machines est moindre que le coût du travail humain.

Autrement dit, nous sommes, en tout cela, dans la droite ligne de l'analyse que Marx fait pour les origines du capitalisme. Il ne faut pas en être surpris si on veut bien considérer que nous sommes, comme on le dit et redit depuis quelques années, en présence de la constitution d'un capitalisme d'État. Mais ceci nous confirme dans l'affirmation qu'il y a la création d'un prolétariat et non pas exactement d'un esclavage. Or, il faut bien considérer que ces camps se rencontrent, justement, exactement là où il y a eu des grands travaux à faire. Et non pas seulement des grands travaux accidentels (barrage) qui en effet produisent (Soljenitsyne) la création de camps temporaires, mais les grands travaux permanents, simplement tels, ou situés là où il serait impossible et inhumain de faire venir des ouvriers libres. Les deux exemples les plus célèbres sont d'abord l'extraction de l'or, ensuite la mise en culture des terres situées dans le cercle polaire.

L'extraction de l'or : la Kolyma est située dans le désert glacé. La découverte des filons prodigieusement riches a évidemment créé un embarras ; appeler une main-d'œuvre volontaire ? Il ne fallait pas y songer (ou bien il aurait fallu entrer dans le cycle de l'intérêt individuel...) ; on aurait pu créer une exploitation très mécanisée, industrialisée, mais ceci exigeait d'énormes investissements matériels : la solution était le camp de travail forcé. Les chercheurs d'or sont les détenus, ils meurent vite[1], mais sont constamment remplacés, « le matériel humain s'use mille fois plus vite que les machines, mais il se remplace encore plus rapidement ». Et dans la même région on a aussi trouvé des mines de plomb, on y a appliqué, bien entendu, la même méthode. Et Soljenitsyne étudie cette organisation stupéfiante, le Dalstroï, qui gérait l'ensemble de ces camps sur un modèle industriel. La seconde grande entreprise fut la mise en culture (mais ici aussi associée à des moyens mécaniques et techniques très importants) de terres situées dans le cercle polaire, et ceci fut poursuivi sous Khrouchtchev. Autrement dit, dans les deux cas, c'est du travail qui s'effectue dans des conditions telles qu'aucun travailleur libre, ni aucun travailleur soviétique normal ne pourrait le supporter.

Pour avoir cette main-d'œuvre-là, il faut une légitimation sociale, il faut que le travailleur soit légitimement placé dans la souffrance, qu'il accomplisse une peine, qu'il supporte un châtiment : son châtiment, c'est la contrainte du travail, le froid inhumain, l'insuffisance de nourriture. Il faut des forçats. Et l'on a bien souvent évoqué en effet le bagne tsariste. Mais il y a une grande différence (de même qu'avec le bagne français de Cayenne...) c'est que le bagnard ne fait aucun travail vraiment nécessaire pour la col-

---

1. D'après les estimations actuelles pendant la période stalinienne de 1926 à 1956, il y a eu 17 500 000 morts du fait de la répression policière et des camps de concentration. En dehors de la mortalité de famine, épidémies et guerres. Cette évaluation effectuée par Le Roy Ladurie présente le maximum d'exactitude. La période de 1939 à 1953 a été la plus meurtrière (extension du régime des camps) (*Le Monde*, mai 1979) d'après, entre autres, l'article de Maksudov dans les *Cahiers du monde soviétique*.

lectivité. Casser des cailloux à Cayenne est absurde. Au contraire les bagnards des camps soviétiques sont des ouvriers véritables et leurs œuvres sont des parties essentielles de l'économie soviétique. On procède ainsi aux extractions minières (plomb, charbon, radium), on construit ainsi presque tous les grands combinats industriels (c'est donc le travail de base qui est ainsi fait, une fois les usines construites, ce sont des ouvriers « normaux » qui l'occupent), les ports situés dans des régions impossibles : le célèbre port de Magadan, des canaux (mer Blanche-Volga, Volga-Don, Dniepr-Don), des voies ferrées dans les territoires déserts. Autrement dit, tout ce que l'on peut appeler l'infrastructure industrielle. Travail non qualifié pour lequel le manœuvre suffit, mais travail indispensable pour le reste de la vie économique : c'est sur ce travail en effet que se produit tout le développement économique ultérieur. Ainsi, le travail forcé s'intègre effectivement dans la croissance économique moderne : c'est cela qui fut l'invention géniale de Staline et de ses conseillers. Et c'est pourquoi pour cette évaluation, il y a deux points de vue : celui de la *rentabilité*, mais c'est un point de vue de calcul économique actuel, et celui de la *nécessité* : les détenus, les ouvriers concentrationnaires ont accompli une œuvre indispensable pour la construction de la superstructure industrielle soviétique. L'URSS n'avait pas les moyens matériels pour se lancer dans cette croissance industrielle. Mais elle avait par contre une immense réserve démographique. Elle a utilisé ce qu'elle avait, substituant l'une à l'autre. Ainsi, toute la discussion sur la rentabilité du travail des camps est vaine et n'a pas d'objet.

Toutefois il faut apporter une précision. Nous avons dit que la population des camps était un authentique prolétariat, au sens technique du terme, mais il va de soi que l'administration soviétique n'a pas *voulu*, intentionnellement, créer, fabriquer un prolétariat. Ce n'est pas pour produire cette condition que les camps ont été faits ! Exactement comme avec les capitalistes ! Eux non plus, nous l'avons vu, n'avaient pas l'intention de conduire à cette classe dépossédée, aliénée, cela s'est fait en obéissant à d'autres motifs. Il y avait d'un côté la nécessité d'avoir une immense réserve de main-d'œuvre, de l'autre des opposants ou des criminels (d'abord) à sanctionner. Et puis, ici comme au début du capitalisme, une sorte d'enchaînement logique s'impose. À partir du moment où l'industrialisation démarre, Marx l'a bien montré, il faut un nombre croissant de travailleurs et rendus toujours plus misérables. Ici aussi : entre les deux objectifs du camp se produit un certain déséquilibre : la nécessité d'utiliser la main-d'œuvre s'impose avant tout, si bien qu'il *faut* l'avoir, et que, dès lors, les catégories de réfractaires, de délinquants, etc., se multiplient. Autrement dit, la pénalité a lieu en fonction de l'impératif économique. Et l'on étend indéfiniment les possibilités de condamnation non pas parce que le régime devient plus autoritaire, arbitraire, cruel, ni parce que l'opposition et la criminalité croissent, mais parce que le besoin économique de main-d'œuvre gratuite grandit très rapidement. Le prolétariat naît de là, sans qu'il y ait eu désir de le produire. Et il s'agit bien d'un prolétariat : cet homme condamné se trouve privé de tout sauf de sa force de travail. Elle est sa seule disponibilité... pour le bien de la société. Mais cette force lui est confisquée : achetée dans le capitalisme, mise au service de la collectivité par contrainte dans le communisme. Dans un cas comme dans l'autre, il n'a aucun choix possible. C'est cette absence de choix qui fait qu'il est réduit à la situation de prolétaire. Celui qui confisque cette force de travail l'utilise dans sa totalité. Et la « loi d'airain » des salaires joue même ici avec plus d'exactitude et de rigueur que dans le système capitaliste. Dans celui-ci en effet, le travailleur reçoit un peu d'argent. Il a encore au moins le choix de son usage : c'est-à-dire que, après tout, recevant ce qui est strictement nécessaire pour reproduire cette force de travail, il pourrait utiliser cet argent à autre chose, ce serait un véritable suicide, mais on sait parfaitement que ce fut une orientation de ces prolétaires ; en particulier l'achat de vin au lieu de pain. Il y avait juste de quoi manger, mais au fond de sa misère l'ouvrier préférait acheter de quoi boire pour oublier, et priver sa femme, ses enfants, lui-même, de manger. Le fameux alcoolisme de 1850 vient de là. Mais avec le système soviétique, la loi d'airain joue plus exactement : le travailleur forcé n'a plus de choix, il reçoit des rations. Il ne peut consommer que ce qui lui est attribué. Il est bien exact que le travail n'est plus marchandise mais simplement directement exigé, sans être nécessairement rétribué. Je dirais que l'on assiste pour une part considérable des travailleurs à une pure et simple confiscation de leur force de travail. Ils n'ont même plus la possibilité de la vendre. Et si dans le capitalisme ils étaient contraints par nécessité à la vendre puisqu'ils n'avaient rien d'autre, ils pouvaient au moins y échapper en devenant vagabond, mendiant, voleur, etc. Maintenant par le processus de la confiscation, ce dernier choix est exclu. Le communisme a réussi à créer un prolétariat sans contrepartie, sans salaire, sans évasion. Bien entendu je ne vise pas les ouvriers « normaux » de l'URSS, mais ceux qui ont constitué l'immense prolétariat nouveau, de base, constitué par les populations de la Kolyma, de Magadan et autres lieux...

Il y a donc un dernier progrès qui est alors effectué dans cette rigueur du prolétariat. Comme le note excellemment Lefort : « Le pouvoir soviétique touche au but que le capitalisme occidental, selon Marx, poursuivait sans pouvoir l'atteindre et sur une échelle qui n'est pas négligeable : obtenir enfin des hommes *abstraits*, sans liens qui les unissent, sans propriété, sans famille, sans attache à un milieu professionnel, sans implantation dans l'espace, *sans histoire*, des déracinés. » Or, cette dépossession, cette aliénation prend une envergure, une ampleur et une profondeur que l'on n'a jamais atteintes dans le capitalisme. Ce n'est pas une question de nombre, mais d'intégration. Le prolétaire du capitalisme se sait malheureux et très vite prend haine de ce qui le tue et l'aliène, l'oppresseur, car l'oppresseur est l'autre inassimilable, et poursuit des objectifs sans aucune commune mesure avec ce qui pourrait être légitimement demandé par le travailleur.

Au contraire, dans le communisme, ceux qui détiennent le pouvoir le font au nom de ces travailleurs mêmes et construisent le monde du socialisme. Dès lors, l'opposant ne peut être qu'un contre-révolutionnaire, un anti-socialiste. C'est la question tragique que *Le Zéro et L'Infini* d'Arthur Koestler avait, il y a bien longtemps déjà, mise au jour : comment est-ce possible d'être dans l'opposition ? Ceux qui nous font ce que nous subissons sont ceux-là mêmes qui sont « pour nous », qui sont de notre bord. Mais en même temps que cette question qui devient angoissante sitôt que la prise de conscience s'effectue, un autre mouvement, d'intégration celui-là, se poursuit, comparable à cette assimilation par le milieu si souvent critiqué aujourd'hui, le « Inner

Directed », ou encore le « Récupéré ». Il s'agit pour l'ouvrier soviétique d'intégrer si parfaitement en lui-même l'obligation qu'il ne la ressente plus.

« Le travailleur de choc, dit Averbach (cité par Soljenitsyne, II, p. 84), cesse de ressentir la discipline et le travail comme une nécessité qui lui est imposée de l'extérieur, mais comme une nécessité *intérieure*. » Or, il s'agit du travailleur de choc, mais dans le camp a été inventé un procédé d'intégration : le collectif de travail, c'est-à-dire une auto-organisation des détenus. C'est l'autogestion portée à la dérision tragique : le détenu gère lui-même sa propre détention ! Cela conduit à l'asservissement total du bagnard : les détenus jugés capables de s'organiser en collectifs disposent d'un président, d'un soviet, ils sont répartis en sections chargées de contrôler les conditions matérielles de leur existence... mais surtout de veiller à l'efficacité du travail, de surveiller les membres de la section pour empêcher le vol, le gaspillage, les désobéissances, la mauvaise utilisation des biens de l'État, etc. Autrement dit, c'est le remplacement du personnel administratif et de surveillance par les déportés eux-mêmes qui sont ainsi transformés en flics et en matons.

Cette organisation est parfaitement bureaucratique, elle est parallèle à celle de l'État qu'elle double, avec comme objectif le redressement par le travail selon les principes de l'idéologie collectiviste. Et ces sections étaient aussi capables de faire des séances d'autocritique, et d'expulser les membres inadaptés. Mais ce système qui reposait effectivement sur la conviction qu'il y avait un redressement possible par le travail, et dont, à la limite idéologique, on devait espérer qu'il aboutirait à la réintégration du délinquant dans la société normale, se solda par un tel échec qu'il disparut vers 1934, dit Soljenitsyne. À la place, le développement brutal de l'exploitation illimitée du déporté pour une production acharnée. Et l'on doit noter deux faits qui rapprochent encore la population des camps du prolétariat : c'est l'absence de compétence et l'exploitation à outrance. Très curieusement certains ont encore voulu tirer argument du rejet de l'application des compétences, dans les camps, pour dire qu'ils ne sont pas rentables et que leur objectif n'est pas la production économique avant tout. Mais comment ne se rappelle-t-on pas que c'est justement une des attaques les plus violentes de Marx contre l'exploitation capitaliste : l'ouvrier devient prolétaire précisément quand il n'a plus aucune compétence, et cela du fait de la division du travail : il ne sait plus que faire un geste mille fois répété, il est incapable de retrouver du travail s'il est chômeur parce qu'il ne sait rien faire, il est réduit à être un fragment de l'ouvrier collectif, il ne détient aucun savoir professionnel... C'est justement la situation du prolétaire. Et comment ne se rappelle-t-on pas aussi bien les fameuses formules de Taylor ! À la limite un singe bien dressé fera même mieux qu'un ouvrier le geste minutieux et précis qu'on lui demande ! Donc le mépris pour les compétences, la considération que les travailleurs sont une masse indifférenciée, tout cela n'est exactement que la reproduction du prolétariat industriel capitaliste du XIXe siècle et finalement aussi le mépris total de la vie de ces hommes.

Il y a le passage célèbre où Soljenitsyne compare le serf et le détenu : le serf était propriété du seigneur et, comme il ne se reproduisait pas instantanément, le seigneur était obligé d'épargner le serf, de ne pas trop le maltraiter : cela faisait partie de la bonne gestion de sa fortune. Il ne fallait pas que le serf meure, sans quoi le propriétaire s'appauvrissait !

Au contraire, avec les détenus ! le chef de camp ne les épargne pas, ils ne lui sont rien : « il ne les a pas achetés, il ne les lègue pas à ses enfants, et si les uns viennent à mourir on lui en enverra d'autres ». De fait, le chef de camp est un « représentant de l'État ». Il n'a aucun intérêt en tant qu'individu à épargner les détenus. Dans sa puissance anonyme, il fait fonctionner un rouage de l'État et, anonymement, il recevra le complément de main-d'œuvre au fur et à mesure qu'elle vient à lui manquer. Autrement dit, ce n'est pas avec le serf qu'il faut comparer le détenu, mais avec le prolétaire du capitalisme : c'est exactement le même processus de *consommation* de main-d'œuvre si ce n'est pas le même pour *l'obtention* de cette main-d'œuvre. Ainsi se crée l'industrie pénitentiaire et la remarque de Lefort est excellente quand il écrit : « L'industrie pénitentiaire ne constitue pas une branche parmi d'autres de l'industrie nationale, dont la caractéristique serait d'utiliser des hommes privés de liberté. Elle réalise plutôt une virtualité du système industriel comme tel, qui tend depuis son origine à se subordonner entièrement ses agents [1]. »

Ainsi l'industrie pénitentiaire à la fois produit un prolétariat, et l'utilise exactement comme l'industrie capitaliste des origines, mais avec une différence : c'est un prolétariat absolu, comme jamais, nulle part, il n'a été constitué, c'est un prolétariat plus prolétarien que les ouvriers de Manchester de 1830... Mais pourquoi en fut-il ainsi ? Parce que les Russes sont des sauvages ? parce que le communisme est démoniaque ? Parce que Staline était fou ? On sait

1. Par contre je suis en désaccord avec la suite de ce texte où Lefort essaie de prouver que cette industrie pénitentiaire n'a aucune autre réalité que de « consommer du vivant ».

bien que tout cela n'a aucune valeur. La réponse est réellement simple, si nous repartons de la nécessité de l'accumulation primitive, de la constitution de la base industrielle indispensable. La Russie était très en retard au point de vue industriel. La Révolution russe a accentué ce retard, en faisant régresser pendant sept ou huit ans aussi bien la production agricole que l'industrielle. À la suite de la révolution, la Russie s'est retrouvée au niveau économique de 1890, annulant les « progrès » de 1890 à 1914. Or, il fallut assurer le développement le plus rapide pour assurer l'indépendance de la révolution. Tout est là : le développement industriel le plus rapide pour rattraper et dépasser l'Occident capitaliste. Et de fait en quarante ans l'URSS a fait le même chemin que l'Angleterre en cent vingt... Et quelle était la *seule* richesse vive possédée par l'URSS ? Quelle était la seule source de création de valeur ? Quel était le potentiel apparemment inépuisable ? Quelle était l'énergie directement utilisable ? La main-d'œuvre, à condition de lui faire produire en effet en quarante ans ce qu'ailleurs on avait produit en cent vingt... Dès lors, il ne fallait pas seulement un prolétariat ordinaire, mais un monde ouvrier trois fois plus exploité, asservi, écrasé... Telle est la véritable source, la nécessité impérieuse de cette énorme mise en esclavage de cent millions d'hommes...

3

Fin du prolétariat et généralisation de l'analyse

Mais enfin, dira-t-on, le « camp » n'est quand même pas si nécessaire que cela puisque l'on assiste depuis dix ans à la critique acerbe des camps soviétiques, et manifestement il y a décroissance de leur emploi, il y a dix fois moins de détenus, on sait bien que maintenant en URSS ou bien on en revient à la prison pure et simple, ou bien c'est le fameux système des hôpitaux psychiatriques : il n'y a plus d'objectif économique. Et j'en suis bien d'accord. Exactement comme dans les pays capitalistes, il y a une véritable disparition progressive du prolétariat, par l'amélioration des niveaux de vie et des conditions de travail. Car il ne faut pas s'y tromper : même les travailleurs immigrés si exploités sont dans une situation cent fois meilleure que le prolétaire français ou anglais du XIXe siècle. Tout ceci tient à la mutation qui s'est produite, le passage de la société industrielle à la société technicienne dont j'ai présenté plus haut un aspect.

Il s'agit maintenant d'appliquer ce que nous avons décrit sommairement comme phénomène typique du monde occidental au monde soviétique. Celui-ci, forcément en retard sur le monde occidental, se trouve seulement depuis une dizaine d'années au seuil de l'ère technicienne. Bien entendu, il y a déjà de nombreux indices de cette croissance des techniques et, dans certains secteurs des techniques de pointe (l'armement, l'espace), l'URSS est en avance, ce qui veut dire qu'elle l'est dans toutes les recherches de miniaturisation, de même dans certains secteurs d'automatisation. Mais il ne suffit pas de quelques éléments où la technique est très avancée pour que l'on puisse parler d'entrée de l'ère technicienne. Il n'y a pas encore véritablement de Système technicien en URSS.

Sans doute, il y a aussi des techniques immatérielles qui se sont également développées et en particulier dans le domaine de la planification et de l'administration. Mais ici il y a manifestement un problème puisque cela a débouché sur la bureaucratisation, au sens négatif du terme. Nous allons en voir la raison. Cela veut donc dire que l'on n'a pas encore mis au point les techniques souples de gestion, d'administration prospective, etc., qui représentent le véritable passage à l'ère technicienne en ce domaine. De même il est évident que l'on a utilisé les techniques psychologiques de propagande avec une grande efficacité, mais ici aussi on n'a pas dépassé le premier stade, et cette propagande, parce que maintenue dans son modèle primitif, réussit moins bien. Autrement dit, l'URSS se trouve dans une situation nouvelle et ambiguë. Elle a manifestement toutes les possibilités pour un développement très rapide des techniques dans tous les domaines, et celui-ci semble bloqué, ou ne débouche pas véritablement sur la nouvelle période. L'URSS est bloquée dans le système industriel et n'arrive pas à en sortir. Cela tient à un blocage à la fois théorique et institutionnel.

Blocage idéologique, parce que l'on continue sur le plan doctrinal à considérer, comme on l'a vécu, que l'accession au monde industriel, la création de l'industrie lourde d'abord, puis le développement de la consommation, la production de *choses* par des moyens *mécaniques* gigantesques, est le dernier stade de l'histoire, ce qui doit permettre de déboucher directement dans la société communiste. Le stade industriel est, dans la doctrine marxiste (je ne dis pas de Marx), insurpassable. Dès lors, tout ce qui paraît remettre en question cette certitude, que ce soit dans le domaine intellectuel ou dans celui des faits, apparaît comme suspect et finalement « contre-révolutionnaire ». Or, on se rend compte aisément que les nouvelles techniques ne sont pas du même ordre que l'industriel. Elles sont bien admises mais avec gêne et quelque inquiétude. Nous savons que par exemple pour l'application des ordinateurs il y a énormément de réticences et qu'on ne les emploie que dans des secteurs où ils remplacent le travail mécanique du bureau. On ne peut concevoir un dépassement de la structure industrielle, parce que c'est de celle-là que Marx a parlé seulement, parce que pour Lénine l'électrification était le dernier mot, et pour Staline l'industrie lourde. Et l'on connaît le poids considérable, en URSS, de la doctrine et de l'idéologie. Ce qui n'est pas conforme n'est simplement pas possible.

Mais il y a aussi le blocage institutionnel, organisationnel. En réalité, toute l'organisation soviétique est construite en vue et en fonction de l'industrie, de la mécanisation, de la production industrielle. Au fond, c'est ici que l'on rencontre la principale défaillance. Il est évident que, dans le système capitaliste pseudo ou post-libéral, il y a des viscosités, des rigidités sociologiques et économiques, il n'y a pas adaptation rapide à de nouvelles circonstances, à un nouveau modèle de relations et de production, mais ceci se fait dans la pratique, progressivement, par des ajustements progressifs, il n'y a ni obstacle idéologique, ni obstacle institutionnel : il y aura la résistance d'habitudes, d'intérêts, de structures économiques installées, il y aura les difficultés que nous connaissons marquées par le chômage et l'inflation, ce qui est déjà bien suffisant, mais rien d'organisé. Il n'y a rien à briser consciemment en quelque sorte. Alors que l'URSS a doublé tout ceci d'une organisation spécifique, l'armature du plan et l'enfermement administratif. Les viscosités et inerties spontanées sont inscrites dans un devoir être, un impératif explicite et des organisations cohérentes. Il y a un ensemble volontaire, rigide et téléologique parfaitement clair, complet, qui ne peut donc être remis en question, et qu'il faudrait briser volontairement. Une administration organisatrice est devenue une bureaucratie de fer, avec ses objectifs exclusivement industriels et aussi ses intérêts. Car il ne faut pas oublier que, s'il y a des intérêts individuels en régime capitaliste, il y en a autant en régime soviétique, mais ce sont les intérêts des administrateurs. Dans la mesure où tout est conçu pour une croissance linéaire, à l'identique, il n'est pas question de la turbulence polycentrique des techniques.

Dans la mesure où le plan est l'organisme de prévision parce qu'il est impératif, et que précisément, dans sa conception même, il ferme l'aléa de l'avenir en lui imposant un modèle prédéterminé, il n'est pas question de se livrer à une futurologie, des prévisions aléatoires, des scénarios, etc., qui sont impliqués par la technique ! Et il en est de même pour l'information. Celle-ci ne modèle pas, ne peut pas modeler la société soviétique parce qu'elle est incluse dans un certain type d'utilisation de l'information, à savoir le type propagande, censure, contrôle au niveau central. L'information ne peut pas faire éclater le vieux cadre industriel parce qu'elle a été saisie dans le schéma, elle y a sa place et son rôle dont elle ne doit pas sortir. Et par le blocage à la fois de l'informatique et surtout du processus de structuration de la société en fonction et à partir de l'information-communication, la communication est partout interrompue par l'impératif bureaucratique, elle est unilatérale à cause de la centralisation. Par conséquent l'URSS est totalement bloquée, dans le modèle rigide, univoque et non renouvelable de l'industrie mécanique (qui, de fait, était bien le modèle que donnait Marx de la société socialiste, opposée au désordre, à l'incohérence du marché libéral). Mais alors, on voit le caractère fallacieux de l'affirmation selon laquelle le régime socialiste est le meilleur pour accueillir et appliquer les nouvelles techniques, au contraire bloquées pour de sordides raisons d'intérêts pécuniaires dans le régime capitaliste. Ceci était relativement exact tant qu'il s'agissait de perfectionnements mécaniques (et encore, on se rappelle le roman de Doudintsev[j], tout entier centré sur les difficultés incroyables d'un ingénieur qui a inventé une nouvelle méthode pour fabriquer des tuyaux... !) mais ce n'est plus du tout la même chose quand des techniques abstraites viennent bouleverser la structure industrielle et parfois en inverser le sens. Alors il y a forte réaction, refus absolu. Ces nouvelles techniques sont diaboliques. Seules celles qui permettent le renforcement, la croissance et le développement de l'ancien système sont acceptables. Donc, la société soviétique est en réalité une société bloquée sur son modèle industriel porté à l'absolu. Mais d'un autre côté, il est impossible comme l'avait montré Marx d'empêcher les forces de production, la technique, d'évoluer qu'on le veuille ou non. La technique moderne frappe à la porte. Elle est suspecte, assurément, et non seulement pour les raisons indiquées, mais encore parce qu'elle vient pour l'essentiel du monde capitaliste et occidental ! Car, entre parenthèses, il faut bien se poser la question : comment se fait-il que le pays du socialisme, où la technique devait être favorisée, portée à son sommet, voler de progrès en progrès, ait été celui où la stagnation a été à peu près complète, et tout spécialement dans les

---

j. Vladimir Doudintsev, *L'homme ne vit pas seulement de pain*, Julliard, 1957. Doudintsev (1918-1998) est un écrivain soviétique dont le roman cité, grand succès populaire en 1956, représente une étape importante dans la déstalinisation. Il sera marginalisé dans les années 1960.

sciences humaines ? Aucune grande innovation n'a été faite en URSS. Tout vient de l'Occident et de ce fait, les techniques bouleversantes sont d'autant plus mal considérées.

Quoi qu'il en soit on ne peut en empêcher totalement la pénétration, si bien que, sans accéder encore à la mutation des techniques, il y a un courant nouveau qui se fait jour. On passe de la nécessité de l'industrialisation à l'idéologie technicienne. C'est-à-dire que la technique pénètre d'abord dans le domaine idéologique et l'on entrevoit d'abord ce qui pourrait être fait dans tous les domaines. Il naît peu à peu en URSS une passion pour la technique, correspondant à un assouplissement, un allégement des contraintes et des normes. Il n'y a pas véritablement libéralisation politico-doctrinale, mais, par nécessité, un changement de comportements provoqué par les possibilités entrevues de la technicisation. Celle-ci n'implique pas le bagne généralisé, ni la police lourde, ni la propagande d'obnubilation, ni le prolétariat ancien. Les transformations ne sont pas faites, mais seulement apparaissent possibles. La conviction disparaît de la rigidité du plan et du camp de concentration pour avoir la main-d'œuvre disponible. Un doute apparaît. Et c'est cela, très exactement, qui permet la dénonciation et la remise en cause du camp de concentration. Le prolétariat n'est plus aussi indispensable, il y a d'autres moyens maintenant d'organiser la production, et celle-ci change même de caractère et d'objet. Mais il est encore plus difficile de supprimer les camps en URSS que le prolétariat en Occident, pour les raisons que nous avons indiquées. Autrement dit, le camp a été indispensable pour avoir le prolétariat nécessaire à l'industrialisation, et la technique, conçue d'abord sous son aspect machinique et producteur de biens matériels, était l'obstacle absolu à une société communiste puisqu'elle impliquait cette énorme exploitation. Mais arrivée à son stade supérieur, aboutissant à un nouveau modèle, permettant la suppression du prolétariat, elle semble dès lors favorable à l'aboutissement de la révolution commencée. Et c'est à ce stade que l'analyse de Castoriadis paraît excellente[1] : l'armée en URSS est le point de concentration et de perfectionnement de toutes les techniques. La société technicienne se construit en fonction de l'armée. Et tout le monde ouvrier et paysan reste prolétarisé au profit de l'appareil militaire qui a tous les droits et tous les privilèges. Même s'il y a une réduction des camps, il y a écrasement prolétarien de la société (sauf la Nomenklatura) par l'exigence de perfectionnement technique de l'armée, et de tout ce qui est à son service. Alors ici nous avons un autre problème : la société technicienne est-elle la société communiste ? Ou bien n'arrive-t-on pas à un autre type de société, qui n'est plus vraiment capitaliste mais pas davantage socialiste ? Est-ce que le modèle qui avait été conçu sur la base des idées de Marx comme devant être la société communiste n'était pas en définitive étroitement lié à l'industrie et ne se trouve pas complètement dévalué par l'accès à la société technicienne qui est radicalement différente ? Nous retrouverons ce problème décisif plus tard.

Il s'agit maintenant de tirer une conclusion un peu plus générale. Au fond nous constatons l'enchaînement suivant : la technicisation ne peut avoir lieu sans industrialisation. Celle-ci ne peut se réaliser sans capital. Le capital ne peut se constituer sans le

1. C. Castoriadis, *Devant la guerre*, I, Fayard, 1981.

processus d'accumulation primitive. Et celle-ci produit inéluctablement un prolétariat. Que cette accumulation primitive soit le fait d'un capitaliste privé ou d'un État socialiste, cela revient au même, et le résultat est identique. Nous revenons alors à cette constatation scandaleuse (et pourtant déjà partiellement esquissée chez Marx) que le prolétariat n'est pas le produit direct du capitalisme mais de l'industrialisation. Le capitalisme aggrave la condition prolétarienne, en profite, l'exploite. La superstructure de la propriété privée explique beaucoup de traits du prolétariat spécifiques de l'Angleterre et de la France du XIXe siècle ; la recherche *privée* de son profit est un aspect non négligeable. Mais déjà, précisément, Marx indiquait que ce n'est pas pour sa consommation personnelle que le capitaliste le recherche : il doit être ré-investi dans de nouveaux processus de fabrication. De même le profit n'est pas à l'usage du capitaliste, mais sert à payer les services de l'État, les fonctionnaires, la distribution, etc. Dès lors, en tout ceci, le capitaliste privé n'est qu'un intermédiaire. Et lorsqu'il y a des dépenses d'investissement de plus en plus lourdes, les services bureaucratiques de plus en plus étendus, l'État socialiste soviétique est lui aussi l'intermédiaire distributeur du profit effectué sur le prolétariat. Celui-ci étant dans son fondement, dit bien Marx, le résultat de l'expansion des machines et de la division du travail.

Cependant, il ne faut pas minimiser les caractères *particuliers* du prolétariat en régime capitaliste, et de même le capitalisme d'État, dit socialiste, du monde soviétique donne à son prolétariat des caractères particuliers, celui du système constrictif, du camp de concentration. Le capitalisme privé dans la *création* du prolétariat joue le rôle de moyen, jamais de

« cause ». De même le camp de concentration est le moyen pour avoir ce prolétariat indispensable, il n'en est pas la cause.

Bien entendu, en face de cette proposition selon laquelle le prolétariat est inexorablement lié à l'industrialisation, je connais les réactions, et les accusations qu'elle provoque : on dira que c'est un moyen de diversion pour empêcher de voir les vrais problèmes, que c'est destiné à détourner les prolétaires de la lutte de classe, et que par là on démobilise les masses et les militants. En réalité, cette réaction provient d'une analyse simpliste et traditionnelle. Elle exprime le refus de voir la réalité socio-économique et, de ce fait, contribue à égarer la lutte des opprimés dans de faux combats. Dans la mesure où il est indéniable qu'il y a eu production d'un prolétariat en URSS, que cette apparition est liée à l'intensification de l'industrialisation, nous sommes obligés de conclure que ce n'est pas la superstructure et l'organisation des rapports de production (propriété privée ou collective) qui est à l'origine du prolétariat, mais que celui-ci est *toujours* la condition d'une mutation de l'infrastructure, et spécifiquement des forces de production.

Mais pourquoi en serait-il ainsi ? Eh bien, il suffit de réfléchir (en dehors du problème de l'accumulation primitive) aux conditions que doivent remplir les travailleurs pour l'élaboration de l'industrie. Il faut une grande quantité de travailleurs disponibles, or ceux-ci n'existent pas en tant que tels auparavant. Il faut donc transformer les travailleurs d'autres secteurs en ouvriers. Il s'agira essentiellement des paysans, que l'on doit faire sortir de leur campagne, les amener massivement à la ville, on ne peut éviter le déracinement, qu'il s'agisse de déportation ou de dépopulation des campagnes par des moyens détournés. Cela implique, de toute façon, la dépossession totale de l'ancien patrimoine, de l'ancien mode de vie, en même temps qu'une énorme concentration de main-d'œuvre avec densification excessive, ce qui entraîne un mode de vie inhumain. On doit bien prendre conscience que l'industrialisation ne peut absolument pas s'effectuer avec des populations au genre de vie traditionnel. L'insertion de l'ouvrier dans un cadre culturel, familial, vicinal, la faible densité de population répandue sur un vaste territoire sont rigoureusement incompatibles avec l'implantation d'une industrie lourde. On l'a bien vu en Angleterre et en France, puisque ce fut le premier stade historique aux XVIIe et XVIIIe siècles des manufactures, avec des « ouvriers-paysans », mais il a fallu abandonner ce système aussitôt que l'on est passé à la grande industrie. Nous y reviendrons pour l'expérience chinoise.

Il faut, en second lieu, une population totalement soumise et qui puisse être appliquée selon les nécessités à telle ou telle orientation. Une population malléable et polyvalente. Cette soumission peut être le résultat de l'appauvrissement absolu dont parle Marx, de cette condition où l'ouvrier n'a strictement plus rien d'autre à vendre que sa force de travail, mais aussi, bien entendu, du système disciplinaire du camp. Cette soumission n'est pas seulement exigée envers les supérieurs, les autorités, mais envers la machine qui commande, puis, de façon plus abstraite, envers le système, et ici l'analyse parfaite du système concentrationnaire du goulag par Soljenitsyne montre comment la soumission devient de plus en plus totale envers l'organisme abstrait, et par de bien autres voies nous arrivons aussi à la soumission totale envers le système technicien. Mais cela, dans une période ultérieure. Cette soumission est une caractéristique inévitable du prolétariat, et le monde industriel ne peut pas s'édifier sans elle.

La contrepartie de cette soumission totale est la domination totale, par celui qui détient le pouvoir. Il faut qu'il puisse disposer de cette masse humaine, non selon sa fantaisie, ni son sadisme, ni sa volonté de puissance : ces éléments jouaient davantage dans le camp hitlérien, bien entendu ils n'étaient pas totalement absents du camp soviétique, de même qu'ils subsistaient dans l'ancienne période esclavagiste ou dans le capitalisme conquérant, mais ils ne sont pas les facteurs décisifs de la disposition. Celle-ci est dictée par l'exigence du travail à faire. Il n'y a pas de prévision exacte possible, il n'y a pas de vrai calcul administratif ou financier : ceci viendra plus tard. En réalité, il faut pouvoir utiliser cette main-d'œuvre au gré de l'exigence du moment, et l'appliquer instantanément à ce qui paraît nécessaire. D'où, pour l'exécutant, le sentiment de l'incohérence, de l'arbitraire, de l'absurdité, de l'injustice. Mais il est bien exact qu'il n'y a pas de création possible de l'industrialisation sans une main-d'œuvre de ce type, pour arriver, au travers d'innombrables erreurs inévitables, à maximaliser la production avant de pouvoir l'optimiser. À ce stade seulement il sera possible de tenir compte de la main-d'œuvre. De façon concordante l'industrialisation suppose la création d'une nouvelle classe dirigeante. Il y a certes le capitaliste bourgeois, mais ce n'est pas lui qui est décisif. Celui à qui appartient l'avenir dès ce moment, ce n'est pas le percepteur de la plus-value, c'est l'ingénieur, l'organisateur, l'administrateur, puis le technicien dans les diverses branches. À côté, outre la classe des capitalistes traditionnels, cette classe de techniciens est inévitable dans le mouvement industriel. Et elle est aussi identique dans les différentes organisations politico-économiques : vous pouvez éliminer le capitaliste privé, reste celui qui organise, manipule, utilise les prolétaires, à savoir les bureaucrates et qui deviennent les vrais détenteurs du pouvoir et en fonction de qui le prolétariat se trouve toujours aliéné. Mais leur pouvoir devient moins autoritaire et plus indirect au fur et à mesure que l'on passe de la situation d'industrialisation à celle de technicisation. Le prolétariat, au sens strict, celui du monde capitaliste au XIXe siècle, celui des camps de travail soviétiques, peut disparaître avec ses caractères outranciers, scandaleux lorsque s'organise le monde technicien, lorsque le pouvoir atteint une autre dimension, acquiert une autre structure. On a alors acquis une totale domination à la fois sur le milieu naturel et sur la société, cependant qu'on accorde une apparence de libération à l'homme. Mais il a fallu pour acquérir cette domination accéder au niveau industriel, et l'on ne peut y accéder que par le sacrifice humain. *Tout progrès de puissance est acquis par le sacrifice des hommes.* Il faut des générations exterminées pour qu'apparaisse une puissance accrue de groupes qui leur succèdent. L'industrialisation, et ensuite la technique sont toujours l'expression d'un esprit de puissance et de domination. Or, ceux-ci s'exercent d'abord sur l'homme. Il n'y a pas d'industrialisation innocente et faite dans le but du bonheur de l'homme et de la « richesse des nations ». Et ce n'est pas là une affirmation abstraite, ou l'expression d'un préjugé, c'est exactement le fruit de l'expérience universelle. De ce fait, on est obligé de tirer une conséquence tragique : partout dans le monde où l'on s'oriente vers l'industrialisation, vers la modernisation accélérée de l'économie et l'urbanisation, il y a, et il y aura davantage, création d'un prolétariat. C'est cela qui attend l'Afrique entière, noire ou arabe, et l'Asie, après avoir bien commencé en Amérique latine. Que cette institution du prolétariat soit le fait de dictatures militaires comme en Afrique, des régimes socialistes en Asie ou en Afrique ou de capitalistes comme en Amérique latine, il importe peu. Le fait est là : la prolétarisation ne peut aller qu'en croissant. C'est une illusion totale de croire que l'on peut accéder à la technique sans passer par l'industrie, et que l'on devrait sauter pardessus l'ère industrielle et prolétarienne pour passer directement de la société traditionnelle à la société technicienne avancée. C'est une illusion tragique car le tiers monde court à des désastres en croyant avancer vers le progrès.

III

LA FIN DE LA NOUVELLE VOIE CHINOISE

1
La nouvelle voie

J'ai souvent ironisé sur la Chine de Mao, et critiqué tout ce qui provoquait l'enthousiasme de la majeure partie de nos intellectuels parisiens entre 1960 et 1975. Mais il me faut ici encore bien préciser, ce que je faisais déjà à l'époque : j'ironisais sur les proclamations délirantes des propagandistes, chinois ou occidentaux, et je critiquais les croyances dans la possibilité des réalisations. J'essayais de montrer que le système des communes populaires, le grand bond en avant, l'industrie à la campagne, le bricolage à tous les niveaux, la fermeture totale à l'égard de l'Occident, la fusion des classes par le travail des paysans/ouvriers à l'Université et des universitaires à la campagne, l'utilisation de tous les plus petits moyens pour éviter de dépendre de l'étranger, l'industrie par petites unités, tout cela, qui m'était fort sympathique, n'avait pas la plus petite chance de réussite et de réalisation. C'est la première chose que je n'ai cessé de répéter. En second lieu, que tout cela ne pouvait en rien servir, si peu que ce soit, de modèle pour l'Occident, qu'il ne s'agissait en rien d'une « nouvelle voie de développement » possible pour nous. Enfin que la Révolution culturelle n'était pas une révolution, mais une apparence de révolution. Ceci dit je ne cessais de dire et d'écrire que Mao était un génie politique et stratégique[1].

J'ai souligné qu'il avait raison de déclarer à la mort de Staline qu'il restait le seul et le dernier des grands théoriciens marxistes. Et que son analyse de la situation, totalement indépendante de celle de Lénine, était remarquable... mais vouée à l'échec. Au fond je dirais que Mao a eu la compréhension de ce sur quoi la Révolution russe avait échoué. Il a parfaitement vu que si on s'engageait dans la voie de l'industrialisation massive, on produirait exactement la même chose qu'en URSS, c'est-à-dire l'apparition d'un prolétariat, à cause de la nécessité de la capitalisation. Je dirais que Mao a tout tenté pour éviter le piège de la capitalisation. N'y avait-il pas une autre possibilité d'accéder à l'industrialisation et à la technicisation sans passer par le chemin soviétique du capitalisme d'État, étant donné que l'on partait, en Chine aussi, d'une situation économique qui, objectivement, n'aurait pas dû servir de base à la Révolution marxiste ? Il fallait combler le retard, sans créer un prolétariat. Je pense que ceci est la clef de *toute* la politique de Mao. Tout s'explique par là.

---

1. Cf. *Propagandes*, 1962 ; *De la révolution aux révoltes*, 1969 ; *Les Nouveaux Possédés*, 1972 ; *Le Système technicien*, 1977. Dans chacun, il y a une analyse de la Chine où je crois n'être tombé dans aucun des poncifs de tous les journaux sérieux, les enthousiasmes des communistes déçus par l'URSS et les conversions spectaculaires au « modèle chinois ». J'ai tenté de ne pas confondre le jugement de valeur avec le jugement de réalité, et avec le jugement de probabilité.

La nouvelle voie chinoise [1], indépendante à la fois de l'Occident et du communisme russe, devait permettre d'avoir tous les effets bénéfiques de la science et de la technique occidentales en évitant tous les drames que nous connaissons. Il s'agissait d'un remodelage total de l'homme, de l'État, de la société, avec des principes et des méthodes radicalement nouveaux. Originaux. Et c'était en vérité une origine. Une naissance nouvelle. Le monde prenait un nouveau départ. Du passé faisons table rase. La première, la Chine le réalisait. Elle posait un commencement qui était un vrai commencement. Ce que l'on peut nommer les principes directeurs, issus de la pensée de Mao, étaient déjà fulgurants : rejet de l'économisme et de l'efficacité. Prépondérance de

---

1. *Bibliographie :* il faut se situer tout à fait en dehors des livres à succès sur la Chine qui sont sujets à caution. Ce chapitre a été écrit grâce aux livres suivants : *Histoire de la Chine*, Éd. du Centenaire, Éd. du Peuple de Shanghai, 1979, 2 vol. ; E. Poulain, *Le Mode d'industrialisation socialiste en Chine*, Paris, 1977, qui donne l'ensemble des vues ordinaires et promaoïstes des années 1950-1970 ; A. Lefèbvre, *Le Système économique chinois*, Privat, 1978 ; *L'Économie rurale en Chine*, Éd. du Peuple de Pékin, 1978 (de la réforme agraire aux communes populaires) – ces livres, fortement engagés pour le maoïsme, permettent de comprendre le « plan » de Mao, et permettent de marquer l'énorme revirement actuel par rapport à leur discours ! ; M.-C. Bergere, *L'Économie de la Chine populaire*, PUF, 1979 (assez bon résumé) ; *Œuvres choisies de Mao Tsé-toung* (Zedong, si on veut !), Éd. du Centenaire, 5 vol. – plus : *Lexique politique de la Chine contemporaine*, 1979, qui est un ensemble de notes sur le tome V de ces œuvres choisies.

Et en dehors des livres traditionnels en français sur la Chine, et qui bien souvent n'apportent pas grand-chose, il faut voir sur le point précis qui nous intéresse : M. Freedman, *The Study of Chinese Society*, Stanford, 1970 ; A. Imfeld, *China as a Model of Developpement*, Orbis Book, 1971 ; J. G. Gurly, *China's Economy and the Maoist Strategy*, Monthly Review Press, 1972 ; A. Eckstein, *China Economic Revolution*, Cambr. Univ. Book, 1972 ; A. Jacob, « Une Chine sans illusions », suivi de reportages dans *Le Monde*, 1981 – pour une fois je ne serai pas du tout d'accord avec les interprétations données par A. Jacob.

la pensée et de la volonté. Fusion des classes, progression concordante et intégrée de la structure politico-sociale et de la croissance économique, refus du gouffre financier nécessaire pour la « modernisation », lutte contre la création potentielle d'une nouvelle bourgeoisie, refus de la prolifération des experts et des gestionnaires, lutte contre la distorsion entre les villes et les campagnes...

La mise au travail manuel des intellectuels n'était pas une fantaisie égalitaire, mais avait pour but d'enrichir une forme de travail par l'autre. On avait la conviction que le technicien ne devait pas faire des recherches coupées de l'expérience pratique des masses ; et que la recherche scientifique devait se nourrir de « l'expérience pratique irremplaçable des travailleurs ». Dans l'ensemble et pour l'essentiel, la ligne de force était la volonté ferme de subordonner totalement le technique au politique.

Dans un certain sens, la pensée de Mao était un anti-économisme, c'est-à-dire que l'activité économique n'est ni l'explication de tout ni l'objectif de tout. Erreur sur la pensée de Marx que de croire que l'économie puisse être la clé de la révolution. Il faut se dégager de l'impératif économique. La raison économique n'est pas la dernière instance. Et dans les décisions à prendre, l'intérêt économique est une des variables à envisager, ce n'est pas l'argument suprême et invincible, en même temps bien sûr, on mettait en question le principe d'efficacité conçu à l'occidentale, et l'on cherchait d'autres modèles d'action ; il ne fallait pas davantage céder à l'obsession de la technique et de la machine. Après tout, ceci représentait une possibilité de l'action de production, mais il y en avait bien d'autres. La fermeté révolutionnaire pouvait se passer de machine. Les États-Unis avec leurs avions et leurs bombes atomiques étaient un

« tigre en papier ». Le nombre humain suffisait : et l'on se rappelle la fameuse bravade : « Que les États-Unis emploient leurs bombes, ils tueront peut-être des centaines de millions de Chinois mais il en restera encore des centaines de millions qui pourront submerger le reste du monde. »

La Technique occidentale, la machine ne sont pas nécessaires pour édifier la société communiste et accéder au bonheur et à l'égalité. Et ceci coïncidait avec l'affirmation triomphale du primat de la pensée, de la volonté. C'est par la volonté, l'énergie, la conviction du peuple que la Chine est déjà, deviendra encore plus, une grande puissance. Le dévouement, l'esprit de sacrifice, sont plus importants que les machines. Et la pensée qui fait arriver les choses, c'est la pensée de Mao. On peut ne pas citer à nouveau les textes prodigieux[1] selon lesquels la pensée de Mao est créatrice par elle-même. Elle est l'efficacité même. Pour apprendre à piloter un avion aussi bien que pour construire une usine, il faut d'abord s'inspirer de la pensée de Mao. Un peuple entier mobilisé par une formulation purement mystique. Et c'est ce mélange de mystique, de mise en mouvement du peuple, de réalisations d'un type de relations sociales nouvelles qui séduisait tant les intellectuels occidentaux.

Dans un monde communiste, enfin la Pensée se trouvait à son rang, le premier ! Et l'on pouvait enfin sortir du schéma épuisant de l'efficacité technicienne occidentale. Et cette pensée accessible à tous permettait, en même temps qu'elle l'exigeait, la fusion des classes. Fin de la séparation du travail manuel et du travail intellectuel, tout le monde manuel, tout le

1. J'en ai cité un grand nombre dans : *De la révolution aux révoltes* et dans *Les Nouveaux Possédés*.

monde savant, sur une base commune : « la pensée-Mao ». Ici encore, les moyens de l'efficacité occidentale par la division du travail et la spécialisation étaient totalement mis en question. Et les bourgeois devaient moins être éliminés que remis au moule et ensuite intégrés. Enfin, il s'agissait de tout faire marcher ensemble, non seulement que les secteurs économiques soient en développement équilibré (ne pas sacrifier la production agricole à l'industrie, mais permettre la croissance concordante et simultanée de l'une par l'autre et réciproquement, ce qui se disait : marcher sur les deux pieds[1]), mais encore entraîner la vie économique dans un processus de révolution culturelle, c'est-à-dire faire une révision concordante des structures, mentales et économiques, des relations politiques et administratives, sans faire de plans échelonnés (d'abord ceci, ensuite cela...). La révolution est globale et doit se faire à la fois sur tous les plans. Ce qui est la condition d'abord pour qu'elle ne s'arrête pas (la révolution n'est pas faite une fois, mais est constamment à refaire), ensuite pour que la société marquée par cette révolution s'éloigne *de plus en plus* du modèle capitaliste-occidental.

Ces grandes idées rappelées se sont inscrites dans des faits, dans des recherches concrètes, dans des créations socio-économiques, de fait originales. Nous avons ainsi assisté à un refus complet de la concentration industrielle, de l'installation d'usines géantes en ville, et de formation de complexes indus-

1. La fameuse formule « Marcher sur les deux jambes » signifiait exactement que l'on devait, dans le développement économique, « prendre l'agriculture pour base et l'industrie comme facteur dominant ».

triels. Ceci impliquait ces créations qui ont tant provoqué l'admiration des journalistes et visiteurs occidentaux. La création des usines à la campagne, usines de petite dimension, multipliées, essaimées sur tout le territoire, utilisant la main-d'œuvre locale, et formant un tissu complexe mais décentralisé au maximum. Pas de concentration de masse ouvrière avec cependant des limites à ce principe, là où il y avait déjà de grandes organisations industrielles résultant de l'action occidentale (le Sud-Est, qui provoquera d'ailleurs des difficultés au régime à cause des concentrations ouvrières) et là où il fut nécessaire d'établir des industries de pointe, avec leur infrastructure (en particulier, on a souvent donné l'exemple du Sinkiang). Mais partout ailleurs ce fut la grande joie des petits hauts fourneaux installés dans tout le pays, et tout à l'avenant. Bien entendu, ceci coïncidait avec l'appel à l'ingéniosité : du moment qu'il ne s'agissait que de fournir des produits élémentaires et de construire des usines réduites, c'est le bricolage qui fut le roi. On n'avait ni ingénieurs, ni machines-outils, ni outillage très spécialisé, qu'à cela ne tienne, l'invention locale, le bricolage ingénieux suffisaient à tout.

On nous a décrit mille fois ces machines construites à partir de rien, par les ouvriers eux-mêmes avec un marteau et une clé à molette, ces ateliers fabriqués à partir de ressources locales, sans qu'il en coûte rien à la collectivité. C'était, suivant les périodes, tantôt la section locale du Parti tantôt une unité de l'armée qui prenait la direction de l'opération, qui l'engageait, qui encadrait les travailleurs... Pratiquement jamais « l'administration », et ceci correspondait bien à la volonté générale de décentralisation dans tous les domaines. L'initiative devait partir de la base (mais la base inspirée, modelée par Mao !) et des milliers de groupes d'encadrement dans lesquels tous les Chinois se trouvaient insérés. En tout cas, il est bien exact que jamais ce n'était au niveau de l'État central que les décisions étaient prises et impulsées[1].

On comprend certes que cette première vision de la réalité chinoise ait pu enthousiasmer les jeunes et les intellectuels de gauche en Occident, qui se sentent écrasés par l'État centralisé, par l'importance délirante accordée à l'industrie, par la technocratie : quelle libération si vraiment on peut élaborer un monde industriel moderne à partir de la base, de ses initiatives, de sa créativité propre ! Une nouvelle culture ouvrière devenait possible ! Et ceci conduit au deuxième ensemble de caractères de cette « voie nouvelle » : la mobilisation générale, le travail communautaire, le stimulant moral. La mobilisation générale avait elle aussi fait l'admiration de tous. Le principe était simple : puisque l'on n'avait pas de machines, il suffisait, pour obtenir les mêmes résultats, de multiplier les hommes. Logique inverse de celle du capitalisme techniciste. Depuis deux cents ans en effet en Occident, on multiplie les machines pour remplacer le travail manuel, on épargne l'effort musculaire, eh bien il suffit de retourner la proposition : ce que les autres font avec des machines, faisons-le sans machine, simplement avec les mains et les bras des masses.

Il est certain que cela permettait effectivement l'accomplissement d'immenses travaux. Mais des travaux élémentaires, car ce que l'on néglige, c'est que le machinisme permet beaucoup plus que d'économiser du travail humain, il permet aujourd'hui *un autre type* de travail que celui qui était obtenu

---

1. Sur tout ceci il faut voir en particulier les livres de Bettelheim.

par la main-d'œuvre. Donc, obtention de résultats identiques à ceux du machinisme d'hier mais non pas à celui de la dernière pointe du progrès[1]. Mais ceci semblait pourtant aux yeux de beaucoup caractériser une nouvelle orientation : au lieu de la voie occidentale, créer un mode de production original. On négligeait le problème que nous avons déjà rencontré : cette mobilisation des masses permettait... l'accumulation primitive de capital, c'était la première mise de fonds. Mais il faudrait bien passer à une seconde étape lorsque les bases économiques collectives essentielles auraient été jetées. Et cette seconde phase comment y entrerait-on sans avoir recours à la technique ? C'est précisément celle à laquelle on est arrivé.

Laissons de côté les caractères parfois stupéfiants, et même comiques, de la présentation de cette mobilisation des masses en particulier dans les images d'Épinal présentées par les Chinois eux-mêmes (par exemple creusement d'un puits de pétrole par des milliers d'ouvriers armés de pelles...). Cette mobilisation a eu lieu, à plusieurs reprises, et il n'y a pas lieu de douter que le travail effectué a été volontaire et a obtenu certains résultats globaux. Bien entendu, ce travail collectif était organisé de façon communautaire. Il n'y avait pas simplement addition de travailleurs individuels mais création d'un travailleur collectif (ce qui était indispensable dans cette Chine individualiste). Le modèle en était le célèbre système (pour le travail agricole) des com-

1. On oubliait en outre que cette méthode de l'accumulation de main-d'œuvre pour obtenir des grands travaux sans machine était déjà bien connue, et n'était en rien une nouveauté. C'est ainsi, faut-il le rappeler, que les Pharaons ont fait les Pyramides et le reste, et qu'en Chine la Grande Muraille fut construite. Ce n'était pas particulièrement du socialisme...

munes populaires (selon le modèle créé en 1958). Chaque commune où se vit une vie collective totale est formée de plusieurs brigades, et chaque brigade est divisée en équipes de production. Ces équipes de production correspondaient à peu près à un petit village, regroupant quelques dizaines de foyers, et constituaient l'unité de base du système. Le travail était organisé au niveau de ces équipes, mais la conception générale et les objectifs étaient fixés dans les brigades et les communes où se discutaient globalement les tâches imposées à chaque équipe. Seule cette organisation à la fois communautaire et autoritaire pouvait obtenir des résultats progressistes de la mobilisation des masses.

Enfin nous avons dit que le travail devait être fait volontairement, librement, et de fait une autre grande innovation fut celle du stimulant moral. Cela signifie, rappelons-le, que le travailleur doit donner le maximum par vertu et par conviction socialiste. C'est pourquoi l'on insistait tant sur le fait qu'un « bon communiste » doit essentiellement faire preuve d'abnégation, de dévouement, ne jamais chercher à réussir, et se vouer entièrement à la construction de la société socialiste (cf. Liu Shaoqi, *Pour être un bon communiste*). Le travail acharné ne doit en rien avoir un objectif de gain et de réussite personnelle. Le salaire ne correspond pas au travail, c'est seulement une rétribution pour permettre à l'ouvrier de vivre. Ceux qui prétendaient qu'il fallait de plus hauts salaires comme appât pour obtenir un travail plus efficace étaient accusés d'économisme. Et bien entendu, il n'était pas question de primes au rendement ou à l'innovation, etc., tout le système des gratifications, des améliorations matérielles était exclu. De la même façon était impensable la hiérarchie des salaires, tout travail fait avec cœur, dans un esprit socialiste, est égal et aussi important que n'importe quel autre. Donc pas de différenciation. Le travail intellectuel n'est pas supérieur au manuel, le travail de gestion et d'organisation ne l'est pas par rapport au travail d'exécution. Et si l'on est un bon socialiste, il faut se vouer au travail le plus difficile, sans en espérer aucune amélioration personnelle. Mais, dans ces conditions, la société reconnaîtra la valeur de celui qui se voue ainsi à son travail, qui est un bon producteur, qui fait preuve du plus grand esprit de service... et si en plus il obtient des résultats importants, exemplaires, il deviendra un héros de la République communiste. Car il y avait un grand usage du héros, les uns héros du travail, les autres héros du « maoïsme », c'est-à-dire triomphant des difficultés par la pensée de Mao. Les héros sont les modèles exemplaires que l'on propose non à l'admiration mais à l'imitation des foules, et la perspective de devenir un héros suffit à entraîner vers la production la plus élevée. On reconnaît en tout ceci une reprise de ce qui avait existé en URSS avec le stakhanovisme et la Piatiletka. Tel est donc le premier exemple de ce que l'on appelait la voie chinoise.

Le second est formé d'un autre ensemble de principes, mélange des ouvriers-paysans-intellectuels. Mobilité – redépart de zéro à partir du culturel. On a souvent décrit cette « fusion des classes », nous n'avons guère besoin d'y insister. Les usines à la campagne, cela veut dire, d'abord, que les paysans travaillent en usine. Pas de rupture entre un front paysan et un bloc ouvrier, pas de classes. Les ouvriers des villes sont réciproquement appelés à aller périodiquement travailler à la campagne. Quant aux intellectuels, professeurs, étudiants mais aussi ingénieurs, cadres, administrateurs, ils doivent chaque année aller passer plusieurs mois à la campagne ou à l'usine pour plonger dans le milieu ouvrier-paysan et réciproquement, là aussi, les ouvriers et les paysans (pour ceux-ci ce fut beaucoup plus difficile !) vont chaque année passer plusieurs mois dans l'Université. Il y a alors rupture complète des cadres de classe. Connaissance du travail manuel par les intellectuels, élévation du niveau culturel pour les manuels, et surtout rencontre concrète entre gens appartenant à des classes différentes. Il y avait là une option théorique fondamentale : ce n'est pas seulement le changement de structure économique qui supprime les classes. Celles-ci subsistent en sociétés communistes, il faut effectuer un travail social, humain, de fusion, de rencontre, de connaissance réciproque.

Bien entendu on savait que le travail de l'intellectuel aux champs ou à l'usine n'était pas aussi efficace que celui du paysan ou de l'ouvrier, mais nous avons dit qu'il y avait récusation de cette idée d'efficacité occidentale ; le choix était posé : que valait-il mieux, obtenir la plus grande efficacité technique ou économique ou bien procéder à la fusion entre classes, milieux, groupes, de façon à ce que sur le plan humain les barrières s'abaissent, et finalement les classes se dissolvent ? On avait choisi la seconde orientation en sachant le prix à payer. Mais ceci supposait une grande mobilité de main-d'œuvre, et ce fut une des grandes difficultés à surmonter. Il fallait pouvoir appliquer la main-d'œuvre là où le travail pressait, et de façon à obtenir les meilleurs résultats sociaux. Si, d'un côté, on maintenait sur place la plus grande partie des paysans, de l'autre on faisait voyager les groupes ouvriers ou intellectuels selon les nécessités. Il fallait là encore obtenir une disponibilité totale, une entière vocation au travail et à la construction du socialisme. Ce furent là les conditions de mise en œuvre du grand bond en avant de 1959. Car on ne se résolvait pas à la stagnation économique, mais il fallait obtenir un développement selon d'autres principes et d'autres méthodes que la technique occidentale. Le grand bond en avant devait attester l'excellence des idées que nous avons résumées. Il fut orchestré avec la plus intense propagande et fut l'occasion d'une mobilisation générale, avec des résultats proclamés absolument stupéfiants. Le peuple chinois en fut grandement encouragé. Mais ce n'était pas suffisant. On se rendit compte qu'il y avait encore des obstacles d'ordre culturel, que l'on était encore attaché à des valeurs traditionnelles, il fallait prendre la question plus profondément.

C'est à cette nécessité que répondit d'une part la lutte contre l'attachement familial, d'autre part la Révolution culturelle. Car il y avait quand même un prix à payer dans cette grande création : on ne pouvait obtenir le travailleur et le communiste idéal qu'avec des mutations psycho-morales et culturelles. On sait que lors de la création des communes, il fallut entrer en lutte contre la tradition familiale, la suprématie du chef de famille, la minorisation de la femme, la structure familiale étroite, le travail individualisé par parcelles, et surtout le culte des ancêtres. On devait briser tout cela si on voulait obtenir cette mobilité, ce travail communautaire, etc., dont nous avons parlé. Et ce fut le drame. Car il n'était pas facile de briser cette structure millénaire. Mais enfin, on proclama que « ça y était », et que les paysans étaient entrés dans la structure collectiviste de la commune.

Cependant il y avait encore un trop grand enracinement dans le passé. Il fallait absolument produire une rupture culturelle, un déracinement. Et ce fut un des aspects de l'énorme Révolution culturelle, écrasement des vieux qui représentaient le passé, écrasement de ceux qui avaient une quelconque supériorité sociale (professeurs, cadres, même ceux du Parti, ingénieurs, etc.), élimination et destruction des vestiges du passé : livres, monuments, œuvres d'art... tout devait être rasé. Il fallait faire un pas nouveau dans le sens de cette genèse. On ne pouvait poser une origine nouvelle dans le domaine économique et du travail que si on procédait à une « mise à plat » culturelle. On ne pouvait obtenir la mobilité parfaite de la main-d'œuvre que si elle était déracinée de son terreau culturel. Cela ne voulait pas dire un anéantissement : il était bien évident que l'on procéderait à une récupération des œuvres du passé (même Confucius à cette époque, avant la grande attaque de 1975 Pi Lin Pi Kong) lorsque ce passé ne serait plus dangereux et ne présenterait plus un obstacle à la réalisation de la nouvelle voie chinoise. On réinsérerait le passé dans un cadre culturel nouveau. Mais la mutation culturelle ne pouvait s'effectuer que sur la base d'un nouveau stock de croyances, et ce fut l'énorme entreprise idéologique et de propagande, une des plus réussies de notre temps, dont le sommet fut la rage enthousiaste autour du Petit Livre Rouge, au cours de la Révolution culturelle. Tout ce que l'on voulait obtenir de l'homme chinois pour construire cette nouvelle voie devait l'être sans contrainte, mais grâce à une fantastique manipulation psychologique. La Révolution culturelle fut avant tout une étonnante entreprise de propagande, le peuple encadré par l'armée, intégré avec les millions de groupes de formation « autogène » ; les jeunes, plus sensibles et plus faciles à déclencher en leur donnant le pouvoir de tout faire, furent les porteurs de cette propagande, les diffuseurs, et de fait la Révolution culturelle peut servir de modèle, parce que grossi, à tout ce qui s'est produit en Chine entre 1949 et 1975 : une apparence de mouvement populaire, de spontanéité, un téléguidage étonnant et une manipulation psychologique sans précédent. Mao laissait libre cours à la spontanéité mais, comme les meilleurs observateurs le faisaient remarquer dès 1968, il avait gardé en main tout l'appareil de propagande.

Or, cet ensemble de mutations théoriques mises en pratique avec une rigueur et une violence extrêmes faisait l'objet en même temps de prodigieux contresens de la part des politistes et des économistes occidentaux.

C'est une pensée tout à fait rationaliste occidentale qui a fait interpréter la Révolution culturelle comme un conflit de factions à la « cour », comme une folie, comme le résultat de ce que Mao était en fait écarté du pouvoir. On ne peut pas comprendre des formules comme : « il vaut mieux être rouge qu'expert », ou bien : « un retard socialiste vaut mieux que l'exactitude capitaliste », ni la destruction d'œuvres d'art, ni le refus de toute formation de type occidental, si on ne pense pas la révolution selon la pensée même de Mao. L'erreur est de considérer que, dès ce moment, Mao était débordé, incapable de diriger, proie de flatteurs les plus grossiers jouant sur sa vanité, neutralisé par son entourage, et qu'il a fait appel à l'armée pour rétablir l'ordre ! Je crois que c'est un énorme contresens et que l'enjeu était autrement fondamental. C'était vraiment une révolution dans la révolution. Et c'est quand Lin Biao est à son tour accusé (peut-être effectivement à raison, pour avoir voulu prendre le pouvoir !) que la volonté d'échapper à la fatalité du capitalisme se casse brusquement ! Chou Enlai fait triompher le réalisme et le positivisme. Réalisme des « quatre modernisations » c'est-à-dire ouvrant la voie à la technicisation de Deng, réalisme d'une Realpolitik qui se rapproche des États-Unis. La révolution était définitivement vaincue.

La seconde erreur des commentateurs occidentaux au sujet de l'invention de la « nouvelle voie chinoise », sur le plan économique, a été de refuser de considérer les moyens et le prix à payer. Ils ont oublié totalement le facteur propagande et l'engagement dans une fascination, un délire idéologique. Restait l'admiration inconditionnelle pour une si profonde révolution qui s'attaquait aux racines mêmes du mal de notre société, pas seulement le primat de l'argent mais celui de la technique, et à l'aristocratie technicienne. La voie chinoise existait dans la mesure de l'idéalisation. Mais enfin, on pouvait estimer que Mao avait inventé la nouvelle voie pour passer du stade agraire et familial à l'économie industrielle puis technique en maintenant l'absence de capitalisation centralisée, en évitant la création d'un prolétariat, en débouchant sur la technique moderne sans avoir de base d'industrie lourde concentrée. Tout ceci n'était apparemment possible qu'au prix, d'une part du génie inventif et de l'imagination de Mao, de son habileté inouïe comme tacticien et comme théoricien, et d'autre part de la constante mobilisation du travail de tous à tous les niveaux, avec une intensité que l'on n'avait jamais connue, mais qui ne correspondait pas à une prolétarisation.

Cependant on oubliait aussi un certain nombre de faits : ce que la Chine faisait en ce début de son industrialisation et de son essor économique correspondait exactement, trait pour trait, à ce qui avait existé à la fin du XVIIe siècle en Angleterre, au milieu du XVIIIe siècle en France. Les usines à la campagne

– l'application d'une main-d'œuvre rurale au travail industriel (pendant toute la durée du creux de travail paysan) –, le bricolage et l'innovation avec « les moyens du bord » – la décentralisation totale de l'industrie –, le travail communautaire... c'est exactement sur ces bases que l'on avait élaboré l'industrie textile dans tout l'Occident. Et quant aux usines, il y avait longtemps que l'on suppléait au défaut de machines (pas encore inventées !) par une mobilisation massive de main-d'œuvre. Si bien que, constatant cette évidente ressemblance, je pouvais écrire il y a dix ans que la Chine n'inventait en rien une nouvelle voie mais se bornait à reproduire avec deux cents ans de retard ce qui avait eu lieu, exactement, dans le monde occidental, lorsque celui-ci était à ce même niveau économique.

Autrement dit la Chine commençait à entrer dans le chemin industriel, le même qu'avait suivi l'Occident. Et bien loin de nous présenter un modèle de l'*avenir*, une révolution à faire pour nous, une transformation à partir de nos bases techniques, elle nous présentait l'image de notre passé ; elle faisait une révolution pour elle, à partir de son niveau techno-économique, elle engageait une transformation de *ses* conditions de travail, mais tout cela n'avait strictement rien à faire avec ce qui existait dans le monde occidental et ne pouvait nous servir à rien. Cette analyse-là ne pouvait guère convaincre, car purement intellectuelle, elle ne pouvait rien contre la passion et l'enthousiasme provoqués par la Révolution chinoise. Ce qui devait prouver l'exactitude du jugement, c'était ce qui allait se passer. Il y avait deux possibilités : ou bien la Chine persévérant dans cette voie allait en effet accéder directement au stade technique développé, par des moyens originaux, subordonnant totalement l'économique et le technique à l'impératif humain. Ou bien le stade où elle était allait déboucher, comme cela avait été le cas en Occident, sur la création d'une industrie et d'une société technicienne comparables à ce qui s'était produit chez nous. C'est-à-dire avec la reproduction d'un prolétariat.

En second lieu, il existait déjà en Chine une industrialisation de type classique, c'est-à-dire comportant un prolétariat ouvrier, provenant d'une part des premiers efforts d'implantation occidentale dans le Sud-Est, d'autre part d'une poursuite de cette industrialisation par Tchiang, enfin, il y avait l'effort industriel depuis Mao dans le Sinkiang.

Car il existait déjà sous Mao la conviction qu'il fallait bien importer des techniques étrangères, des usines, etc. Ce fut d'abord en URSS que l'on s'est approvisionné jusqu'en 1960, puis le Japon devint le principal fournisseur (acier, énergie, pétrochimie). Mais ces importations étaient en nombre limité, Mao refusant les prêts financiers, et refusant l'endettement de la Chine. Par ailleurs, on diversifiait les fournisseurs de façon à ne pas dépendre de l'un d'eux. Enfin, on essayait d'utiliser les techniques importées pour provoquer un « effet d'entraînement » de la production autonome chinoise, ce qui était théoriquement possible par la structure industrielle chinoise qui, en tant que modèle abstrait, prévoyait une circulation du national au local (autonome) et réciproquement ! En tout cas, on refusait de croire que l'accroissement des transferts de technique serait un moyen bénéfique de développement.

Or, ce qui est intéressant c'est de souligner que ce prolétariat a eu une attitude de refus total en face de la « nouvelle voie ». Les plus grandes difficultés de Mao dans la Révolution culturelle sont survenues de l'opposition de ce prolétariat (et dans le Sinkiang, apparemment, il n'y a eu aucun mouvement de Révolution culturelle, mais des combats très durs à Shanghai et à Canton entre gardes rouges et ouvriers !). Enfin, en troisième lieu, Mao n'a pas pu éviter, malgré sa volonté délibérée, de constituer un autre prolétariat, celui des camps, que nous retrouverons.

2
La conversion chinoise

On a pu hésiter longtemps pendant les dernières années de Mao. Les tenants de la réussite économique avaient été écartés du pouvoir, et ceux qui devinrent ensuite « la bande des quatre » représentaient la tendance dominante. Or, avec eux, il n'y avait aucun doute. C'était la tendance que l'on appelait « dure », c'est-à-dire fondamentalement révolutionnaire, pas seulement selon un schéma marxiste traditionnel, mais effectivement selon le choix anti-technique, du primat du socio-humain contre le productivisme et l'économisme. À la mort de Mao, les choses se sont rapidement clarifiées : la prééminence de Hua Guofeng, quoiqu'il soit d'abord un politique, semblait annoncer que l'on allait entrer dans l'ère technicienne. Le retour de Deng Xiaoping a été le signe décisif. Il était l'homme caractérisé par la phrase célèbre : « Blanc ou noir, un bon chat est celui qui attrape les souris. » Rouge ou Blanc... le bon régime est le plus efficace... L'idéologie, la philosophie, la construction d'une culture et de l'homme nouveau, tout cela passait au second plan, l'important était la croissance économique par tous les moyens et l'efficacité par la spécialisation.

C'est la nouvelle voie dans laquelle la Chine est engagée. La lutte contre la « bande des quatre » se fait au nom du mépris qu'ils ont montré à l'égard des nécessités techniques et à l'égard de ce type de développement. Il faut mécaniser rapidement dans tous les domaines, il faut industrialiser de façon lourde, il faut spécialiser et concentrer la main-d'œuvre. On rétablit partout une hiérarchie des salaires assez large, pour favoriser les compétences, on rétablit les primes au rendement. De la croyance en la puissance de la pensée de Mao, on passe au rendement stimulé par un gain en argent supplémentaire, ce qui est véritablement le rejet de tout le passé. On rétablit la spécialisation. Bien entendu, on ne rejette pas encore le mot d'ordre des intellectuels à la campagne, mais on insiste sur le fait qu'un bon travail ne peut être fait que par des spécialistes, ce qui veut dire que l'ouvrier qui passe trois ou quatre mois à l'Université, ou le professeur à l'usine ne donnent pas les mêmes résultats que les spécialistes.

Ceci d'ailleurs vient confirmer un ensemble de réactions spontanées. Si, dans l'ensemble, on peut dire que les ouvriers et paysans qui venaient à l'Université étaient bien reçus par les étudiants et professeurs, inversement, tous les témoins en sont d'accord, les intellectuels à la campagne étaient méprisés, laissés de côté, obligés de rester entre eux, et voués à des tâches de manœuvre, sans intérêt et sans aucune valeur finalement. La division du travail au sens le plus habituel se développe insidieusement. De même il apparaît certain que depuis l'été 1977 on renonce aux usines à la campagne et au mélange, au va-et-vient des paysans à l'usine puis aux champs, on ne s'intéresse plus au bricolage sans outil et sans plan. Le mot d'ordre est à la modernisation : la spécialisation des secteurs de production est au moins aussi nécessaire que la spécialisation du travail, et que sa division pour arriver à moderniser.

Sur le plan industriel, c'est la même orientation : on renonce aux « usines complètes », c'est-à-dire l'usine où l'on fabriquait un objet complet du commencement à la fin, sans division des secteurs de production. Maintenant chaque usine est spécialisée dans la fabrication d'une pièce ou au mieux d'un ensemble de pièces, et l'on applique les méthodes de la production en série. On entre ainsi à fond dans la voie technique, avec le corollaire, pour cette période, de l'industrialisation, et de l'industrie *lourde*. Les hauts fourneaux « micro », installés à la campagne, sont abandonnés. On installe à nouveau de l'industrie lourde avec de grosses concentrations industrielles, et la voie rapide qui est indiquée, c'est le remplacement des hommes par des machines. On abandonne en fait (bien entendu sans le dire ouvertement, sinon dans les accusations contre la « bande des quatre », qui vouaient leur pays à la pauvreté, à la turbulence politique, à l'impuissance, etc.) le principe de base « compter sur nos propres forces ». Et l'on achète des usines, les plus perfectionnées du monde, toutes faites, clé en main, à l'étranger capitaliste[k]. Cela aussi est important et significatif. Alors que l'on avait proclamé que la Chine se développerait seule et par ses propres moyens, qu'elle conser-

k. Les fournisseurs occidentaux proposaient de financer les contrats (notamment de construction d'usine) au moyen de l'octroi d'un crédit. Mais pour les Chinois, il était dégradant d'emprunter, de (paraître) perdre ainsi l'indépendance. Qu'à cela ne tienne : les banques occidentales n'octroyaient pas un crédit, elles déposaient des fonds rémunérés auprès de la Bank of China et retiraient leurs dépôts selon un échéancier prédéfini. Bien entendu, comme toute banque, la Bank of China utilisait les dépôts de ses « clients » (occidentaux) pour financer les acheteurs (chinois), lesquels pouvaient ainsi régler leurs fournisseurs (occidentaux)...

vait une totale indépendance envers le régime capitaliste et l'étranger, on voit maintenant se multiplier les traités de commerce avec les pays européens et avec les États-Unis, on voit les missions industrielles et techniques chinoises parcourir le monde, visiter les Expositions, les présentations industrielles ou commerciales. Sans ambages et sans difficulté elles déclarent ouvertement que l'essentiel est d'obtenir l'assistance technique à long terme de l'Europe pour industrialiser le plus vite possible leur pays. Dans un premier temps on achète les produits (par exemple massivement en décembre 1978 les armes les plus modernes fabriquées en France et en Grande-Bretagne) mais en annonçant que l'objectif est de construire des usines en Chine, avec l'aide technique de ces pays pour fabriquer ces armes en Chine, et en attendant les militaires s'intéressent à la production d'armes nouvelles, prêts à coopérer semble-t-il sur le plan économique pour les produire (par exemple le Mirage 2000). Le mot d'ordre réel (derrière le vocabulaire qui reste révolutionnaire, quoique s'atténuant progressivement...) est celui de l'efficacité avant tout.

Ce souci d'efficacité se traduit aussi bien dans le vocabulaire que dans les structures. Ainsi en mai 1979 on fait massivement entrer la notion de rentabilité économique, et celle de valeur marchande. De même on se soucie de la modernisation des entreprises, et de division de la Chine en grandes régions économiques autonomes dans un souci de plus grande efficacité de la planification. Tout joue dans le même sens, et pour la même raison. L'industrie légère doit avoir priorité sur l'industrie lourde (afin d'augmenter les exportations), les travaux d'infrastructure vont être concentrés sur des points précis pour ne pas disperser les efforts. Et l'on oriente l'économie vers... l'accumulation ! (Cf. *Le Monde*, mai 1979.)

Après un énorme effort de technicisation et de capitalisation, entre 1977 et 1979, la politique lancée alors se révélait trop ambitieuse. Il faut procéder, en juin 1979, à une modération. Les travaux d'infrastructure étaient trop nombreux, les capitaux insuffisants, les secteurs de production déséquilibrés (production de l'acier trop forte). On fixe une nouvelle orientation [1], « croissance soutenue, harmonieuse et rapide » (ce qui veut dire ralentie) avec quatre termes : le rajustement (austérité), la réforme (de la gestion économique), la réorganisation (des entreprises existantes) et l'amélioration (des techniques). Ce ne sont plus les organismes politiques qui sont placés au premier plan : c'est l'entreprise qui, comme entité autonome, devient la figure centrale de la « nouvelle société ». L'entreprise doit devenir rentable. Il y a 1 500 000 entreprises gérées par les communes et les brigades à qui est donné le mot d'ordre de rendement. Quant aux petites usines sidérurgiques, d'engrais chimique, de produits chimiques, etc., elles doivent faire la preuve de leur rentabilité, ou bien fermer. Enfin les entreprises (par exemple dans le Sichaan) qui passent au stade de l'autonomie reçoivent des droits immenses : elles peuvent accroître les fonds destinés aux amortissements, recevoir une marge bénéficiaire importante, instaurer un système de promotion des travailleurs et de sanctions, et signer des contrats d'exportation.

Mais c'est toujours le thème de l'efficacité qui reste la règle quand il s'agit de la « lutte contre le gaspillage »,

1. Cf. les indications tirées de l'étude de Patrick Tissier, « Enquête sur l'économie chinoise », *Le Monde diplomatique*, novembre 1979.

l'« élévation de la productivité », la « réforme de la gestion économique ». Le réajustement du plan de 1977 provient de l'erreur de calcul qui avait été commise quand on avait cru possibles une industrialisation plus rapide et un taux de croissance plus élevé. En 1979 on effectue la mise au point réaliste en évaluant le possible le plus efficace, et en insistant une fois de plus sur le fait que l'édification technique et économique doit avoir une priorité absolue sur les luttes politiques, *y compris* les luttes *de classes*.

Mais il va de soi que, dans tout ceci, il n'y a aucune « libéralisation ». L'important pour le gouvernement est de mettre en œuvre les « quatre modernisations », et de trouver des hommes efficaces. Si, pour y arriver, il faut accorder des libertés... pourquoi non ? C'est tout ! Mais il n'est pas jusqu'ici nécessaire d'ouvrir largement la Chine aux étrangers, ni d'accorder la permission de s'exprimer librement. Deng, par exemple dans son discours de mars 1980, a donné de lui une image très dure en exigeant une discipline totale des cadres et techniciens. Élimination de tous les dissidents (à la nouvelle ligne !), la lutte des classes continue, mais cette fois contre « les éléments destructeurs de la société »... aucune liberté d'association, de réunion, de publication pour ceux qui sont contre le nouveau programme (celui-ci, dans le vocabulaire nécessaire, étant le seul révolutionnaire !). Quant au droit, il est un pur et simple instrument de gestion par l'État. Le Comité central de mars 1980 a lourdement insisté sur la discipline, intérieure et extérieure, et a proposé la suppression d'un certain nombre d'articles de la constitution qui accordaient des libertés. En septembre 1980, Deng a proposé la suppression de l'article 45 de la loi Fondamentale qui contient « les quatre grandes libertés ».

Deux domaines ont été particulièrement sensibles. L'armée populaire d'abord. En Chine, elle servait à tout. Agents de liaison de tout le corps national, instructeurs sur le plan scolaire, formateurs révolutionnaires, propagateurs de la pensée-Mao, capables d'aider localement dans tous les travaux où il fallait un supplément d'énergie et de main-d'œuvre, les soldats remplissaient d'innombrables fonctions sociopolitiques. On l'avait bien vu particulièrement lors de la Révolution culturelle qui avait reposé entièrement sur l'armée. Et puis tout à coup un revirement sensationnel : l'armée doit être essentiellement guerrière. Finie l'époque où l'armée était révolutionnaire d'abord et gagnait ses batailles contre Tchang Kaï-chek parce qu'elle était « comme un poisson dans l'eau » et qu'elle gagnait sur le plan social et psychologique la population tout entière. Son rôle sociopolitique, qu'elle a tenu pendant vingt ans après la prise du pouvoir, était le prolongement du rôle qu'elle avait eu pendant la guerre révolutionnaire. Mais maintenant, il s'agit de faire face à une armée massivement guerrière, celle de l'URSS. Il faut être au même niveau militaire, d'organisation et d'équipement. Tel est le problème. Plus de multiplicité des tâches, plus de déclarations étonnantes selon lesquelles on vaincra les puissances capitalistes les mains nues, par la foi révolutionnaire et par le nombre... maintenant l'armée doit devenir avant tout efficace militairement. Armement, discipline, hiérarchie : tels sont les trois mots d'ordre diffusés en 1978. Rétablissement des cadres, des officiers – organisation en vue du combat lourd. Équipement avec les armes les plus modernes. Finis la vocation pédagogique, le rôle révolutionnaire. L'armée chinoise n'a plus qu'une orientation : elle est la spécialiste de la défense militaire par les moyens techniques les plus modernes.

Or, en avril 1979, on observe des directives semblables en agriculture [1]. Celle-ci doit devenir rentable avant d'être le champ d'expériences sociales et de formation révolutionnaire. Il faut d'abord et avant tout produire plus et mieux pour assurer enfin la nourriture suffisante car, contrairement aux affirmations de propagande, la Chine de Mao n'était pas bien nourrie, il y a eu des famines nombreuses et sans l'aide internationale la situation aurait été aussi catastrophique que dans la première moitié du XXe siècle. Aide internationale volontaire, car il ne faut pas oublier qu'à deux reprises la famine n'a été évitée que grâce aux apports massifs des États-Unis. Aide internationale contrainte, par exemple du Cambodge sous le régime Pol Pot, dont la production énorme de riz était dirigée presque en totalité vers la Chine, ne laissant subsister qu'une nourriture de famine pour les Khmers. Maintenant les expériences sont finies, il faut le rendement.

Au Comité central de décembre 1978 est posé le problème du développement accéléré de l'agriculture. L'équipe de production reçoit une plus large autonomie et un intérêt au travail. On renonce à une polyculture douteuse pour se spécialiser. On abandonne certaines cultures céréalières pour d'autres de meilleur rendement. Et pour donner au paysan du cœur à son travail, on a décidé les mêmes mesures que dans l'industrie, c'est-à-dire la participation au rendement. Il faut provoquer l'« ardeur du paysan », et cela se fait par l'intéressement direct à l'accroisse-

---

1. La Chine moderne a même adopté (contrairement à la Russie) les mots d'ordre écologiques de l'Occident. Brusquement on s'est rendu compte depuis 1978 de l'énorme problème de la pollution. En 1979, Code de protection des eaux, Code forestier, Loi de protection de l'environnement. Excellent progrès, qui ne pouvait même pas être pensé au temps de Mao !

ment de la production. On assiste à des événements surprenants : le premier secrétaire du Hunan estime opportun de recommander d'étudier à fond l'expérience de la brigade du Dazhai dont les dirigeants ont fait leur autocritique pour *avoir mis l'accent sur l'intérêt collectif de leur unité au détriment des intérêts privés du pays* (A. Jacob, *Le Monde*, avril 1979).

Cette orientation purement technicienne, cet abandon réel de la ligne révolutionnaire sont constatés, parfois avec angoisse, par les meilleurs connaisseurs, par les amis de la Chine [1]. Bettelheim s'inquiète de tout un ensemble de dangers qui peuvent résulter de ce primat donné maintenant à l'efficacité technique. Il y a certainement des inconvénients à l'accélération brutale de la mécanisation agricole dans un monde rural insuffisamment préparé et avec des structures de production qui n'étaient pas faites pour cela. Ceci comportant deux enseignements importants : d'abord on envisage maintenant la productivité sous l'aspect de la mécanisation. Ensuite, on est prêt à modeler les structures socio-économiques rurales en fonction de et pour le meilleur usage de cette mécanisation... De même, il apparaît que le type d'industrialisation choisi depuis deux ans (concentration, spécialisation) va aggraver les inégalités régionales (évidemment !) et empêcher le développement des industries locales, de la petite entreprise, etc. De même, il y a peut-être danger de crise dans l'enseignement à cause du retour aux méthodes et programmes de style occidental et à ceux en vigueur avant la Révolution culturelle. Enseignement ayant pour but l'acquisition solide de connaissances, la

1. Voir sur toutes ces questions le livre essentiel de Bettelheim, *Questions sur la Chine après la mort de Mao Tsé-toung*, Maspero, 1978.

spécialisation intellectuelle et scientifique, et bien entendu retour à la discipline... La culture révolutionnaire marxiste-maoïste s'efface (un peu !) dans les universités au profit de la recherche scientifique « pure », et ceci coïncide avec un allongement des études. Je pense que bientôt on verra la fin des célèbres « médecins aux pieds nus ». Déjà on monte les hôpitaux les plus modernes...

Or, Bettelheim reconnaît pleinement que cette énorme mutation signifie que la « ligne révolutionnaire » a échoué. Mais au lieu de placer la question là où elle doit l'être, à savoir la technique, Bettelheim s'évade dans des nuages politiques. Nous retrouverons plus loin son interprétation. De toute évidence, la loi qui s'est imposée partout, c'est celle de l'efficacité technicienne. Elle prévaut sur l'idéologie révolutionnaire. En conformité avec ceci, la lutte contre la « bande des quatre » s'est transposée, en juillet-août 1977, sur le plan des idées et des méthodes. On leur reproche à la fois le manque de réalisme économique, le sacrifice des intérêts matériels, les illusions idéologiques... Les « idéologues » ont d'ailleurs disparu à la fois du Congrès du Parti et du Bureau politique. Idéologues ? c'est-à-dire les théoriciens, ceux qui veulent faire prédominer l'exactitude marxiste-maoïste sur les faits. Les anciennes analyses sont récusées, par exemple l'affirmation mille fois répétée que tout le mal vient de la présence de bourgeois, d'une persistance d'une classe bourgeoise, en Chine et au cœur du pouvoir !

Le *Quotidien du peuple* (12 décembre 1977, cité par A. Jacob, *Le Monde*, 18 mai 1978) pose cette formule décisive : « La lutte pour la production prend le pas sur la lutte des classes. » Lutte pour la production ? Comment ne pas y lire : technique et efficacité ! Et dans ce même journal, tout le retournement des valeurs et des principes : ainsi en ce qui concerne l'inégalité de répartition des revenus : « Tout système de répartition qui peut promouvoir la production est bon. Tout système qui entrave la production (socialiste) est mauvais. » On rejette l'égalitarisme abstrait au nom de la diversité des compétences, et la différence, même l'opposition, entre travail manuel et intellectuel est présentée comme un fait objectif qu'il serait absurde de nier, et la division du travail « pousse à la production et contribue au progrès de la société ». On est sorti du dogmatisme pour entrer dans un pragmatisme de l'efficacité. « La nouvelle équipe manifeste un goût impérieux du concret, de l'ordre et de la discipline. » Détermination d'objectifs précis sur le plan économique et technique, analyse rigoureuse des moyens pour les atteindre. Les responsables locaux sont invités à sortir du « formalisme », et à se comporter en agents actifs et efficaces du pouvoir. Et en correspondance on rénove le droit, indispensable pour organiser l'efficacité des administrations...

Cette mutation de principe vers l'efficacité, la technicité, le rendement, entraîne évidemment tout un ensemble de conséquences que nous pouvons essayer d'esquisser ici. Ceci correspond d'abord à un véritable et profond « virage économique » comportant un jugement féroce sur tout ce qui a été fait auparavant. La presse officielle chinoise adopte le jugement qu'avait porté Liu Shaogi qui avait qualifié le bond en avant de « grand bond en arrière ». La période de 1958 à 1962 marque, déclare-t-on maintenant, un grand recul et, parmi les diverses causes des nombreuses difficultés économiques enregistrées alors, on fait valoir d'une part le refus des techniques avancées, au profit de la mobilisation des masses, qui s'étaient révélées tout à fait inefficaces, et puis « une vie démocratique anormale au sein du Parti ». Il faut entendre par là, bien sûr, à la fois l'autoritarisme maoïste et réciproquement une anarchie de la base. Mais le virage économique, impliquant une planification plus rigide, le contrôle des rendements, un nouveau système de répartition des produits, l'infusion massive de machines, la démobilisation des masses pour leur affectation en des unités de production resserrées, tout cela entraîne des perturbations profondes par rapport aux habitudes prises.

Il y a semble-t-il deux mouvements que l'on peut souligner : d'un côté la tendance des paysans à fuir la campagne vers la ville. Il est certain que le maoïsme, avec la glorification des paysans, avec la dispersion des usines à la campagne et la fusion des « classes », enracinait les paysans sur place. Maintenant on donne manifestement le primat à l'industrie, le paysan devient, comme en tout pays en voie d'industrialisation, le paria, sans intérêt. D'où la volonté de partir. Le Parti communiste s'y oppose, mais cela ne peut pas durer indéfiniment. Le second phénomène que l'on peut noter, c'est une certaine disparition du marché noir (ou tout au moins il existe une lutte explicite contre lui !). On reconnaît partout qu'il y a davantage d'ordre, d'organisation, mais en contrepartie, la situation concrète du producteur est moins bonne... parce que la fraude n'est plus possible (voir le témoignage très remarquable publié dans *Le Monde*, 28 septembre 1978 : « En période de chaos, la vie des paysans est bonne : l'administration n'est plus en mesure de ramasser les impôts. Nous pouvions donc consommer ce que nous produisions et écouler le reste au marché noir. Maintenant l'ordre règne... le pays est mieux dirigé mais les paysans vivent plus mal ! »). Le marché noir qui était général en 1970 tend donc à diminuer du fait des contrôles, de l'amélioration des transports et de l'organisation. Ainsi l'amélioration économique commence par une dégradation de la situation d'innombrables producteurs. Mais corrélativement on assiste à la tendance remarquable de la reconstitution de la propriété privée ! Sous prétexte de donner plus d'autonomie à l'équipe de production pour provoquer un rendement, on assiste depuis 1979 à un démantèlement des exploitations collectives. Des élevages collectifs sont répartis entre des paysans individuels appelés à travailler en concurrence, on abandonne certains types de culture planifiée pour se consacrer à celles qui ont un meilleur rendement local (d'où rupture de l'équilibre prévu du plan) et le tout revenant à des exploitations de type familial, sur la base de directives du Comité central de décembre 1978. Répartition des biens de l'équipe de production (terres, animaux de trait, instruments aratoires, machines) entre des groupes qui se constituent sous forme de « clan », groupant les parents, grands-parents, collatéraux et alliés : un groupe familial élargi. Après avoir manifesté une grande inquiétude devant les risques du démantèlement des équipes de production qui n'est « que le premier pas vers le partage des terres entre les familles », le *Quotidien du peuple*, tout en maintenant qu'il ne saurait y avoir, en principe, de division des terres entre des individus ou des familles, reconnaissait que, selon les circonstances locales, il ne fallait pas jeter l'exclusive sur tel ou tel mode d'organisation de la production, lorsque celui-ci était favorable à l'augmentation des résultats et à l'efficacité du travail (documents cités dans *Le Monde* du 18 avril 1979).

Il faut ce qu'il faut... après avoir décidé que ce qui doit primer c'est le rendement, et après avoir reconnu que l'intérêt privé pécuniaire est le meilleur moteur pour faire travailler dur l'individu, la logique conduit inévitablement à la propriété privée... Scandale ? non le fruit est contenu dans la graine... Les Chinois sont plus réalistes et concrets que les Russes. Après avoir eu leur période d'exaltation révolutionnaire, ils arrivent au moment où il faut faire les comptes. Je ne juge pas. Je ne me réjouis pas non plus. Je constate que les choix fondamentaux de la Chine d'aujourd'hui ne sont pas ceux de la Chine rêvée, et de la construction de l'homme nouveau dans un monde construit sans capitalisation et sans prolétariat. Mais l'application d'un nouveau plan économique, l'ouverture sur le marché mondial, l'entrée de la Chine dans le concert économique général entraînent bien d'autres conséquences.

Le nouveau régime se place totalement sous la dominante d'un mode d'accumulation du capital[1], à peu près identique à celui qui fonctionnait en régime capitaliste. Dans la mesure où le grand effort de Mao a totalement échoué pour adopter une autre voie. Il s'agissait avant tout pour la nouvelle équipe d'enrayer les distorsions politiques, les incohérences, les ruptures, la stagnation que la prédominance du politique et de l'idéologique sur l'économique avait produites de 1960 à 1976.

La règle impitoyable que nous avons sans cesse rencontrée joue une fois de plus ici : industrialiser suppose capitaliser. On n'a rien capitalisé sous Mao. La « capitalisation » avec Deng Xiaoping se fait par l'emprunt *et* l'inflation. Le taux annuel d'inflation de 1977 à 1980 a été de 15 à 20 % par an. Qu'est-ce que cela implique dans la mesure où les salaires sont bloqués ? Précisément la prolétarisation

1. Patrick Tissier, « Enquête sur l'économie chinoise », art. cit.

d'une masse croissante d'ouvriers et de paysans d'autant plus qu'après avoir eu, en 1979, comme mot d'ordre l'amélioration du niveau de vie, on décide en 1980 de freiner la consommation !

Un grand nombre de réformes économiques doit être abandonné en 1981. Et certains interprètent cela comme l'échec de la politique de Deng, comme une conséquence d'erreurs, dans une gestion brouillonne et démagogique. Je crois que ceci est tout à fait inexact. Simplement, Deng, pressé par le temps, a voulu mettre les bouchées doubles, a accéléré trop fortement, ce qui fait que, par exemple, la croissance de production d'énergie n'a pu suivre. Mais cela implique seulement un ralentissement, et forcément, en même temps, une prolétarisation des masses. Avec le style chinois, on appellera cela : un « réajustement accru » ; en réalité, c'est la politique d'austérité (réduction de 45 % des investissements, de 13 % du budget de l'État). Il s'agit de réduire massivement la production de l'industrie lourde (en particulier celle de l'acier qui avait trop rapidement augmenté), pour favoriser l'industrie légère et le Japon va aider la Chine. Mais, quand on parle de « ralentissement », il faut se rappeler les chiffres étonnants de cette croissance : taux général en 1980 : 8,4 % et 8 % en 1979. On prévoit 7 % en 1981. Ce sont des taux qui rejoignent les meilleurs taux occidentaux de la grande croissance ! + 17 % de croissance en 1980 pour l'industrie légère. + 13,5 % d'augmentation de l'industrie lourde en 1978, ramenée à 8 % en 1979. Admirons. Mais rappelons-nous toujours que celui qui paie, c'est le prolétaire. Rappelons-nous qu'il y avait 26 millions de chômeurs en Chine en 1980 et que le ravitaillement est mauvais. Mais le problème reste toujours : comment créer le capital, que Mao a refusé de constituer, et ceci entraîne une situation financière tendue à l'intérieur et à l'extérieur avec inflation. D'où, pour freiner ces déséquilibres, nécessité de réduire la croissance. Mais surtout d'accumuler du capital.

Tout est transformé avec les nouvelles directives économiques : les investissements ne sont plus financés par l'État mais par crédits bancaires, chaque usine recrute le personnel qu'elle veut en quantité libre, le marché libre devient la règle, instauration de marché concurrentiel entre les entreprises. Bien entendu, il subsiste un plan : par exemple les approvisionnements en matières premières supplémentaires sont subordonnés à l'accord de la Commission du Plan. On lutte contre le chômage technique en interdisant les diminutions d'emplois, même avec des progrès techniques. Et la nouveauté la plus surprenante, c'est que l'usine est autorisée à prélever une fraction du « profit » (13 %) pour créer des avantages sociaux pour le personnel. Ce qui, suivant la réussite de l'entreprise, assure au personnel de nombreux avantages en nature. En réalité, il y a effort pour combiner une économie de marché et la planification dont il faut éliminer les entreprises déficitaires. Mais dans les grandes usines, une certaine autonomie est acquise, et l'entreprise prend en charge tous les aspects de la vie des salariés (ce qui avait été l'abomination des usines paternalistes capitalistes de la fin du XIXe, début XXe siècle !). Et par-dessus tout on rétablit explicitement la validité du profit et on encourage les entreprises à profiter de la « rente de l'emploi ».

Par ailleurs la Chine décide d'avoir recours ouvertement au marché international des capitaux pour financer son programme de développement économique. Le premier emprunt est négocié en octobre 1978 auprès d'un groupe de banques japonaises : un emprunt d'un million de dollars[l]. Le second emprunt est lancé en 1979, et il vise le marché londonien de l'eurodollar. Il semble que la Chine qui est jusqu'à présent endettée de 2 milliards de dollars viserait un ensemble d'emprunts de 12 milliards. Ce qui ne paraîtrait pas excessif aux experts internationaux étant donné la capacité de croissance et les potentialités de la Chine[1]. Ces emprunts s'effectueraient sous des formes très diverses : la Chine sollicite des investissements directs dans les entreprises chinoises sous forme de sociétés d'économie mixte. Et ceci montre la rapidité avec laquelle les formules capitalistes ont pénétré. Elle a déjà proposé cette formule à deux grandes entreprises françaises (Citroën et Pechiney). Elle est en même temps très orientée vers les modèles prodigieusement capitalistes de Hong Kong, de Singapour et de la Corée

l. Ce premier « emprunt » est d'un montant extrêmement faible puisqu'il représente 0,05 % du stock de dette chinoise de l'époque et il est possible qu'il ait encore revêtu la forme fictionnelle d'un « dépôt » étranger. Quoi qu'il en soit, cet habillage juridico-politique du dépôt sera rapidement abandonné.

1. Une autre évaluation de M. Saubolle (*Le Monde*, octobre 1978) donne un endettement déjà existant de 12 milliards de dollars... Ceci paraît tout à fait surprenant. Au moment où l'on considère que la situation des pays de l'Est en général est financièrement désastreuse : la dette internationale des pays socialistes (européens) est passée de 13 milliards de dollars en 1974 à 46 milliards de dollars en 1977 dont les deux tiers détenus par des banques occidentales. Il semble que les ressources du crédit leur soient dorénavant fermées : on va commencer à exiger des remboursements rapides. L'URSS elle-même n'est pas à l'abri d'une dégradation extrême de sa situation financière. Les capitalistes occidentaux vont-ils se reporter massivement sur la Chine ? Le déficit du commerce extérieur a été ramené, par des mesures extrêmement dures, de 1,8 milliard de dollars en 1979, à 500 millions de dollars en 1980. Mais il ne faut pas oublier que ce déficit provenait en grande partie de l'achat de biens d'équipement. Toujours le souci de la technicisation accélérée. On sait que finalement les effets d'un très lourd déficit commercial sont supportés par les classes les plus pauvres.

du Sud. Il ne faut se faire aucune illusion : à partir du moment où l'on met en marche le moteur du progrès, les exigences sont partout les mêmes. M. Kang Shih (ministre de la Commission économique, Production industrielle et Communications) en a lui-même exposé les éléments en novembre 1978. Ces sociétés d'économie mixte comporteraient évidemment 51 % de capitaux chinois et seraient destinées à produire le « grand bond » de l'industrialisation en Chine. Donc : association de groupes capitalistes occidentaux avec le pouvoir gouvernemental socialiste. Mais d'autres formules sont envisagées : échanges compensatoires : fournitures d'équipements, exploitation de gisements chinois par des sociétés étrangères pour le compte du gouvernement chinois, avec en échange la fourniture de charbon, pétrole et métaux non ferreux. Il est également prévu des crédits bancaires, des crédits à long terme pour le financement de grands projets (toutefois le taux d'intérêt pratiqué en Europe est jugé trop élevé...) et puis l'achat d'usines clé en main, et des contrats ont déjà été passés avec la France. Enfin, on envisage le « travail à façon », la Chine est prête à offrir sa main-d'œuvre pour transformer sur place des matières premières étrangères : autrement dit les pays capitalistes fourniraient les matières premières et l'équipement industriel, qui serait installé en Chine. Celle-ci fournirait sa main-d'œuvre... tellement bon marché... et *produirait pour le compte* des capitalistes. Or ce phénomène d'offre de main-d'œuvre pour du travail à façon au profit de l'étranger me paraît décisif : nous sommes en présence de la création de toutes pièces d'un prolétariat au sens le plus bas du terme, de l'annexion de la Chine dans le réseau des multinationales et son insertion dans le capitalisme extrême. Mais ce n'est pas l'impérialisme qui joue ici : c'est la Chine qui sollicite elle-même son entrée dans l'Économie mondiale. Les systèmes capitalistes pénètrent aussi en Chine sous forme de sociétés chinoises dotées d'autonomie juridique et chargées d'opérations financières avec les banques capitalistes. Ainsi, une Société de Compensation à Shanghai, une Banque de Chine (indépendante de la Banque populaire de Chine) pour « superviser » l'ensemble du domaine financier, avec contrôle des changes, et gestion de l'ensemble des opérations des crédits extérieurs...

Par une loi du 8 juillet 1979, les investissements étrangers en Chine sont rendus possibles dans des conditions remarquables : entreprises mixtes, garanties données aux capitaux des capitalistes, exemptions fiscales pour les avoirs étrangers, possibilité de rapatriement des bénéfices... [1]. On précise seulement que dans ces sociétés mixtes il ne pourra pas y avoir *moins* de 25 % de capitaux étrangers ! Mais l'objectif est le développement de *techniques avancées* et *adaptées aux besoins de la Chine*. La technique commande. La forme économique s'y adapte et le prolétariat est inévitablement produit. Ceci apparaît encore dans le fait que le personnel chinois engagé dans ces entreprises n'est pratiquement pas garanti ni quant aux conditions d'embauche, de salaire, de travail ni quant au licenciement ! Et cette loi est évidemment suivie, en janvier 1980, par la décision

---

1. Mais à partir du moment où l'on entre dans cette logique, il faut aller jusqu'au bout ! Ainsi, en juin 1981, le gouvernement chinois a envoyé des experts pour s'initier à la législation internationale des marques, des brevets d'invention. Il s'agit d'un exemple de l'énorme effort « d'assimiler tout *l'environnement abstrait des conceptions techniques* ou commerciales ». Alors que, sous Mao, on refusait totalement de reconnaître la propriété industrielle et d'acheter des brevets !

d'avoir recours à des emprunts lancés sur le marché international des capitaux, d'abord sur le marché japonais. Ceci est la troisième étape de la « capitalisation » (après les emprunts directs à des banques, qui s'élevaient entre 1977 et 1979 à 30 milliards de dollars). Enfin... la Banque de Chine, et c'est la réciproque, entre dans des consortiums bancaires, y compris un syndicat bancaire rassemblé autour de la BNP (1979). Dans tout ce courant, capitaliste par nécessité de technicisation, apparaît une institution tout à fait surprenante pour les Chinois : l'impôt sur le revenu, avec tarif progressif (septembre 1980), ce qui était impensable en régime maoïste, mais devient indispensable dans un système industrialiste.

Ce changement général d'orientation et d'institutions implique aussi un changement de personnel. Il est bien évident que ce n'est plus la fidélité, la conformité à la pensée de Mao qui sera le critère d'excellence : ce sera la compétence et l'efficacité dans le travail. Après ce qui fut considéré par les Occidentaux réalistes comme une sorte de délire, nous revenons au raisonnable. Les personnes doivent changer. Il se produit une autre sélection, une élite en remplace une autre ! Comme l'a très justement souligné A. Jacob, la tendance (réelle) à la démocratisation ne va pas jouer rapidement au profit des millions de paysans, mais commence à apparaître, de façon réelle, dans des groupes restreints, intellectuels, cadres, étudiants, administrateurs... Et concrètement, le régime accorde des faveurs évidentes à des groupes de privilégiés. On donne des avantages nouveaux aux éléments déjà les plus favorisés de la population. Certes ceux-ci, intellectuels et cadres, ont particulièrement souffert pendant la Révolution culturelle, mais l'objectif n'est pas un apaisement, il s'agit de lutter contre l'égalitarisme, en affirmant (et en le concrétisant par des privilèges) que tout le monde n'est pas également utile à la République, que le socialisme n'est pas un nivellement par le bas mais suppose la reconnaissance des mérites. Ceci rejoint la hiérarchisation que nous avons indiquée, en étant toutefois légèrement différent puisque ce sont des privilèges (de logement, de transport, de carrière...) fondés sur une efficacité : alors il ne faut pas s'y tromper, ceci s'accompagne d'une lutte, je pense pour la première fois efficace, contre le bureaucratisme.

On a mille fois entendu la dénonciation de la bureaucratie au temps de Mao, mais celle-ci proliférait, et il ne pouvait en être autrement dans la mesure où il n'y avait aucun point de jugement, d'appréciation, de référence précis pour discriminer ce qui devait être une administration saine, populaire et socialiste, et une bureaucratie. Avec le retour au jugement d'efficacité, on a maintenant un critère certain. Une élite administrative et technicienne sera forcément différente de la fonctionnarisation bureaucratique. Le tout est de savoir si la visée technicienne sera suffisamment rigoureuse pour effacer les habitudes et l'affaiblissement des privilèges. Ceci n'est pas joué.

Mais en même temps se produisent les réhabilitations. Ce n'est pas du tout une affaire politique, reproduction de ce qui s'était fait depuis vingt ans. Il s'agit, bien davantage, de trouver les cadres idoines car cela ne s'invente pas. L'ancien régime les avait, en trois périodes, radicalement éliminés parce qu'ils étaient porteurs des valeurs du passé et de tendances occidentales. Mais ils étaient les seuls compétents. Les demandes de réhabilitation sont exprimées dans des dazibaos, donc apparemment il s'agit d'un courant populaire. En réalité, il y a indication d'une tendance, il y a une orientation générale, suggérée tout à fait officieusement, reçue dans des groupes tout à fait inorganisés et qui rédigent des dazibaos (comparables aux gazetiers de Louis XIV). Ceux-ci, affichés, intéressent le public et on a le sentiment qu'ils expriment la volonté d'un groupe de citoyens. On teste l'opinion (elle accueille favorablement ou non les propositions et orientations de l'affiche) en même temps qu'on la forme. La réhabilitation des personnages demandée dans ces affiches ne peut se faire que par inspiration du pouvoir. Il était interdit en effet de *prononcer* certains de ces noms ! De plus lorsqu'il s'agit de techniciens, il est évident que ce n'est pas le mouvement populaire lui-même qui peut les chercher, les rappeler, les évoquer ! Il faut une suggestion ! Les ingénieurs, les professeurs, les techniciens dont certains étaient, parfois sont encore, en camp de travail, comment le « peuple » se rappellerait-il leurs noms si on ne les suggère pas ?

Sans doute, il y a deux autres catégories de Réhabilitations demandées, des Réhabilitations de vedettes politiques et des Réhabilitations purement politiques[1]. En ce qui concerne celles-ci, l'exemple est la mise à l'honneur des révoltés de Tien-anmen[m]. Déjà en septembre 1978, des ouvriers ayant participé à ces émeutes furent réhabilités par *Le*

---

1. Tout ceci s'accompagne de la « révision des condamnations du temps de Mao : en septembre 1980, le président de la Cour suprême chinoise annonçait la révision de plus d'un million (1 200 000) de condamnations prononcées entre 1964 et 1976 ! soit 14 % des jugements prononcés pendant cette période. Sur 270 000 condamnations pour crimes contre-révolutionnaires, 175 000 relèvent de fausses accusations !

m. Il s'agit des manifestations de 1976 et non de celles de 1989.

Quotidien de Pékin. Le peuple fut appelé à prendre des leçons auprès d'eux, présentés comme des héros de la Révolution. Un peu plus tard, ces événements d'avril 1976 sont qualifiés de « totalement révolutionnaires ». Cette action des masses avait pour but, déclare-t-on maintenant, de dénoncer la « bande des quatre ». Les masses avaient fait preuve d'une remarquable lucidité révolutionnaire et spontanément avaient discerné quelle était la vraie ligne de la révolution. C'est une nouvelle interprétation de cette émeute, vraisemblablement aussi fausse que la précédente, mais caractéristique de la récupération politique de toutes les oppositions antérieures au régime précédent. Quant à la réhabilitation des techniciens et cadres, en septembre 1978, la radio chinoise annonce la réhabilitation de cinquante-six enfants de cadres (probablement exécutés entre 1968 et 1972) et la libération de ceux qui avaient été persécutés et emprisonnés par des « réactionnaires » (c'est-à-dire la « bande des quatre » !). Il y a ainsi le fils du maréchal Ho Lung, le maréchal Peng ou Tao Chu.

En mars 1980 a eu lieu la réhabilitation de Liu Shaoqi. En octobre 1979 son portrait a figuré dans une exposition de l'histoire du Parti, il a été qualifié au Comité central de « grand marxiste », de « victime du plus grand coup monté dans l'histoire du Parti ». Une cérémonie solennelle sera célébrée à sa mémoire (il est mort en 1969). Or, cette réhabilitation est non seulement une attaque contre Mao, c'est aussi la reprise des orientations qui avaient été celles de Liu : entre autres la récusation du grand bond en avant, et la politique autoritaire dans le domaine économique. Liu avait une conception moraliste et technicienne du communisme. Il était très loin du matérialisme et du révolutionnarisme représentés par l'équipe qui entourait Mao. Il y a eu une telle mobilisation contre lui que l'on comprend bien l'extrême difficulté rencontrée par le gouvernement pour décider cette réhabilitation (et celle de sa femme). Il y a fallu une très longue préparation psychologique et que l'on soit entré dans un nouveau régime au sens total du terme.

Bien évidemment, de telles transformations dans tous les domaines ne vont pas sans conflits et sans agitation. Exactement comme au moment de la Révolution culturelle, les émeutes et mouvements de masse spontanés servent aussi, et sont utilisés par le pouvoir pour suivre ses propres objectifs. Plus intéressantes d'ailleurs que les troubles sont les affirmations et réclamations de l'expression libre de l'opinion, de l'instauration d'élections libres au scrutin secret, de façon à ce que « les électeurs connaissent leurs représentants, leurs opinions, leurs activités »... C'est une demande très fréquemment renouvelée depuis septembre 1978, qui manifeste un état d'animation politique, sinon de contestation, où il semble que le peuple cherche un modèle de démocratie libérale... occidentale. Comment ne pas établir alors un lien entre : « industrialisation et démocratie libérale avec élection » – entre : « développement économique et pluralité des opinions » ? Et comment ne pas comprendre qu'à partir du moment où on entre dans la voie conforme de l'industrialisation, qui est forcément faite sur le modèle occidental, on arrive inévitablement à des revendications de type occidental dans le domaine politique ? Bien entendu, je ne veux nullement dire ni qu'il s'agisse d'un automatisme (industrialisation = démocratie libérale ! J'ai toujours combattu ce simplisme !), ni que ce soit un stade dernier, ultime. Mais on ne peut en même temps passer au stade industriel *et* au stade de dictature monolithique en évitant le stade, la période d'une part du prolétariat, d'autre part de la démocratie libérale.

Une telle mutation ne va pas sans heurts et sans à-coups ! Il y a des déséquilibres financiers et économiques. Il y a les critiques adressées au PC lui-même pour son incapacité, et à l'administration. On conteste violemment la thèse centrale de Deng Xiaoping, de donner la primauté aux lois objectives de l'Économie à l'encontre de l'éducation idéologique. Et ce sont probablement les millions de « cadres intermédiaires » qui sont les plus opposés à Deng. Ces cadres intermédiaires, peu compétents techniquement, et qui fondaient tout sur l'idéologie, sont peu à peu écartés, et tombent à leur tour dans une sorte de prolétariat. Il y a alors une inertie ou un attentisme, encore en 1979, qui s'explique après tous les avatars de l'évolution chinoise depuis trente ans. Il y a même un « contre-courant » qui a été explicitement dénoncé, mais qui en 1981 semble s'amortir.

C'est le sens limité, mais très significatif, qu'il faut attribuer à la campagne de dazibaos. Or cette agitation populaire va de pair avec une intense activité politique des groupes dirigeants... Et peut-être y a-t-il un certain conflit entre les clans (qui existent toujours car la montée de Deng Xiaoping semble mettre en cause la prééminence du président Hua Guofeng...). Ce sont des hommes de Deng qui sont pour la plupart réhabilités, et des dazibaos prennent à partie le président. Si notre hypothèse selon laquelle les dazibaos ne sont qu'une expression publique de tendances gouvernementales (celui qui, comme autrefois Mao, détient l'opinion publique et la fait s'exprimer, étant en définitive le vrai maître du pouvoir...), cela veut dire qu'il y a conflit dans les équipes dirigeantes[1]. Je ne pense pas que ce soit un conflit portant sur la question de la croissance économique, ni de la politique générale : c'est beaucoup plus un conflit pour occuper le pouvoir et pour obtenir une cohésion sans faille de l'équipe dirigeante. Mais enfin cela veut dire que c'est Deng qui, actuellement, a l'oreille du peuple. Deng représentant la croissance économique via la technicisation, et non plus le « politique » Hua[2]. Quant à la question de savoir s'il s'agit seulement d'écarter du pouvoir des gens qui ont trop participé aux anciennes erreurs, ou bien de procéder à une épuration complète des cadres du Parti, c'est ici sans importance. La mutation se fait toutefois assez en douceur, et presque chaque mois on apprend un « remplacement » dans l'équipe dirigeante (par exemple le responsable politique de la région militaire de Pékin remplacé en douceur par un des proches de Deng...).

---

1. Les résultats ayant été obtenus, il y a eu en mars 1980 un retournement contre les dazibaos, qui deviennent interdits.

2. Depuis novembre 1979, c'est une valse-hésitation autour de Hua Guofeng ; tantôt il est annoncé comme démissionnaire, tantôt il disparaît tout à fait des cérémonies et des célébrations, tantôt il réapparaît en place d'honneur, et ensuite (septembre 1980) on proclame que M. Zhao Ziyang a remplacé Hua comme Premier ministre : un réformateur soucieux d'efficacité, qui avait été à la tête du développement du Sechouen après la Révolution culturelle, grâce à une série de réformes agricoles et industrielles par des mesures *libérales*. Ce n'est pas un doctrinaire mais un praticien qui n'a qu'un objectif : l'ordre et le rendement. Puis en décembre Hua perdait la présidence du Comité central du PC. En réalité le conflit est fondamental : Hua était l'héritier officiel de Mao, et représentait la tendance : « Politique d'abord. » Deng c'est technique et efficacité d'abord. Mais en janvier 1981, Hua est de nouveau au premier rang des personnalités officielles, pour disparaître semble-t-il définitivement en juin 1981, où il est effectivement remplacé au PC par Hu Yaobung.

Finalement, on ne pouvait procéder à ce retournement doctrinal, idéologique et administratif, politique, en fonction de la nécessité de technicisation sans s'en prendre directement à Mao Tsé-toung. Nous assistons ici clairement au processus « pouvoir-opinion ». Le 1er octobre 1978, jour de la fête nationale, on annonçait la révision de la pensée de Mao. Le premier pas est celui d'une révision à partir de la pensée de Mao, bien entendu. Ainsi on avance des textes de Mao pour critiquer la « déification » et la « personnalisation du pouvoir ». « La pratique est le seul critère de la vérité. » Donc, « la présentation de certains problèmes par le président Mao doit être complétée et développée » car ce n'est pas la pensée de Mao qui constitue « un critère de la vérité ». À partir de là, il était assurément facile de faire une critique de fond. On la trouve dans une série d'articles du *Quotidien du peuple*. Critique de l'autoritarisme, de la centralisation et même du « centralisme » : la démocratie doit passer avant le centralisme. Et l'on se sert de la « ligne de masse » fixée par Mao, pour critiquer la pratique personnelle de Mao. Mais surtout ces articles insistent sur la nécessité de quitter la « petite production », la « routine » économique et technique pour se lancer dans la grande production et le « progrès ». Ce coup d'arrêt (à Mao) et d'envoi (à la critique) faisait suite à une dégradation progressive de son influence : depuis des mois, les citations de Mao se raréfiaient, on annonçait une nouvelle ère, on proclamait encore que la « ligne du président Mao était dominante »... Mais on la diffusait moins et on procédait à une réinterprétation qui lui faisait dire souvent le contraire de ce que l'on considérait comme sa pensée en 1970... ! Toujours est-il qu'après les articles du 1er octobre

1978[1], se produisit, environ trois semaines après, une explosion de dazibaos remettant nettement en cause la pensée de Mao et sa prépondérance. Et l'on va jusqu'à comparer le gouvernement de la fin de Mao à celui de Nicolas II, et l'on accuse l'empereur Chi (auquel se comparait Mao) de dictateur, en opposant avec violence la « démocratie néces-

---

1. Texte du journal : « Libérez-vous de tous les carcans idéologiques », Pékin (AFP), 1978. Le peuple chinois a été invité à « se lever et à se libérer de tous les carcans idéologiques », mercredi 22 novembre, par un ouvrier chinois qui a remis radicalement en question Mao Tsé-toung, accusé de collusion avec Lin Biao et la « bande des quatre ». Sur une série de six affichettes, collées dans le centre de Pékin, l'auteur du texte, un ouvrier des chemins de fer, pose au préalable une question : « Le président Mao a-t-il commis des erreurs, oui ou non ? » Et l'ouvrier répond par l'affirmative en citant une autocritique, faite en 1962 par Mao, qui endosse, en tant que président du Comité central du PC, ses erreurs et celles des autres... « Mao a raison » écrit l'ouvrier, sans ironie, avant d'ajouter : « Mais pourquoi faut-il que dès que les gens parlent des fautes de Mao il leur tombe des chapeaux (étiquettes politiques) contre-révolutionnaires sur la tête ? » Il ajoute que dans l'esprit de beaucoup, notamment des cadres, « le poison de Lin Biao et de la "bande des quatre" faisant de Mao un dieu et un mythe » est toujours présent. « Mao est le grand dirigeant du peuple chinois, mais ce n'est pas parce que ses contributions sont immenses qu'il n'a pas commis d'erreurs », dit l'ouvrier, qui demande ensuite à ses lecteurs de se poser cinq questions clefs concernant les liens de Mao avec Lin Biao et la « bande des quatre » :

(1) « Demandez-vous : si Mao n'était pas d'accord, comment Lin Biao a-t-il pu accéder à un tel pouvoir ? »

(2) « Demandez-vous : le président Mao ne savait-il pas que Jiang Quingson – son épouse – était une traîtresse ? »

(3) « Demandez-vous : le président Mao ne savait-il pas que Zhang Chunquiao (membre de la "bande des quatre") était un renégat ? »

(4) « Demandez-vous : si le président Mao n'était pas d'accord, comment la "bande des quatre" a-t-elle pu lancer la campagne contre "le vent déviationniste de droite" et abattre Deng Xiaoping ? »

(5) « Demandez-vous : si le président Mao n'était pas d'accord, comment l'incident de Tien-an-men a-t-il pu être qualifié de contre-révolutionnaire ? »

Le cheminot poursuit : « Nous nous prétendons tous des

saire » à la dictature, et en dénonçant le caractère fallacieux de la dictature du prolétariat.

Il est de toute évidence que le procès de la « bande des quatre », et en particulier de la femme de Mao, a été l'occasion, de manière indirecte et feutrée, puis ouvertement, de procéder à la critique de Mao, quand on admettait par exemple que Jiang Qing n'avait fait réellement qu'appliquer les directives de Mao. Et c'est dans tous les domaines que l'on assiste, à la fois, à la réhabilitation des économistes, des philosophes que Mao avait éliminés. La politique est détrônée par l'efficacité technique. Il vaut mieux, contrairement à ce qu'avait dit Mao, être « expert » que « rouge ». De même on a assisté depuis 1978 à un retour lent mais significatif de Confucius, dont on déclare qu'il était certes conservateur mais qu'il préconisait l'observation concrète, rejetait les idéologies, et qu'il était réaliste, un esprit positif ! La lutte contre Mao se marque par l'exclusion des anciens fidèles, les plus proches et les plus sûrs dans le Bureau politique du Comité central (mars 1980). Cependant il n'y a évidemment aucun désaveu complet : au

---

marxistes-léninistes. Bien... Mais le matérialisme dialectique conduit à dire aux masses la vérité telle qu'elle est et à ne pas tromper les masses et à ne pas violer l'histoire. Le président Mao est un homme. Pas un dieu... Le moment est venu de lui donner sa place exacte. Ce sera seulement comme cela que l'on pourra protéger le marxisme-léninisme et la pensée de Mao. C'est seulement en montrant qu'un grand homme comme Mao a commis des erreurs que les cadres et les masses accepteront son enseignement et que l'on pourra se protéger d'une telle tragédie historique. » « Si le peuple n'a pas d'opinion authentique à propos de Mao, la liberté de discussions est un mot vide de sens, ajoute encore le dazibao. Sans une révolution idéologique profonde notre révolution échouera et on ne pourra pas réaliser les quatre modernisations. »

L'ouvrier des chemins de fer chinois conclut : « Le moment est venu pour le peuple chinois de se lever et, pour pouvoir se lever, il doit se libérer de tous les carcans idéologiques. »

contraire, chaque fois que cela est possible, on utilise des textes de Mao pour justifier la politique de Deng: par exemple à l'occasion du troisième anniversaire de la mort de Mao on a publié un texte « inédit », où Mao d'une part met en garde contre l'imitation de l'Occident, et contre le risque de perdre l'identité nationale, mais d'autre part souligne que la Chine a beaucoup à apprendre de l'Occident, et que la bourgeoisie et les intellectuels chinois ont une valeur que le peuple doit utiliser: « Dans le domaine de la culture et de la technique modernes, la bourgeoisie l'emporte sur les autres classes. » Il est vrai que ce texte (authentique ?) daterait de 1956 !

Finalement on a pu véritablement parler d'une « campagne » de démaoïsation. C'est l'offensive générale contre la Révolution culturelle. En novembre 1978, le journal des intellectuels, *Clarté*, aussi bien que l'organe du Parti, le *Quotidien du Peuple*, ont dénoncé la « dictature fasciste idéologique » qui avait régné sur la Chine (au temps de Mao !). La presse invite à la révision des « verdicts erronés » autrefois prononcés par « un certain dirigeant suprême ». On rejette « les prises de position datant de très longtemps et ayant eu une grande influence »... On procède à la critique du célèbre article sur la pièce de théâtre qui avait déclenché la Révolution culturelle, en l'appelant « signal contre-révolutionnaire ». Or cet article avait été sinon inspiré, en tout cas cautionné par Mao lui-même. C'est à une fantastique réévaluation du rôle de Mao que les Chinois sont invités, avant d'arriver à l'évacuation complète de son influence...

Ce n'est pourtant pas le problème de Mao qui est ici important: c'est l'orientation qu'il avait donnée à la Chine. C'est non seulement la Révolution culturelle, mais toute la ligne de développement spécifique, qui est rejetée. Or, de fait, on ne pouvait pas mettre en question ce modèle de croissance sans faire en même temps la critique résolue de la pensée de Mao tout entière. C'est une idéologie, une formule révolutionnaire, une interprétation du marxisme et une certaine utilisation de la technique qui au travers de Mao sont aujourd'hui évacuées. Est-ce un phénomène passager ? On a déjà vu en Chine tant de virages et de transformations, de nouvelles lignes et de vérités éternelles bientôt dévaluées que l'on peut se demander s'il n'y a pas là un simple avatar du pouvoir, une affaire de propagande et des proclamations sans lendemain, selon l'équipe au pouvoir. Mais justement, cette fois, je ne le pense pas. En effet, cette mutation correspond à l'alignement de la Chine sur une politique économique efficace et sur l'utilisation extrême de la technique : autrement dit il y a un renversement des processus. Avec Mao, il est certain que la pensée théorique et doctrinale était dominante, et l'on modelait le concret économique ou technique en fonction de cette pensée, qui ne variait que dans ses explicitations tactiques. Maintenant nous assistons à un phénomène exactement inverse : on a reconnu la nécessité de la croissance économique et de l'efficacité partout et l'on modèle l'idéologie, l'explicitation en fonction de cet impératif. Il y a dès lors une constante qui interdit un retour en arrière. On ne peut plus faire que les « progrès techniques » réalisés soient supprimés ! Mais avec le prix qui a été partout : le capital, le prolétariat !

3
Le prolétariat

La rétrospective n'est pas achevée. Pendant la période d'hésitation, où l'on ne savait pas exactement quelle forme de développement on allait adopter, où l'on entreprenait quand même une industrialisation, mais lente, prudente, avec la mauvaise conscience d'imiter l'Occident méprisé, le capitalisme abhorré, pendant ces vingt ans où on industrialisait, mais à l'ancienne, et sans avoir en l'air, sans y toucher, comme par inadvertance, comme si c'était vraiment la dernière préoccupation (tant d'autres choses étaient plus importantes que cette industrie !), cependant, et sans que l'on ait établi la moindre corrélation, il se produisait un phénomène exactement comparable à ce qui avait eu lieu en Occident aux XVIIIe et XIXe siècles, puis sous une autre forme en URSS, au XXe siècle : la constitution d'un nouveau prolétariat, un prolétariat sur le modèle socialiste, sous-développé. C'est-à-dire le prolétariat des camps de concentration et du travail forcé.

La Chine, avec presque un demi-siècle de retard, accomplissait la même opération que l'URSS, plongée dans la même bonne conscience, utilisant les mêmes justifications. Le travail vertu purificatrice, régénératrice. Et celui qui ne veut pas participer à la grande construction du socialisme, qui ne se voue pas de tout cœur à l'œuvre commune doit y être contraint. Pour son bien. Évidemment. Il ne s'agissait en rien de camps de concentration. Encore moins d'extermination, mais simplement de camps de rééducation, par le travail. Donc, nous trouvons en Chine ce même procédé de fabrication d'une main-d'œuvre gratuite, pour effectuer les grands travaux de base. Il suffit de prendre comme livre de référence l'indiscutable Pasqualini [1] pour voir à quel point la Chine a utilisé le camp exactement dans la même perspective que l'URSS. Il s'agit bien d'un prolétariat qui existe dans le système des camps. Avec une moins grande étendue qu'en URSS. Mais les différences, certaines, tiennent à mon sens au double fait suivant : d'abord il y a un autre mode de contrainte, c'est le travail forcé s'appliquant à des ensembles de populations non incarcérées mais encadrées. Et la limite entre cet encadrement de groupes de populations et l'organisation « normale » du travail en communes populaires est floue et incertaine.

Il y avait des réticences à l'égard de cette industrialisation. On n'était pas, de toute évidence, fixé sur ce seul objectif. Dès lors la création d'un prolétariat industriel était moins massivement indispensable. Cependant, Pasqualini note bien que, une fois entré dans le camp, on n'en sort plus. « L'expérience de la prison est totale et permanente. Les hommes et les femmes condamnés à la Réforme par le travail passent le reste de leur vie dans les camps, comme prisonniers d'abord, puis après l'expiration de leur peine comme travailleurs libres. Les camps de travail, en Chine, représentent un contrat à vie. Ils sont bien trop importants pour l'économie nationale pour fonctionner avec du personnel temporaire. Ce sont des détenus qui ont défriché et fait prospérer les vastes étendues stériles de la Mandchourie, qui étaient restées rebelles à toutes les tentatives antérieures et offrent aujourd'hui la seule preuve

---

1. J. Pasqualini, *Prisonnier de Mao. Sept ans dans un camp de travail en Chine*, 1973, Gallimard, coll. « Folio », 1975.

qu'une ferme d'État de type sovkhozien peut être rentable ; ce sont des détenus qui ont été les pionniers de l'industrie plastique chinoise et qui assurent la production d'un certain nombre de ses plus grandes usines... pour réussir tout cela un élément était indispensable : une provision de main-d'œuvre stable et décidée à travailler dur. Les Chinois... ont réussi à transformer le travail forcé en une affaire qui rapporte. » Et Pasqualini fait le récit minutieux des différents travaux auxquels il fut affecté dans les camps qu'il a connus.

Malgré sa volonté certaine de ne pas s'engager dans la voie de la capitalisation, Mao n'a pas évité la constitution d'un prolétariat à base de camps de concentration. Entre 1966 et 1976 les victimes des camps de travail se chiffrent par « dizaines de millions [1] ». On a des indications parcellaires : en Mongolie-Intérieure au cours de la Révolution culturelle, il y a eu plus de 300 000 victimes (sur une population de 6 millions, soit 5 % de la population). Par ailleurs lors de chaque campagne politique, les autorités centrales ou provinciales fixaient le pourcentage de la population à condamner. La culpabilité n'avait aucune importance. Le problème était d'arrêter un « quota » d'ennemis de classe qui étaient voués au travail forcé. En même temps, des millions de jeunes étaient déportés, sans condamnation, pour « se faire rééduquer par les paysans pauvres » : c'était la création d'une main-d'œuvre servile gratuite. Mais les paysans eux-mêmes n'étaient pas épargnés. Dans un district modèle du Liaoning, chaque commune avait créé une classe d'études recevant les paysans ayant commis des infractions mineures non passibles

---

1. Tous ces faits sont tirés de l'enquête de L. Fanchlieu et W. Zafanolli, *Le Monde*, octobre 1979.

des tribunaux : durant toute la journée ces gens déportés loin de chez eux travaillaient dix à douze heures par jour, pour les travaux les plus pénibles, sans aucun salaire. Même chose chaque fois que le Gong Ganju intervient.

Le Gong Ganju (Bureau de la sécurité publique, souvent cité par les textes, sans aucune connotation ; c'est une institution terroriste, style KGB ou Gestapo) avait pris l'habitude de considérer le peuple comme une masse d'esclaves corvéables à merci. Quand certains grands travaux étaient entrepris, et que l'on manquait de main-d'œuvre, on s'adressait au Gong Ganju qui arrêtait des ouvriers et les mettait de force au travail. Il suffisait d'un coup de téléphone pour obtenir l'arrestation de nouveaux « suspects ». Sur ces chantiers les « ouvriers » « libres », non condamnés, etc., sont surveillés par des hommes en armes, soumis à des châtiments quand ils ne travaillent pas assez, et ne perçoivent aucun salaire. Une fois libérés, ils doivent regagner leur lieu de travail à leurs frais ! Une fois encore, ce n'est pas de l'ordre de la répression, c'est de l'ordre de la création d'un prolétariat.

Ainsi malgré la profonde volonté révolutionnaire de Mao, malgré son effort pour sortir du carcan « croissance économique-capitalisation-prolétariat », il n'a pas pu éviter la formation de ce prolétariat nouveau caractéristique du monde communiste, mais remplissant exactement la fonction de l'ancien prolétariat capitaliste. Or, ceci coïncidait avec un appauvrissement général. Il ne faut pas oublier qu'en 1977 les superficies cultivées avaient diminué de 700 000 hectares environ, alors que la population avait augmenté depuis 1957 d'environ 300 millions d'habitants. La ration de céréales en 1976 était inférieure dans toute la Chine à celle de 1957. Et

100 millions de ruraux étaient en permanence sous-alimentés.

Si notre analyse est exacte, l'avenir n'est pas souriant pour les populations chinoises. En effet nous avons vu que l'arrivée de Deng Xiaoping au pouvoir signifie l'entrée de la Chine dans le modèle techno-industriel occidental. Mais avant de passer au stade technicien il faut accéder au niveau industriel, où la Chine n'est pas encore *globalement* arrivée. Et, nous l'avons dit sans cesse, pour y parvenir, il faut le prolétariat[1]. Dès lors l'orientation « Deng », que l'on qualifie de libéralisation, va sans aucun doute entraîner une prolétarisation, qui s'effectuera, comme en tout régime socialiste et planifié, par le système des camps de concentration. Pasqualini a déclaré en avril 1979 qu'il estimait à 20 millions le nombre des concentrationnaires en Chine *après la « libéralisation » du régime*[2]. Il faut donc s'attendre pour la décennie à venir à la prolifération des camps de travail en Chine en même temps qu'à l'affirmation d'une démocratie politique. N'oublions pas en effet que les deux choses peuvent aller de pair : Marx a parfaitement bien montré la coïncidence en Occident entre l'installation de la démocratie formelle et le développement du prolétariat. Mais il y a aussi une autre possibilité pour la Chine, c'est l'exploitation d'un prolétariat extérieur, ce qu'elle a tenté avec le Vietnam, et a réussi (ou failli réussir) avec le Cambodge.

Il existe maintenant[n] environ 500 000 usines et

---

1. Voir aussi de Claudie et Jacques Broyelle et Évelyne Tochinbart, *Deuxième retour de Chine*, Le Seuil, 1976.

2. Soit 2,5 % de la population totale : à peu près la proportion du prolétariat français en 1850.

n. En 1982.

exploitations minières en Chine. Or, la plus grande partie est conçue de façon absolument vétuste, selon des modèles industriels les pires que l'on ait eus en Europe au début du siècle et les ouvriers y travaillent dans des conditions déplorables. Mais par ailleurs, là où il y a eu création moderne, on a obéi au type des « villes industrielles », massivement concentrées en tant qu'industries, mais situées à bonne distance des villes d'habitation. Pour Shanghai, il y a des villes satellites ouvrières, les ouvriers habitant sur place dans des immeubles style HLM très prolétariens. L'usine à côté de l'habitat. Mais les ouvriers ont préféré laisser leur famille dans la maison de famille à Shanghai : or, il n'y a aucune liaison de communication entre ce centre et ces villes industrielles (en général à 30 km du centre). Les ouvriers vivent donc en célibataires, séparés de leur famille qu'ils retrouvent une fois par semaine...

La prolétarisation se marque aussi par l'envoi autoritaire de main-d'œuvre, de cadres, etc., dans la colonie chinoise du Tibet (dont on ne redira jamais assez qu'il a été envahi de force, qu'il a été incorporé à la Chine par violence après une dure guerre, qu'il est une pure et simple colonie de type impérialiste). Les Chinois sont rarement volontaires pour y aller. On les envoie d'autorité (plusieurs milliers de cadres et ingénieurs en juillet 1979). Et l'énorme, le pénible travail de faire des routes (à 4 000 mètres d'altitude !) n'est pas le fait de populations locales qui mettent en valeur leur pays, mais d'une main-d'œuvre chinoise, enlevée de sa province, exportée, mise au travail de force, et maintenue sur place par contrainte. La colonisation liée à la prolétarisation, cela va de soi !

Mais nous avons dit que l'une des caractéristiques du prolétariat, c'est le chômage, que nous avons rencontré en URSS, et que nous retrouvons en Chine. Ce ne sont pas des racontars d'antichinois : le vice-Premier ministre Li Xiannau annonçait en 1979 20 millions de chômeurs dans les villes. En 1980 on peut estimer valablement 26 millions de chômeurs, soit 10 % de la main-d'œuvre utile. Comment y répondre ? Il y a eu l'envoi d'office d'un million de jeunes dans des zones rurales inoccupées et d'autres moyens plus durs. Mais le chômage ne peut qu'augmenter : entre 1980 et 1985 on prévoit une croissance des pertes de journées de travail en ville de plus de 3 millions par an. Mais en même temps il y a chaque année *10 millions* de jeunes qui arrivent à l'âge du travail ! Et il faut y ajouter le fait que de nombreuses usines non rentables ferment (une fois de plus, technicisation et rentabilité produisent du chômage). Il y a alors deux grands essais : la création nouvelle, artificielle, de petits centres industriels extra-urbains et le développement foudroyant du travail temporaire, saisonnier, payé à la journée, avec embauche par des organismes de travail temporaire (style Manpower). Autrement dit, c'est la constitution d'un véritable marché du travail, en face duquel les « Bureaux du travail étatiques » renoncent à procéder à des placements d'office avec affectation. Autrement dit, le travail obéit maintenant à la loi du marché. C'est-à-dire très exactement que la force de travail est devenue en Chine *une marchandise*. Mais en outre, le chômage entraîne la croissance d'une délinquance urbaine. Ce n'est pas moi qui fais le rapprochement « classe prolétarienne-classe dangereuse », ce sont les meilleurs experts de gauche de la société chinoise, qui critiquent la politique de Deng comme révisionniste ! Mais de nombreux autres indices caractérisent ce prolétariat. Je n'hésite pas à y ranger la campagne de « un enfant par famille » lancée en août 1979. Il faut limiter à tout prix la croissance démographique (et surtout dans les classes pauvres) mais ce projet est mis à exécution avec des moyens qui feraient hurler les Occidentaux : il s'agit de stériliser hommes et femmes. Ceci n'étant pas encore obligatoire. L'agence Chine Nouvelle a expliqué la nécessité de cette mesure pour permettre la croissance du niveau de vie, et pour assurer la formation technique des jeunes qui ne doivent pas être trop nombreux. Pour encourager à accepter la stérilisation, on a adopté des mesures financières très sévères : les familles n'ayant qu'un enfant recevront une prime, et ces enfants auront accès par priorité aux crèches, aux soins médicaux, à l'école et à l'emploi. Les familles ayant trois enfants seront pénalisées d'une amende annuelle de 10 % du salaire...

Mais ce qui manifeste plus que tout l'entrée dans le prolétariat, c'est l'événement le plus énorme qui s'est produit en août 1979 : « l'exportation de main-d'œuvre ». La Chine a décidé d'exporter sa matière première principale : l'homme. On a commencé par « louer », mais en fait c'est une véritable vente, 400 000 ouvriers chinois à une firme italienne (la compagnie Italsat), une des sociétés du groupe *nationalisé* italien Institut de reconstruction industrielle. Il s'agit d'exporter les travailleurs pour exécuter des travaux de génie civil *dans des pays du tiers monde*. Il apparaît que la société italienne paiera globalement les salaires à la Chine, qui en reversera une partie aux ouvriers. C'est le processus des Marchands de Travail. Parfois la Chine avait envoyé (en Tanzanie ou au Pakistan) des ouvriers. Il s'agissait toujours de travaux très durs que les populations locales ne voulaient pas faire (le chemin de fer Tanzanie-Zambie, la route Chine-Pakistan au travers du Karakorum). Mais il s'agissait d'aides aux pays socialistes amis.

Cette fois, il s'agit au contraire d'une insertion dans le marché du travail capitaliste, selon les pires formes du prolétariat du XIXe siècle occidental, car il s'agit de fournir à l'Occident une main-d'œuvre peu payée, non syndiquée et pas revendicative puisqu'elle est vendue par son propre État, Populaire, Socialiste et Révolutionnaire. Ceci fait directement suite à la constitution de sociétés capitalistes mi-chinoises mi-occidentales. En échange de ces ouvriers exportés, l'IRI engage des travaux d'ingénierie civile en Chine...

Pour conclure, l'un des aspects les plus saisissants de ce prolétariat est l'obéissance incroyable de tout le peuple à tous les slogans. Les spécialistes affirment que c'est une obéissance purement passive et extérieure qui n'entame en rien le fond de l'homme, je veux bien, mais cela d'une part correspond exactement à l'effet idéal de la propagande tel que je l'ai défini, d'autre part cela implique une rupture totale de continuité entre les « croyances de fond », l'être de base, et puis les conduites. Celles-ci alors seraient sans importance ? Pourtant pendant la Révolution culturelle, on avait l'impression que les gardes rouges y croyaient. Mais cela veut-il dire aussi bien que ces croyances ne prédisposent pas les Chinois à accepter n'importe quoi ? Auquel cas c'est l'idéal même pour la création du prolétariat ! Changement de tous les mots d'ordre ! En 1958, il fallait tuer tous les moineaux pour augmenter les récoltes. Six cents millions de Chinois, enfants compris, s'y sont mis avec la dernière énergie. Résultat : les insectes ont fait bien plus de dégâts que les moineaux. 1972 : mot d'ordre inverse, protection absolue de tous les oiseaux. Et six cents millions de Chinois obéissent, pareil...

4
Pourquoi ?

La Révolution chinoise a donc été vaincue par l'impératif technicien. La voie chinoise a disparu. La grande mutation débouche exactement dans le chemin collectif de l'industrialisation d'abord avec la visée d'une réalisation de la technique avancée. Il se réalise ainsi exactement ce que j'écrivais en 1954 sur la Chine à savoir que celle-ci entrerait inévitablement dans la voie de la technicisation (et il n'y en a pas deux !) si elle voulait survivre et subsister, et que « actuellement les États-Unis nous donnent le modèle de ce que l'URSS sera dans trente ans, et la Chine dans quatre-vingts ans peut-être ». Il me paraissait impossible d'évacuer le poids décisif de la technique sur les régimes communistes, les amenant à réaliser un type social et économique n'ayant plus rien à voir avec l'idéal communiste.

Il est un peu désolant de lire le dernier livre de Ch. Bettelheim [1] où il essaie de comprendre et d'interpréter la mutation chinoise. Bettelheim porte des critiques (qu'il aurait été bienvenu de faire en 1960 et non pas en 1978 !) sur les erreurs du maoïsme, le discours stéréotypé tenu à l'époque, la tendance à substituer la contrainte pure à une direction politique, l'insuffisance de rupture avec les conceptions anti-marxistes de l'époque stalinienne [2], etc. Tout cela est sans doute exact mais il évite soigneusement

---

1. Charles Bettelheim, *Questions sur la Chine après la mort de Mao Tsé-toung*, *op. cit.*

2. Il est cruel de rappeler que Charles Bettelheim a été un thuriféraire de Staline, de la planification stalinienne, et il démontrait à l'époque à quel point la pensée et la mise en application du stalinisme étaient exactement conformes à Marx...

de dire pourquoi cela devait produire la tendance à la productivité et l'efficacité. Certes il énonce que la ligne révolutionnaire avait échoué, mais là encore il ne fait pas l'analyse économique et rigoureuse que l'on pouvait attendre de lui. Or, il ne pouvait pas la faire précisément parce que cela l'aurait amené à constater que l'idéologie révolutionnaire chinoise bloquait le développement économique et technique... et par conséquent il y aurait eu là la justification de la nouvelle orientation qui a justement pour but de pallier cet échec et de combler le retard. Mais précisément, c'est ce que Ch. Bettelheim ne veut pas. Il a une autre interprétation : la nouvelle ligne, Deng Xiaoping, est une ligne de classe. Ce n'est en rien un problème économique et technique. Il s'agit de lutte des classes, la classe prolétarienne (sans doute représentée par la « bande des quatre » ?) a été vaincue par la classe bourgeoise d'État. Mais que de questions surgissent aussitôt : il y avait donc une classe bourgeoise dans cette Chine révolutionnaire ? Depuis trente ans on n'a pas réussi à éliminer la bourgeoisie ? Qui plus est cette classe bourgeoise s'est constituée *dans* l'État communiste, puisque c'était une classe bourgeoise d'État, et elle détenait des postes assez importants dans cet État révolutionnaire pour acquérir finalement tout le pouvoir ? Alors, ou bien ces hommes n'étaient pas d'authentiques communistes (mais alors comment l'État chinois l'était-il ? et pouvait-il s'agir d'une dictature du prolétariat ouvrier-paysan, si ceux qui avaient *l'exercice* du pouvoir étaient des bourgeois ?), ou bien ils sont devenus bourgeois au fur et à mesure que se développait le pouvoir révolutionnaire ? Mais ceci apparaît comme un mystère insondable. De toute façon, s'il y a une lutte des classes de cet ordre, contre une nouvelle bourgeoisie d'État communiste, nous sortons du schéma, établi par Mao, des contradictions non antagonistes... En effet celles-ci ne peuvent pas avoir lieu entre classes antagonistes représentant des forces productives et des rapports de production différents et opposés. Dès lors, la société construite par le maoïsme n'est pas communiste en ce que la lutte des classes ne s'y épuise pas (achèvement de l'ancienne bourgeoisie) mais s'y renouvelle ! Finalement, on aimerait savoir en quoi il s'agit de « bourgeoisie » ? Est-ce l'idéologie ? Est-ce la pratique économique différente (mais alors la NEP n'était-elle pas aussi un produit de la bourgeoisie ?) ? Est-ce la visée d'une efficacité et le fait de miser sur la technique ? Est-ce cela qui fait la bourgeoisie ? Mais s'il en était ainsi pour le dernier point cela voudrait dire aussi que Lénine s'était trompé avec sa formule célèbre ! On voit par ces questions dans quels imbroglios on tombe sitôt que l'on adopte le schéma « d'explication » par la lutte des classes.

Il faut dire et redire que cette formule ne fournit aucune « explication », parce que de toute façon elle repose sur une vue si vague, incertaine, de la classe elle-même que l'on reste finalement incapable d'en connaître le jeu. Il faut bien dire que cette proclamation est uniquement rituelle et codifiée. Chaque fois que l'on se trouve en présence d'une difficulté effective, on invoque la lutte des classes, ce qui permet de ne rien expliquer. Nous sommes en pleine irréalité, comme chaque fois que l'on se réfère à une clé unique et universelle qui permettrait de tout comprendre et tout interpréter. Si la Chine s'est pliée comme elle l'a fait, si elle adore ce qu'elle brûlait hier, ce n'est pas le fait de quelques ambitieux, ni d'un petit clan politique, ni d'un groupe de bourgeois cherchant leur profit. Il y a bien eu une motivation, il faut bien que l'on ait rencontré une question majeure.

Je crois que, pour comprendre, il faut d'abord rappeler la situation globale, c'est-à-dire, qu'on le veuille ou non, que nous sommes dans un monde qui est devenu Un. On en parle souvent et on l'oublie aussitôt que l'on se trouve en présence de questions concrètes. Monde Un, cela signifie que, quelles que soient les intentions, les prétentions idéologiques, les actions révolutionnaires, il est devenu impossible d'isoler un pays, impossible de construire un régime et une économie sans rapport avec le reste du monde. C'est cela qui s'est imposé déjà à l'URSS et qui s'impose à l'Afrique. Ce n'est pas de l'« impérialisme » : c'est la condition même des possibilités d'un développement. Chaque décision, chaque rupture, chaque crise, se répercute partout. Le « socialisme dans un seul pays » était imaginable après tout en 1920, on pouvait en effet penser qu'avec les ressources de l'URSS par exemple, on pourrait vivre en autarcie et former un régime sans relations et sans obligations envers les autres. Un demi-siècle plus tard, ce n'est plus du tout possible : qu'est-ce qui s'est passé entre les deux ? La croissance technicienne. C'est elle qui non seulement a mis les pays au contact concret les uns avec les autres, a tendu un réseau d'informations sur le monde, a multiplié les entreprises positives et négatives, qui engagent le sort du monde et nous placent devant l'obligation de coopérer.

La Chine elle aussi a prétendu tout faire par elle-même et construire son régime indépendamment de tout. Et puis, arrivée à un certain niveau de croissance, elle ne peut éviter la rencontre et l'échange. Mais ceci prend forcément deux voies : celle de la puissance et celle de la concurrence, et par ces deux voies on entre inévitablement dans la technicisation mondiale. Nous sommes tous engagés dans une civilisation de puissance. Mais où réside celle-ci ? Uniquement dans la technique. On peut considérer tous les domaines de l'activité sociale, politique, économique, chaque fois qu'il s'agit d'une croissance, celle-ci s'effectue sur le mode de la puissance, et la puissance se gagne par la technique, car réciproquement tous les anciens moyens de puissance, dans les sociétés traditionnelles, sont surclassés par notre puissance technicienne. Corrélativement, toutes les fois qu'il y a utilisation des techniques modernes, il y a puissance. Or, dès le début, l'URSS a bien été obligée de s'engager dans la voie de la puissance pour défendre le socialisme, la patrie du socialisme. Dès le début, l'URSS a été attaquée militairement et a bien été obligée de créer une armée moderne pour sauver la révolution. Mais une armée moderne suppose à la fois organisation, équipement, infrastructures logistiques et industrialisation : autant de domaines qui ne sont que techniques. Dès que le socialisme dans un seul pays a dû se défendre, il a été engagé dans la technicisation, même s'il n'y avait pas eu la célèbre formule de Lénine.

La Chine se trouve exactement dans la même situation. Comment se défendrait-elle contre l'URSS si elle n'est pas au même niveau militaire (et elle en est loin !), c'est-à-dire technique ? La Chine s'est brusquement éveillée du rêve où elle errait, où l'ardeur et la révolution valaient mieux que les bombes atomiques. Il faut équiper la révolution. Non seulement pour la défendre, mais aussi pour la propager. Car enfin les partis communistes se sont donné pour tâche la victoire du communisme, sous la bannière de l'URSS puis celle de la Chine dans le monde. Or, ici encore, on rencontre la technicisation. Mais différente selon que l'action est orientée vers les pays capitalistes ou vers les pays du tiers monde. Dans le premier cas, c'est la technicité du travail de la vieille taupe, qui n'est plus œuvre de l'enthousiasme des masses, mais du calcul méthodique, de spécialistes et d'une organisation méticuleuse. Dans le second, c'est bien la technicisation directe puisque c'est par la voie de l'aide technique que l'URSS ou la Chine cherchent à s'implanter de façon durable dans les pays africains. Autrement dit, dans tous les cas, la Chine est obligée de se techniciser. Or, on ne le fait pas n' importe comment. On n'est pas libre de choisir avec aisance telle ou telle voie. Il n'y a qu'une voie technicienne au sens fort : celle qui obtient les meilleurs résultats en face de la technique occidentale capitaliste, c'est encore une fois l'efficacité. Je sais bien qu'il y a plusieurs voies techniques *possibles* ou *concevables* dans l'abstrait. Mais pour trouver et appliquer de nouvelles techniques de style et d'orientations différentes, il faut du temps, beaucoup de temps. Et c'est précisément ce dont la Chine manque le plus. Manque *à partir du moment où s'établit la concurrence*. Car l'Occident ne fait pas de cadeau. Exactement comme en temps de guerre. C'est le plus fort, le plus efficace qui gagne, et on ne laisse pas à l'adversaire le temps de réfléchir pour inventer d'autres méthodes et d'autres armements !

Ainsi de la nécessité de la puissance, nous sommes passés insensiblement à la concurrence. La Chine s'est trouvée soudainement plongée dans la concurrence, elle ne peut plus rester sur elle-même. Or, cette concurrence s'établit dans le domaine du « progrès », de ce qui paraît être le progrès : la réussite économique et scientifique. Comment peut alors se formuler le choix ? Pour réaliser le socialisme il faut arriver à un haut niveau de production (l'organisation égalitaire et la suppression des classes ne suffisent pas !) et il faut être en mesure de démontrer que le socialisme surclasse le capitalisme. Mais dans quel domaine ? Ici nous retrouvons le problème moral ! Est-ce dans l'exemplarité morale, dans la vertu, dans l'instauration de valeurs idéales (justice, égalité) ou bien dans la satisfaction des besoins d'abord matériels des individus ? C'est ici encore que joue inexorablement la mondialisation. L'« idéal » de vie occidentale – consommer toujours plus, faire moins d'efforts, atteindre la puissance collective dans la démission individuelle – a pénétré partout. La Chine orgueilleusement a cru pouvoir s'opposer à cette invasion. Nous avons vu l'échec. Dès lors elle est ramenée à une concurrence du mesurable, quantifiable, à la fois par la pression de son opinion publique qui ne peut pas comprendre que l'on consomme moins et que l'on vive plus mal en pays socialiste qu'en pays capitaliste et par l'évidence technicienne qui s'est imposée à ses élites. La réussite économique est un élément irréformable de l'appréciation du socialisme. Or, maintenant cette réussite est liée à la croissance technique. Et ici encore on ne peut pas prendre son temps. La technique est rapide. Il faut la saisir.

Ce n'est donc pas un avatar quelconque de la révolution à quoi nous assistons, mais bien à une mutation fondamentale et irréversible. Il s'agit de l'entrée dans le concert mondial, sur le plan puissance politique-croissance économique, dictées par la concurrence et déterminées par la technique. Les choix de Deng et de son équipe sont donc conformes au modèle technicien, le seul satisfaisant ! Ils se sont, du fait de la concurrence, trouvés devant le dilemme exclusif : ou bien on accepte la technique (le système technicien actuel, produit peu à peu en Occident, mais doté d'un potentiel universaliste) et on peut survivre et même vivre dans ce monde-ci, et l'on peut vivre *en tant que puissance socialiste* ; ou bien on récuse la technique, on veut n'en faire qu'à sa tête, on choisit d'autres formes de développement, on agit avec d'autres méthodes et d'autres moyens, et l'on est irrémédiablement condamné à disparaître de façon directe ou indirecte, mais de toute manière rapide ! C'est donc devant cette urgence et cette nécessité, dont l'équipe actuelle avait pleinement pris conscience, que l'on s'est trouvé. C'est cela qui a produit le « revirement ». Mais le facteur matériel n'a pas joué seul. Déjà nous avons fait allusion plus haut à l'élément psychologique : en Chine aussi la technique n'est pas un simple instrument pour faire des choses mieux ou plus vite. La technique s'est revêtue, en Chine aussi, mais oui, d'une aura resplendissante. Elle est la puissance, l'avenir, le miracle de l'homme [1].

Mao a longtemps lutté contre la technique, il a tenté longtemps de faire prévaloir un modèle idéologique et transcendant de la vie, y compris centré sur lui-même. Et finalement il a été vaincu. Il s'était formé insidieusement une idéologie de la technique qui transparaît dans toute la littérature journalistique chinoise depuis 1960. Le peuple y croyait. Elle fut refoulée, le temps de la Révolution culturelle. Mais comment cela aurait-il pu durer ! Le grignotage des croyances morales et religieuses du passé fut repris par l'évidence quotidienne de l'excellence technique. Celle-ci est devenue le modèle de toute action, de toute société. Comment aurait-il pu en être autrement alors que les Chinois, si intelligents, savaient bien que jusqu'ici la réussite occidentale avait reposé uniquement sur la technique et que toutes les in-

1. Voir sur ces derniers points Lambert, « Le mimétisme technologique du tiers monde », *Le Monde*, 1979.

ventions du monde moderne venaient d'Occident. Si l'on voulait concurrencer là encore ce monopole, une seule voie : la croissance technicienne. Et l'on s'y est rapidement appliqué.

La technique en tant que modèle et en tant qu'idéologie a produit ses premiers fruits dans la qualité remarquable des jeunes Chinois scientifiques et techniciens que nous recevons maintenant en Occident où ils viennent se perfectionner et se situer. Mais il n'était pas possible d'un côté de développer cette « élite », de l'autre de maintenir la Chine dans le rêve idéologique proto-communiste et dans l'agitation spasmodique. L'orientation actuelle est cohérente à la réalité. Mais elle exprime aussi cette réalité, à savoir que la technique a finalement vaincu le modèle révolutionnaire du communisme chinois. Cette interprétation nous permet d'éviter une erreur très fréquente qui se développe depuis trois ans. Tous les journaux français parlent de « libéralisation du régime ». Or nous pensons qu'il s'agit d'une incompréhension de fond. Les observateurs partant avec cette idée sont alors tout surpris lorsque l'on assiste à l'arrestation de gens qui affichent des dazibaos, à des répressions de manifestations étudiantes ou ouvrières, à des déclarations très fermes au sujet de la mise au pas des réfractaires, des prises de position de l'armée (par exemple le 30 mai 1979). Chaque fois on écrit : « coup de frein à la libéralisation ». Mais c'est un contresens. Il n'y a jamais eu de libéralisation et la nouvelle tendance n'a rien à voir avec la liberté ! Il y a passage d'un système où l'idéologie révolutionnaire primait le souci de l'efficacité technique, à un système où la volonté de croissance technique efface l'idéologie révolutionnaire. La technique à tout prix et « l'efficacité d'abord » n'ont rien à voir avec la libéralisation !

La liberté peut être accordée si elle sert l'efficacité. Mais lorsque des manifestations, des déclarations, des troubles viennent empêcher l'efficacité, alors il faut évidemment les briser, les interdire, les bloquer. La police, les camps, les contrôles, les contraintes n'ont plus la même racine et la même motivation mais restent identiques en fonction de l'impératif technique. Que les filles se fardent et portent des minijupes, que les jeunes dansent le jerk, que le jazz soit autorisé, qu'il règne une certaine facilité sexuelle ne prouve aucune libération, mais seulement l'abandon de la rigidité morale du maoïsme, et comme ces comportements sont plutôt favorables à l'acceptation d'un travail intensif productif *moderne*, ils sont bien entendu acceptés. Cela ne va pas loin et la nouvelle oppression ne change guère par rapport à l'ancienne ! Et le prix à payer reste toujours le même ! La Chine dépendante, tributaire de l'Occident, doit s'aligner sur ce Maître des Techniques et se situe à la fois comme un pays semi-prolétaire en face de cet Occident, et comme un pays qui, s'il veut se libérer de ce joug, doit s'industrialiser, se techniciser le plus vite possible – c'est-à-dire transformer son peuple en un prolétariat industriel avancé... !

IV

LE NAUFRAGE DU TIERS MONDE DANS LE PROLÉTARIAT

Nous voici devant cet immense drame des trois quarts du monde, que l'on est obligé de désigner de noms indéterminés, peuples sous-développés, parfois pudiquement appelés « en cours de développement » alors que l'on ferait aussi bien de dire : « en cours de sous-développement », et qu'il me paraît plus pratique de désigner globalement par « tiers monde[1] ». Cette désignation heurte la susceptibilité

1. Tout le monde hésite au sujet de la dénomination à employer : tiers monde, pays sous-développés, pays en cours de développement... Tous ces noms sont sujets à caution. Yves Lacoste a bien montré que l'on ne peut pas employer une dénomination unique pour des pays à des stades culturels et économiques totalement différents. Son livre, fondamental, et qui est à la base de beaucoup des réflexions de ce chapitre : *Unité et Diversité du tiers monde* (Maspero, 1980), conserve cependant le terme générique de tiers monde. Mais ce monde est d'une extrême complexité, en proie à des contradictions internes, situé de façons tout à fait diverses par rapport aux deux autres mondes...

Tout récemment on a encore trouvé un nouveau terme, établissant une distinction entre les pays les plus totalement dénués de tout et le reste de ce tiers monde. On les appelle les « pays les moins avancés », il y en a trente-trois dont vingt-deux en Afrique. Ce terme est parfaitement ridicule, car il s'agit de pays qui n'ont pas avancé du tout. Quant aux critères que l'on a choisis pour les fixer, ils sont

et je le comprends. Mais, en fait, toute autre le ferait aussi. Au-delà, entre, en deçà des mondes capitalistes et socialistes (que l'on a bien tort de considérer comme développés) voici donc cet énorme mélange d'Afrique, d'Islam, de Proche-Orient, Moyen-Orient, d'Asie du Sud-Est, d'Amérique centrale, d'Amérique latine. Tout ce que parfois aussi on appelle le « Sud », opposé au Nord, qui détient les capitaux, les moyens techniques, les cerveaux préparés, etc. Cet énorme trois quarts de la population, quatre cinquièmes des territoires du monde, qui vivent le plus effroyable destin que, semble-t-il, l'humanité ait jamais connu. Ne revenons pas sur le colonialisme, qui n'est pas, je l'ai dit ailleurs, la source de tous les maux. Restons au prolétariat.

Il nous faut évidemment faire allusion à une théorie bien séduisante, celle du renouvellement de la théorie de l'impérialisme[1]. Il est bien exact que le prolétariat dans les pays capitalistes évolués a totalement changé de caractère, et qu'il n'y a même plus à proprement parler de vrai prolétariat (pourtant les travailleurs immigrés ?) car les ouvriers moyens, européens ou américains, ont maintenant des avantages et un style de vie qui les distinguent radicalement de ceux que Marx appelait des prolétaires.

---

totalement arbitraires et basés sur le modèle occidental (PIB par tête inférieur à 200 dollars, prééminence de l'agriculture, faible niveau d'industrialisation et d'éducation : tout ceci est absurde. Seule ici peut être retenue l'insuffisance sanitaire et nutritionnelle. Mais on ne tient pas compte de la désagrégation sociale et culturelle). On oppose le groupe des « 33 » aux « 77 ». Pays en voie de développement, c'est-à-dire comme nous allons le montrer en voie de prolétarisation. En réalité il ne faut pas dissocier les divers pays du tiers monde.

1. Sur l'accumulation primitive du capital, voir Samir Amin, *L'Accumulation à l'échelle mondiale*, 1970, qui étudie le phénomène actuel d'accumulation dans le tiers monde, d'un point de vue marxiste.

Mais il y a eu un déplacement. Dans la mesure où l'impérialisme a succédé au capitalisme traditionnel, dans la mesure où l'Économie est devenue « mondiale », il faut considérer le phénomène dans sa globalité, et au-delà des frontières nationales (d'ailleurs les multinationales nous y invitent) et voir la classe prolétarienne en dehors des limites du monde industrialisé. Celui-ci ne peut d'ailleurs plus fonctionner que par des richesses, des matières premières qui lui viennent de ces pays. Dès lors, il n'y a plus division à proprement parler entre des classes à l'intérieur d'une nation, mais la lutte des classes s'est transposée au niveau mondial. Ce n'est plus une classe prolétarienne que nous rencontrons mais des peuples prolétaires. La division entre le premier monde (capitaliste) et le tiers monde est celle entre exploitants impérialistes et peuples prolétaires, c'est maintenant l'interprétation qu'il faut donner de ce nouveau prolétariat. Ils sont prolétaires à un double degré[1].

D'abord, comme leur population ne peut pas arriver à survivre dans les frontières leur pays, ils doivent s'expatrier, vers les pays où ils étaient presque sûrs de trouver du travail. Et là, nous l'avons vu, ils sont de « vrais » prolétaires dans la plénitude du terme. Or, cet expatriement correspond assez bien à ce qui s'est produit en Occident à la fin du XVIIIe siècle et au XIXe siècle : les paysans quittent leurs terres pour venir en ville travailler à l'usine, et dans ce milieu industriel urbain deviennent en effet des prolétaires. Sauf exception, où les peuples meurent de faim et vont chercher du travail en Occident parce qu'il n'y a vraiment plus que la famine à espé-

1. Sur tout ce qui suit, voir la remarquable synthèse de P. George, *Géographie des inégalités*, PUF, 1981.

rer chez eux[1], le déplacement massif de population ne s'explique pas vraiment par des données matérielles. S'ils restaient chez eux ils auraient en général une situation moins tragique et lamentable : ce n'est quand même pas la famine endémique. Et la famine ne suffit pas à tout expliquer, même quand, elle a lieu : les Sahéliens qui la connaissent s'expatrient peu en Occident. De même la Chine, avant Mao, et durant les deux périodes, sous Mao, où la Chine a connu la famine, n'a pas vu de départs massifs de Chinois vers le monde occidental pour trouver ailleurs de quoi vivre. Ce n'est pas vraiment la famine qui fait venir en Occident les Maghrébins ou les Turcs, et tant d'autres : c'est une espèce de fascination, un prestige, une attirance vers un pôle lumineux d'enrichissement assuré. C'est exactement le même phénomène que l'attrait absurde du paysan pour la ville, pour le travail urbain, pendant tout le XIXe siècle (je l'ai encore connu, en 1945...). Il n'est nullement besoin de parler de sombres machinations capitalistes pour faire venir des travailleurs : ceux-ci n'ont jamais demandé mieux, venant vers un paradis imaginaire, attirés par un véritable aimant, qui est la correspondance inversée du « culte du cargo » : puisque le cargo des Blancs qui doit déverser toutes les merveilles tarde à venir, allons vers son point de départ, allons cueillir sur place les richesses qu'il aurait dû apporter. Ainsi toute une part du tiers monde tombe volontairement dans le prolétariat effectif à l'intérieur du monde occidental.

Mais il y a l'autre aspect de la prolétarisation de ce tiers monde : chaque nation entière, chaque région

---

1. Bien entendu, ici, j'excepte le problème des réfugiés politiques qui fuient un régime de terreur, de droite en Amérique latine, de gauche en Asie du Sud-Est et en Afrique...

entière est prolétarisée par l'impérialisme qui achète ses matières premières à vil prix. Matières premières qui (hors la main-d'œuvre) sont la seule richesse de ces pays. Pétrole, cuivre, aluminium, nickel, uranium, mais aussi bois, sucre, café, thé, inutile d'allonger la liste, tout le monde la connaît, de même que le fameux processus d'échange inégal par lequel à la fois les nations riches contraignent les autres à produire et à exporter leurs ressources, et à la fois les paient de telle façon que ces peuples ne peuvent pas « décoller » économiquement, mais au contraire doivent être « aidés » financièrement, de sorte qu'ils sont sans cesse plus endettés, et que, aujourd'hui, à la limite, la presque totalité de leurs exportations couvrent tout juste les intérêts des dettes phénoménales dont ils sont chargés[1]... Ici encore nous retrouvons

1. Une bonne évaluation, déjà ancienne, faite par la Conférence des Nations unies pour le commerce et le développement en 1978, indiquait que pour les pays du tiers monde *les moins pauvres* (ne possédant pas de pétrole) la dette extérieure a doublé en quatre ans (140 milliards de dollars). Ces intérêts se montaient au double du montant de l'aide totale fournie par les pays industrialisés, et en outre ils devront prélever environ le quart des revenus de l'exportation pour s'acquitter de ces annuités. Depuis, la situation s'est considérablement aggravée. Si bien que dans beaucoup de ces pays on contracte des emprunts à court terme pour payer les échéances d'autres emprunts plus anciens. Quant aux pays les plus pauvres, ils sont financièrement en moins mauvaise situation, pour la simple raison que les pays industrialisés ne les ont pas jugés assez solvables pour leur prêter quoi que ce soit ! Ils doivent peu parce qu'on ne leur a rien prêté pour lancer le développement ! La pauvreté n'y laisse aucune place à l'épargne, la croissance, d'environ 0,5 % par an, ne répond pas à la poussée démographique et les prix des produits qu'ils ne peuvent pas éviter d'importer augmentent sans cesse. Car la plupart de ces pays consacrent presque la totalité des emprunts à acheter des marchandises indispensables. On voit le cercle vicieux. Mais la proposition faite par la Suède en 1978 d'annuler une partie de cette dette n'a pas été retenue. Pour la troisième année consécutive, les pays les plus pauvres ont à faire face à une chute du produit net de leurs exportations. On constate une stagnation des revenus réels par habitant, une détérioration des termes d'échange et un

presque un aspect de ce qui fut au XIXe siècle une donnée de la condition prolétarienne : lorsque l'entreprise patronale organisait cantine ou encore magasins de fourniture où les ouvriers venaient s'approvisionner, ne payaient pas, mais avaient un « compte »... et ils se trouvaient à la fin du mois débiteurs envers le magasin patronal de sommes plus fortes que leur salaire... Or, dans les pays capitalistes, libéraux bien entendu, ce ne sont pas les pouvoirs politiques qui font l'opération économique. Celle-ci est pratiquée par les grandes compagnies, par les « trusts », devenus maintenant les multinationales. On sait du reste, par exemple, le rôle de l'United Fruit dans la prolétarisation d'une partie de l'Amérique latine [1]. Mais avec le durcissement des conflits, les gouvernements capitalistes établissent et maintiennent de force les gouvernements locaux à leur solde, qui n'ont pas d'autre fonction que de maintenir la population dans l'ordre, de la contraindre à travailler pour les entreprises capitalistes et d'accepter toutes les conditions du travail. Autrement dit les gouvernements jouent le rôle attribué, par la théorie marxiste, au pouvoir politique vis-à-vis des capita-

---

endettement croissant. Les prix des produits de base en termes réels sont tombés en 1980 à leur niveau le plus bas depuis trente ans. Et le déficit de la balance des paiements des pays du tiers monde devrait s'accroître de 12 milliards en 1981. L'endettement global de tous les pays du tiers monde se montant en 1982 à 450 milliards de dollars. On peut véritablement parler de *Nations* prolétaires. Cf. CNUCED, « La dette », *Forum du développement* n° 44, et Mats Gullers, « Les dettes annulées ? », *ibid.*, n° 41.

1. Par ailleurs, si on insiste souvent sur l'abandon des cultures vivrières au profit des monocultures agro-industrielles dans les pays colonisés, par l'exigence des colonisateurs, on ne dit pas assez que cela a permis à l'Europe d'abandonner ces cultures agro-industrielles (lin, chanvre, colza, etc.) pour consacrer toute la terre cultivable à l'agriculture vivrière et par là pouvoir atteindre un niveau de consommation permettant la croissance économique entière.

listes dans l'ancien modèle. Tel est l'aspect constamment dénoncé de cet impérialisme envahissant, obligeant les pays du tiers monde à n'être que les prolétaires du monde développé. L'opposition « Nation-capitaliste » – « Nation prolétarienne » a remplacé l'ancienne division des classes.

Ceci est fort schématique, même quand c'est renforcé de théories obscures et de chiffres douteux [1]. Il faut ajouter plusieurs nuances. Tout d'abord cela veut dire que l'ancien prolétariat ouvrier des pays capitalistes participe à cette exploitation, et devient à son tour exploiteur de prolétaires : solidaire de sa nation, travaillant grâce aux matières premières importées, et déchargé d'une part de la besogne la plus dure, la plus éprouvante par les travailleurs immigrés. Il est impérialiste lui-même ! Et l'on sait à quel point la xénophobie se répand chez lui. Une seconde nuance est d'ordre politique. Les gouvernements du tiers monde sont en effet soutenus par les peuples développés *de leur camp*. Les dictatures de droite soutenues par l'Amérique sont constamment dénoncées mais on oublie qu'il en est exactement de même pour les pays sous dictatures communistes, avec des « gouvernements fantoches », établis et soutenus par l'URSS, avec exactement les mêmes objectifs que les États-Unis. Qu'il s'agisse de Cuba, de l'Afghanistan, du Vietnam, de l'Éthiopie, etc. Et encore on n'avait pas assisté, depuis la fin de la colonisation, à l'utilisation par le pays dominant des pays

1. Yves Lacoste (*op. cit.*) a, me semble-t-il, entièrement raison de remettre à une juste place l'analyse marxiste qui veut tout ramener à la question des termes de l'échange, à la « dépendance », au jeu des multinationales : cette analyse néglige, dit-il, les contradictions à l'intérieur du tiers monde et à l'intérieur de chacun de ces pays sous-développés. Contradictions qui ne sont pas du tout nécessairement imputables aux capitalistes !

dominés comme source de puissance militaire extérieure. Cuba est certainement l'exemple le plus éblouissant : l'URSS utilise les troupes cubaines pour mener ses guerres, en Afrique, où l'on ne veut pas directement engager les soldats russes. Donc, en réalité, la relation peuples du tiers monde-peuples développés ou industrialisés est exactement la même que ces derniers soient capitalistes ou socialistes. Les deux faces de l'impérialisme sont identiques[1], et les pays socialistes développés sont aussi responsables de la dégradation du tiers monde que les pays capitalistes.

Le socialisme comporte même un facteur complémentaire de prolétarisation. Il faut en effet prendre conscience du fait suivant : dans les pays exploités par les puissances capitalistes, il y a, au niveau populaire, des impulsions de révolte et la prise de conscience de l'exploitation. Il y a tendance à se débarrasser de cet envahisseur feutré. Et ceci *pourrait* être à l'origine de la création d'un *autre* modèle de développement, d'un effort pour inventer une organisation économique différente. Ce à quoi appelle sans cesse Illich, par exemple, qui condamne le modèle productiviste occidental pour inviter le tiers monde à créer sa propre société, autre. Mais voilà... contre « l'impérialisme Yankee », il y a un autre modèle *tout prêt*, un modèle qui s'impose (par propagande et infiltration d'idéologie et de cadres), c'est l'URSS. On assiste à l'expansion du modèle soviétique dans le tiers monde, qui produit un

1. L'essai de Fritz, Naudin, Patriat, « Technologie et stratégie du développement » in *Transfert de technologie et Développement*, Calmann-Lévy, 1979, qui tente de montrer les différences de la stratégie capitaliste et de la stratégie socialiste est incroyablement superficiel malgré sa documentation !

prolétariat dans ces pays exactement comme il l'a produit en Russie, et comme les capitalistes le produisent aussi. Mais l'expansion de cet idéal bloque toutes inventions, toutes initiatives d'une société différente. Et ceci se trouve encore aggravé par le fait que l'URSS fonctionne dans une entière bonne conscience. Les dirigeants et la majorité du peuple soviétique sont habités par la même bonne conscience civilisatrice que les colonialistes français au XIXe siècle. Car, je l'ai démontré ailleurs[1], à cette époque, même s'il y avait *aussi* des intérêts économiques, le motif dominant de la colonisation était l'idéologie de la libération des peuples de couleur (opprimés par des tyrans) et la volonté de les faire entrer dans la civilisation. Ce n'était pas du tout du « discours », de l'« idéologie », etc. : c'était la croyance générale. Actuellement, c'est l'URSS qui agit en fonction de cette bonne conscience de libération des peuples[2] (à l'égard de l'impérialisme) et de leur entrée dans la voie triomphale du socialisme. Dès lors le combat est inégal. Nous savons, nous, que nous sommes d'affreux impérialistes et nous avons conscience de notre péché envers le tiers monde[3][o].

1. Cf. Jacques Ellul, *Trahison de l'Occident*, Calmann-Lévy, 1975.

2. Il est à souligner, ce qui est important, que chaque fois qu'une révolution a éclaté pour libérer un peuple, celui-ci s'est aussitôt mis en guerre contre ses voisins, pour les libérer à leur tour, c'est-à-dire en les asservissant à la révolution triomphante ! 1789-1796 en est l'exemple !

3. Toutefois jusqu'au moment, que nous sommes peut-être en train de vivre, où se produira le retournement vers la bonne conscience se traduisant par le racisme et la xénophobie : on ne peut pas vivre indéfiniment dans la mauvaise conscience !

o. Il semble bien que le retournement décelé ou anticipé par Ellul en 1982 se soit bel et bien produit, renforcé par la mondialisation et les migrations qui en sont l'une des conséquences inévitables.

Ceci se marque d'ailleurs par des conduites assez différentes. Où donc a pris naissance le sentiment d'une responsabilité envers le malheur du tiers monde ? Où se situe la mauvaise conscience devant l'exploitation, la famine et la prolétarisation ? Qui a mis sur pied organisation mondiale de la santé, secours alimentaires, etc. ? *Exclusivement* l'Occident. Seul l'Occident cherche à sauver le tiers monde, médiocrement, tout en l'enfonçant davantage par les mécanismes d'exploitation économique, c'est vrai, mais le fait est pourtant là, de même que la recherche effective de nouvelles techniques adaptées au tiers monde. Du côté de l'URSS : pas le moindre geste d'aide, de solidarité, d'inquiétude. Au contraire, une conviction à toute épreuve qu'il suffit de procéder à la Révolution socialiste pour que tout soit résolu d'un coup. Le résultat, c'est que la situation s'aggrave souvent après une telle révolution (et pas forcément par l'action des capitaux évincés) par la poursuite des errements anciens, et par la subordination au nouvel impérialiste soviétique.

Tout le monde sait qu'une des causes de la prolétarisation des pays du tiers monde a été la substitution de cultures industrielles (cacao, arachide, café, coton, canne à sucre, etc.) aux anciennes cultures vivrières. Or, dans les pays devenus socialistes et dans l'orbite de l'URSS, que voyons-nous ? Exactement le maintien de ce primat de l'agriculture industrielle et probablement même l'accentuation de cette pesanteur. L'exemple type est Cuba avec son unique ressource de la canne à sucre. Alors que l'on commence à comprendre en Occident qu'il faut essayer de résoudre la famine du tiers monde en facilitant les cultures vivrières. Ce que l'on appelle la « Révolution verte », qui a subi un échec, mais qui a été quand même un effort, est venue de l'Occident capitaliste et non pas des pays socialistes. Quant à l'aide en nourriture, pratiquement seuls les États-Unis la fournissent, l'URSS fonctionnant plutôt en sens inverse, et réquisitionnant tout ce qui lui est possible chez les pays frères.

1
Progrès et prolétariat

Je dois mettre toute mon étude de la prolétarisation dans le tiers monde sous l'égide d'un texte de Marx qui dès 1848 l'avait exactement prévue : « Par le rapide perfectionnement des instruments de production et l'amélioration infinie des moyens de communication, la bourgeoisie entraîne dans le courant de la civilisation jusqu'aux nations les plus barbares. » « Elle force toutes les nations à adopter le style de production de la bourgeoisie – même si elles ne veulent pas y venir ; elle les force à introduire chez elles la prétendue civilisation, c'est-à-dire à devenir bourgeoises. En un mot, elle forme un monde à son image » (*Manifeste du Parti communiste*).

Sitôt que l'on aborde le problème de la misère dans le tiers monde et la réalité de sa prolétarisation, on se heurte à des difficultés sans nombre ! D'abord les passions. Ensuite l'impossibilité de comparaison entre niveaux de vie occidentaux et niveaux de vie des pays sous-développés. Comme toujours, on bute sur la valeur de consommation, qui ne peut être prise en compte : seule la valeur d'échange est calculable, ce qui fausse tout. Les mesures du PNB ne signifient rien. Les « indicateurs sociaux » pas davantage (par exemple on compare le nombre de lits d'hôpital par 1 000 habitants : mais vaut-il mieux beaucoup de lits pour une forte morbidité ou peu de lits pour une population vigoureuse et saine !). Tout ceci étant écarté on arrive à l'élaboration d'une méthode complexe combinant des indicateurs sociaux et des indicateurs économiques, en incorporant ceux d'entre eux qui sont raisonnables, dans un ensemble significatif par rapport à la question des besoins de base (approche GPID, Projects on Goals, Processes and Indicators of Development). Il s'agit à la fois d'une appréhension plus large des besoins économiques et sociaux et de rendre les indicateurs plus proches des réalités quotidiennes de peuples ayant des cultures très diverses. Il faut prendre en compte une réalité ayant des cultures très diverses. Il faut prendre en compte une réalité humaine complexe et pluridimensionnelle, concevoir une théorie des comportements relative aux besoins et désirs (et on sait à quel point cette idée de besoins est aléatoire) et trouver enfin les moyens pour y répondre empiriquement. Or, il faut par exemple prendre en compte des indicateurs objectifs mais en même temps mesurer le « mal-être », et remplacer la notion de développement par celle de satisfaction subjective pour marquer le caractère relatif de l'idée de développement...

Tout ce qui dans l'esprit d'*un peuple* représente l'amélioration, le progrès, l'épanouissement collectif peut être assimilé au développement. Par contre tout ce qui, même si les indicateurs de richesse sont positifs, est considéré comme régression ou mal-être, ne peut être appelé développement. À quoi s'ajoute encore le caractère aléatoire du problème des besoins sitôt que l'on quitte les besoins vitaux immédiats. Or, l'écart se creuse précisément dans la mesure de la croissance des besoins qui ne suit pas la progression des ressources. Cette croissance des besoins ne résulte pas uniquement de l'explosion démographique mais de l'accès au modèle occidental de consommation[1] : les peuples du tiers monde commencent à y voir leur propre bonheur, leur propre avenir, et de fait sont exigeants non seulement pour le nécessaire mais pour le superflu, ce n'est pas seulement la question de la famine qui est préoccupante, mais la distorsion entre les besoins de biens industriels et même sophistiqués et les possibilités de production. On conçoit alors l'incroyable difficulté de ces recherches, et à quel point reste incertaine, aléatoire, hors calcul, toute évaluation concernant la misère ou le prolétariat dans le tiers monde. On ne peut que : soit faire des études très partielles et localisées, soit en rester à des considérations générales. Ce que nous sommes obligés de faire ici.

Or, pour apprécier la situation par rapport à la prolétarisation, il faut tenir compte de trois facteurs : une très grande partie de l'aide consiste à assister les populations en état de famine, à soigner les malades, etc., c'est-à-dire à compenser les dégâts provoqués par la prolétarisation et la mutation économique. C'était bien la politique suivie au XIXe siècle par la bourgeoisie. Bien entendu il faut le faire, mais on épuise les ressources dans un gouffre sans fond, et

1. Fritz, Naudin et Patriat, dans l'étude que nous avons citée montrent à quel point les modèles occidentaux ont pénétré. Ils soulignent que la population algérienne a été très marquée par les produits de consommation occidentale, et que ce sont ces produits qu'elle réclame. Mais, bien plus, dans tous les pays du tiers monde, a pénétré dans les élites la conviction que seule la technique permet d'accéder à l'indépendance nationale, « la technique constitue la condition indispensable pour sortir du sous-développement et s'insérer dans la voie du progrès ». La technique fait accéder l'homme au progrès, augmente sa créativité, etc. Tous les poncifs occidentaux sur les bienfaits de la technique sont acquis par les peuples du tiers monde qui ne comprennent pas les conséquences que cela comporte et leur assimilation par la voie même de la « révolution industrielle », fût-elle socialiste !

la situation ne pourra aller qu'en empirant. En second lieu, ceux qui installent des centres de production industrielle sont soit les pays communistes soit les multinationales, c'est-à-dire que l'équipement s'effectue d'abord au profit de puissances extérieures. Mais il y a erreur d'interprétation quand on veut ramener la misère et la prolétarisation du tiers monde à la rapacité du capitalisme international, ou à l'impérialisme. Ceci est malheureusement beaucoup trop simpliste et consolant. En troisième lieu, une autre erreur essentielle consiste à croire qu'une redistribution équitable des richesses et la lutte effective contre la faim suffiraient à résoudre le problème.

Très intéressantes à ce sujet ont été les conclusions des Journées médicales de l'hôpital Broussais en 1981. Constat – 450 millions d'hommes souffrent de malnutrition. 50 millions sont morts de faim en 1979, dont 12 millions d'enfants. On étudie toutes les carences. On constate, ce qui est quand même très important, que jamais la production alimentaire mondiale n'a été aussi abondante depuis 1978 : selon Blardonne, dès 1970, les ressources mondiales étaient suffisantes pour assurer 2 480 calories par jour et par personne. Pléthore, et famine : la situation des pays les plus pauvres s'est encore détériorée. Donc, dira-t-on, il faut assurer une répartition juste. Mais : « Pour éliminer la faim il faut réaliser deux conditions : que les gouvernements du tiers monde donnent la priorité aux besoins alimentaires de toute leur population et que les États industrialisés reprennent la maîtrise des grandes entreprises multinationales alimentaires... de telle sorte que les mécanismes de répartition des revenus, d'échange et de financement soient mis au service de la lutte contre la faim » (Blardonne). Je suis infiniment d'accord avec ces orientations et ces efforts. Mais je dis que, même dans ce cas, rien ne serait résolu. Le processus d'industrialisation est enclenché, rien ne l'arrêtera et il produira un prolétariat. Ce sera un immense progrès si ce prolétariat ne meurt pas de faim au sens littéral (actuellement, il n'y a pas exactement superposition entre les populations prolétarisées et celles qui meurent de faim), mais il restera un prolétariat totalement aliéné.

L'analyse de Galbraith[1] sur l'arriération du tiers monde est particulièrement significative. Après avoir écarté les explications classiques, il insiste sur le point suivant : « Les pays riches étaient abondamment pourvus de moyens techniques. Aussi a-t-on voulu voir la cause de la pauvreté dans l'arriération technique des méthodes de production. C'est là une explication d'autant plus séduisante que le remède qu'elle appelle ne coûte pas cher : c'est l'assistance technique. Mais... ce qui fait la richesse des pays riches, c'est en même temps la possession du capital. Il y a peu d'améliorations des méthodes de production possibles sans apport de capital. Mais, dans les pays riches, l'investissement de capital et l'innovation technique sont en corrélation avec l'élévation du revenu réel. On ne peut strictement pas concevoir la formation d'un capital pour l'application des techniques sans élévation préalable du revenu réel des individus. » Alors, se déclenche le processus de croissance : « La conséquence de l'investissement et du perfectionnement technique permet au travail de rapporter de plus en plus, si bien que l'ouvrier d'aujourd'hui ajoute davantage de valeur au produit que celui d'hier. Mais on voit tout de suite la limite : il

1. Galbraith, *Théorie de la pauvreté de masse*, Gallimard, 1979.

faut commencer ! Or, dans les pays pauvres, tout accroissement de revenu se trouve exposé sans protection aux tentations de la consommation et il va de soi que la pauvreté rend ces tentations extrêmement pressantes. De sorte que l'épargne et l'investissement sont réduits au minimum alors même que le progrès technique exigerait, en général, un investissement. Si bien que les travailleurs supplémentaires que fournit la croissance démographique voient le produit de leur travail se réduire peu à peu. Dans un pays riche, l'effet pratique de la loi sur la tendance séculaire aux rendements décroissants peut être indéfiniment ajourné, alors que, dans les sociétés rurales pauvres, elle continue à jouer inexorablement. » En face de ce mécanisme, il n'y a effectivement qu'une issue : le travail forcé, sans salaire, donc sans possibilité de consommer.

Nous revenons toujours à la question « accumulation primitive-prolétariat ». Mais il faut y ajouter une analyse complémentaire, celle de Radkovski[1] : celui-ci soutient, à juste titre je crois, que dans les sociétés dites primitives il n'y a pas de rareté, mais au contraire abondance, et pas de travail contraint. L'échange, quand il a lieu, est égal. C'est dans les sociétés qu'il appelle « stratifiées » que le travailleur produit un bien qu'il donne à un autre (contre un salaire) *pour permettre à cet autre de ne pas travailler.* « La médiation du produit n'établit pas un rapport externe inter-partenaires différents et égaux, mais un rapport interne à la société entre des sujets et un maître, en la divisant de l'intérieur en deux parties complémentaires : ceux qui produisent et ceux qui dépensent. *La pauvreté suit le travail comme son ombre*

1. G. H. de Radkovski, *Les Jeux du désir : de la Technique à l'Économie*, PUF, 1980.

car elle en procède. Les sociétés primitives, les seules qui ignorent le travail, sont aussi les seules où l'expérience de la pauvreté est épargnée aux hommes... Les sociétés évoluées les premières à avoir inventé le travail sont aussi les premières à avoir découvert et sécrété la pauvreté. Ces sociétés ont inventé autant l'aspect quantitatif propre au travail, avec le travail à plein temps, spécialisé, intensif, régulier... que son aspect qualitatif en tant qu'asservissement social... et cela parce qu'elles sont aussi les premières à avoir inventé le non-travail, rendu possible grâce au travail aliéné, imposé à l'autre, au travailleur... D'où une loi économique qui a cours dans toute société traditionnelle (celle que Radkovski situe entre la société primitive et la société technicienne) : la misère, la pauvreté, y croît proportionnellement à la croissance de la quantité de travail social fourni. Autant la misère relative due au contraste entre la richesse et la pauvreté sociale, que la misère absolue. » Et Radkovski montre comment l'attitude technique (et, partant, dit-il, la volonté de puissance[p] !) inverse l'attitude de l'homme envers le travail : dans ce nouveau monde technique, l'Économie, c'est le « système de travail », le travail en tant que stratégie systématique et rationnelle : elle est destinée à investir la nature, à en avoir raison. La technique informe et meut l'économie qui devient la technique en acte. Le processus devient : technique → économie → travail → domination. Mais pour y accéder... il faut évidem-

p. À cette « volonté de puissance » induite par la Technique, Ellul opposera, notamment dans *Les Combats de la liberté* (Le Centurion/Labor et Fides, 1984), « l'éthique de la non-puissance ». Le concept a été magistralement analysé par Frédéric Rognon dans sa présentation de l'ouvrage posthume de Jacques Ellul *Théologie et technique, Pour une éthique de la non-puissance* (Labor et Fides, 2014, introduction et notes de F. Rognon, notes de la famille Ellul).

ment une énorme densité de puissance, celle-ci accentue les déséquilibres entre les nations qui en sont arrivées à ce stade et celles qui sont toujours au stade antérieur et qui ne peuvent être traitées globalement *que* comme l'était le travailleur autrefois, même s'il n'y a pas de mauvaise volonté dominatrice des nations technicisées.

S'il est donc bien exact qu'il y a des « nations prolétaires » par rapport à un monde « capitalo-socialiste » industrialisé, la question de fond n'est pas réglée pour autant. Car la prolétarisation n'est pas globale dans ces pays, de même que la seule cause du prolétariat n'est pas la présence impérialiste ou la soumission à des capitalistes. On trouve tous les degrés parmi ces nations. Il y a d'abord les pays globalement riches, riches en argent, et ce sont tous les pays producteurs de pétrole. Qu'y voyons-nous ? On peut évidemment proclamer que le « revenu par tête » est le plus élevé du monde, mais chacun sait que c'est une absurdité. Car il y a une infime partie de la population, la couche dirigeante (je ne peux pas parler de « classe », car elle ne constitue pas une classe !), qui atteint une richesse fabuleuse, dont aucun capitaliste occidental n'atteint le millième, et l'énorme masse populaire qui reste dans une pauvreté, parfois une misère, totale. Si ces États sont socialistes, l'énorme richesse n'appartient pas individuellement à quelques personnes. Elle est concentrée dans les mains d'un État qui ne fait pas de cadeaux à la population, et qui ne promeut aucun développement réel. Ce qui est la tentation de tous ces États, qu'ils soient de droite ou de gauche, c'est d'utiliser leur richesse à industrialiser, à tort et à travers, leur pays. On achète des usines clés en main. On installe de l'industrie lourde. Le modèle en avait été le chah d'Iran[1]. Mais ce faisant, qui n'a pas d'autre motif que l'imitation des pays avancés, la conviction que l'industrie est la voie de l'indépendance et du salut, cette industrialisation artificielle, destinée à « placer » des richesses immenses, n'a qu'un résultat immédiat, à savoir créer dans ces pays qui en étaient indemnes un prolétariat industriel, comparable en tout point au prolétariat au XIXe siècle européen.

Autrement dit, lorsque, par l'effet d'un heureux hasard, des pays du tiers monde sortent de la misère, et du statut de « nation prolétarienne », c'est pour produire en eux-mêmes un prolétariat qui s'oppose à une catégorie profitant de l'enrichissement global. Et qu'il s'agisse d'anciens nobles, d'émirs, de propriétaires ou bien des hommes politiques de gauche, des cadres du Parti, cela revient exactement au même. Le pouvoir n'est jamais aux mains du prolétariat, la dictature du prolétariat est dans les pays communistes riches du tiers monde encore plus hypocrite qu'en URSS. C'est bien une dictature sur le nouveau prolétariat industriel qui est instituée. Mais il s'agit d'un prolétariat qui se constitue de façon assez spontanée, dans les deux cas, et à la mode européenne. Très différent du prolétariat « organisé » que nous rencontrerons plus loin.

Schumacher[2] avec sa lucidité habituelle a montré à quel point l'acceptation des techniques modernes impliquait l'acceptation de l'idéologie qui les

---

1. Je voudrais rappeler un fait, que je n'ai vu citer *nulle part*. Si l'Iran a pu résister comme il l'a fait à l'agression de l'Irak, c'est uniquement grâce à l'énorme appareil militaire, à l'accumulation de gigantesques réservoirs d'armes, que le chah avait constitués. C'est uniquement l'héritage du chah qui a sauvé l'Iran de l'ayatollah de l'invasion.

2. E. F. Schumacher, *Good Work*, Le Seuil, 1980.

accompagne. « Le Premier ministre de l'Iran déclarait en 1976 que, dans l'industrialisation de l'Iran, il est plusieurs aspects de l'Occident que nous souhaitons éviter : nous ne recherchons que la technologie occidentale, pas l'idéologie. Nous souhaitons éviter un transplant idéologique. » Pour tenir un tel langage, il faut supposer, dit Schumacher, qu'on peut transplanter la technologie sans l'idéologie. Il faut supposer que la technique est idéologiquement neutre. Bref, que l'on peut « se procurer le *hardware* sans le *software* qui le sous-tend et *le fait fonctionner* ». Il ajoute avec son humour : « Cela fait penser à un importateur qui dirait : je souhaite importer des œufs de poule pour mes conserves, mais je ne veux pas de poulets, je voudrais qu'ils me donnent des kangourous ! » C'est bien tout le problème de l'industrialisation massive de ces pays... où l'on ne voudrait pas de prolétariat !

Si maintenant nous considérons les peuples du tiers monde qui n'ont pas eu l'heureuse chance du pétrole, que trouvons-nous ? Là aussi une prolétarisation interne, qui ne tient pas uniquement au fait de l'impérialisme. Il est évident que l'accroissement rapide de population joue un grand rôle dans l'appauvrissement du tiers monde, appauvrissement qui est un des facteurs de prolétarisation. Or, il ne semble pas que cette croissance soit près d'être arrêtée. Chaque gouvernement du tiers monde considère que c'est un bien d'augmenter le nombre de sa population, facteur de puissance. Quand on leur parle de contraception, de limitation des naissances, la réplique des dirigeants et des intellectuels est qu'il s'agit là d'un discours colonialiste venant des pays développés pour affaiblir le tiers monde. Mais en outre, il est bien vrai que le « discours de la contraception » ne « passe » pas dans les populations. La

Conférence sur la planification familiale (mai 1981) à Djakarta[1] a constaté une progression très lente de celle-ci. Environ 7 % des couples dans le tiers monde (contre 50 % dans les pays industrialisés) utilisent les contraceptifs avec d'extrêmes disparités. Les pays les plus « libéraux » sont les Philippines, la Malaisie, la Thaïlande, presque tous les pays d'Amérique latine. Mais dans certains pays, le gouvernement est favorable, et la population ne suit pas (Inde), et en Afrique noire le taux de natalité reste très élevé. L'information joue très mal. Par contre le nombre des avortements augmente (probablement 25 millions par an dans les pays du tiers monde). Or, dans ces pays, l'avortement est généralement interdit, d'où une mortalité assez importante des femmes. Il faut se rappeler que l'avortement, pour échapper à l'accablement du nombre des enfants, a bien été l'une des caractéristiques du prolétariat urbain de l'Europe au XIXe siècle.

Un autre aspect essentiel de la prolétarisation est la croissance du chômage, phénomène aberrant dans une société traditionnelle et, dans ces pays en voie de développement, tout à fait paradoxal par rapport au chômage occidental. Ce chômage est lié aux déplacements de population, à l'urbanisation, dus eux-mêmes à la famine et à l'industrialisation. Il est évident que l'on ne peut pas imputer directement à la famine seule la condition prolétarienne qui gagne en Afrique. La famine provenant des circonstances naturelles est un événement indépendant des structures sociales, par exemple au Sahel. Ce n'est pas parce qu'une population a faim, du fait de la mort de son troupeau à cause de la sécheresse, qu'elle est

1. Fonds des Nations unies pour les activités en matière de population, et Fédération internationale de planification familiale.

un prolétariat. Mais la famine est un facteur de prolétarisation parce qu'elle produit une migration de la population vers les villes[1]. On assiste, autour des villes du Sahel, à une agglomération d'« installations sauvages » dans des paillotes, des tentes, etc.

Or, ce fait, récemment étudié pour le Mali[2], est un comportement classique. Il y a trente ans qu'il se produit dans l'Inde, mais on le constatait aussi au Moyen Âge : à chaque famine il y avait afflux des paysans vers les villes, avec la croyance mythique que, dans la ville, on trouve toujours à manger ! Ce qui se produit alors, c'est que le « réfugié » est instable (il change de ville, quand il n'a pas trouvé le moyen de vivre dans la première) ; d'autre part, « la condition de réfugié se caractérise par l'absence d'un genre de vie ou d'un mode de production propre ». Ce qui est bien spécifique du prolétaire. Il y a une forte proportion de mendiants et, comme le note très judicieusement Amselle, « entre les activités diverses, aléatoires (artisans, tâcherons, gardes de troupeaux) et la mendicité, il n'y a que des différences de degrés : car les réfugiés sont demandeurs d'emplois, et la rémunération de la force de travail n'est pas perçue comme telle mais davantage comme la manifestation d'une charité ». Il y a cependant trois caractères nouveaux qui apparaissent qui sont bien des caractères du prolétariat : d'abord ces réfugiés qui étaient avant des nomades libres, des propriétaires de troupeaux, des « personnages » sont obligés de vendre leur force

1. Cet exode vers les villes dans le tiers monde est presque inimaginable : s'il se maintient au rythme actuel on évalue à 2 milliards la population *urbaine* du tiers monde en l'an 2000 ! Ce qui voudrait dire qu'il y aurait une personne sur trois vivant dans des métropoles du tiers monde, au lieu d'une sur cinq en 1975.

2. Amselle, « Famine et prolétarisation au Sahel », in *Politique africaine*, n° 1, 1981.

de travail. Cette prolétarisation est perçue par les réfugiés eux-mêmes : l'un d'eux disant : « Il n'y a plus d'animaux. Les parents vivent de leur travail. » « La présence de cette masse de déportés dans les villes fournit donc une main-d'œuvre abondante et bon marché aux fonctionnaires, aux notables et surtout aux commerçants. Ces derniers trouvent dans les réfugiés des travailleurs taillables et corvéables à merci, et cela explique sans doute l'augmentation du nombre des commerçants... » dans ces régimes. Et cela nous ramène à la capitalisation ! Car c'est exactement le processus qui a toujours permis une accumulation primitive. Ces travailleurs sont rigoureusement dépendants, et cela d'autant plus que le salaire journalier permet tout juste de vivre. Ensuite, événement considérable, les femmes sont obligées de travailler. Avant 1973, les femmes maures, peules, etc., ne travaillaient jamais. Actuellement dans les villes, ce sont elles qui assurent un certain artisanat qui souvent permet seul à la famille de vivre. Elles sont réduites à ce qui, dans la pensée des nomades, est une condition servile. Ceci est très important. Enfin, dernier aspect de la prolétarisation « objective » : le groupe domestique a éclaté ; presque la totalité des groupes étudiés comprennent de 1 à 9 personnes, ce qui est extrêmement faible par rapport au groupe « tribal » des nomades ; dislocation qui tient à la mort, à la disparition des esclaves, à l'installation en ville. Or, la réduction de la famille à son « noyau » est typique du premier stade du prolétariat. En outre 30 % de ces groupes ont à leur tête une femme... Partout où l'homme émigre vers les villes pour y avoir un emploi industriel, ou pire encore vers les pays « développés », le reste de la famille continue sur place le travail traditionnel, c'est-à-dire que l'agriculture est entièrement pratiquée par les femmes et les enfants, nouvel aspect fondamental de la prolétarisation.

Le problème des réfugiés en Afrique pour cause de famine ou pour raison politique est de plus en plus tragique : il y avait 700 000 réfugiés en 1967, il y en a 4 millions en 1980. Sans doute les peuples africains d'accueils sont (en général) pleins de bonne volonté, et acceptent de tenter une aide mais leurs moyens leur permettent rarement de faire face à de tels besoins et la plupart des réfugiés grossissent les rangs du prolétariat [1].

L'évaluation du chômage dans ces pays du tiers monde est très difficile et on ne peut donner de résultats très sûrs. Voici par exemple trois problèmes : des personnes qui techniquement sont comptées parmi les chômeurs ont en fait des occupations très productives mais « hors marché » et « hors des emplois formellement reconnus », ces gens vivent du troc ou d'un rôle de médiation payée. Inversement des salariés sont en fait employés à des tâches factices et de productivité nulle. (Une étude de l'OCDE montre que, si 20 % des « cols blancs » restaient chez eux, on ne s'en apercevrait pas... Et dans les pays du tiers monde la prolifération des emplois inutiles administratifs est

1. Jacques Loup, *Le tiers monde peut-il survivre ?*, Economica, 1980. Ce livre est exemplaire en ce qu'il pose la question hors de toute passion. Il indique que l'analyse des expériences des vingt dernières années peut conduire à des affirmations de succès ou d'échecs aussi exactes les unes que les autres. Il n'y a pas d'objectivité possible dans ce domaine. Mais sa conclusion est claire et sage : le premier problème est de survivre. La presque totalité de l'activité économique est agricole. Il faut partir de là et ne pas brutaliser la réalité : la conciliation des deux objectifs : croissance économique et justice sociale (suppression de la misère) n'est possible que si on vise d'abord l'accroissement de productivité des groupes sociaux les plus pauvres, c'est-à-dire le développement agricole, dont dépend 90 % de la population. Et cela ne peut pas être effectué par des injections massives de méthodes et de capitaux.

énorme.) En outre, le chômage résulte souvent d'une application de moyens techniques plus perfectionnés. Ici on a un problème central : dans un premier temps pour industrialiser, il y a appel de main-d'œuvre, puis (et cela commence à être le cas pour le tiers monde) quand on remplace l'outillage vétuste par un plus efficient, cela entraîne le chômage. Mais cela est-il négatif pour le développement ? Donc il n'y a pas toujours coïncidence entre développement économique et amélioration de la condition humaine ! Cela est confirmé par le fait que le chômage a relativement *peu augmenté dans les villes* du tiers monde. La moitié des arrivants entrent dans ce que l'on appelle le secteur non structuré de l'économie (marchands ambulants, réparateurs, recycleurs d'objets mis au rebut, cireurs de souliers, vendeurs de journaux, trafiquants divers, porteurs, coursiers, hommes à tout faire...). Ce secteur non structuré, qui emploie peut-être 150 millions de travailleurs dans le tiers monde, joue le rôle de « soupape de sûreté » en face du chômage. Leur situation implique l'absence de capital et l'absence d'emploi fixe. Et, contrairement à ce que l'on croit, une étude du BIT (1980) révèle que ces « instables » n'envisagent pas du tout leur situation comme provisoire : la plupart désirent y rester. Malgré leur pauvreté, je dirais que ceux-là ne font justement pas partie du prolétariat, d'autant que fréquemment ils montent de véritables petites entreprises de quelques personnes, sans avoir vraiment de capital (entre 30 et 300 dollars selon cette étude). Ces entreprises paraissent si importantes que l'on envisage une aide substantielle pour développer ce secteur non structuré, et indépendant ! Cependant la CNUCED pense que l'on va assister à une véritable explosion de chômage du fait de la pression démographique et de l'exode vers les villes. Il y a une augmentation annuelle de 4,6 % de la population urbaine. Il faudrait une croissance de 7 % par an pour absorber cette main-d'œuvre de façon cohérente, alors que le meilleur taux de croissance possible est de 4,2 %.

Mais la cause la plus importante de prolétarisation c'est l'apparition et le développement d'une bourgeoisie locale qui joue exactement le même rôle que la bourgeoisie européenne au XIXe siècle. Ce n'est pas une attitude colonialiste que de dire que dans les pays décolonisés en voie d'industrialisation, les colons ont été remplacés par des bourgeois locaux. Ceci peut prendre des formes très diverses : bourgeois au sens traditionnel (commerçants et industriels), et je dirais que c'est le meilleur cas. Cadres de l'armée qui ayant pris le pouvoir l'exercent à leur profit et réduisent le reste de la population à l'état de prolétaire. Mais aussi bien administrateurs et fonctionnaires lorsque c'est une dictature « socialiste » qui s'est installée. Ces administrateurs n'ont qu'une idée : s'enrichir eux-mêmes par tous les moyens possibles, et ils font travailler les masses avec une impitoyable sévérité. Yves Lacoste (*op. cit.*) fait une analyse très rigoureuse de cette bourgeoisie, en montrant les très fortes inégalités sociales dans tous ces pays. Des minorités prenant le pouvoir ont exercé des pouvoirs exorbitants au point de vue économique, ont permis les progrès d'un néo-capitalisme, même là où elles se déclaraient de gauche. Elles ont peu fait progresser le pouvoir d'achat des masses et plutôt creusé l'écart entre la classe dirigeante et les pauvres, ceux-ci devenant prolétaires. Et par leur excès, ces classes dirigeantes ont très souvent bloqué le développement. Que celles-ci soient créatrices du technique ou simplement associées.

Tout cela, qui est constaté, démontré aussi bien par Samir Amin[1] que jadis par F. Fanon, n'est pas le produit direct d'un impérialisme occidental mais de la passion de l'argent et du pouvoir que l'on retrouve ici comme partout, associée au développement des villes et à l'extension d'un système productiviste. Bien entendu, l'Occident joue cependant, ici encore, à un double niveau. Pour ces « élites » dirigeantes, il représente le modèle qu'il faut imiter. Et qu'il s'agisse du modèle américain ou du modèle russe, cela revient exactement au même. C'est un modèle industrialisé avec exploitation des travailleurs dans les deux cas. En outre, l'Occident profite de cette situation parce que ce sont les élites qui d'une part s'entendent directement avec les gouvernements ou avec les grandes compagnies, et qui en même temps perpétuent les cultures industrielles indispensables (au lieu de faire de la polyculture qui ne leur rapporterait rien), accordent les concessions pour les exploitations minières, etc.

Autrement dit, les peuples décolonisés suivent assez exactement le chemin que les peuples occidentaux ont suivi après leurs révolutions politiques. Ceux-ci ont installé la République, et c'est une nouvelle classe dirigeante qui a établi son pouvoir dans l'organisation économique. Dans le tiers monde, c'est exactement le même fait : la décolonisation, acte politique (comparable aux révolutions contre les tyrans), aboutit à une organisation économique qui veut un développement à tout prix : le prix étant la création d'un prolétariat. Ce que nous pouvons dire, malheureusement avec certitude, c'est que dans la mesure où l'industrialisation du tiers monde

1. Cf. entre autres Samir Amin, « Le modèle théorique d'accumulation » in *Tiers Monde*, 1972.

n'a pas encore eu lieu, ce prolétariat n'est pas encore développé totalement. Mais qu'il faut nous attendre à une croissance terrible de ce prolétariat du tiers monde, en même temps qu'à son appauvrissement au fur et à mesure que l'exploitation se durcira. Il n'est pas opportun d'objecter que cette bourgeoisie locale ne semble pas efficace au point de vue économique, que ses méthodes d'exploitation sont simplistes et que, de ce fait, son pouvoir ne durera pas. Là encore, je rappellerai que la bourgeoisie occidentale du XVIIe siècle par exemple était également fort ridicule, souvent inefficace et mal organisée. Ceci est un fait que l'on oublie généralement. On garde l'exemple des grands traitants, des banquiers, de Colbert, etc., etc., mais à côté de cela, nous voyons une bourgeoisie, certes âpre au gain mais stupide : un *vrai* modèle de cette bourgeoisie nous est donné par *Le Bourgeois gentilhomme*, mais par bien d'autres comédies de Molière ou de Beaumarchais : le traitant stupide, qui ne sait qu'une chose : « faire suer le burnous » ! De même les colonisateurs du début du XIXe siècle qui ne savaient qu'exploiter à mort la main-d'œuvre, ou vendre des esclaves... Ce n'étaient pas d'habiles économistes, et pourtant, les choses se sont peu à peu ordonnées, mises en place, l'industrialisation s'est greffée sur cette accumulation incohérente de capitaux, et le prolétariat est né, au travers des errements, des incohérences, de cette bourgeoisie ! Dès lors, qu'en Afrique, cette nouvelle bourgeoisie ne semble pas apte à établir un régime économique équilibré ne me paraît pas important. Les choses s'organiseront, avec l'aide bien sûr du capitalisme ou du socialisme occidental qui en profiteront.

Que la classe dominante soit déjà constituée, par exemple au Cameroun comme le pense

J.-F. Médard[1], ou qu'elle soit en cours de formation comme le pense Bayart[2], de toute façon il est bien exact que d'une part nous sommes en présence d'une formation de classe, d'autre part que, suivant le processus qui s'est produit en Occident, cette classe dominante institue, provoque, entraîne l'apparition, en seconde étape, d'une autre classe, exploitée, aliénée, c'est-à-dire d'un prolétariat : il y a, là aussi, transformation d'une population antérieurement pauvre et subordonnée mais ayant une spécificité organisée, en un prolétariat. Et cette exploitation correspond, en même temps, à une tentative d'accumulation capitaliste et à un usage ostentatoire du surplus capitaliste. Cet usage ostentatoire, note-t-on, l'emporte parfois sur le souci d'accumulation à but économique. Certains auteurs disent, à juste titre, que cela tient au coût inévitable de la domination politique, et à ce patrimonialisme que Médard a étudié. C'est exact, mais s'il y a accumulation capitaliste orientée autrement que vers la production industrielle, cela vient de ce qu'en Afrique il n'y a pas eu la conjonction étonnante des facteurs qui ont permis la corrélation accumulation-développement industriel en Europe. Par ailleurs il ne faut pas oublier qu'en Europe aussi la première période d'accumulation capitaliste provenant du commerce a été marquée par la dépense ostentatoire (XVIIe-XVIIIe siècle) de la bourgeoisie avant que celle-ci n'investisse tout dans la croissance industrielle. Quoi qu'il en soit, le prolétariat se développe avec ses deux dimensions : exode rural, subordination à

1. J.-F. Médard, « L'État sous-développé au Cameroun », *L'Année africaine*, 1977-1979.

2. J.-F. Bayart, *L'État au Cameroun*, Presses de la Fondation des sciences politiques, 1979.

des mécanismes économiques surdéterminants (ici le poids du capitalisme, mondial, privé ou d'État). La migration vers les villes finit par n'avoir plus d'autre cause que l'appel de main-d'œuvre vers les zones de capitalisme agraire ou industriel[1].

Or ce prolétariat présente lui aussi d'autres points d'identification avec ce que fut le prolétariat naissant du monde occidental industriel : il n'est pas une catégorie sociale homogène, unifiée. Ces prolétaires sont bien dans la condition objective d'exploités en vue d'un capitalisme, mais sans unité de condition et bien plus sans conscience de classe (Bayart). De même on souligne à juste titre que les femmes, les jeunes, les membres des anciennes communautés sont soumis à une double exploitation, celle du système capitaliste (mondial) et celle de leurs dominants historiques traditionnels. Enfin dernier point de ressemblance : d'un côté il y a (comme au XVIIIe siècle occidental) apparition d'une agriculture capitaliste, et de l'autre apparition d'une bourgeoisie rurale profitant de l'accumulation. Les ressemblances sont frappantes. On peut donc dire que très nettement là aussi il y a apparition d'un prolétariat au sens technique du terme, mais fondamentalement provoqué, à mon avis, par la nécessité de l'industrialisation (voulue localement ou/et implantée par le capitalisme mondial) correspondant à la pénétration du mode capitaliste de production.

Il ne suffit pas, comme le dit exactement J.-F. Médard, de déduire l'état des pays africains du système capitaliste international, ni de faire du sous-développement le produit direct et conséquentiel du développement. Son analyse est bien plus fine

1. P.-P. Rey, *Le Capitalisme négrier*, Maspero, 1976.

quand il montre qu'il s'agit de l'effet du développement sur un non-développement. La phase intermédiaire est alors celle de l'exploitation par une bureaucratie, qui constitue une classe dominante et qui agit dans son propre intérêt. Mais nous avons ici encore une similitude avec ce qui s'est produit en Occident avec le monde des offices, liés d'une part à une bourgeoisie commerçante, d'autre part à une exploitation agricole de type nouveau. Cette bureaucratie exploite, pour son enrichissement, mais aussi avec une vue économique : « Le néo-patrimonialisme a pour résultat de transformer les ressources politiques en ressources économiques » (Médard). Ceci est essentiel et c'est une phase transitoire : « La logique patrimoniale est généralement en contradiction avec la logique technocratique du développement, surtout dans le contexte d'un État aussi bureaucratique. Il y a là deux rationalités en interaction complexe et aux logiques contradictoires, mais le but ultime du projet de la société camerounaise est de faire prédominer la seconde sur la première... » C'est la visée industrialiste, le prolétariat n'est pas directement le produit du capitalisme international, mais du modèle industrialiste et technique, adopté à l'intérieur même du pays. Et l'on assiste alors à ce fait, qui a aussi existé en Occident : l'apparition d'un prolétariat *avant* le développement industriel expansif, mais permettant justement l'enclenchement du processus industriel[1].

1. Y.-A. Fauré, « Croissance étatique et accumulation... des obstacles », in *Politique africaine*, n° 1, 1981, confirme tout à fait pour le Cameroun le processus d'accumulation « à l'ombre des structures politiques » et conduisant à la prolétarisation par la voie de la constitution d'une classe dominante à orientation multiple : production capitaliste et maintien des systèmes de domination autochtones anciens.

On assiste d'ailleurs en même temps, et c'est un autre facteur de prolétarisation, à une industrialisation incohérente de ce tiers monde. Industrialisation qui n'est pas du tout comparable à celle produite par les Émirs pétroliers, mais qui comporte des effets aussi et même plus catastrophiques. Il me semble qu'il y a ici deux orientations. D'une part une industrialisation demandée par les pays du tiers monde, eux-mêmes. D'autre part l'industrialisation impulsée par les multinationales.

Le premier cas semblerait idéal. Ce sont les intéressés eux-mêmes qui éprouvent leurs besoins et qui réclament telle création industrielle. Mais évidemment ils dépendent de ce que l'Occident est capable de fournir. Est-il utile de rappeler les exemples cent fois donnés de création d'usines qui ne servent à rien, de machines que l'on est incapable de faire marcher, et qui restent à rouiller dans des hangars, ou de créations d'unités de production installées dans des régions où elles ne sont pas utiles. Je rappellerai seulement des faits connus : l'Occident a fait l'expérience de ces échecs. Dès lors on étudie les « transferts de technologie » d'une part, la mise au point d'autre part de machines exactement adaptées aux besoins et aux capacités des peuples intéressés. Tout cela est fort bien. C'est évidemment un progrès de fournir aux pays du tiers monde un appareillage adapté. Mais ce que cela implique plus encore, c'est qu'il s'agit d'adapter les gens à cet appareillage. C'est bien l'objet réel des études de transfert de technologie. Il s'agit de transformer le paysan bamiléké, ou le tisserand du Bénin, en un conducteur de bulldozer ou en ouvrier de filature, et de promouvoir leur culture industrielle. On fait d'ailleurs valoir avec enthousiasme que l'informatisation va considérablement faciliter cette transformation. Il est infiniment plus facile de faire apprendre à un incapable à appuyer sur une touche en voyant tel signal, que de lui faire manipuler lui-même des machines complexes. Mais ce que l'on ne dit jamais, c'est que cet équipement produit inévitablement un prolétariat industriel. Toute accélération du transfert de technologie est en fait une production de prolétariat[1]. Car il ne faut pas détacher le phénomène de son contexte. Il ne faut pas prétendre garder

1. Depuis l'étude de Coriat que j'ai examinée dans le *Système technicien*, la meilleure étude sur le transfert de technologie est l'ouvrage collectif *Transfert de technologie et développement*, 1979, dans laquelle se trouve en particulier l'étude de Fitz, Naudin et Patriat, que je critique par ailleurs mais qui est très correcte et dont l'analyse est tout à fait utilisable, si on fait abstraction des jugements de valeurs. Leur base de travail est saine : les techniques mises en œuvre ont été créées dans les sociétés développées. Elles ne sont pas neutres. Elles participent à un choix de société. Elles sont importées et entraînent un double effet de dépendance, l'une intériorisée provenant des caractères mêmes de ces techniques, l'autre externe provenant des modalités d'acquisition imposées par les fournisseurs étrangers. Ils distinguent, à partir de là, les États qui sont totalement dépendants de pouvoirs capitalistes parce que les techniques importées se confondent exactement avec les capitaux investis par la puissance étrangère (par exemple, la Côte d'Ivoire). La technique s'efface derrière l'investissement. Le pays dépendant fournit une main-d'œuvre prolétarienne. Il y a peu de formation de personnel qualifié et pas de recherche de procédés nouveaux de fabrication. Le transfert de technologie, alors, n'est rien de plus qu'une délocalisation décidée par des centres de décision extérieurs. En second lieu, il y a les États qui dépendent aussi de puissances capitalistes mais qui ont eux-mêmes des capitaux qu'ils veulent utiliser à leurs propres fins (par exemple : Mexique, Brésil, Argentine, Pérou, Nigeria, Inde...). Ici on a un processus de type capitaliste classique : la technologie importée l'est moins par une décision extérieure que par la décision des entrepreneurs du pays importateur, qui cherchent leur intérêt et non l'intérêt national. Ceci permet l'emploi d'un personnel local et vise la consommation locale mais celle-ci ne sera pas une consommation de masse par faute de ressources dans les classes pauvres. D'autant plus que les techniques employées, importées, induisent certaines consommations (et non pas une réponse aux besoins de base). Un troisième groupe de pays, d'après ces auteurs, est représenté par l'Algérie, pays socialiste cherchant les voies originales d'un socialisme national spécifique. Dans ces pays le seul acquéreur de technique est l'État, il choisit ses partenaires de

les mains blanches, en déclarant que le transfert de technologie n'a qu'un but : permettre aux peuples du tiers monde d'accéder au progrès technique avec le minimum de perturbations et de dégradations psychologiques ou sociologiques. Il faut éviter de bouleverser les structures mentales et familiales, etc., je connais fort bien ce discours sympathique[1]. Oui mais, ceci va se produire dans des pays où règne cette bourgeoisie (d'affaire ou administrative) qui s'emparera aussitôt de tous les moyens à son profit, et en même temps la production qui est demandée est une production utile d'une façon ou d'une autre aux pays développés. Par conséquent, il s'agit bien de production d'un prolétariat !

L'industrialisation réclamée, par les pays eux-mêmes, est incroyablement incohérente et mal adap-

---

façon à ne pas trop dépendre d'eux. Très souvent, on cherche des techniques avancées à haute intensité de capital et à faible utilisation de main-d'œuvre. Celle-ci est essentiellement nationale, avec une progression moindre que celle de la population. L'Algérie refuse de lier cette importation de la technique à des investissements financiers étrangers, et veut absolument acquérir une maîtrise nationale de ses techniques. Enfin un quatrième groupe est constitué par les pays du tiers monde qui acceptent totalement le marxisme et prétendent adopter une politique économique dont dépendrait l'importation des techniques. Ces auteurs décrivent cette politique comme : lutte pour l'indépendance économique, construction de la base industrielle, développement des forces productives autonomes, transformation des rapports sociaux. Le modèle *était* la Chine, nous n'y reviendrons pas. Mais on a envie de sourire quand on pense qu'à ces prétentions théoriques on fait répondre la république populaire du Congo, la Guinée, l'Angola et la Libye ! C'est un merveilleux aveuglement idéologique de ces bons chercheurs...

1. P. Chauleur (*L'Afrique industrielle*, Maisonneuve, 1980) dresse un bilan de cette industrialisation, avec transformation des matières premières, effort de substituer les produits africains aux produits importés. Il ne cache pas l'influence des grandes compagnies. Mais ne dit mot du prix social qu'il faut payer pour cette industrialisation : c'est toujours le même problème avec ces études purement économiques. Mais le modèle d'interprétation purement politique n'est pas davantage satisfaisant.

tée malgré les nouveaux efforts. L'exemple le plus catastrophique nous est donné par le célèbre barrage d'Assouan. Il devait produire des merveilles par l'assagissement du cours du Nil et par l'irrigation de milliers d'hectares de terres infertiles. Ce fut une œuvre gigantesque, avec la concurrence que l'on sait entre Occidentaux et Soviétiques. Ce fut une œuvre exclusivement dans l'intérêt du peuple égyptien. Les Occidentaux ne devaient en tirer aucun profit. C'était vraiment la « bonne œuvre ». On a poussé la délicatesse jusqu'à sauver les œuvres d'art, le temple d'Abou Simbel dont il a été si souvent question entre autres, et pour lequel la France a donné quelques milliards. C'était merveilleux. Oui mais, comme d'habitude, on n'avait pas tout prévu. Le Nil, en aval, a cessé de déposer les boues fertiles sur lesquelles depuis dix mille ans reposait la totalité de l'économie et qui ont permis l'efflorescence de la civilisation égyptienne. Les canaux d'irrigation ont été de l'eau morte, et il semble, malgré des contestations, que ce soit la cause de l'expansion de l'épidémie terrible de bilharziose dans toute la population. Enfin le delta du Nil est profondément perturbé par la rétention des crues et en particulier il semble que les fructueuses pêcheries qui faisaient vivre une grande partie de la population du delta soient devenues stériles. Autrement dit, c'est le type de l'œuvre gigantesque de la technique moderne dont finalement les effets sont négatifs. Or, ceci est d'autant plus grave dans des pays déjà pauvres et à la limite de la famine.

Dans cette inadéquation entre les techniques importées et les modes de vie traditionnels adaptés exactement au pays, il y a, comme résultat, une prolétarisation tragique, même quand les Occidentaux n'y ont pas recherché leur intérêt, même quand il s'agit d'une œuvre « gratuite ». En réalité, lorsque les peuples du tiers monde réclament une industrialisation, ils obéissent à la fascination de la puissance technique, mais en outre depuis une dizaine d'années à l'attrait du modèle soviétique. Un nombre croissant de ces peuples apprend que le premier pas de leur libération a été la décolonisation, le second pas doit être leur socialisation. Il faut se débarrasser de l'impérialisme américain. Parfait. On ne parle pas de l'impérialisme soviétique. Tant pis. Mais pour le thème qui m'occupe, je dirai simplement que l'acceptation du modèle soviétique ne peut qu'accentuer la prolétarisation de ces peuples. Non pas tellement une prolétarisation au service direct de l'URSS, mais dans la mesure où celle-ci n'est pas plus désintéressée, pas plus intelligente, pas plus compréhensive que les États-Unis à l'égard de ces peuples africains ou asiatiques. Et de même que, pour accéder à son industrialisation, la Russie soviétique a fabriqué des centaines de millions de prolétaires, on peut être assuré que l'application du modèle en Afrique exigera exactement les mêmes moyens et aura les mêmes résultats. La socialisation, la soviétisation de l'Afrique va engendrer des centaines de millions de prolétaires, puisque ici aussi le socialisme ce sera « les soviets plus l'électricité ». Il n'y a rigoureusement pas d'autre issue, à moins que les peuples africains refusent énergiquement la totalité de ce que propose l'Occident, et s'engagent, hasardeusement, dans leur voie propre, qui n'est pas celle de la technicisation et de l'industrialisation rapide, mais au contraire une progression lente et maîtrisée à partir d'abord de l'agriculture. Je crois bien que seule la Tanzanie donne un exemple de ce qu'il faudrait faire, mais à quel prix [1] ! Or, il y a très

---

1. Schumacher pour tous ces pays a une formule excellente : « Une production locale, à partir de ressources locales, à usage local. »

peu de chances que ceci réussisse étant donné la multiplicité de facteurs contraires que nous avons cités.

Il reste encore à rappeler un de ces facteurs : l'intervention des « multinationales »[1]. Sans vouloir faire de celles-ci un monstre sans visage mais à mille tentacules, on est obligé de constater que ces sociétés ont un impact terrible sur le tiers monde. Le système d'implantations d'usines productrices de pièces détachées hyper-spécialisées dans des pays du tiers monde est à mes yeux une catastrophe. D'abord parce que c'est l'insertion d'un bloc technique totalement perturbant pour un milieu qui n'a aucun point commun avec ce complexe. (J'avais déjà étudié cela pour l'implantation des grands aérodromes dans des pays totalement sous-développés en 1950.) Ensuite parce que la fabrication de pièces détachées ne peut, en rien, aider l'économie locale à se développer. Au contraire nous sommes là en présence d'un facteur de subordination stupéfiant. C'est une suppression de toute autonomie possible. Le bloc industriel devient un moyen de chantage extraordinaire. En effet, le gouvernement local n'a aucun moyen d'action : s'il « confisque » ou « nationalise », il ne peut strictement rien faire d'une usine produisant une pièce détachée, que personne ne lui achètera. Mais surtout on sait que l'un des mobiles importants, c'est d'avoir une main-d'œuvre très bon marché, sans garantie sociale, sans syndicats, sans moyen de pression sur l'employeur : la grève ne cor-

1. Il est stupéfiant de voir A. Emmanuel (*Technologie appropriée...*, PUF, 1981) défendre l'action des multinationales au tiers monde sur la base suivante : il ne peut y avoir de croissance que grâce aux techniques les plus avancées. Le tiers monde a besoin de celles-là, et ce sont les multinationales qui les y implantent. Elles sont donc le meilleur facteur de développement du tiers monde.

respond à rien et la main-d'œuvre est surabondante. Il est mille fois plus pratique d'implanter une usine en pays sous-développé plutôt que de faire venir la main-d'œuvre étrangère. Autrement dit, cet aspect (un entre bien d'autres) de la politique des multinationales est effectivement créateur d'un prolétariat total, comparable au prolétariat occidental de 1830, et même pire, dans la mesure où celui-ci pouvait dans une certaine mesure atteindre ses patrons, alors que le prolétariat indigène au service des usines de multinationales n'a personne en face de lui.

Il faut enfin faire allusion à un dernier facteur de prolétarisation : l'énorme commerce d'armement. Tout le monde sait que les nations du tiers monde sont les plus gros acheteurs d'armement, et que les pays « avancés » en profitent pour leur vendre leur armement tout juste démodé de façon à pouvoir renouveler sans cesse l'armement le plus moderne. Nous jouons sur les sentiments nationalistes, sur la volonté de chacun de ces pays de s'affirmer comme une grande puissance et sur les réalités des conflits locaux ou provoqués (et ici encore l'URSS est rigoureusement aussi coupable que les États-Unis). Or, si l'on peut ne pas insister sur le caractère le plus voyant de ce commerce d'armes, à savoir que les pays du tiers monde se ruinent et s'épuisent dans ces dépenses d'armement, il y a un autre aspect qui n'est pas souvent souligné. Marx avait déjà indiqué (et de Tocqueville aussi) que la prolétarisation d'une part importante de la nation était associée à la création d'une armée nationale. Je ne veux pas dire que la formation de l'armée de conscription soit la *cause* de la prolétarisation, certes non, mais il y a concomitance, qui n'est pas fortuite. Nous sommes très loin de l'armée de citoyens, ou du peuple en arme. En réalité une armée de ce type est un admirable instrument de répression à l'égard des travailleurs prolétarisés, et réciproquement, elle prépare par la discipline militaire à la discipline de l'usine. Ceci n'est pas encore tout à fait exact dans les pays d'Afrique, où les armées sont plutôt des armées de prétoriens, aptes à la répression et au coup d'État, mais ce n'est qu'une étape, et ceci se transformera peu à peu en armée nationale, comme dans les pays arabes, mais alors, la prolétarisation industrielle y sera inévitablement associée.

Tels sont donc, me semble-t-il, les facteurs extrêmement divers qui jouent tous dans le même sens à partir de données différentes. L'élément commun, identique partout, est l'industrialisation. Les élites du tiers monde sont obsédées par ce type de progrès, et veulent à tout prix industrialiser. Parce que l'industrialisation est pour eux la forme de la modernisation. Le discours de Servan-Schreiber est illusoire[q]. Mais le prix à payer, c'est la prolétarisation. L'avenir du tiers monde, c'est la prolétarisation.

Or, comme pour le reste du prolétariat qui s'était constitué en Occident, les conditions de vie (et pas seulement la famine) de ce nouveau prolétariat entraînent les mêmes conséquences, en particulier dans le domaine intellectuel : arraché à sa culture traditionnelle, ce prolétariat – les enfants surtout – subit une dégradation qui empêche le développement mental, avec des retards irréversibles dans les acquisitions intellectuelles, les facultés de mémorisation et les aptitudes verbales[1]. Autrement dit, nous sommes en présence de la cassure, connue dans la

---

q. Ellul se montre ici assez elliptique. Probablement fait-il allusion au propos développé par Jean-Jacques Servan-Schreiber dans un livre paru peu auparavant, *Le Défi mondial*, Fayard, 1980.

1. A.-M. Raimbault, *La Recherche*, octobre 1980.

classe ouvrière occidentale au XIXe siècle, qui va faire de ces enfants des inaptes à un développement culturel indispensable pour s'adapter à la société technicienne. Cette détérioration reproduit exactement le phénomène d'infériorité « naturelle » qui justifie l'hérédité des situations acquises.

Ainsi, paradoxalement, si la colonisation et ensuite l'impérialisme ont bien été dans un premier temps et un second temps le facteur déterminant de la prolétarisation des nations du tiers monde, ce n'est plus la situation qui va se présenter dorénavant. Dès maintenant, et ceci ne pourra que s'aggraver, c'est le passage au « socialisme » (mais quel socialisme ! revu et corrigé par les aberrations d'interprétations culturelles locales[1]) s'accompagnant de la nécessité de l'industrialisation qui entraîne et entraînera plus encore, au travers des erreurs des nationalismes décolonisateurs, la formation d'un énorme prolétariat dans chacun de ces pays. Or, ceci se produit d'abord par le cumul même, nous l'avons démontré : socialisme primaire + industrialisation. Mais ensuite cela provient de ce que l'URSS principalement (la Chine secondairement) lance ces pays du tiers monde dans la voie de la décolonisation-socialisation, non pas du tout, et jamais, dans l'intérêt de ces peuples eux-mêmes, pour qu'ils soient libérés vraiment, pour qu'ils aient l'autonomie

---

1. Dans les pays du tiers monde dits socialistes, certains suivent une voie nationaliste et prétendent créer un socialisme algérien ou, il y a quelques années. égyptien, ghanéen, indonésien, ce qui finalement n'avait strictement aucun contenu. D'autres entrent purement et simplement dans le modèle marxiste, « fondement du socialisme scientifique » (Vietnam, Corée du Nord...), mais pour la plupart le mot socialisme spécifique est un simple habillage démagogique d'une tradition en général religieuse, l'Islam en Algérie et en Iran, ou le bouddhisme en Birmanie. Ceci n'ayant rien à faire avec le socialisme ! Mais dans tous les cas c'est le prolétariat qui se développe.

de leurs décisions, pour qu'ils choisissent la voie et la forme de leur vie politique ou de leur accommodation aux techniques modernes mais uniquement pour des raisons stratégiques, uniquement en fonction des intérêts de l'URSS, uniquement par rapport à la nécessité de l'impérialisme soviétique. Il n'y a aucune idée généreuse de libérer ces peuples d'une domination, mais la volonté de substituer à la domination capitaliste une domination soviétique. Il n'y a aucune perspective de structure économique orientée pour le mieux-vivre de ces peuples, mais une organisation polarisée par les nécessités de l'économie soviétique. Or, nous avons vu que celle-ci est largement en retard, qu'elle en reste à l'industrialisation lourde, et qu'elle engage les pays du tiers monde « libérés » socialisés, soit à devenir des économies complémentaires de celle de l'URSS, soit à s'industrialiser sur le modèle soviétique. Dans les deux cas, c'est effectivement le développement massif du prolétariat. Je ne dis pas que c'est la *seule* raison, mais cela s'ajoute à la fascination industrielle spontanée, et aux autres facteurs que nous avons analysés.

La seule voie pour éviter cette prolétarisation serait, je l'ai déjà souvent écrit :

1) que les nations dites développées engagent une politique commune et non concurrentielle d'aide aux pays du tiers monde ;

2) que cette politique soit absolument généreuse et gratuite : c'est-à-dire que ni l'URSS, ni le Japon, ni les États-Unis, ni l'Europe ne cherchent à tirer finalement des bénéfices de leur assistance[1] ;

---

1. Un exemple de l'incompréhension de base a été fourni tout récemment par les proclamations de MM. Mitterrand, Cot et Cheysson lors de l'ouverture le 1er septembre 1981 de la Conférence des Nations unies sur les pays les moins avancés, selon lesquelles : « Il

3) que les pays développés cessent d'exploiter à mort les matières premières de ces pays, et de les vouer à des monocultures industrielles ;

4) que cette politique apporte aux pays du tiers monde ce dont ils ont effectivement besoin (et non pas le trop-plein de nos propres productions), mais ceci impliquerait une reconversion de notre propre économie, une mutation de notre puissance productive en vue des besoins du tiers monde, et non pas en vue de la production des gadgets de pointe occupant un « créneau » possible d'exportation rentable ;

5) que l'équipement fourni soit de type « énergies et techniques douces » d'une part, mais aussi des unités de production très automatisées, avec les derniers progrès techniques, afin d'utiliser le minimum de main-d'œuvre, de ne pas entraîner de gros déplacements de population ni une urbanisation massive, et par conséquent la possibilité de maintenir un large secteur d'activités traditionnelles qui n'auraient pas besoin d'être bouleversées.

Telles sont les cinq conditions qu'il serait indispensable de remplir pour éviter l'énorme accroissement du prolétariat dans le tiers monde... On voit que nous sommes loin d'espérer pouvoir les remplir !

Cependant, tout n'est pas perdu : la compréhension des besoins réels du tiers monde augmente, quoique lentement. On commence à viser la production des outils et des machines réellement utiles et adaptés aux besoins locaux. L'exposition Technology for the people, Genève, 1980, a été caractéristique, « technologies douces, intermédiaires, appropriées »

---

faut que la politique d'aide au tiers monde ait des retombées en France », ou encore : « L'aide au tiers monde est aussi le moyen de sortir la France de la crise. » Dans ces conditions on peut être assuré qu'il n'y aura *aucune* aide au tiers monde *vraie*.

ont trouvé ici des applications concrètes dans la ligne de ce qui avait été demandé par Illich, Dumont, Schumacher. Machines destinées à *augmenter l'emploi et la productivité*[1], et à améliorer réellement les niveaux de vie ! Il ne s'agit pas de transfert de technologie mais de la création de techniques nouvelles adaptées. Appareils que les populations les plus indigentes peuvent monter (machine en bois pour décortiquer les cacahuètes, système à biogaz fait de vieux bidons de pétrole, pompe hydrostatique actionnée par le cours d'eau, micro turbine très simple capable de produire de l'électricité...) ou bien machines, déjà complexes mais bien adaptées (four solaire, machine à filer la laine, filtres à eau). Mais alors pour beaucoup d'entre elles, il y a un problème d'achat, par exemple on a créé une batteuse mécanique excellente à usages multiples, mais les peuples les plus pauvres qui en auraient le plus besoin en Inde du Nord, au Pakistan, dans beaucoup de pays d'Afrique, ne pourront jamais l'acheter. En même temps, il se produit une certaine prise de conscience du fait même que nous étudions ici. Des études sur l'impact négatif des techniques ont

---

1. Cf. C. Auroi, Y. Étienne, J.-L. Maurer, *La Fin des outils*, IUED, 1979. Par contre, il est évident que l'on doit être en désaccord total avec des études comme celle d'Emmanuel Arghiri, *Technologie appropriée ou technologie sous-développée*, PUF, 1981. L'auteur, avec une étroitesse d'idée extrême, suspecte tout ce qui peut venir des technologies appropriées, c'est uniquement parce qu'elles sont moins efficaces, un moyen pour l'Occident de dominer et de maintenir le sous-développement du tiers monde ! Thèse absurde qui considère que le salut des pays sous-développés consiste dans l'adoption des techniques les plus avancées et lourdes de l'Occident ! Il raisonne en tant qu'économiste exclusivement, ne tenant aucun compte des données qualitatives de culture, de sociabilité. Il ne conçoit que des rendements et des croissances. Il refuse la différence entre croissance et développement. Il n'est capable d'envisager qu'un seul modèle économique, celui de l'Occident. Ce qui fait qu'il est parfaitement en retard au point de vue de la pensée économique et parfaitement conformiste contrairement à ce qu'il croit.

été faites à l'Institut universitaire d'études de développement, et on découvre que, peut-être, il faudrait orienter le développement autrement : l'outil simple des travailleurs traditionnels était le produit d'une longue évolution de la civilisation, il était généralement parfaitement bien adapté. Il ne faut pas le remplacer à la légère. Dans certains pays d'Afrique on revient à cet outillage, *ce qui est un progrès*, affranchissant des effets négatifs des techniques occidentales[1].

Mais comment ne pas rester inquiet devant les possibilités d'un vrai développement quand on voit l'incroyable lenteur et l'extrême difficulté pour aboutir au moindre accord. La Conférence des Nations unies sur le commerce et le développement, qui vise à instaurer un nouvel ordre économique international, a mis cinq mois, en 1980, pour conclure *un seul* accord portant sur l'établissement d'un fonds commun pour la stabilisation des prix des produits de base... alors que le principe en était acquis un an plus tôt. Quand on connaît l'urgence des problèmes d'une part, et la lenteur des effets d'une telle institution sur les modifications réelles des conditions de vie des populations concernées, on peut rester assez pessimiste !

L'Institut des Nations unies pour la formation et la recherche a publié en 1980 les résultats d'une enquête dans les pays développés et pays sous-développés sur un certain nombre de points importants concernant la politique du développement, or ce que fait apparaître ce document c'est la contradiction radicale entre les deux groupes sur toutes les questions essentielles : les questions jugées importantes par les pays développés n'intéressent guère les

1. Cf. C. Aurai, Y. Étienne, J.-L. Maurer, *La Fin des outils*, *op. cit.*

autres (par exemple établissement d'un code international pour les sociétés transnationales) et inversement (par exemple lutte contre le protectionnisme, modulation des prix des produits exportés par les pays sous-développés en fonction de l'augmentation du coût de leurs importations, réduction des dépenses militaires, participation des pays sous-développés à la gestion du FMI et de la banque internationale, effort des pays développés pour faciliter le redéploiement d'industries locales...) ; le dialogue Nord-Sud est vraiment un dialogue de sourds...

En mai 1981 s'est réunie une fois de plus la Commission économique des Nations unies pour l'Amérique latine, avec dix-huit pays hispanophones et six pays industrialisés pour établir une stratégie du développement. Or, pour la première fois c'est un vent de défaite qui a soufflé et on a constaté l'impossibilité d'un accord entre les pays développés et les autres. On a rejeté les généralités sur le « développement intégral » avec une surenchère constante des pays sous-développés. Refus des multinationales, attaques contre le protectionnisme des pays développés, demande de participer à la gestion du système monétaire, création d'un nouvel ordre économique international. On est très loin d'accéder à quoi que ce soit. L'Amérique latine compte 50 millions d'indigents en état de sous-nutrition. Elle a peut-être 100 millions de prolétaires. Cependant que ces mêmes pays ont connu depuis 1970 une progression économique considérable et résistent mieux à la crise mondiale que les autres. Il ne suffit donc pas que le fonctionnement économique soit bon pour que le problème du prolétariat soit résolu... au contraire ! Ici comme ailleurs on constate la croissance du prolétariat en pleine conjonction avec la croissance économique. Dans ces pays d'Amérique latine, 10 %

de la population partage 50 % du revenu économique et 50 % vit avec 10 % du revenu... La prolétarisation gagne avec la pauvreté au milieu de la croissance industrielle. On a poussé fortement l'industrialisation des biens de consommation, mais c'est un échec qui a abouti à l'enrichissement des riches et au développement de consommation somptuaire. Iglesias (secrétaire général) a cependant toujours insisté sur l'industrialisation, seule capable de créer des emplois, mais pour quel débouché ? On en vient à l'idée qu'il faut à tout prix exporter. Ce qui veut dire que le marché intérieur ne peut rien absorber (donc le prolétariat reste bien lui-même !), et comme on ne peut concurrencer les pays développés, il faut donc penser à une exportation à l'intérieur du tiers monde... Les pauvres appelés à acheter les produits des moins pauvres, c'est cela en définitive le fameux rapport Nord-Sud !

Dès lors il faut bien dire que l'on doit rester sceptique sur le plan du nouvel ordre économique international de l'ONU[1] ! Une fois de plus on y rencontre des doctrines économiques étatistes formulées par les représentants des pays du tiers monde, beaucoup plus qu'un souci réel de l'homme de la base. Et la vue politique de ce plan implique l'identification des 125 pays sous-développés comme s'ils constituaient *un* bloc ! Les revendications relatives aux échanges commerciaux et aux produits de base, la volonté d'une nouvelle répartition du pouvoir politique ne peuvent vraiment pas changer grand-chose à la prolétarisation et à la misère des groupes internes de ces pays. Par ailleurs ce plan est manifestement destiné à aider les pays les plus riches du tiers monde et non

1. S. Weintraub, « Se méfier des doctrines », *Forum du développement*, avril 1981.

pas ceux qui sont dans la situation la plus tragique. Par contre un aspect qui semble très positif c'est la demande que les pays développés renoncent à leurs industries à forte utilisation de main-d'œuvre pour installer ces industries dans des pays sous-développés, division du travail... Mais ne voit-on pas que c'est précisément cela qui va entraîner la création d'un prolétariat industriel !

Certes, un peu partout, des intellectuels du tiers monde prétendent inventer une autre forme de développement et ne pas imiter l'Occident. Ce qui est en effet très nécessaire et louable. Malheureusement cela revient ou à parler de négritude, ou à proclamer que la voie est le « socialisme », ou à citer comme exemple le renouveau de l'Islam, qui n'est certainement pas une voie possible de recréation d'une culture à la fois originale et englobant la technicité occidentale sans y céder. Le projet SCA (alternatives socioculturelles du développement dans un monde en développement) 1981 est rempli de bonne volonté, il a également une visée juste (non pas « un développement *comment* », mais « un développement *pourquoi* ? »), mais il est totalement idéaliste, ne tient guère compte des réalités effectives de ce monde-ci, et n'a guère de point d'appui. En particulier on ne tient pas compte du fait de la prolétarisation par la croissance industrielle.

Faisons une brève parenthèse. Certains semblent refuser cette logique. L'Iran : refus de la voie communiste et de la voie américaine. Bien. Retour à une morale et une foi islamiques, réfractaires à ce type de progrès et à l'industrialisation, et cela comme base à un refus de se laisser dominer par la technique occidentale. Très bien. Volonté de redonner au peuple l'expression, la décision politique, et d'écouter sa spontanéité. Excellent. Nous sommes ici en présence du renouvellement de la première intention de la Révolution chinoise (sauf le retour à la tradition morale). Donc, en principe pas de prolétariat. J'en serais très heureux. Mais je suis obligé de limiter cette satisfaction par trois constats : d'abord nous sommes en présence d'un pays doublement riche, en réserves de pétrole, et qui de ce fait peut tenir la dragée haute à tous les impérialismes, et faire tous les chantages à partir de cette richesse naturelle ; mais riche aussi de toutes les réserves et équipements accumulés par le chah, et le pays vit sur cet acquis. Toutefois, il faut souligner que les industries créées en Iran pendant le règne du chah ne sont pas coordonnées entre elles, articulées les unes par rapport aux autres, mais, comme c'est souvent le cas dans ces pays riches du tiers monde, branchées une à une sur les économies dominantes. Ce qui veut dire que cette économie industrielle est entièrement dépendante de l'Occident (lequel dépend en contrepartie du pétrole) et que l'on a ainsi une double prolétarisation qui est créée : celle même du pays riche à l'égard des impérialismes et à l'intérieur de ce pays, un prolétariat industriel. Et par conséquent ces industries n'ont *aucun pouvoir* d'entraînement économique, donc de développement. Mais c'est un cas un peu exceptionnel.

Le second constat, c'est qu'en cas de guerre (actuel !) ce pays qui prétend échapper à la technique occidentale et à l'industrialisation fait exactement comme tout le monde. C'est-à-dire utilise l'armement le plus sophistiqué, donc il entre dans la voie technique, et en même temps est obligé de laisser beaucoup moins cours à toutes les impulsions venant de la base ! Enfin... il viendra un moment où le matériel (y compris celui de la recherche et captation du pétrole) sera usé et devra être remplacé.

Il faudra l'acheter ou le fabriquer, c'est-à-dire rentrer qu'on le veuille ou non dans le circuit industriel. Les proclamations idéologiques ne serviront de rien. Et l'on verra alors si l'Iran sera capable de poursuivre dans la voie de l'Islam pur, dur et en marge (je ne dis pas médiéval), sans aucune création de prolétariat !

2

Le prolétariat volontairement institué

Nous voici maintenant en présence d'un autre secteur du prolétariat du tiers monde. Celui que j'appellerais le prolétariat volontairement institué, en dehors des fatalités qui pèsent sur les peuples sous-développés. Institué par doctrine, par décision, par délibération politique. Et c'est le Cambodge et le Vietnam que nous prendrons pour exemple. Nous sommes ici, dans les deux cas, en présence d'un phénomène nouveau pour le prolétariat. Au fond, lorsque le capitalisme a créé le prolétariat, malgré les justifications qu'il se donnait, il y avait une mauvaise conscience essentielle. Les capitalistes d'abord n'ont pas voulu « voir » ce prolétariat, puis ont accusé les ouvriers d'être ivrognes, gaspilleurs, puis, et c'était le fond depuis toujours, ils se sont sentis coupables de cette misère. Alors qu'avec le prolétariat institué volontairement en pays communiste, on se trouve en présence d'une bonne conscience totale, inébranlable... Et nous trouvons le même phénomène : le Vietnam veut s'industrialiser et produit un prolétariat par le camp de travail. Le Cambodge est un cas tout à fait différent, mais nous assistons aussi à la création du prolétariat du travail forcé. Il faut examiner les deux séparément.

Pour le Vietnam du Nord, aucun doute n'est plus permis non plus. Les articles de Roland-Pierre Paringaux dans *Le Monde*, de Claudie et Jacques Broyelle [1] coïncident avec l'examen de conscience de M. Beigbeder, et l'aveu de Laurent Schwartz : les amis fidèles du Vietnam, ceux qui l'ont soutenu dans la lutte contre l'armée américaine, reconnaissent que le régime vietnamien est lui aussi une dictature inhumaine, et que toute l'économie repose sur des travaux forcés imposés au peuple, en partie avec le système des camps de concentration, certes plus développés dans le Sud que dans le Nord, mais existant là, pourtant, dès le début de l'installation du régime « Ho » [2]. Il est bien évident que le régime avait, a encore, bien des excuses : soutenir les guerres successives que le Vietnam a connues impliquait une mobilisation sans précédent. Et de ce fait actuellement encore, c'est ce qui justifie le travail forcé ; l'armée est reine, le Vietnam est toujours « sur pied de guerre » (Paringaux). On glorifie parfois cette armée, « la plus puissante du monde après les États-Unis et l'URSS », mais on ne devrait pas oublier

1. Broyelle, *op. cit.* ; Doai Van Toai, *Le Goulag vietnamien*, 1979.

2. C'est au cours de la guerre entre le Vietnam du Nord et les États-Unis que j'avais démontré que le camp de concentration existait inévitablement au Vietnam, même si tout le monde jurait le contraire. Je me fondais alors sur la démonstration suivante : là où existe un État centralisé, un Parti unique, une idéologie unique exclusive, et mobilisatrice, une volonté de technicisation, existe inévitablement le camp de concentration, je peux l'affirmer et aucune information complémentaire ne m'est nécessaire. Bien entendu, je fus violemment attaqué à l'époque. Et c'est exactement sur la même analyse que je me fondais pour affirmer l'existence du goulag à Cuba, en 1960. Dans ces deux cas, « la preuve de fait » a été apportée. Il est indiscutable que, à Cuba aussi, règne l'ordre du camp, moins massif qu'au Vietnam, mais aussi grave, avec des prisonniers qui y sont depuis plus de vingt ans, d'autres libérés au fur et à mesure, parce que « rééduqués ». Même vocabulaire dans tous les cas : cf. Martha Valladones, poète emprisonnée, lettre du 27 décembre 1978.

qu'un pays militarisé ne peut être ni égalitaire ni libre. C'est en forgeant son armée que la Convention est devenue Dictature, faut-il rappeler toutes les expériences historiques de militarisation absolue ? Ce n'est pas « la faute » du Vietnam ? Mais ce n'est pas non plus ce que je dis ! Je dis seulement qu'il ne faut pas nous faire d'illusion : un pays totalement militarisé ne peut pas être, et n'a jamais été un pays de liberté, de libre adhésion, d'absence de police, ou d'égalité, de ravitaillement normal, etc. Ce dont on n'a cessé de nous rebattre les oreilles pour le Vietnam. De plus, une armée moderne est industrialisée. Elle suppose une industrie de base. Elle dépend d'elle. Car elle ne peut se satisfaire de livraisons étrangères et de dépendre du bon vouloir d'une puissance lointaine. Cet impératif industriel pour l'armée joue aussi en Chine, les dirigeants ayant pris conscience de la faiblesse de leur armée, et que le nombre ne remplace pas tout. D'ailleurs, le Vietnam a bien été victime, non pas seulement de la guerre mais, lui aussi, de sa propre obsession de modernisation et d'industrialisation. Et la conviction communiste des dirigeants allait forcément dans ce sens.

Priorité fut donnée, au lendemain de la victoire, aux grands projets et à l'industrie lourde. La Chine avait affirmé qu'il suffisait de la bonne doctrine et d'une population importante pour arriver à industrialiser. Tous les moyens ont été concentrés sur l'industrie. L'agriculture était négligée. C'est seulement vers 1979-1980 que les dirigeants, devant le fait qu'une sous-alimentation permanente régnait au Vietnam, ont compris qu'il ne pouvait y avoir de développement industriel que sur la base d'une production agricole surabondante. Et pour regagner sur la production agricole, il y a d'une part l'autorisation de la culture privée, mais aussi le travail collectif dans les rizières... avec de vertueuses proclamations selon lesquelles « on ne force personne ». Cela, il y a trente ans qu'on l'entend répété par les cadres et gouvernants du Vietnam du Nord. Alors que l'on connaît maintenant une réalité tout autre...

Les camps sont donc créés. Avec le même apparat, la même idéologie qu'en Allemagne. « Au-dessus de la porte qui s'ouvre dans un mur aveugle, il y a un panneau rouge sur lequel on peut lire en lettres jaunes : "Rien n'est plus précieux que l'indépendance et la liberté." Toutes les prisons, tous les camps de rééducation du nouveau régime sont signalés par ce même panneau hypocrite » (Doai). Le Vietnam exige une industrialisation. Celle-ci se fait par une mobilisation, d'abord agricole (pour servir de base économique), « les dirigeants peuvent puiser largement dans un réservoir humain considérable. Mais le Vietnam n'a ni les moyens économiques et financiers, ni les ressources, ni même le crédit nécessaire pour soutenir et approvisionner deux fronts militaires sans contraindre du même coup une population de cinquante millions d'habitants... à des sacrifices que l'on affirme librement consentis pour la patrie... » ; quant au Sud, il est tombé sous une dictature féroce et connaît un chômage terrible à quoi on répond par... le camp de travail. « Une armée de chômeurs qui espéraient du travail aurait d'abord une feuille de mobilisation, les camps de rééducation et les anciennes prisons du général Thieu ne désemplissant pas » (Paringaux). Il y a d'ailleurs des mutations dans l'organisation-gestion de ce prolétariat. « Les autorités militaires ont commencé à opérer le transfert des détenus des camps qu'elles géraient dans ceux qui sont à la charge des institutions pénitentiaires. Quel est le statut des "rééduqués", on l'ignore. Mais avant d'aller plus loin, il est nécessaire de se demander comment un phénomène aussi énorme a pu être totalement inconnu pendant des dizaines d'années, reproduisant le mystère hitlérien et stalinien. Un phénomène énorme ? Doan dénombre treize camps de rééducation au Nord, et vingt-cinq au Sud, avec des effectifs allant de 1 000 à 30 000 déportés. Il souligne le secret absolu qui différencie ces camps de ceux du régime de Thieu : à l'époque horrible de Thieu, tout le monde était renseigné ! On connaissait les « cages à tigre », les camps de travail, etc. Les Américains laissaient venir les journalistes, des missions visitaient les camps, les représentants de la Croix-Rouge faisaient des rapports. Au Nord, rien n'était autorisé. Ni journalistes hostiles au communisme, ni missions internationales. Et ce silence s'est abattu sur le Sud à partir de son annexion.

Mais, en dehors de cela, Doai donne une explication qui me paraît très juste : le système des otages. On enferme dans des camps une partie importante de la population (800 000 à 1 000 000), et on maintient une cloison étanche entre les prisonniers et leurs familles, en faisant savoir à chacun que le sort des autres dépend de son silence et de sa bonne conduite. « Quelques centaines de milliers de prisonniers qui sont des otages suffisent à réduire au silence des dizaines de millions de personnes », à qui on fait croire que leur parent sera bien traité s'ils se taisent. Et l'on prend « famille » au sens asiatique, le plus large. Toute famille où il y a un suspect est automatiquement considérée comme solidaire. Or, est suspect celui qui ne manifeste pas expressément son accord total avec le régime. « Tu n'es pas un ennemi, mais tu n'es pas un ami. Dans les circonstances actuelles nous avons beaucoup d'ennemis. Ceux qui ne sont pas nos amis sont donc dangereux » (Doai), et l'auteur (qui a été un vigoureux communiste travaillant pour le FNL, au Sud) poursuit : « Je suis un patriote vietnamien, mais j'ai une conception *personnelle* du patriotisme, et circonstance aggravante je crois à une certaine démocratie. *Donc* je suis indépendant du parti communiste. Si je suis indépendant, c'est que je refuse son rôle directeur et que je me soustrais à la discipline collective du Parti. Dans ces conditions, je m'écarte du patriotisme, *donc je ne suis pas patriote.* Par conséquent, je suis un ennemi du peuple. »

Doai s'attache à montrer que la plupart des responsables du Front de libération nationale du Sud furent les premiers à être arrêtés et emprisonnés par les Vietcongs à leur arrivée à Saigon. Et bientôt utilisés comme main-d'œuvre dans les camps. Les camps de rééducation sont donc des camps de travail tels que l'on y meurt lentement, comme partout, d'excès de travail et d'absence de nourriture. Une fois que l'on est sorti des camps, on est « rééduqué », et de même que l'on nomme « centres de rééducation » les camps de travaux forcés, de même les « rééduqués » sont apparemment libérés. En réalité, ils accèdent à un autre type de travail forcé. Les « rééduqués », d'après Doai, appartiennent à deux catégories. Il y a les militaires, policiers et fonctionnaires de l'ancien régime (environ 400 000) en cours de rééducation après cinq ans. Et les anciens communistes ou membres du FNL qui avaient fini par abandonner la lutte par découragement et avaient fini par se rallier à l'ancien régime. Les rééduqués sont regroupés par Tchaïs, ensemble de 400 détenus travaillant collectivement. Les condamnés sont généralement astreints à des travaux de défrichage de la jungle, de terrassement, d'ouverture de routes. « Les normes de travail sont élevées, les conditions sont dures. La malaria est endémique. Au Nord, notamment dans la région de Yen Bai, le froid et le manque de nourriture provoquent une mortalité élevée. Partout les détenus ont été utilisés pour les opérations de déminage » (Paringaux). Donc toujours le même processus : un prolétariat chargé des travaux d'infrastructure économique, avec en même temps des conditions de vies telles qu'il se produit une grande mortalité : extermination des ennemis[1]. Après une

---

1. Je ne puis m'empêcher de citer le morceau de bravoure du PCF en faveur du Vietnam. (Mais le PCF, lui, se livre à une méchante propagande contre la Chine...) Le Bureau politique du PCF dans une déclaration du 23 novembre 1978, intitulée « Avec le peuple vietnamien », écrit notamment : « Une violente campagne, relayée par tous les grands moyens d'information se développe à l'heure actuelle contre le Vietnam. Le Parti communiste français s'élève avec indignation contre cette injustifiable agression qui, au-delà du tort qu'elle cause au peuple vietnamien, porte atteinte au crédit et à l'honneur de la France. (...) On retrouve avec stupeur parmi les signataires d'un appel en faveur d'émigrants vietnamiens des ultra-Français de la guerre d'Indochine, des "syndicalistes" américains liés à la CIA et qui ont soutenu jusqu'au bout l'agression US au Vietnam, le secrétaire général de FO et un secrétaire national du PS, parti qui a joué un rôle de premier plan dans toutes les aventures coloniales. On y retrouve aussi un certain nombre de personnes, certes connues pour leur anticommunisme, mais dont on aurait pu penser qu'elles n'iraient pas jusqu'à se joindre à de tels compagnons de route. »

Après avoir rappelé que le Vietnam a subi une guerre longue de trente ans et souffre actuellement d'inondations, le PCF ajoute : « S'étonnera-t-on, dans ces conditions, qu'il y ait encore dans les prisons quelques dizaines de milliers de tortionnaires et de criminels de guerre qu'une certaine propagande présente abusivement comme des prisonniers politiques ? S'étonnera-t-on aussi que le pays connaisse une situation très difficile, dramatique, qu'il reste au Sud des spéculateurs de toutes sortes, des trafiquants, nostalgiques de la corruption américaine ?

» Les dirigeants vietnamiens ne cachent pas les difficultés du pays, aggravées par l'interruption de l'aide économique de la Chine, par l'énorme pression qu'elle exerce sur le million de Vietnamiens d'origine chinoise. Oui, il faut beaucoup d'indécence pour accuser le peuple vietnamien des crimes que l'on a commis à son égard et pour rester silencieux devant la pauvreté, les privations et même la faim.

» Oui, il faut beaucoup d'indécence pour taire les conséquences d'une guerre atroce de trente ans, pour taire aussi le refus des Américains de tenir leurs engagements concernant les réparations pour dommages de guerre. »

certaine période de camps, on discrimine ceux qui ont une compétence technique (médecins, ingénieurs, techniciens) qui seront remis en liberté, mais vont encore travailler comme « libres » à des travaux matériels durs, pendant quelques mois. Ceux qui n'obtiennent pas le droit de résider dans les villes, ceux qui n'ont aucune spécialité intéressante mais qui ont purgé leur peine de camp, sont contraints de s'installer dans les « nouvelles zones économiques ». Et là, en réalité, c'est un nouveau bagne (même système qu'en URSS). Ce sont en principe des travailleurs libres, mais placés dans des zones absolument sauvages, d'où il est impossible de s'enfuir, et où les travailleurs sont affectés de nouveau à du travail de défrichement et de mise en culture, sans aucun équipement, sans aide, avec un régime qui est l'équivalent du système concentrationnaire. Les « volontaires » partent donc pour ces « nouvelles zones économiques ». Ils sont entre 500 000 et 1 000 000. Ce ne sont pas forcément d'anciens déportés libérés. Par exemple, en mars 1978, on supprima tout commerce privé : *tous les commerçants* furent contraints de partir pour les nouvelles zones économiques, soit d'un coup près de 300 000 déportés de Saigon. Et on se trouve toujours devant la question : comment des citadins n'ayant jamais fait de travail de forestage ou de défrichement peuvent-ils survivre en montagne sans équipement individuel ?

Mais comment décide-t-on ces travailleurs libres à partir ? On n'emploie pas directement la force, on se borne à supprimer leur carte d'alimentation. Et si cela ne suffit pas, on supprime aussi celle de toute leur famille. Doai donne alors des exemples précis. À Long Thanh les « prisonniers libres » travaillent dans les rizières et la forêt. Ils sont 4 000. Travail pendant douze heures. Il n'y a pas de repas de midi. Un quart d'heure de pause pour boire. Le soir un repas de 150 grammes de riz. C'est tout. Et après le travail, séance de rééducation politique qui consiste pour chacun à faire la critique du travail effectué, et autant que possible à dénoncer ceux qui n'ont pas assez travaillé. À Tay Ninh, 4 000 prisonniers construisent une route à travers la forêt en direction du Cambodge. Onze heures de travail. Les détenus défrichent la brousse au couteau et cassent des mètres cubes de pierre avec des petits marteaux. On peut multiplier ces exemples pendant des pages. En principe la rééducation devait durer un mois. Ce qui avait conduit ceux qui devaient être rééduqués à se présenter eux-mêmes. Quatre ans après, aucun n'avait été libéré.

Ainsi fonctionne le prolétariat vietnamien, ainsi existait-il au Nord dans la période héroïque (et qui fut véritablement héroïque). Et ceux qui admiraient l'égalité conquise dans ce pays qui réalisait enfin un communisme pur, dur, intègre, sans faille, oubliaient seulement que cette égalité ne jouait qu'au profit des citoyens libres. Le prolétariat, on n'en parlait pas. Exactement le même mythe sur lequel on a vécu quand on admirait la République athénienne, la Démocratie, le Demos ayant vraiment tout le pouvoir, l'égalité absolue entre les citoyens... Quel modèle pendant des siècles. On oubliait seulement que cette démocratie n'était possible que parce qu'il y avait les esclaves. C'était, sous le règne de l'oncle Ho, exactement le même régime !

Il nous faut maintenant passer à un autre modèle du prolétariat volontaire du tiers monde. Le Cambodge est le cas extrême. Car strictement rien n'exigeait une prolétarisation. Un cas rare parmi les pays du tiers monde. Les Cambodgiens étaient un peuple heureux. Il n'y avait pas de famine grâce à l'abondance des récoltes de riz. Les rizières produisaient deux récoltes par an, avec un minimum de travail. La pêche était surabondante, grâce au Tonlé-Sap, et quelques heures de pêche par semaine donnaient une quantité de poisson pour toute une population. Le Cambodge était un des rares pays asiatiques à ne pas connaître de famine. L'agriculture vivrière n'avait pas été supprimée au profit des hévéas, qui existaient mais en quantité réduite. L'économie était équilibrée, avec un minimum d'industrie. La principale étant vouée au décortiquage du paddy. Il y avait bien entendu des inégalités sociales : le personnel politique de la Cour était riche, et quelques commerçants. Mais il n'y avait aucune tendance à des monopoles, à l'expansion déchaînée des grandes propriétés. Il y avait peu d'exploitation du petit peuple par des capitalistes. Le commerce était tenu par des Chinois qui savaient se montrer sages. Le rapport population-production vivrière-travail était satisfaisant.

Bien sûr, il y avait des critiques contre la Cour et la femme du roi en particulier, mais c'était du folklore. Il n'y avait aucune raison de se lancer dans une industrialisation : à quoi, à qui aurait-elle servi ? C'eût été une entreprise totalement artificielle, ne répondant à aucun besoin. Dans une économie équilibrée, ayant besoin de peu d'importations, il était inutile de se lancer dans cette « voie du progrès ». Et Sihanouk l'avait en effet évité. De même il était parfaitement délirant de penser à faire une révolution communiste ! Contre qui ? Contre le roi ? Mais en réalité les Cambodgiens étaient tous profondément fidèles à leur roi et ne voulaient pas le chasser. Il n'y avait pas de classe capitaliste exploitant les pauvres, il n'y avait pas de mouvement révolutionnaire autochtone. Dès lors, il n'y avait pas besoin d'une accumulation primitive, et il n'y avait pas de prolétariat, et la colonisation française n'avait justement pas entraîné de prolétarisation. Au contraire.

Dès lors, ce qui s'est passé depuis 1976 est un délire à l'état pur. C'est l'un des rares cas de délire politique total, encore plus que le nazisme. Lorsque Hitler a pris le pouvoir, il y avait des problèmes en Allemagne. Alors qu'au Cambodge, il n'y avait aucun problème. Les choses ont commencé à se gâter lorsque les Vietnamiens du Nord, dans leur guerre contre le Sud et les Américains, ont commencé à utiliser le territoire cambodgien du Nord-Est pour faire passer leur route Ho-Chi-Minh, assurés qu'ils étaient de ne pas y être bombardés par les Américains, puisque le Cambodge était neutre. Mais il existe une violente haine entre Tonkinois (Vietnamiens du Nord) et Cambodgiens. En fait ceux-ci supportaient mal cette intrusion. Les Vietnamiens ont empiété de plus en plus sur le territoire cambodgien, jusqu'à en occuper environ un septième pour les besoins de leur guerre. Et puis ils manquaient d'approvisionnement. Ils ont donc commencé à rafler du riz au Cambodge, et même à démonter et emporter chez eux les usines à décortiquer le paddy. Il y avait une violente réaction cambodgienne contre les Vietnamiens. Ceux-ci ont commencé à organiser au Cambodge un mouvement communiste cambodgien et des maquis, devenus Khmers Rouges, cependant qu'aussi ils emmenaient des enfants cambodgiens au Vietnam du Nord pour les former au communisme. Ceci est une hypothèse, mais tout me paraît la confirmer : la création artificielle d'un mouvement communiste au Cambodge a été effectuée par les Vietnamiens pour amener des Cambodgiens à accepter leur présence et à les aider.

Ceci correspond bien d'ailleurs à la politique communiste générale. Sihanouk ne réagissait pas parce qu'il ne voulait pas donner l'apparence d'aider les Américains, et il temporisait. Mais par contre il combattait activement les Khmers Rouges, d'ailleurs très peu nombreux.

C'est alors qu'eut lieu le coup d'État de Lon Nol (mars 1970) qui renversa la royauté, sur le thème de la défense du Cambodge contre le communisme et contre les Vietnamiens. Coup d'État favorisé par les Américains, c'est vraisemblable. Toujours est-il qu'il jouait sur le sentiment nationaliste anti-vietnamien. Et de ce fait rassemblait une fraction majoritaire du Cambodge. Mais il se heurtait à l'attachement inconditionnel au roi. C'était un scandale d'avoir détrôné Sihanouk. Et c'est ce sentiment que les Vietnamiens vont utiliser pour implanter et développer le mouvement Khmer Rouge. Il y a eu un malentendu tragique, car les Cambodgiens se sont opposés à la République en faveur du roi, mais ce faisant, ils entraient dans les organisations Khmères Rouges, qui avaient pour objectif fixé par les Vietnamiens la communisation du Cambodge. Et ce fut l'instauration du régime Pol Pot après la prise de Phnom-Penh par des troupes très jeunes formées au Vietnam.

Le 17 mars 1975, le prince Sihanouk est rappelé et confirmé dans ses fonctions de chef de l'État : et c'est alors que commence le délire. Nous sommes en présence d'un phénomène rarissime en histoire, un gouvernement qui semble avoir pour but de détruire son peuple. C'est la création d'un véritable prolétariat de toute la nation khmère, prolétariat sans aucune raison, sans aucune justification, sans nécessité économique et au contraire, avec une gestion qui aboutit à la destruction pure et simple de tout le système économique khmer ! C'est d'abord l'expulsion brutale de toute la population de Phnom-Penh. En quarante-huit heures, la capitale est vidée de presque 2 millions d'habitants, partant en colonnes surveillées par les jeunes maquisards en noir, à pied, quel que soit l'âge, vers des « camps de travail », qui d'ailleurs n'existaient pas encore. On a déporté massivement les gens hors de leur pays, brisant les familles, les tribus, les villages. On a volontairement fait éclater des familles, expédiant les parents dans des camps éloignés. Et, malgré les dénégations qui ont été faites, on a changé d'autorité les noms des personnes pour que l'on ne puisse plus ni avoir de nouvelles, de communication ni éventuellement se rassembler. On a organisé des équipes informes. Et ce fut le régime du travail concentrationnaire : défrichements et soi-disant mise en cultures nouvelles, creusement de nouveaux canaux d'irrigation, redoublement des opérations pour le riz... Il est vrai que la guerre avait passablement fait de dégâts mais pas au point d'exiger une « reconstitution économique » comme l'a écrit un commentateur de l'époque.

On s'est engagé dans d'immenses travaux essentiellement inutiles pour le peuple lui-même, et dans des conditions telles que sur cet immense chantier d'esclavage, où jeunes et vieux travaillaient à perte de forces, sans nourriture, sans hygiène, sans abri, la mort était rapide pour la majorité. Peu importe. Il était toujours possible de remplacer ces travailleurs de l'absurde par d'autres arrachés à leurs villes et villages. Et la question posée au gouvernement n'était en rien la même que celle rencontrée par beaucoup de pays du tiers monde : il ne s'agissait ni d'établir une nouvelle infrastructure économique ni d'un retard à combler pour donner de la nourriture aux affamés. Au contraire, plus le régime s'établit plus les rations diminuent, plus les quantités de riz distribuées sont faibles. Plus le nombre de morts grandit. Il y a (peut-être) croissance de la quantité de riz récoltée. Où va-t-il ? Au début certainement le riz partait au Vietnam, peut-être en reconnaissance de l'aide vietnamienne aux Khmers Rouges. Puis, depuis la rupture (et même avant), ce riz ne pouvait aller qu'en Chine. Pour cette durée du régime Pol Pot je suis fondamentalement convaincu que nous sommes ici en présence d'une exploitation de type colonial du Cambodge par la Chine. Ce n'est donc pas la création d'un prolétariat khmer destiné à établir l'industrialisation du pays, mais à aider l'économie chinoise.

Dans le cadre de la prolétarisation, il faut aussi évidemment faire entrer la déculturisation. Le mot d'ordre officiel était le retour à la culture khmère d'origine. Style Révolution culturelle. Avec encore plus de rigueur. Non seulement tout ce qui portait une trace de la France était aboli, mais en outre ceux qui avaient été éduqués à la française étaient condamnés à mort, notamment tous les enfants de plus de dix ans qui avaient appris le français et qui le parlaient devaient être exécutés. Ce furent des massacres innombrables. Mais le retour à la pure culture khmère était un mensonge, car il y avait en même temps destruction du passé. D'un côté il y avait la répression, la sauvage élimination de centaines de milliers d'opposants, avec une conception infantile de la révolution, mais de l'autre il y avait la destruction essentielle, à la base, de tout ce qui avait été la civilisation, la culture ancienne khmère. « Du passé faisons table rase », jamais, nulle part on n'a voulu cet anéantissement avec une pareille rage. Ainsi destruction de la culture et du passé, déracinement systématique, travail forcé sans salaire, avec une ration juste nécessaire pour ne pas mourir de faim, rupture de la famille, pratiquement tous les caractères du prolétariat sont réunis. Mais le pire peut-être c'est que tout cela ait été réalisé *pour rien*.

En Chine, on a eu l'illusion de construire une nouvelle économie ; dans les pays capitalistes, on a effectivement construit cette nouvelle économie au prix tragique du prolétariat. Cette fois, nous sommes en présence d'un monde fou, étant donné que tout ceci aboutit à l'anéantissement économique du pays. Les plantations d'hévéas (françaises) avaient été nationalisées, elles furent pratiquement abandonnées. Les routes non entretenues se sont rapidement dégradées, les défrichements effectués à tort et à travers ne permettaient pas la culture, les travaux de rizière faits par des gens qui n'y étaient pas accoutumés ont été mal faits. Et les paysans accoutumés à leur coin de terre, à leur environnement, étaient arrachés à cela, transportés ailleurs, où ils travaillaient évidemment beaucoup moins bien, parce que ce n'était plus du travail individuel et de village, mais du travail collectif, auquel ils n'étaient pas accoutumés ; cependant que les terres, qu'ils cultivaient anciennement, étaient confiées à d'autres équipes, qui les cultivaient plus mal. Les grands monuments (Angkor Vat) n'étaient pas saccagés, mais abandonnés et la nature envahissait à nouveau ces sites protégés par les Français, et faisait à nouveau s'écrouler les pierres...

Or, ce que je dis de cet effroyable effondrement économique n'est pas imaginaire. Tous ceux qui ont visité le Cambodge après le règne de Pol Pot ont été unanimes pour signaler cette régression. Si bien que l'invasion par les Vietnamiens, inacceptable sur le plan politique, devenait une nécessité vitale. Les Vietnamiens remettent un peu d'ordre, rétablissent les routes, remettent en culture correcte les rizières, ils sont, hélas, les seuls garants de la survie matérielle de ce qui subsiste de Cambodgiens. Car cette effroyable plongée dans le prolétariat s'est soldée, on le sait, par la mort de 1 à 3 millions de Cambodgiens (sur 7 millions). Vraisemblablement aux alentours de deux millions, dont la moitié probablement du fait du travail forcé[1]. En quatre ans. Jamais on n'avait eu l'exemple d'une prolétarisation volontaire, systématique, aussi radicale. Et, ce qui est justement curieux, c'est cette dernière remarque terminale : bien entendu, au cours de l'histoire, on a connu beaucoup de massacres. Le plus souvent d'origine religieuse ou politique. Mais il s'agissait de la mise à mort directe ou en prison d'ennemis. Ici, le fait radicalement nouveau, c'est la mort par la mise au travail, la mort par justification d'une production, d'un progrès économique, la mort non plus d'ennemis mais du peuple lui-même qu'il s'agissait d'équiper et de faire progresser. Ceci dénote l'incroyable

1. À l'occasion des élections qui ont eu lieu le 1er mai 1981, il a été annoncé qu'il y avait eu 3 417 319 électeurs sur une population de 5 746 141 habitants « selon des sources officielles ». Ces chiffres sont sans aucun doute faux. Ils tendent à montrer que le régime Pol Pot n'a pas été atroce puisque la population n'aurait pratiquement pas diminué. Il y a vingt ans (1962) un recensement très rigoureux donnait au Cambodge 4 845 000. Mais on admettait généralement une population de 6 millions en 1972. Or, les victimes *exécutées et mises dans des charniers* estimées selon des méthodes, hélas, très modernes, sont environ 400 000. À quoi il faut ajouter : ceux qui ont été exécutés et jetés dans les fleuves, marais, etc., ceux qui sont morts de faim, de maladie, d'épuisement dans les chantiers de travail. On a d'innombrables témoignages. Ceux qui ont fui et sont morts dans les forêts et les montagnes (on a des indications : pratiquement quatre sur cinq des fugitifs sont morts en cours de route), ceux qui ont été tués par des pirates ou par les Thaïs avant d'accéder aux camps... Les estimations les moindres sont de l'ordre de 600 000. Et, en réalité, il semble que d'une part les assassinés mis dans des charniers sont bien plus nombreux, d'autre part les disparitions aussi. L'évaluation moyenne de 2 millions est la plus vraisemblable.

pénétration du double axe idéologique : la révolution pour créer le bonheur par la production à tout prix, et le travail, en même temps producteur, rédempteur, éducateur, portant en lui-même sa signification : les deux combinés donnaient une horrible justification à la mise en esclavage mortel de tout un peuple. Mais ici nous échappons à la logique que nous avons retrouvée partout, celle de la capitalisation et de l'industrialisation. Nous avons un modèle nouveau, unique heureusement (que l'on a eu tort de confondre avec un génocide), celui du prolétariat du délire.

V

UN NOUVEAU PROLÉTARIAT [1]

Si nous essayons de résumer les résultats auxquels nous sommes finalement arrivés, nous pourrions il me semble le faire de la façon suivante : tout d'abord, il ne peut y avoir de développement technique que sur la base d'une industrialisation avancée et pleinement installée. Pour garder une terminologie que je n'aime pas mais qui est ici utile, il ne peut y avoir de société post-industrielle que s'il y a eu au préalable une société industrielle. En second lieu, il ne peut y avoir d'industrialisation avancée, ou complexe, que s'il y a eu, au préalable, une industrie lourde suffisante. Troisièmement, il ne peut y avoir d'industrie lourde sans accumulation de capitaux, ce qui veut dire sans création d'un prolétariat. Quatrièmement, partout où se développe l'industrialisation a lieu cette apparition du prolétariat. Donc, l'avenir du tiers

---

1. Cette étude sera beaucoup plus brève que les précédentes parce que tous les éléments de l'analyse du nouveau prolétariat dans les sociétés développées de l'Occident libéral se trouvent déjà dans mes deux livres sur la Technique, *La Technique ou L'Enjeu du siècle*, 1954, et *Le Système technicien*, 1978, et mes deux livres sur la Révolution : *Autopsie de la Révolution*, 1969, et *De la révolution aux révoltes*, 1972. Je me borne ici à prendre un autre point de vue du même phénomène.

monde est, pour une période plus ou moins longue, la croissance foudroyante du prolétariat quel que soit le régime et quelle que soit la révolution faite. Enfin cinquièmement, le socialisme, lorsqu'il s'installe dans un pays sous-développé, non industrialisé, est massivement créateur de prolétariat. Il n'y a aucune dictature du prolétariat, qui serait la prise de pouvoir par les exploités, et aucune extinction du prolétariat automatique par une révolution socialiste. L'extinction du prolétariat ne dépend pas du socialisme, mais d'abord de savoir où et dans quelle condition ce socialisme s'installe.

Voilà me semble-t-il le point où nous en sommes. Il en est ainsi quel que soit le point de départ où on se situe et le milieu culturel dans lequel se développe l'industrialisation. Peu importe qu'il s'agisse de la culture africaine, islamique, bouddhique... Le processus de prolétarisation joue de la même façon. De même peu importe le régime politique de ces pays, qu'il s'agisse d'une démocratie libérale, d'une dictature militaire de droite ou de gauche, d'un socialisme accommodé, le déroulement des effets de l'industrialisation est identique. Peu importe l'organisation économique et sa plus ou moins grande indépendance. Au contraire, plus le régime est « indépendant » plus il s'enfoncera dans la prolétarisation.

Ce prolétariat, nous l'avons vu, présente les mêmes caractères, les mêmes qualifications que celui que Marx a décrit en analysant le prolétariat anglais, français, allemand du XIXe siècle. Je ne dis pas que nos prolétariats modernes présentent *tous* ces caractères mais en nombre suffisant pour être caractérisés par ce terme sans le trahir. Bien entendu, il y a des modèles différents de ce prolétariat universel, comme nous l'avons vu, mais ces modèles ont un fond identique, et une réalité essentielle. Le tiers monde connaîtra cette prolétarisation même si et lorsque les nations du tiers monde seront arrivées globalement à leur majorité, à leur libération, à leur indépendance envers le capitalisme international. Le prolétariat des pays arabes producteurs de pétrole[r] nous en fournit malheureusement la certitude.

Le problème qui se pose alors est double : pouvons-nous, dans les pays « développés », supprimer le prolétariat ? Pouvons-nous accélérer, dans le reste du monde, le passage au travers de cette dégradation, c'est-à-dire raccourcir la période historique pendant laquelle le prolétariat est inévitable ? Et ceci se décompose en deux autres questions : le socialisme dans un pays développé est-il effectivement la réponse à l'aliénation ? La technique est-elle de son côté la réponse au prolétariat ? Si je développe ces deux questions, je dirai : si le socialisme joue dans les pays comparables à ceux auxquels Marx pensait, à savoir ayant déjà effectué leur passage dans l'industrie lourde, avec déjà la réserve prolétarienne, est-ce qu'il va par lui-même entraîner la fin de l'exploitation et de la prolétarisation ? Est-ce que nous ne sommes pas en présence de la nécessité d'une sur-capitalisation permettant *seule* le passage à la société technicienne ? Autrement dit, est-ce qu'aujourd'hui pour le passage à la pleine expansion de la société techni-

---

r. Ellul ne développe pas ce point. Ce que nous constatons aujourd'hui, à une trentaine d'années d'écart, c'est l'existence, notamment dans les pays du Golfe, d'un prolétariat « importé » d'Asie du Sud-Est auquel on applique une législation particulière : interdiction de quitter un employeur, confiscation du passeport... On n'est ici pas très loin de l'esclavage (volontaire, plus ou moins). Il faut d'ailleurs remarquer que, de temps à autre dans les pays occidentaux, la rubrique des faits divers nous fait découvrir des employés de maison à qui leurs papiers ont été confisqués, enfermés durant plusieurs années par leurs employeurs, lesquels sont d'ailleurs souvent eux-mêmes des étrangers.

cienne nous n'en sommes pas au même point que les bolcheviks devant le passage à la société industrielle ? Est-ce que le socialisme installé dans une société qui accède juste au stade industriel ne sera pas, de nouveau, obligé de créer du prolétariat pour accéder au haut niveau de technicisation ? Il semble bien que ce soit la nouvelle étape dans laquelle l'URSS se trouve maintenant engagée.

Nos questions ne sont pas achevées. Il apparaît (nous y reviendrons) qu'une technicisation très poussée dans tous les domaines permettrait en effet la suppression du prolétariat. Il semble tout à fait probable qu'en effet l'homme sera libéré du travail aliéné et apte à prendre ses décisions, dans le cadre d'une société hautement technicisée. Ce n'est pas obligé. C'est-à-dire que ce n'est pas le progrès technique par lui-même et en quelque sorte automatiquement qui produira le résultat. On peut dire simplement : la technique, dans l'orientation qu'elle adopte maintenant, *permettrait* la suppression du prolétariat, mais du prolétariat tel que la capitalisation nécessaire à l'industrialisation l'a produit. Il n'est pas du tout certain que cela n'entraînera pas *d'autres aliénations*, liées à l'usage des techniques avancées, et dont nous commençons à avoir quelques idées : d'une part production d'un prolétariat très misérable, d'autre part un type d'aliénations nouvelles non plus déterminées par la capitalisation et la production industrielle, mais la consommation nécessaire et la conformisation sociale pour que la technicisation ait lieu. Autrement dit, nous sommes dans les sociétés avancées en présence d'un nouveau type de prolétariat. Ce prolétariat a deux visages. Il subsiste un prolétariat de la misère, il y a des « poches » prolétariennes. Et il y a développement d'un autre prolétariat, relativement riche, mais cependant aliéné et présentant *toutes les autres* caractéristiques du prolétariat sauf la famine, ou si l'on veut la loi d'airain des salaires, qui n'a plus de raison d'être lorsque, comme Richta l'a montré, ce n'est plus le travail ouvrier qui est producteur de valeur. Or, les deux mondes du prolétariat sont connectés sans être solidaires ni coresponsables.

Rappelons ce que chacun sait du premier prolétariat : il y a les chômeurs, les ouvriers immigrés, les marginalisés, représentant effectivement des îlots de misère. On peut dire que parmi eux, ceux qui travaillent assurent les tâches ignobles qui subsistent et qui ne font pas l'objet d'une technicisation poussée (l'exemple classique est le ramassage des ordures ménagères). Mais à ceux-là viennent aussi s'ajouter ceux qui sont maintenant voués aux travaux de pure surveillance dans les usines automatisées. L'automatisation fait disparaître les ouvriers qualifiés et compétents pour ne plus garder que des techniciens supérieurs qui savent, et des ouvriers totalement incultes à qui on demande d'avoir de bons réflexes pour répondre exactement aux signaux du tableau de bord. Ainsi la progression technique produit un double prolétariat : chômeurs (et il est absolument vain de prétendre que l'automatisation produise des emplois !) et ouvriers déprofessionnalisés, déqualifiés, qui, tant que l'on en reste dans un système de salaire répondant à une valeur de travail effectué, ne peuvent être que sous-payés. Or plus on va progresser, plus le nombre de chômeurs va augmenter (le rapport 1980 de l'OCDE prévoit 25 millions de chômeurs pour ces pays en 1985 et dans la CEE 10 millions en 1983. Et c'est le prolétariat relatif justement aux secteurs informatisés).

Nous avons donc deux formes : il y a le prolétariat dont le travail a été effectivement « économisé », et qui est « tombé » en chômage[1]. Il ne faut se faire aucune illusion, c'est un problème qui n'est pas lié à une pseudo « crise économique », mais au passage à un nouveau type de société, avec de nouveaux modes de production. Le chômage très exactement et judicieusement appelé « technique » ne peut pas être réduit ni compensé par d'imaginaires créations d'emplois ni des installations d'usines nouvelles (qui, pour être compétitives, doivent être automatisées, et de ce fait demandent, sauf pour leur construction, de façon temporaire, comme aussi bien pour la construction de centrales atomiques, très peu de main-d'œuvre). Il ne peut pas non plus être valablement réduit par une réduction de quelques heures de travail par semaine : le passage à trente-cinq heures par semaine créerait peut-être 500 000 emplois en France, cependant que le développement rapide de l'automatisation dans d'autres secteurs créerait de nouveaux chômeurs. Pour résoudre le chômage par cette voie il faudrait une réduction vraiment drastique de l'horaire du travail... Mais alors ceci implique une mutation totale des structures de toute la société. Or, nous n'y sommes nullement préparés et personne n'a de programme réel pour y répondre. Ce qui paraît décisif, c'est que dans les pays socialistes le chômage commence à apparaître aussi, exactement dans la mesure où l'automatisation s'installe, lentement, très lentement, les Soviétiques ayant parfaitement compris le caractère insoluble du maintien du travail ouvrier en même temps que l'application des mé-

1. Il n'est évidemment pas question de traiter ici du problème du chômage en général mais seulement de son impact sur le prolétariat. Parmi d'innombrables études, je retiendrai celle, très éclairante, de E. Malinvaud : *Réexamen de la théorie du chômage*, Calmann-Lévy, 1980, qui a le mérite d'analyser toutes les théories actuelles et d'avouer les impasses malgré une étude renouvelée de la question.

thodes destinées à le supprimer. Il n'y a aucun recours dans la référence à l'histoire et au passé. Il est *absurde* de dire que lors de l'apparition des premières machines, au début de l'ère industrielle, il y a eu exactement la même crainte, et le même problème qu'aujourd'hui : une machine à tisser faisait le travail de dix tisserands, donc chômage. Or, on a bien vu que l'industrialisation a exigé constamment un appel croissant à la main-d'œuvre faisant venir les paysans... Donc aujourd'hui... Eh bien non ! justement, il n'y a aucune comparaison possible, car le processus industriel reposait sur le principe et la formule « toujours plus grands ». On avait appris que la très grosse usine avec énormément de machines de plus en plus puissantes était plus rentable que la petite entreprise. Donc, forcément appel de main-d'œuvre ! Mais aujourd'hui, c'est exactement l'inverse : en électronique, pour l'informatisation, pour la robotique, pour la télématique, le principe est : toujours plus petit. Le « plus vite » est associé au « plus petit ».

On s'est consolé un temps en disant que si les emplois dans le secondaire allaient diminuer, il y aurait création d'une quantité d'emplois dans le tertiaire, et ce fut exact à la fin de la période industrielle et au début de la période technicienne, mais aujourd'hui le bureautique évacue ce genre d'espoirs. Là aussi le chômage s'installe. Il faut que nous apprenions à vivre avec une population de 2, 3, 4 millions de chômeurs suivant les pays. Mais alors le chômage n'est plus ce qu'il était dans l'analyse de Marx. Il n'est plus du tout l'« armée de réserve du capitalisme industriel ». Il n'est plus du tout le moyen de pression qui permit au capitaliste de maintenir des bas salaires et d'empêcher des grèves. Il est devenu une plaie du système industriel informatisé, quel que soit le régime. Les capitalistes voudraient bien se débarrasser de cette lourde, écrasante charge, de cette accusation vivante. Car le chômeur n'est plus tout à fait dans le dénuement, et il sera de plus en plus payé. On ne peut faire autrement.

Les chômeurs sont prolétaires moins par la misère économique que par la destruction en eux de ce qui a fait pour la société du XIXe-XXe siècle la valeur dominante de l'homme, qui a donné un sens à sa vie : le travail. Exclu du travail social productif, le chômeur se vit amputé, dévalué, marginalisé, jusqu'au suicide, même s'il a de quoi vivre. Et prolétaire aussi parce qu'il est exclu, selon la pensée de Marx, de tout ce qui fait la vie humaine, enracinement, culture, etc., etc. Nous pouvons lui appliquer (sauf l'exploitation par le capitaliste) tous les critères du prolétariat selon Marx, dans la mesure même où être chômeur n'est plus un accident comme au XIXe siècle, mais devient et deviendra de plus en plus un mode particulier d'existence dans toute société technicienne.

Et en ce qui concerne l'appauvrissement, dans les catégories sociales, des rapports récents[1] montrent que cet appauvrissement est sélectif, ce qui est essentiel, jeunes en même temps sans emploi et sans vraie famille (or, la famille lieu de refuge et de réconfort est en effet essentielle pour la lutte contre la pauvreté), femmes seules ayant des enfants à charge (nous sommes ici en présence d'une situation insoluble à moins que la collectivité ne prenne les enfants totalement, mais on sait que ceux-ci paieront le prix de cet élevage collectif), chômeurs de longue durée, car

1. Le rapport de la Fondation pour la recherche sociale : *La Pauvreté et la Lutte contre la pauvreté*, CEE, 1980. Rapport dit « OHEIX », non diffusé pour le moment. 1981. Enquête du *Monde* : « Les pauvres de toujours et les pauvres d'aujourd'hui », mars 1981.

dans le court terme le chômeur qui espère encore avoir du travail n'est pas totalement prolétarisé, mais aussi la deuxième génération de migrants, dans une situation pire que ceux qui sont venus chercher du travail, car ceux-ci ont fait un acte volontaire, ils avaient un objectif et savaient ce qu'ils fuyaient, ils étaient aussi plus aptes à supporter la différence, alors que leurs enfants élevés en France peuvent avoir des objectifs qui leur font ressentir plus fortement leur misère et ne veulent pas se sentir étrangers. Mais il y a encore de plus en plus de vieillards qui sont au niveau du prolétariat, pauvreté rurale, dont on peut craindre qu'elle augmente encore considérablement dans les années qui viennent... Les rapports prennent en compte pour évaluer la pauvreté (cet aspect du prolétariat) non seulement le revenu ou le chômage, ceux-ci devant être interprétés, car pauvreté, revenu, chômage ne sont pas nécessairement identiques. Le revenu doit être évalué suivant que l'on est célibataire ou chargé de famille, citadin ou rural... le chômage n'a pas le même effet suivant que l'on citadin ou rural... le chômage n'a pas le même effet suivant que l'on est jeune ou pas, indemnisé ou non... Mais il faut tenir compte de bien d'autres éléments pour évaluer l'aspect pauvreté de la prolétarisation. Ainsi ces rapports soulignent l'importance du logement (5 millions de logements en France sont considérés comme misérables, dont 3 millions n'ayant aucun élément de ce que l'on considère aujourd'hui comme « normal »), et des facteurs divers, par exemple, ce qui me paraît essentiel parce que n'étant pas du domaine strictement économique, la complication bureaucratique qui est un facteur de pauvreté.

Il est très difficile de chiffrer ceux qui vivent dans une extrême pauvreté justement à cause de la diversité des causes et des milieux, mais aussi à cause de l'éparpillement : il n'y a plus dans les villes des quartiers entiers dont on peut dire avec certitude que tous les habitants sont misérables. On sait que le nombre des travailleurs payés juste au SMIC ou au-dessous augmente sans cesse depuis 1978, et atteint peut-être 2 millions. Mais ceci est insuffisant. Les rapports cités n'avancent pas de chiffres. Lenoir, dans son livre célèbre sur *les Exclus*[1], chiffrait les pauvres, de pauvreté matérielle, à 15 millions (mais ici ce ne sont pas seulement les travailleurs : eux et leur famille). Lionel Stoleru[2] donne un peu plus de 11 millions. On voit donc que cette dimension-là du prolétariat est une réalité extrêmement lourde. Sans doute nous avons tous la conviction que ce prolétariat de la misère devrait pouvoir être réduit, dans les pays capitalistes avancés, si du moins on veut y mettre le prix. Or, déjà nous sommes aux prises avec un système d'aide d'une extrême complexité, prestations de la Sécurité sociale, et Caisses d'allocations familiales, développement des centres d'hébergement, allocations de chômage, bourses scolaires, indemnités aux réfugiés politiques, aide au logement... On a chiffré les dépenses de prestations sociales pour lutter contre la misère à 540 milliards de francs en 1978. C'est-à-dire autant que la totalité du budget de l'État. Il est évident que la croissance constante de ces dépenses n'est pas vraiment supportable. D'autant plus qu'elles ne résolvent rien. Elles permettent aux pauvres de survivre, ce qui est très bien. Mais c'est le même problème que pour les pays du

1. René Lenoir, *Les Exclus*, Paris, Le Seuil, coll. « Points Actuel », 1976.

2. Lionel Stoléru, « Vaincre la pauvreté dans les pays riches », *Le Monde*, 1980.

tiers monde quand on lutte désespérément contre la famine sans aucune mutation structurelle.

Or, plus nous avançons, plus cette pauvreté localisée mais aggravée va se démultiplier. Ce n'est plus une affaire de crise économique et de reprise. Il ne peut plus s'agir de seulement apporter des secours, des indemnités. Car même si l'on arrive à faire vivre et même en assurant une satisfaction complète des besoins de base, si l'on arrive à résorber ces « îlots de misère », on se trouve aussitôt aux prises avec un autre problème, celui de l'appauvrissement relatif On arrivera certainement à supprimer les taudis, à loger convenablement, par exemple, les travailleurs immigrés, mais il y a un monde entre ce que l'on appelle aujourd'hui un taudis et ce qu'il était il y a cent cinquante ans. Là où « il n'y a que l'eau courante », sans électricité ni gaz par exemple, est classé dans la catégorie des logements misérables. Mais il y a cent cinquante ans, avoir l'eau courante était un luxe. Il y a cinquante ans avoir le gaz était un fait si remarquable que l'on trouvait des plaques sur les immeubles indiquant « gaz à tous les étages ». Les critères d'appréciation ont changé. Et plus la société évolue plus la pauvreté change de caractère et de critères. La société dite de consommation (inévitable dans une société capitaliste équipée de moyens de production puissants) implique inévitablement le sentiment de la misère par comparaison à la possibilité de consommation, ou à la tentation évoquée par la publicité. On entre alors dans un cercle infernal : plus on améliore les conditions générales de vie, plus le niveau de vie moyen s'élève, plus on réduit à la misère un nombre croissant de personnes qui n'atteignent pas le niveau de vie et qu'il faut alors secourir. Or, ce processus va en s'accélérant avec le progrès technique. Il y a longtemps que Rosa Luxemburg a démontré l'importance de cette paupérisation relative, contre la paupérisation absolue que Marx avait soutenue un certain temps. Cela veut dire que la famille sans bagnole, sans machine à laver, sans réfrigérateur, sans TV, qui deviennent des biens de base, se sent parfaitement démunie et misérable, de même que le jeune sans moto.

Mais ces biens de base augmentent à toute allure, c'est l'inévitable congélateur, la vidéo, le téléphone, le magnétoscope, la caméra, la CB, qui deviennent indispensables pour les jeunes et qui tendent insidieusement à être implantés tant par la publicité que par des manœuvres administratives : dans un avenir proche l'« appareillage ordinateur », la « console », etc., seront aussi indispensables. Et ceux qui n'auront pas ces biens-là seront des pauvres, n'accédant pas aux possibilités d'expression et de participation à la société. Car c'est là que va se jouer le problème : pour participer effectivement à la vie politique, administrative, gestionnaire de cette société, il faudra immanquablement être équipé de ces biens. La mise en place de services télématiques c'est très bien, mais il faut que la famille soit équipée du trio : « téléphone-télévision-console informatique ». De même, on sait de plus en plus à quel point l'achat dans les « grandes surfaces » suburbaines est économique, à quel point le marché effectué une fois par semaine fait gagner de l'argent au consommateur[1]. Mais cela implique la combinaison « automobile-congélateur ». Dès lors, nous retrouvons, à une autre échelle, une situation bien connue du prolétariat : le

1. Je me place ici du seul point de vue de consommateur, et je ne tiens pas en compte l'effet catastrophique de cette forme commerciale par la ruine de centaines de milliers de petits commerces de détail qui ne peuvent faire face...

plus pauvre paie ses denrées de consommation plus cher. Ceci avait été observé en 1950 : *toutes* les denrées vendues dans les boutiques installées dans les quartiers pauvres étaient plus chères que les denrées équivalentes vendues dans les magasins des quartiers aisés. Actuellement le déséquilibre s'est déplacé mais est resté le même : les gens moyennement riches (donc équipés) peuvent aller s'approvisionner à meilleur compte que ceux qui sont obligés d'acheter chez le petit commerçant de leur quartier, lequel est obligé de vendre plus cher pour arriver à subsister.

Tout ceci simplement pour dire que la paupérisation relative va augmenter. Par exemple, il est tout à fait clair que les travailleurs immigrés même si on améliore leurs salaires, leurs conditions de travail, l'opinion à leur endroit, leurs conditions d'hygiène et de logement resteront des prolétaires simplement parce qu'ils ne pensent en général pas à s'installer définitivement en France, qu'ils envoient une part importante de leur salaire à leur famille restée dans leur pays et qu'ils économisent minutieusement le maximum. Dès lors, ils ne peuvent pas accéder à ces biens qui sont devenus le standard du non-prolétaire sur le plan de la consommation.

Dans le développement de ce prolétariat, il faut aussi tenir compte des conditions de travail. Je ne retiendrai pas ce qui est très connu, souvent dénoncé par les syndicats (par exemple les cadences). Mais dans les secteurs en pointe, il faut retenir une autre composante du prolétariat de notre société, c'est le travailleur de l'usine automatisée, informatisée. Et il faut combattre ici une idée fausse (développée avec ingénuité par J.-J. Servan-Schreiber) selon laquelle l'automatisation libère l'homme des besognes automatiques et répétitives, ce qui lui permet d'accéder à des travaux nobles, intelligents, supérieurs. Avec enthousiasme J.-J. S.-S. proclame que le manœuvre mis en chômage par l'automatisation et l'informatisation des tâches stupides qu'il accomplissait va passer des diplômes et brevets et va accéder à une situation de travailleur qualifié, de technicien dans toutes les branches de l'informatique. Ceci est purement illusoire. De toute évidence, l'ouvrier qui est resté pendant des années à la chaîne n'est en général guère capable de passer des diplômes, d'acquérir les connaissances et les compétences qui lui permettent de devenir un technicien d'un travail intelligent. Au contraire, ce que l'expérience montre, c'est qu'en dehors des ingénieurs, les ouvriers qui restent dans les usines automatisées sont livrés à un travail encore plus nul, abrutissant, déqualifié que dans l'usine industrielle moderne. Il est exactement au stade du robot. N'ayant pratiquement plus d'autre travail que de surveiller un tableau de bord complexe, et de répondre par réflexe immédiat aux signaux visuels ou sonores qui lui sont adressés. Il subit un pur dressage, et les réflexes doivent être très rapides en réponse à une attention toujours en éveil. C'est un travail qui a atteint le dernier degré de la désignification et de l'insignifiance. Par conséquent nous sommes bien là en présence d'un prolétariat encore aggravé, même si les salaires sont supérieurs. Le problème ici n'est plus tellement celui du niveau de vie, mais celui de l'intolérabilité de ce travail, associé aux inconvénients du travail posté, indispensable, et du logement moderne.

Enfin, il y a un troisième secteur du prolétariat dans la société technicienne, je dirais le prolétariat qui reste « classique », de l'ouvrier d'usine non automatisée, de l'ouvrier des travaux dangereux, sales, répugnants, dans des conditions inhumaines, etc., celui que Marx a connu et décrit comme le lot de tous les ouvriers industriels. Ce prolétariat est alors constitué par les fameux travailleurs étrangers. Il ne faut pas s'y tromper. La condition des travailleurs immigrés n'est pas pire que celle des prolétaires français, anglais, allemands en 1900. Ils la reproduisent même assez exactement. Mais cela veut dire qu'il y a donc en même temps, dans notre société technicisée, reproduction du prolétariat industriel traditionnel, et création de nouvelles formes de prolétariat.

Me voici totalement en accord avec P. Cazamian pour considérer que l'aliénation sociale et économique en général dénoncée n'est pas la plus décisive pour le prolétariat, mais bien l'aliénation culturelle[1] qu'il a étudiée comme conséquence des dégâts provoqués chez les travailleurs par des conditions de travail aberrantes (et pas seulement par la « reproduction » ou par l'« idéologie dominante », chères à Bourdieu, ce qui vaut pour les catégories sociales participant déjà à un certain développement et non pour le prolétariat). Cazamian a raison de considérer que l'aliénation culturelle spécifique des travailleurs provient de l'antagonisme, dans le travail même, de deux cultures. L'une, scientifique, celle des ingénieurs, produit des modèles de travail fondés sur la machine et s'appuyant sur des sciences de la matière, des connaissances objectives, externes. L'autre provenait de l'intelligence opératoire des travailleurs, à partir d'un savoir archaïque, le travailleur maître de son comportement, informé par ses sensations, régulait ses activités. Il avait en lui des instruments de mesure non scientifiques, permettant de découvrir son travail optimal.

---

1. P. Cazamian, *Leçons d'ergonomie industrielle. Une approche globale*, 1973. P. Cazamian, « La fin du taylorisme », *Le Monde*, mars 1980.

Cazamian a longuement étudié en biologie et neurophysiologie les réactions de l'homme au travail. Seules les sensations de fatigue permettent de connaître en vérité l'optimum de cadence, de durée, de pénibilité, etc. La mainmise de la « connaissance scientifique » sur l'organisation du travail, le taylorisme entre autres, a été le sommet de la destruction culturelle des travailleurs. L'intelligence scientifique a écrasé l'intelligence opératoire sans la comprendre. Et Simondon a bien montré que l'on ne pouvait être doté des deux ensemble. La liberté créatrice du travailleur devenait un obstacle à la planification du travail, et celle-ci a produit une régression. Maintenant les anthropologues sont d'accord pour considérer que « c'est la main qui a permis le cerveau ». Lorsque l'on détache la main du cerveau, il y a cette régression spécifique qui produit le prolétariat industriel dans son aliénation culturelle extrême. Or, les « remèdes » proposés aujourd'hui n'en sont pas. Ni la restructuration des tâches, ni l'enrichissement du travail, ni les groupes autonomes ne font cesser l'aliénation culturelle. Ils aboutissent seulement à ce que, selon la formule heureuse de Cazamian, « les ouvriers s'auto-exploitent ».

Ceci engendre un processus de dégradation que nous connaissons bien. De même que, au XIXe siècle, c'était dans les lieux misérables que naissait l'alcoolisme, de même maintenant la diffusion de la drogue par exemple est très caractéristique dans le monde pauvre. Il ne suffit pas d'avoir un strict minimum vital, il faut à tout prix trouver des compensations et pouvoir, soit exprimer son absolu désespoir d'être enfermé dans une condition dont on ne peut pas sortir, soit une évasion fictive. Violence, drogue, alcool. Et ceci engendre une aggravation de la misère, donc c'est le même circuit infernal que

Marx avait décrit. On ne peut pas se contenter d'améliorer la situation : étant donné la structure qui provoque cette situation, nous sommes affrontés à un double problème posé par ces « îlots de misère » : d'une part une mutation de la totalité des structures, des moyens et des objectifs de notre société. Je répète : tant que tout jouera pour la croissance ultra-rapide du progrès technique et de l'économie, la pauvreté relative augmentera, avec la prolétarisation secondaire. Jusqu'à une limite qui ne sera plus matériellement soutenable par la société. D'autre part, il faut en même temps prendre conscience de ce que ces prolétaires (qui n'en sont pas par rapport aux normes du XIXe siècle mais qui en sont aujourd'hui !) ne peuvent vivre que s'ils ont une autre compensation, une autre raison de vivre, la vue d'un débouché, d'un changement. Nous retrouvons ici encore un trait du prolétariat que Marx avait souligné : l'impossibilité d'en sortir, le fait de se sentir rivé à la chaîne pendant toute sa vie, le fait qu'après dix ans, vingt ans de travail la condition est la même, il n'y a eu aucune progression, et le fait enfin que les enfants seront plongés dans la même situation.

Inutile de faire la critique ici de la fameuse « égalité des chances »... Celui qui vit des aumônes sociales, qui va du bureau d'aide sociale à la caisse de l'ANPE, et de la caisse de Sécurité sociale au centre social, etc., n'a strictement aucune raison de vivre et de continuer. Il est dans une vie intolérable non par la misère seule mais par la perte totale de toute signification. Et dans un autre contexte nous trouvons encore l'analyse de Marx montrant que le prolétariat est celui qui, en travaillant, renforce son propre adversaire, le capital. Aujourd'hui ce ne sont plus les mêmes termes mais la même réalité : en quêtant à tous les bureaux, le prolétaire renforce la structure administrative, le contrôle social de cette société, et en même temps sert d'alibi, il donne plus de consistance à la bonne conscience sociale. C'est toute notre société qui adopte le discours des « œuvres charitables » d'autrefois. « Nous secourons nos pauvres. » Bien entendu, de même que le prolétaire du temps de Marx n'était pas conscient de ce que Marx avait compris, de même aujourd'hui pour ce phénomène. Or, la condition prolétarienne de la misère au temps de Marx exigeait la même double réponse : mutation *totale* des structures, et accession à une raison de vivre et d'agir.

Marx avait su y répondre aux deux niveaux : celui de la critique radicale du Capital, en montrant ce qui devait objectivement et inévitablement changer, et celui de l'ouverture d'un espoir pour ce prolétariat : la condition n'était ni fatale ni éternelle, et sûrement, dans les années qui venaient, tout allait changer. Il a donc exactement répondu. Il nous faut aujourd'hui à notre tour découvrir une réponse située elle aussi à ces deux plans. Mais la situation est devenue beaucoup plus difficile, parce qu'elle est plus abstraite, parce que les « poches de misère » ne constituent plus un ensemble cohérent, parce que l'organisation de notre société est infiniment plus compliquée que celle du XIXe siècle, que l'exploitation est moins évidente et que l'aliénation a pris d'autres formes, en particulier des formes tout à fait acceptables. Autrement dit, il faut refaire le travail que Marx avait fait, et d'abord arriver à apporter à ce prolétariat de la misère des raisons de vivre et des raisons non fallacieuses d'espérer.

Mais ce prolétariat de la misère n'est pas seul, il n'est pas le point le plus délicat de notre société occidentale, s'il est le plus évidemment douloureux.

La société technicienne, par elle-même, produit un nouveau prolétariat qui présente les mêmes aliénations mais sous une autre forme et qui ne sont pas pénibles en général, du moins au niveau de la fatigue expressément liée à l'activité de travail ou au niveau d'une oppression clairement définie. Ce qui me paraît caractériser ce prolétariat étendu à presque toute la population, c'est la *dépossession du temps*, c'est le *divertissement*, la *subordination*, le *contrôle*, le *déracinement*, la *fatigue endémique* et les *maladies de civilisation*, et enfin aux deux extrêmes, sur un plan très concret, la *discrimination* entre les techniciens qui sont les aristocrates de cette société et les non-techniciens, et à l'autre bout le passage, l'entrée dans *une société proprement in-imaginable*, strictement imprévisible. Nous allons reprendre ces différents points qui, j'insiste, correspondent exactement à ce que Marx disait du prolétariat, mais un prolétariat non brutalisé, consentant et globalement satisfait de son sort.

Le plus simple, le plus concret, le plus évident, c'est ce à quoi je faisais allusion en terminant : l'aristocratie technicienne. Qu'on le veuille ou non d'une part (je l'ai montré plus haut) tous les appareils qui prétendent nous donner une autonomie sont l'aboutissant d'une chaîne centralisée, et nous raccrochent à un système organisé. Je n'insiste pas. D'autre part, vous ne pouvez pas faire que, au fur et à mesure que l'appareillage technique se développe et envahit toutes les activités, au fur et à mesure que ces sciences et ces techniques deviennent vertigineusement complexes, et savantes, l'individu soit incapable de « suivre le progrès ». Il sera bien entendu capable de connaître un peu telle ou telle technique, de bricoler quelque peu, mais il est totalement exclu du savoir effectif, qui, d'ailleurs, évolue tellement vite que ce qu'il a pu apprendre sur le transistor ou l'ordinateur il y a trois ans est dévalué, sans relation au réel aujourd'hui. Il y a la classe de ceux qui savent effectivement, qui détiennent les « secrets » techniques et scientifiques, qui travaillent à leur application et à leur progression et qui détiennent le véritable pouvoir [1], et puis il y a ceux qui sont les « bénéficiaires » de ces recherches, de ces mises en application, qui sont nécessairement consommateurs et n'ont aucun choix possible, aucune décision à prendre parce qu'ils ne savent pas.

Ils savent d'autant moins et sont d'autant moins capables d'exercer des choix raisonnables que les techniciens eux-mêmes ignorent les effets et les conditions d'application de leurs techniques. Mais ils les détiennent, et comme on l'a souvent montré, comme leur supériorité sociale et de pouvoir tient à leur savoir technique et à leur secret, il est évident qu'ils mettront en œuvre les moyens. Ils se trouvent dans la situation traditionnelle des chefs de guerre (aristocrates bien sûr !) pour qui la guerre est indispensable afin de maintenir leur statut social. C'est la condition des techniciens, même s'ils ne veulent pas être des technocrates. L'autre est inévitablement un objet : son avis est négligeable. Nulle part cela n'apparaît mieux que dans le progrès des techniques chirurgicales et de soin. Qui peut dire qu'il veut telle opération ou la refuse, tel remède, tel tuyau... Seul le technicien peut en décider, et l'avis du malade est sans intérêt. On se plaint de ce que le malade soit traité comme un objet, mais il est vraiment un objet (pour son bien) et on ne lui dit pas ce que l'on va faire, parce qu'il ne comprendrait pas. Bien entendu

1. C'est déjà en 1954 dans mon premier livre sur la Technique que je montrais que la classe des techniciens était une véritable aristocratie, au sens précis du terme.

on sera très gentil avec lui, très humain, très compréhensif, cela ne change rien.

Or, nous pouvons énumérer tous les grands secteurs de développement de la technique : il en est toujours et partout de même. Vous n'êtes aptes à juger ni en matière atomique, ni en matière d'aménagement du territoire, ni en matière de biogénétique, etc. C'est-à-dire exactement, au plan de la société entière, dans la condition où se trouvait le prolétaire dans l'usine taylorisée. Bien entendu l'homme du Moyen Âge n'avait pas non plus à juger de la politique royale, mais en fait celle-ci le concernait très peu, accidentellement et sporadiquement. Alors qu'aujourd'hui c'est le tout de notre vie qui est ainsi minutieusement ordonné de l'extérieur. Pour la première fois l'homme semble totalement dépossédé de lui-même. Ceci coïncide d'ailleurs avec la dépossession du temps (caractéristique du prolétaire selon Marx), l'homme moderne est saisi dans une occupation permanente, y compris celle du loisir, il ne peut jamais prendre de distance, réfléchir à sa condition, ce n'est pas le temps de travail seul qui compte mais aussi bien celui de sa relation avec les administrations qui lui prend un temps considérable, et le temps n'a jamais eu aussi peu d'importance, dans sa qualité de vie, mais aussi sa réalité naturelle. L'homme gagne de plus en plus de temps, cependant que son temps est de plus en plus absorbé par les activités sociales.

Combien de romans nous montrent cette condition d'inconscience radicale, tout à coup brisée par un événement (l'accident) qui vient interrompre la bousculade réglée, ordonnée des activités incessantes où l'homme n'a jamais de temps. Et ici nous rejoignons le divertissement. Je disais que le loisir n'est plus jamais la possibilité d'un regard distancié, mais une autre absorption de temps vivant qui devient de l'activité insignifiante. Le divertissement en est l'autre face : toute l'activité de notre société semble avoir pour fin première d'empêcher la prise de conscience de la réalité, de la situation de notre vie. Divertissement au sens pascalien : il ne faut pas que le regard puisse s'attacher à ce point. Il doit être détourné par tant de spectacles, d'attraits, de merveilles. Il faut à tout prix éviter une prise de conscience [1]. Nous allons alors être pris dans un bombardement multiple et complexe : nous recevons un ensemble de satisfactions imaginaires, extrêmement gratifiantes et valorisantes (spectacle et voyage), que la publicité nous fait enregistrer comme notre vraie vie, nous consommons des symboles eux aussi valorisants et signifiants (cf. Baudrillart), nous accédons à une culture (fausse, radicalement fausse) qui nous est distribuée et qui par le luxe des moyens efface nos propres possibilités de créer une véritable culture (tellement plus minable, médiocre au prix de celle qui nous est dispensée dans toutes les directions...), nous accédons peu à peu à une sorte d'utopie rêvée, et le moindre choc (l'augmentation du prix de l'essence !) apparaît comme un scandale inimaginable, un attentat intolérable dans cet univers de rêve ouaté qui ne peut être que le nôtre en accédant aux moyens éblouissants des techniques modernes.

Éblouissants, stupéfiants, hypnotisants. En même temps que l'homme dépossédé, c'est l'homme fasciné, qui caractérise ce riche et heureux prolétaire.

1. Et le pire ce sont les fausses prises de conscience où nous sommes induits par les groupes officiellement révolutionnaires et l'Art révolutionnaire, cf. *L'Empire du non-sens*. Lire aussi l'admirable recueil de poèmes de A. Robin, *Les Poèmes indésirables*, 1945, rééd. Plein Chant, 1979.

Car tout ce déploiement, cet immense cirque d'anti-conscience, est une des formes de la subordination, du contrôle social et de l'assujettissement. Précisément parce que l'homme occidental accède à un bonheur qu'il associe à la liberté, précisément parce qu'on lui fournit les moyens d'une vie qui aurait été il y a deux ou trois cents ans la liberté, il se juge libre. Libre par l'auto et l'avion, libre par l'information, libre par la participation démocratique, libre par la possibilité de penser ce qu'il veut... Bien entendu je ne minimise en rien, je ne méprise en rien cette vie, qui vaut mieux que celle des opprimés des États totalitaires de droite ou de gauche, qui vaut mieux que la vie affamée ou esclavagée, mais je dis que cette apparente (et agréable) liberté cache des servitudes profondes. L'aliénation a changé de niveau.

J'ai fait ailleurs l'étude des niveaux de profondeur, des objectifs nécessaires des révolutions (d'abord politiques, évidents et clairs au XVIIIe siècle, puis économiques au XIXe siècle, plus abstraits, plus confus, enfin techniques, et ici tout à fait abstraits, difficiles à comprendre et à cerner) et à cela correspondent les niveaux d'aliénation [1]. Évidente, dure et superficielle, lorsqu'il s'agissait des esclaves et des serfs. Moins claire, plus complexe, lorsqu'il s'agissait de l'ouvrier vendant « librement et à égalité avec son co-contractant » sa force de travail. Il a fallu une analyse minutieuse pour montrer qu'il s'agissait bien d'une aliénation. Aujourd'hui, le niveau est encore plus profond et l'aliénation devient presque invisible, car il s'agit de la « reproduction » par exemple de Bourdieu et Passeron, ou du regard social abstrait, de « surveiller et punir » de Foucault, ou de l'infusion

1. Pour le détail voir mes deux livres sur la Révolution.

d'un style de vie par l'urbanisme, la publicité, mais en même temps du contrôle social exercé par les services d'aide, d'assistance[1], par l'îlotage tendant à intégrer la police dans le milieu de vie des habitants, par la prévention de toutes les délinquances ou de toutes les maladies possibles.

Ce qu'il faut toujours rappeler, c'est que cet énorme contrôle social est toujours le produit de la bonne volonté, de la recherche d'une moindre pénibilité pour l'assujetti. *On* agit toujours pour son bien. Mais son bien implique qu'il agisse toujours en conformité avec l'appareil social. Et ceci est parfaitement compréhensible dans la mesure où cet appareil devenu de plus en plus complexe, difficile à maîtriser, à organiser, en même temps fragile, demande pour fonctionner un comportement conforme. Vous ne conduisez pas une Porsche à 200 à l'heure comme une 2 CV à 70. L'homme qui se met en travers dérègle l'ensemble et sera broyé. Il doit donc être minutieusement adapté. Les moyens d'ordre et de répression deviennent de moins en moins oppressifs et vulgaires. Sauf lorsque précisément ils se trouvent en présence de l'adversaire délirant, du « terroriste », du tueur, qui ne peut qu'être écrasé. On tend à une organisation de commandement non pénible. Mais la combinaison entre ce contrôle social et le divertissement aboutit à une aliénation à peu près totale à un niveau inconscient et sous des formes généralement indolores. Il s'agit effectivement d'une aliénation au sens propre. Ce n'est plus soi qui veut mais le courant organisateur. Un autre a pris possession de mes facultés. Et je suis tenu d'aliéner tout ce que je puis fournir pour partager les biens de cette société. Nous avons

1. Cf. Alain Masson, *Mainmise sur l'enfance*, Privat, 1980.

constamment caractérisé le prolétaire par l'exploitation et par l'aliénation : nous accédons ici à un autre aspect du même phénomène. C'est le conformisme sociologique total. La société est devenue le Dieu[1] qui a pris possession intégrale du participant qui peut s'estimer libre car il n'y a pas de garde-chiourme.

Il faut enfin parler d'un autre caractère traditionnel du prolétariat, plus visible : le déracinement. Dire que l'homme moderne est un déraciné est une banalité. Mais il faut essayer de saisir la multiplicité du phénomène. Il y a le déracinement par le simple fait d'habiter dans les banlieues de la mégapolis, dans cet immense troupeau anonyme, des grands ensembles des cités dortoirs. Le fait du nombre cumulé avec la rupture entre le lieu de repos et le lieu de travail, dans ce double anonymat des voisins de palier ou de pavillon, que l'on ne peut pas connaître parce qu'on ne les rencontre nulle part, et celui des camarades de travail, pas mieux connus parce qu'on n'a pas le temps avant et après le travail. Or, le déracinement c'est d'abord l'absence d'un milieu humain constant, bien connu où naissent des connivences et des signes de micro-culture. À cela se joint le déracinement des travailleurs immigrés, et j'entends ici non seulement les Maghrébins, les Turcs ou les Portugais, mais aussi tous ces ouvriers qui sont venus de la campagne. L'exode rural est un déracinement tout aussi dur. Le déracinement par les changements inéluctables de travail. On n'est jamais sûr d'une durée. Et ce n'est pas seulement un fait de chômage : c'est la valse des chantiers, c'est le changement des postes et des horaires. La multiplication des travaux tempo-

1. Je sais bien que l'on dira, à juste titre, que dans les sociétés dites primitives il en était ainsi : je suis tout à fait d'accord, mais ces sociétés ne m'ont jamais paru aimables ni exemplaires !

raires, ne visant pas ici seulement les agences de travail temporaire, mais aussi l'énorme quantité de ceux qui sont engagés sur un chantier important, puis licenciés ou changés parce qu'il est achevé. L'exemple typique est la construction des usines atomiques. Or, cela est un facteur très essentiel de déracinement : il n'y a plus, ni lieu vivant d'habitation ni lieu accoutumé de travail (voir par exemple autrefois l'attachement des mineurs à *leur* mine). Déracinement par la rupture de la famille, qui reste le lieu par excellence de l'enracinement, et qui a éclaté, par le travail de la femme, par la disparition de responsabilité du chef de famille, par l'autonomie prise par les jeunes. Je précise bien que je ne porte aucun jugement sur des faits de cet ordre. Je constate et je dis seulement que l'homme déraciné est malheureux, et que les jeunes sans famille constituée (famille contre laquelle ils protestent bien sûr) deviennent pour la plupart des marginaux et des inadaptés. La violence des jeunes est liée à l'absence de possibilité d'enracinement familial. Enfin, déracinement par perte de relation avec la nature, le cadre traditionnel dans lequel l'homme a vécu pendant cinq cent mille ans et par la subite passion des voyages, même chez les gens modestes. Ce n'est pas seulement le fait de la voiture, mais aussi l'abaissement des prix des voyages en avion pour des séjours à l'étranger. Il y a fuite d'un milieu qui n'en est plus un. Confirmation du déracinement réel par un déracinement secondaire, par impossibilité de s'enraciner dans le lieu de l'habitat, et si on y restait pendant les jours de congé, c'est alors que le fait d'être un déraciné, de n'avoir rien à y faire, à y vivre, éclaterait avec douleur. Car, ce qui est en même temps certain, c'est que l'homme semble ne pas souffrir de ce déracinement. Seuls les gens assez simples, assez « incultes », ayant peu de distraction télévisée, étrangers récemment arrivés ressentent cette souffrance. Seuls, ils réagissent (par exemple en essayant de se regrouper avec leurs compatriotes, de conserver certaines traditions, de garder le même culte) comme autrefois à Paris se regroupaient dans le même quartier les Bretons ou les Auvergnats. Mais pour l'énorme majorité, le déracinement n'est pas reconnu comme souffrance et comme déséquilibre. Ce n'est que dans l'inconscient, dans les structures profondes de la personnalité, dans les déséquilibres que le mal du déracinement fait son travail. Et l'on voit apparaître les fameuses maladies de la civilisation (ulcère d'estomac, insomnie, maladies vasculaires, fatigue permanente, troubles nerveux, difficultés du langage...) qui sont dues à des causes diverses, mais l'une d'elles, essentielle, est justement le déracinement, la solitude matérielle, psychique et culturelle ; le fait de non-appartenance, le fait de délocalisation, ne plus appartenir à un lieu de coutume, de plaisir, de mémoire et de projet.

En réalité, le déracinement est subi, la difficulté n'affleure que très rarement dans le discours, mais ce malheur taraude la personnalité en profondeur. Ce ne sont pas seulement les maladies qui en témoignent, c'est aussi le succès précisément parmi ces déracinés de la formule qui devient slogan, de « vivre au pays ». La réaction pour retrouver une patrie locale est bien révélatrice du malaise de n'être nulle part. Il y a non plus expression du vide créé par l'arrachage des racines, mais expression d'une volonté d'en retrouver, de se fonder de nouveau en un lieu qui soit un lieu humain, durable et en accord avec le monde. Ce n'est pas une fantaisie de doux rêveurs ni d'écolos inadaptés : c'est la réaction contre un mal subi. La réalité du déracinement est une réalité constitutive du prolétariat.

Enfin j'aborderai un dernier facteur, le plus abstrait, mais non pas le moins important : le fait que nous nous trouvons tous *dans une société strictement inimaginable*. Inimaginable dans son actualité, inimaginable dans son avenir. Aujourd'hui, c'est la complication, la dimension, et la récupération qui rendent le monde où nous sommes proprement inconcevable. Les réseaux de corrélation entre tous les phénomènes. Les réactions des uns sur les autres. Les solidarités mécaniques mondiales. Les répercussions inattendues de chaque changement. L'écrasement par la multiplicité des informations. Les interconnexions entre les phénomènes les plus lointains en apparence. Le monde administratif ou économique. Le sentiment d'être dans une toile d'araignée... Une société qui me paraît inévitablement absurde parce que je ne puis rien y comprendre. Je ne puis la concevoir. Et je ne puis, de là non plus, concevoir le rôle que j'y joue. Mais la dimension du futur est aussi inimaginable, nous n'avons aucune certitude sur ce que sera ce monde, aucune prévision (à l'échelle de l'homme quelconque) n'est possible. Or, je dis que le fait de vivre dans un monde incompréhensible et sans aucune signification, le fait de vivre dans un monde où je ne puis faire et vouloir aucun projet, est une dimension essentielle du malheur de l'homme, ayant perdu tous les repères du sacré, subissant l'absurdité du monde, une dimension profonde de la prolétarisation.

Qu'est-ce qui permet de dire que nous soyons dans une société inimaginable ? Eh bien, très sommairement, je dirai que ce n'est pas seulement l'impression de l'homme inculte, mais en rendent témoignage les faits innombrables, par exemple l'art qui lui-même devient inaccessible à l'homme quelconque, l'impuissance du pouvoir à saisir la multiplicité des tâches qu'il y aurait à accomplir (d'où la formule, tentation du pouvoir dictatorial qui va simplifier, comme Alexandre, le nœud gordien), l'impuissance des économistes, des sociologues, des politologues à rendre compte de façon autre que pointilliste de ce qui se passe, la prolifération du droit qui essaie par les milliers de textes incohérents de saisir et contrôler un réel parfaitement inorganisable... Voilà des indices négatifs de cette réalité. Ainsi s'en accumulent les données, et je suis habilité à parler d'un *prolétariat*, matériellement, pécuniairement satisfait, et cependant *prolétariat*. Vivant dans l'inconscience. Les facilités matérielles, le fait d'avoir un équipement ménager, la distraction de la télé, l'auto pour filer le samedi, cache la situation réelle. L'homme, bien que prolétaire, est induit à être heureux dans ces circonstances. Il est totalement incapable de prendre conscience de cette nouvelle réalité. Mais il faut aussi se rappeler que le prolétariat de la misère, lui non plus, ne prenait pas conscience de sa condition réelle ; parce que la misère était trop grande et qu'il fallait à tout prix trouver le pain quotidien. Il était impossible dans l'abrutissement de la faim et de l'excès de travail de prendre conscience. Il s'agissait également d'une situation tellement nouvelle que l'homme n'avait pas les instruments accoutumés pour comprendre sa situation. C'était enfin une condition qui était lue, reçue comme une fatalité.

Marx a beaucoup insisté là-dessus et a sans cesse rappelé que le premier acte était justement celui de la prise de conscience, le passage du prolétariat en soi au prolétariat pour soi. Avec le nouveau prolétariat nous sommes exactement dans la même situation, mais pour des raisons partiellement différentes. Parce qu'il consomme beaucoup et ne peut pas se dire malheureux en comparaison avec les ouvriers du passé et les peuples du tiers monde. Parce qu'il est, lui aussi, dans une condition humaine radicalement nouvelle, que l'on n'arrive pas à comprendre. Parce qu'il vit la croissance, le progrès, comme des fatalités tout aussi insaisissables, il ne prend pas davantage conscience que l'ensemble de ses conditions de vie le constitue en prolétariat. Ayant fait cette analyse je prétends être parfaitement conforme à la pensée de Marx, pour qui, je le rappelle, l'amélioration matérielle du sort de la classe ouvrière pouvait détendre sa volonté révolutionnaire mais ne changeait pas du tout sa condition essentielle, sa condition prolétarienne. Ce nouveau prolétariat est diffus, bien plus que celui du XIXe siècle. Pour celui-ci, il y avait des signes extérieurs, la maladie, le taudis, le vêtement. Aujourd'hui ces signes ont presque tous disparu (je parle du *nouveau* prolétariat, et non de la reproduction de l'ancien). Il est donc diffus, plus abstrait, plus difficile à cerner. Et de ce fait, ces prolétaires ne constituent pas une classe. Ce n'est plus une classe sociale. Les efforts du PC pour conjoindre les cadres supérieurs avec les ouvriers déqualifiés sous le seul prétexte que ce sont tous des salariés (donc exploités) sont simplement infantiles. Il y a dissolution des classes sociales, en tant que classes [1] et le ressort de l'histoire n'est plus la lutte des classes.

On voit mal ce qui pourrait amener ces nouveaux prolétaires à s'unir. Ils sont remarquablement solitaires et n'ont aucune conscience de ce qui provoque fondamentalement leur malheur. Ce qui est remarquable, c'est que lorsque cette conscience apparaît, elle produit un effet centrifuge. Ce fut l'acte des hippies qui se séparent de cette société pour vivre

1. Cf. Jacques Ellul, *La Métamorphose du bourgeois*, Calmann-Lévy, 967 ; réédition La Table Ronde, 1998.

en groupes marginaux ; c'est l'acte de ceux qui retournent à la terre abandonnée, jeunes et moins jeunes, à la fois pour vivre dans *un pays* et pour refuser la participation à cette société-là ; c'est l'attitude des réfractaires, mais toujours identiquement réfractaires sur un point (écologistes non politiques, objecteurs de conscience, etc.) avec toujours la réaction centrifuge, de refus d'assumer la condition de l'homme « normal » dans cette société, pour, *à partir de là*, la changer.

C'est ici je dirais le grand échec ou le grand obstacle. Ceux qui pourraient devenir une classe nouvelle d'opposition, ou bien n'en sont pas une dans le bien-être sommeillant, ou bien fuient et refusent d'engager le combat. Au fond leur réaction est comparable à celle, au XIXe siècle, de ces ouvriers qui préféraient tout plaquer et devenir mendiants ou plutôt (ce qui a été un phénomène bien plus important qu'on ne l'a estimé) chemineaux partant à l'aventure sur les grands chemins plutôt que de s'attacher à une usine. Mais on sait que Marx considérait que ceux-là étaient (et s'étaient) exclus de la lutte sociale ! Telle est je crois la condition sociale nouvelle du prolétariat, mais le socialisme n'en a pris strictement aucune conscience. Les socialistes, y compris les intellectuels, continuent à réciter la leçon de la lutte des classes, et à interpréter de travers les phénomènes actuels.

Mais il y a aussi peut-être un réflexe de recul devant l'incroyable difficulté de la situation, que nous essaierons d'examiner au chapitre suivant. Le socialisme (dans ses diverses branches) continue à tout penser en fonction de la société industrielle, sans comprendre le moins du monde que la société technicienne a modifié *tous* les problèmes, y compris ceux de l'exploitation et de la lutte des classes. On ne peut plus ni comprendre ce qui se passe ni chercher des remèdes si on reste fixé sur le triangle : « Misère-Capitalisme-Industrie ». De même les combats d'arrière-garde pour réduire les « poches de misère » du monde occidental. Ou bien les luttes du XIXe siècle pour changer l'exploitation des travailleurs en Amérique latine. Bien entendu ces luttes ne sont pas inutiles. Il faut toujours tenter de porter remède au malheur des pauvres et à l'exploitation. Oui. Mais ce n'est plus ce que prétendait être le socialisme, le changement total de la société. Éliminer l'exploitation d'Amérique latine, combattre les multinationales, contrebattre la domination américaine, oui, mais on sait exactement, dans la perspective où travaillent les communistes, où cela conduira, au nouvel esclavage par subordination à l'URSS. Ce n'est pas un rêve, ce n'est pas un argument polémique : c'est la réalité partout où l'URSS s'est implantée.

Le thème n'est plus aujourd'hui la lutte contre le capitalisme, car ce n'est plus lui *d'abord* (simplement *aussi*, mais pas pire que les autres régimes) qui produit le prolétariat et l'exploitation du monde. C'est la nécessité de l'industrialisation pour les trois quarts du monde, c'est le passage à la société technicienne pour le reste. Dès lors le socialisme est en réalité en retard d'un siècle. Les remèdes proposés, les nationalisations, la suppression des capitalistes privés, l'égalisation des revenus, la prise du pouvoir par les partis socialistes ou communistes, le contrôle social exercé par ces partis et les syndicats (mais pourquoi seraient-ils meilleurs, plus fiables que les précédents ?) se résolvent finalement à quelques améliorations et beaucoup d'aggravations. Ce n'est plus une *révolution* en aucun sens de ce que ce mot avait porté au XIXe siècle.

VI

VERS LA FIN DU PROLÉTARIAT ?

Nous allons avancer ici sur une *terra incognita*, quoique, déjà, beaucoup d'auteurs aient d'une façon ou d'une autre entrevu tel ou tel aspect du changement nécessaire. Il nous faut d'abord enchaîner sur la dernière page du chapitre précédent. Nous avons connu jusqu'ici deux formes de socialisme. L'un, le socialisme dictatorial, totalitaire, créateur du goulag, effectuant une révolution datée, qui en était effectivement une en 1900, mais qui a mal tourné. Inutile de se demander à qui la faute. Ce ne devait pas être à une personne particulière puisqu'en réalité partout où ce socialisme a gagné les résultats ont été les mêmes. L'autre, celui que j'appellerais le socialisme mou, qui a pris des formes diverses, autrefois socialisme municipal, ou social-démocratie ou socialisme chrétien. Actuellement on peut l'appeler socialisme à visage humain [1]. Je veux bien. Il se présente sous deux aspects principaux, d'un côté il s'agira d'un socialisme purement gestionnaire, par exemple en Suède. On a conquis un certain

1. L'un des aspects est ce que P. Drouin appelle le « socialisme frileux » (*Le Monde*, juin 1981).

nombre d'avantages. Il y a eu des contrôles, les syndicats sont intégrés, la vie économique est gérée globalement... et il s'agit de faire fonctionner la machine sérieusement. L'autre, c'est le socialisme réformateur, où l'on pense que par des petites touches successives on arrivera à transformer la société moderne en société socialiste en faisant, en réalité, l'économie de la révolution (non pas envisagée comme une prise du pouvoir par les socialistes ou communistes, mais comme une mutation essentielle de la société, et surtout du processus de développement de cette société). C'est ce que par exemple les sociaux-démocrates allemands, les travaillistes anglais, les socialistes français envisagent[1].

Or, ces deux formes historiques du socialisme sont en réalité *réactionnaires*. Non pas bien sûr dans le sens où elles tendent à maintenir les capitalistes ou à revenir à une forme politique démocratique libérale... mais en ce sens qu'ils continuent à penser et à agir en fonction du XIXe siècle. Ils sont « vieux » parce qu'ils n'ont pratiquement rien renouvelé de leur doctrine, de leur pensée, de leurs objectifs, de leur tactique. Ils conservent l'idée simpliste qu'ils sont mandataires de la classe ouvrière, et que l'important est d'abord de prendre le pouvoir. Ils n'ont aucune idée des problèmes posés dans le monde moderne, et analysent la société actuelle comme si rien n'avait changé. Même un phénomène aussi énorme que les multinationales n'entraîne chez eux aucune invention pour les maîtriser ou pour les détruire.

1. Je suis en désaccord complet avec l'article de Maurice Duverger, « Le socialisme du troisième type », paru dans *Le Monde* (juillet 1981) où il croit démontrer que le socialisme Mitterrand n'a rien à voir avec la social-démocratie et représente une troisième voie ! Mais ses arguments sont tout à fait occasionnels.

On se borne à répéter la leçon toute faite sur l'Impérialisme. Richta, pour le socialisme russe, a parfaitement montré à quel point il était dépassé, ancien. Mais c'est tout aussi vrai pour le socialisme mou. On arrive alors à des socialismes qui deviennent purement tactiques. Et c'est une erreur destructrice. Il est évident que ce socialisme ne peut en rien répondre aux problèmes actuels de notre monde. De fait nous avons vu comment le prolétariat est produit par le socialisme autoritaire, comment il se forme sous de nouveaux aspects dans les pays avancés, que ceux-ci soient socialistes ou non. Il importe peu.

Et cependant, le socialisme est la seule orientation politique possible[1], parce qu'elle est la seule où expressément il est dit, déclaré que l'objectif est la

---

1. Le mot «socialisme»... Je partage entièrement l'opinion de Castoriadis quand il estime que les mots de socialisme et communisme seraient à abandonner (*Le Contenu du socialisme*, 1979 – livre fondamental dont tout ce chapitre est plus ou moins inspiré). Car, désormais, socialisme signifie pour la majorité des gens le régime instauré en URSS... «Le socialisme réellement existant...» D'ailleurs, dit-il, dès le départ le terme de socialisme était tautologique et ambigu... opposant par exemple une primauté matérielle et de valeur de la société à l'individu. Ce qui est inacceptable. Cependant, faute d'un autre mot plus adéquat, Castoriadis garde ce mot de socialisme... Et moi aussi! Par contre je ne suis pas d'accord avec lui quand il garde le mot socialisme pour désigner la période historique préparatoire à celle du communisme, évolution achevée (la société communiste se définissant par l'abondance économique, la disparition de l'État et le plein épanouissement des capacités de l'homme). Je crois, comme j'essaie de le montrer dans ce chapitre, que du fait de la croissance et de la rapidité des techniques, on ne peut plus opposer les deux: il n'y a pas de phase transitoire, sinon extrêmement brève, et on est obligé de passer très rapidement de la période du capitalisme développé technicien à la période du socialisme accompli. Sans quoi la croissance du système technicien interdira toute réalisation du communisme. Le tout de la révolution et du prolétariat, maintenant, se joue à la vitesse même de la croissance des techniques et surtout de l'informatique. Le socialisme n'a plus de temps devant lui pour s'accomplir, il n'a plus l'histoire pour lui. Il doit prendre de vitesse l'informatisation et la robotisation de la société.

fin du prolétariat, la fin de l'aliénation, la libération de l'homme. Or, je tiens ces déclarations d'intention qui sont au cœur de la naissance du socialisme pour toujours vraies. Cela a été rendu impossible par l'erreur énorme de la révolution léninienne puis maoïste. Cela est purement déclaratoire dans les socialismes mous. Mais il reste que l'essence du socialisme est celle-là. Et que nulle part ailleurs on ne trouve la moindre idée de cette question. Autrement dit le socialisme a un objectif vrai, vicié totalement par les moyens et par l'incapacité où il se trouve du plus petit renouvellement. Mais les « non-socialismes », qui comportent les mêmes défauts, n'ont même pas l'objectif vrai. C'est donc dans le sens du socialisme qu'il faut aller. Mais pas n'importe lequel. C'est-à-dire qu'aucun parti communiste, aucun parti socialiste, aucun syndicat actuel (sauf de façon embryonnaire la CFDT) ne présente la plus petite parcelle d'authenticité d'un socialisme moderne. Mais la plus grande justification du socialisme qui se puisse trouver tient au fait que les deux seules expériences tentées pour trouver une forme nouvelle de société, de culture, de civilisation, à savoir celle de la Tchécoslovaquie en 1968 et celle de la Pologne en 1981, l'ont été sur la base du socialisme. En dehors d'elles, il n'y a rien. C'est à mes yeux la preuve que pour trouver une issue nouvelle, une création de société, il faut passer par la voie socialiste.

Marx a clairement montré que la suppression du prolétariat, la fin de l'aliénation suppose une révolution. Mais ici encore, depuis Marx, la révolution a changé. Elle n'a pratiquement plus les mêmes objectifs et les mêmes moyens [1]. Il faut reprendre cette idée

1. Ce paragraphe est le résumé d'*Autopsie de la Révolution.*

simple que, dans la mesure où la société change, la révolution change aussi. Ce ne sont plus les mêmes puissances qui aujourd'hui aliènent l'homme. Le fait capitaliste est passé au second plan. Les deux facteurs d'aliénation sont l'État bureaucratique centralisé, d'une part, fonctionnant non plus comme une superstructure mais en tant que puissance spécifique indépendante et autonome et, d'autre part, le système technicien fonctionnant comme système de puissance et de domination. Ce sont ces deux facteurs-là qui provoquent l'aliénation humaine actuelle. Et par conséquent c'est à leur endroit que doit se faire la révolution. La libération humaine aujourd'hui ne peut se jouer que par rapport à l'État, qui doit être supprimé, et par rapport à la technique, qui doit être maîtrisée.

J'ai montré sans cesse la technique comme étant autonome, je n'ai jamais dit qu'elle ne pouvait pas être maîtrisée. J'ai dit que dans la mesure où elle est et reste un pur instrument de puissance et de croissance elle est inattaquable, impossible à dominer, et j'ai dit par ailleurs que seule une mutation révolutionnaire de la société (mais beaucoup plus fondamentale que les révolutions de 1789 ou 1917) pouvait peut-être y parvenir. Or, actuellement nous assistons à un phénomène qui a fait naître beaucoup d'espoir. C'est la transformation de la Technique. Je dirais que, jusque vers 1970, la technique était une puissance inébranlable et ne possédant qu'une seule orientation. Elle était vraiment le *système* et elle n'avait qu'un seul but concevable, la croissance, dans tous les sens, croissance de puissance, de production, etc., même si certains commençaient à mettre en doute cette croissance. Or, les mutations qui s'effectuent, celle de l'automatisation (qui bien entendu existait depuis longtemps, j'en parlais dans mon premier livre en 1950 !) et celle de l'informatisation, peuvent éventuellement faire changer l'orientation de la technique, peuvent orienter la société dans un nouveau sens [1]. Le socialisme parfaitement rétrograde n'avait vu aucun des problèmes nouveaux de la technique. Il ne pouvait absolument rien contre le système technicien et c'est cela qui reproduisait inévitablement le prolétariat sous l'égide socialiste. La technique ne pouvait être qu'une puissance de concentration et d'aliénation, fût-elle dans un régime socialiste. Actuellement on assiste à un joyeux enthousiasme, et un nombre croissant d'auteurs considère que cette technique nouvelle et l'informatisation de la société conduisent au socialisme (et par conséquent n'est-ce pas à la fin du prolétariat), ou encore qu'il y a une sorte de conjonction spontanée entre le socialisme et la nouvelle technique. Or, ceci est une erreur majeure.

1
Premières approches. Critiques et fatalités
La chasse aux facilités

Nous commencerons par les appréciations positives. L'idée générale constante, c'est que la technique est ambivalente [2] et qu'elle permet des choses

1. J. Delors, *La Révolution du temps choisi*, Albin Michel, 1980, souligne également que la société post-industrielle (on y garde ce terme fâcheux) se distinguera de la société présente par un autre type de rapport au temps. Mais ce qui est vraiment étrange, c'est que ce livre qui soutient des thèses très proches de celles de Richta ne cite pas celui-ci !

2. Je prends ici ambivalence au sens que lui donnent justement les auteurs qui défendent les conceptions que j'expose et qui est assez

très diverses. On voit de toute évidence qu'elle conduit à la centralisation, à la puissance, à l'excès de production, à la normalisation des conduites, etc., oui mais elle pourrait permettre tout l'inverse. La technique en effet est un admirable outil de décentralisation, d'autonomisation, de personnalisation. Il suffit de prendre d'autres techniques que celles actuellement exploitées[1]. C'est tout le panorama d'une part des techniques d'économie du travail, d'autre part des « technologies douces ». Il est vrai que la technique peut économiser vraiment le travail humain, et que l'on peut arriver à une société où l'homme sera délivré de la malédiction du travail[2]. On peut promettre les deux heures par jour, ou la semaine de trente heures. Les hommes auront alors de vastes plages de temps libre, et dans le loisir se développera une autre culture, un autre mode d'être. Mais le capitalisme ne peut absolument pas accepter cela. Pour y arriver il faut accéder à de nouvelles structures, celles qui sont les présupposés du socialisme, où l'on n'exercera plus de puissance, où les moyens seront à la disposition de l'homme, etc.

De même, il y a les technologies douces, de la qualité, de l'économie des ressources. Il y a les techniques d'économie des matières premières, les techniques du « petit », de la moindre utilisation

---

différent de celui que j'ai longuement analysé d'abord dans mon article sur « Ambivalence de la Technique », *Revue administrative*, 1962, puis dans *Le Système technicien.*

1. Ainsi par exemple Bookchin, *Technique et Anarchie* (*Post-Scarcity Anarchism*), Ramparts Press, 1971 ; Th. Gaudin, *L'Écoute des silences*, UGE, coll. « 10/18 », 1978.

2. Adret, *Travailler deux heures par jour*, Le Seuil, 1977, coll. « Points Actuel » 1979 ; CFDT, *Les Dégâts du progrès*, Le Seuil, coll. « Points politique », 1977 ; J. Rousselet, *L'Allergie au travail*, Le Seuil, coll. « Points Actuel », 1978.

d'énergie, des multi-emplois de l'énergie solaire, éolienne, hydraulique[1]... tout cela permettant un équipement autarcique. Il peut y avoir diffusion personnalisée des sources d'énergie. Il peut y avoir création de techniques ou multiplication de celles existantes permettant l'éclatement de tout ce qui est concentré, monumental. Donc passage à une société qui sera celle de l'initiative individuelle. Mais les deux courants se conjoignent dans l'automatisation, la cybernétisation et l'informatique : ces derniers aspects du progrès technique portent à l'extrême la contradiction, c'est-à-dire le fait que ces moyens aboutissent aujourd'hui à une concentration absolue, un contrôle de tous, un déterminisme, une impossibilité pour l'homme de rester un individu libre. Mais *pourraient* aussi donner le contraire. Le micro-ordinateur, la vidéo, etc., sont des instruments extraordinairement individualisés qui permett*raient* la diffusion des tâches et l'indépendance... Mais ici encore ceci n'est pas possible dans le capitalisme : il faut pour y arriver que les structures sociales changent, les intérêts d'argent s'effacent, la parole soit donnée à l'individu de base, qui délivré du carcan « institutionnel-capitaliste-productiviste » choisirait librement de faire ce qu'il veut avec cet appareillage technique hautement spécialisé, efficace, capable de productivité, mais sans domination. Il n'en reste pas moins que dans cette première approche on reste hésitant. Qu'est-ce qui nous est décrit ? Est-ce que l'évolution de la technique par soi-même va dans le sens de cette société déconcentrée, individualisée, socialiste, ou bien est-ce que c'est le socialisme qui,

1. Voir de bons exemples et une excellente mise au point dans Th. Gaudin, *op. cit.*

accédant au pouvoir, va donner à la technique cette orientation? Ce n'est pas clair.

Nous allons préciser la situation en analysant le livre de Garaudy sur la question[1]. Pour lui la révolution technicienne, « la cybernétisation de tous les aspects de la vie offre des conditions de *réalisation* du socialisme inconnues jusqu'ici ». Donc le cheminement sur ce point paraît clair: la technicisation contient en elle le potentiel du socialisme. Les exigences du développement humain (socialisme, mais on voit qu'il est décrit en termes soit d'*exigences*, soit d'idéal...) coïncident maintenant avec le développement technique et économique. Et si celui-ci ne se fait pas comme il devrait, c'est qu'il y a un obstacle qui bloque ce développement: le capitalisme. « Si un peu de technique a éloigné de l'homme, beaucoup de technique peut nous y ramener » pour reprendre une formule qui, depuis Teilhard, a connu de multiples expressions. La croissance des nouvelles techniques provoque dans le capitalisme des contradictions et des blocages nouveaux, différents de ceux décrits par Marx et que le socialisme doit étudier pour mettre au point une nouvelle stratégie. Garaudy, lui aussi, décrit les possibilités de la « mutation cybernétique » permettant de déboucher sur une « floraison sans précédent de la subjectivité humaine ». La nouvelle rationalité cybernétique bouleverse l'ancienne structure industrialiste. Le travailleur est placé en marge de la production directe (thèse de Richta). « L'usage humain de ce merveilleux instrument de puissance (qui permet d'analyser et programmer ensuite de décider et orienter) qu'est l'ordinateur, c'est de voir en lui un intermédiaire, une médiation entre la masse

1. R. Garaudy, *Le Grand Tournant du socialisme*, Gallimard, 1969. Très influencé par R. Richta qu'il reprend en fait.

des informations et l'imagination créatrice de l'homme... La machine du XXe siècle peut libérer l'homme de toutes les tâches qui ne sont pas position des problèmes et choix des fins. » « Dans ces conditions, dit un bon commentateur du livre de Garaudy[1], l'aptitude à la synthèse et la participation à la décision deviennent fondamentales. Il n'est plus *techniquement* possible de faire abstraction de la subjectivité des dirigés. Au contraire cette subjectivité devient un facteur essentiel du développement... En ce qui concerne l'organisation du travail, l'ordinateur *exige* un système anti-Taylor. Ce qui est aujourd'hui le plus rentable, c'est une démultiplication des centres d'initiatives et de décisions. La direction consiste moins à émettre et à imposer des consignes rigides qu'à coordonner et à orienter l'action à partir du feed-back en réactions et des propositions de la base. »

Ensuite nous trouvons bien entendu chez Garaudy, comme chez Richta, l'idée de la réduction du temps de travail, celui-ci n'est plus l'essentiel de la vie de l'homme et le loisir devient le lieu de la créativité. L'éducation change ses fins et ses moyens. Il n'est plus question de la simple « reproduction » d'un modèle social obligé, mais au contraire de la mise à disposition de l'individu d'innombrables moyens d'auto-formation. L'éducation consistant alors à apprendre à l'individu à se servir de ces moyens et à le préparer à se former lui-même, à se recréer sans cesse. Enfin les moyens de communication rendent la démocratie directe possible. « Grâce aux ordinateurs et aux progrès de l'informatique, l'on peut rêver (heureusement Garaudy souligne qu'il s'agit de

---

1. Vitalis, *L'Informatique, pouvoir et libertés publiques*, Economica, 1981.

rêve !) d'une circulation constante d'informations entre le sommet et la base, d'une sorte d'assemblée plénière permanente de tout un peuple, où chaque opinion individuelle soit à chaque instant enregistrée et consignée, totalisée, et où chaque information soit programmée et diffusée... » Et bien entendu, Garaudy procède à l'analyse devenue classique selon laquelle s'il n'en est pas ainsi, c'est parce que le capitalisme utilise la technique pour le profit et la puissance. Le travail des techniciens est ordonné par une finalité extérieure aux exigences de la technique et de la science, c'est-à-dire les intérêts privés. Mais ces techniciens représentent une autre exigence, une autre rationalité et c'est la combinaison entre les ouvriers et les techniciens qui doit donner la classe révolutionnaire, porteuse de l'avenir de la technique et débouchant nécessairement dans une société socialiste démocratique. Quant à l'URSS, Garaudy reprend les critiques de Richta. Remarquons que Garaudy conserve le schéma selon lequel la société qui succédera au capital ne peut être qualifiée que de socialiste. En somme : le socialisme délivre la technique. Celle-ci permet la construction d'un socialisme décentralisé, démocratique et « individualiste ».

Avant de passer à une interrogation plus poussée, examinons un autre aspect du même courant : l'utilisation socialiste de l'informatique[1]. Ce que nous rencontrons aussitôt (après Bookchin par exemple) c'est l'informatique outil de l'autogestion. Elle va dans son sens, et non seulement rend l'autogestion possible, mais y conduit. La transparence de l'infor-

---

1. Ici encore je suis l'excellente thèse de Vitalis qui procède à l'analyse critique des ouvrages d'Yvan Bourdet : *La Délivrance de Prométhée ou pour une théorie politique de l'autogestion*, Anthropos, 1970, et *Clefs pour l'autogestion*, Seghers, 1975.

mation qu'elle introduit dans l'entreprise démystifie, dit-on, le rôle du « chef ». « C'est que l'ordinateur renverse la situation au détriment du patron. Avant les ordinateurs le chef décidait d'après ce qu'il observait lui-même, d'après ce qu'il pouvait vérifier et d'après ses informations confidentielles, aujourd'hui le résultat fourni par l'ordinateur est quelque chose que le patron ne peut *que croire* : c'est lui maintenant qui n'est pas dans la confidence » (Y. Bourdet). Ensuite, la mise sur informatique appelle une dissémination très grande des décideurs pour assurer l'indispensable proximité entre la décision et l'exécution. « Les nécessités du dialogue, de la circulation ininterrompue des informations dans les deux sens créent une certaine égalité des deux pôles. Dès lors, il ne s'agit pas d'une simple multiplication des centres de décisions qui resteraient subordonnés mais d'une interaction d'où il résulte que le centre est partout. » Il ne s'agit pas de centraliser les décisions mais de préparer le cadre dans lequel elles pourraient être prises par l'ensemble du personnel.

Vitalis étudie un autre aspect avec les prises de position d'un groupe d'études du parti socialiste[1]. Tout repose ici encore sur l'utilisation[2]. Ordinateur simple outil qui *pourrait* être utilisé pour une politique autogestionnaire. Sans doute ce groupe d'études est-il sensible au danger que représente l'informatique, mais il le présente comme une nécessité : on ne peut plus revenir en arrière. L'ordinateur est

---

1. Groupe informatique de la Délégation à l'Industrie, dans le PS. Étude d'avril 1976 citée par Vitalis.

2. Il y a longtemps, dans *La Technique ou l'Enjeu du siècle*, que j'ai fait justice de cette idée simpliste que la technique est un outil neutre et que tout dépend de l'utilisation. Mais on n'arrive pas à sortir de ce simplisme.

l'appareil qui permet de concilier planification et autogestion dans la mesure où la multiplicité des décisions prises à la base n'est plus un obstacle décisif à l'organisation. Toutes ces décisions peuvent être nourries d'une part, enregistrées et coordonnées d'autre part grâce à l'ordinateur. C'est exactement cela qui permet de confier toute compétence et même tout pouvoir au niveau le plus bas auquel il puisse s'exercer, sans avoir à redouter un désordre inextricable. Il y aura donc une nouvelle hiérarchie, avec compétence exclusive à un certain niveau et compétence partagée à un niveau plus élevé. L'ordinateur à la fois permet la circulation des informations entre toutes les instances de décision, mais en outre dans chacune permet de contrôler exactement les résultats obtenus, selon des critères choisis au préalable par le groupe en question et enregistrés par l'ordinateur. Réciproquement, le niveau central chargé de fixer les objectifs globaux de l'activité économique pourra le faire de façon non autoritaire et compétente à la fois. Les choix seront en effet nourris d'informations rigoureusement exactes et résulteront d'arbitrages successifs à partir des propositions émanant des niveaux décentralisés. L'ordinateur permet en outre, au niveau central, « l'information sur l'environnement économique, les intentions des partenaires, le calcul des conséquences des différentes hypothèses envisagées, la vérification de la cohérence des propositions. Et au moment de l'exécution, un système informatique peut permettre à la base de mettre au point des indicateurs de gestion, et aux organes de planification d'assurer un certain suivi ». Autrement dit, l'informatique permet un contrôle des travailleurs sur l'activité économique tout entière...

Nous trouvons ainsi une coïncidence admirable

entre ces techniques de pointe et le socialisme. La technique a « par nature » un pouvoir d'expansion illimité, elle peut à la fois répondre à tous les besoins et diffuser tous les pouvoirs. Or, n'est-ce pas justement la visée du communisme ? Assurer la satisfaction de tous les besoins, permettre à tous d'exercer les pouvoirs souverains, c'est cela exactement qui permet d'échapper à l'aliénation ancienne et à la réification nouvelle. Le communisme apparaît alors comme le simple système d'organisation sociale correspondant exactement à ce potentiel, à ce virtuel, mais dont le pouvoir considérable tend à le transformer en réalité actuelle et vécue. La technique peut être contrôlée par l'ensemble des travailleurs, et ce faisant on libère cette technique de ses entraves anciennes. Par cette expansion, il est évident que tout travail réifiant peut être supprimé. Le travail cesse d'avoir un caractère absurde, et comme cette technique remet en question le monopole de pouvoir du capitaliste, l'aliénation elle-même recule. Enfin la technique a une puissance d'expansion planétaire, elle ne peut être maintenue dans les vieux cadres traditionnels, elle fait éclater les limites nationales ; elle échappe au pouvoir institué, elle rend l'objet mobile, il n'y a plus de cadres ni d'objets fixés : tout grâce à la technique devient mobile, souple, et n'est-ce pas en définitive la possibilité de la liberté concrète prévue et affirmée par le socialisme qui maintenant se trouve à portée de la main ?

D'après ces esquisses, que je crois correctes et honnêtes, on se rend compte rapidement de la double erreur des socialistes quand ils réfléchissent à la technique. Écrivant « double erreur », je laisse de côté la superficialité de la connaissance du phénomène technicien ainsi que le leitmotiv du « tout dépend de l'usage qu'on en fait». La première erreur se rapporte à cette vue simpliste d'une technique prisonnière du capitalisme. Une bonne technique qui *permettrait* tant de choses, qui *exigerait* pour sa mise en valeur une libération, qui *suppose* une transformation des institutions, mais qui n'est en définitive pas assez forte pour l'imposer. On montre les blocages du fait du capitalisme, mais exactement comme Richta a montré les blocages du fait du système industriel dans le monde soviétique. Richta a d'ailleurs le mérite d'avoir dépassé la voie élémentaire du péché capitaliste en cette affaire: c'est le système industriel qui, dans les deux cas, est responsable. Il n'y a pas un passage clair et sans conflit, dans aucune hypothèse, d'un système industriel aliénant, rigide et anti-humain à un système technicien libérateur, souple et humaniste! Le socialisme pourrait, dit Richta, être une voie de passage, à condition qu'il ne soit pas lui-même piégé dans et par l'industrialisation. Ce qui a eu lieu, et dont nous avons dit certaines conséquences.

Quoi qu'il en soit, la grande erreur d'analyse ici est la suivante: le socialisme (idéal) étant ce qu'il est, il est le facteur (hypothétique) de libération de la technique par rapport à ce qui l'asservit et l'oriente mal. La seule hypothèse d'avenir est l'entrée dans la société socialiste (idéal) et là, la technique (in abstracto) trouve enfin sa place et sa valeur. Cette technique pourra être exactement utilisée dans le sens du socialisme, et il se trouve que dans l'état actuel de la technique (automatisation, informatisation, cybernétique), il y a coïncidence entre technique et socialisme. Ainsi on présuppose un corpus du socialisme intact et, la technique étant ce qu'elle est, on réfléchit sur les conséquences de ce socialisme sur la technique en insistant sur le fait que celle-ci correspond au socialisme. Mais comment ne pas voir d'abord que l'on ne tient aucun compte de tout un ensemble de faits caractérisant le système technicien, et qui ne vont pas dans le sens souhaité ? Dans *toutes* ces analyses on procède à des choix à l'intérieur de la technique et on ne retient *que* ce qui est favorable à la démonstration. Dès lors on ne veut connaître de la technique que ce phénomène-là. En l'isolant du reste de l'univers technicien. Nous avons montré ailleurs [1] que, lorsqu'on extrait ainsi un facteur du système, on change radicalement les caractères de ce facteur, et on raisonne à faux, parce que le facteur en question n'existe que dans sa relation avec tous les autres éléments du système. Le socialisme si heureux de cette découverte ne songe donc qu'à voler au secours de la malheureuse technique prisonnière et à la faire coïncider. Et jamais, absolument jamais, on ne pose la question suivante : « Et si la technique était une force qui modifie aussi radicalement le socialisme ? »

La première erreur socialiste est de considérer l'effet possible de la réalisation du socialisme sur la technique, ou encore l'utilisation spécifique que le socialisme pourrait faire de la technique, mais jamais, absolument jamais, de poser la question de l'effet certain de la technique sur le socialisme, de la transformation de fait qu'il subit à cause de la technique et de la révision doctrinale, théorique que l'on sera obligé de faire. Car enfin, la technique actuelle n'est plus celle que Marx a connue et sur laquelle il a raisonné. Et quelle qu'ait été sa capacité de compréhension de l'avenir, il ne pouvait prévoir ce qui s'était produit. Car ce n'est pas, nous l'avons dit, un développement de la technique industrialisante du

1. Cf. Jacques Ellul, *Le Système technicien*, Calmann-Lévy, 1977.

XIXe siècle, c'est une mutation qualitative. Songeons au simple fait, qui n'est qu'un parmi tant d'autres, que l'on est passé des techniques de production de biens matériels à des techniques de traitement de l'information. Ces mutations exigent une révision théorique du socialisme (seul Richta l'a *envisagée*). Or, c'est l'ignorance la plus complète qui se manifeste, bien plus : on n'aperçoit même pas la question !

Quant à la seconde erreur de toutes les réflexions socialistes, elle consiste à considérer qu'au fond on part d'une sorte de point zéro, tout est présenté comme si le socialisme posait un commencement absolu au moment de la révolution, un commencement si absolu que tout le passé est effacé, que les éléments de la société se trouvent vierges, et non chargés d'habitudes, de souvenirs, de plis... Le socialisme s'installe et il saisit une technique vierge. Exactement comme une auto conduite jusqu'ici par un mauvais conducteur qui l'abandonne. Un bon conducteur s'installe à sa place. L'auto obéit. Et encore cette comparaison est-elle partiellement fausse : car on sait bien que si l'auto a été entre les mains d'un mauvais conducteur, maltraitée, le moteur ou la carrosserie en portent la trace... Ici, non, la technique est un en soi indemne quand le socialisme s'installe. Dès lors il va de soi que tous les choix sont possibles.

La réalité ne se présente pas ainsi. Cette technique a un passé qui la conditionne, elle est *dans* une organisation, elle porte avec elle un ensemble de pratiques qui ne peuvent être annulées. Elle présente une viscosité considérable. Si bien que l'installation d'un nouveau régime socio-politico-économique ne peut rien modifier. Cette viscosité se manifeste dans trois secteurs : les personnels techniques (qui ne peuvent tous être révoqués et changés, et qui obéissent à tout un ensemble de traditions) ; les infrastructures et équipements, qui bien entendu conditionnent les possibilités techniques nouvelles, et qui, non plus, ne peuvent être bouleversés en quelques mois ; enfin les orientations de recherche, les phases de travail, les projets, etc. [1] : là non plus on ne peut pas changer la direction instantanément. Dès lors, même avec une volonté claire, explicite de changement, un régime révolutionnaire sera obligé de choisir : ou bien annuler tout ce qui a existé jusqu'à présent au point de vue technique ou bien continuer à peu de chose près ce qui se faisait pour une durée indéterminée, en attendant d'élaborer de nouveaux programmes de recherches, de former de nouveaux cadres et techniciens et d'installer de nouveaux équipements... Au minimum de trois à dix ans. Mais comment croire que durant cette période la volonté de changement, l'esprit révolutionnaire n'auront pas aussi un peu changé ? Comment croire que la pratique de cette technique maintenue n'aura pas eu d'influence, comment se ferait-il que les techniciens socialistes ne se rendent pas compte de la valeur qu'avait l'ancien système, revenant progressivement à un esprit d'efficacité, de rendement, etc. ?

Le changement révolutionnaire n'implique pas une reprise en main automatique de la technique, si l'on veut regarder les faits et non pas rêver. Mais d'autre part admettons que la volonté révolutionnaire ne fléchisse pas. Que la période transitoire soit vraiment transitoire. Un retournement radical de la technique, de ses orientations, de ses instruments, de sa structure interne se traduirait par un bouleversement gigantesque. Et je me pose toujours

---

1. C'est l'expérience que le gouvernement Mitterrand est en train de faire en France.

la question de la période intermédiaire. Comment serait-il possible d'assurer en même temps l'installation des institutions révolutionnaires, l'annulation de *tous* les anciens processus techniciens, l'invention de nouveaux (ce qui pour une durée indéterminée entraînera forcément la réduction à presque zéro du niveau de vie...) en gardant l'adhésion de l'opinion au mouvement révolutionnaire ? On passera inéluctablement par une crise de chômage, de famine, etc.

Autrement dit, on se trouve avec la technique en présence du dilemme qui s'était posé autrefois, au sujet de l'État ou du Droit : il ne suffisait pas que le pouvoir révolutionnaire s'empare de l'État et lui mette un drapeau rouge, pas plus qu'il ne suffit de peindre en rouge les machines. Et l'on sait, du reste, que c'est finalement la structure étatique qui a vaincu l'esprit révolutionnaire et ramené la Grande Explosion dans le rang des États civilisés. Or, avec la technique, c'est encore beaucoup plus difficile et beaucoup plus complexe. À la rigueur on pouvait anéantir les institutions de l'État sans provoquer la colère populaire. Essayez donc de supprimer les techniques pour en inventer d'autres ! La période transitoire de mutation est pour le moment impossible à imaginer. Exactement comme celle de la période où on travaille huit heures par jour à cet Éden où on travaillerait deux heures. Le problème n'est pas de savoir que c'est *possible* de travailler deux heures, pas plus de savoir que c'est *possible* d'avoir des technologies douces ou des ordinateurs appliqués à une vraie, profonde décentralisation : le problème est de *concevoir comment* passer d'un stade à un autre.

Les formes actuelles de l'imaginaire révolutionnaire n'y suffisent pas. La technique est tout entière engagée dans une certaine direction. Comment faire le retournement ? La technique n'est plus neutre. Nous l'avons bien souvent démontré. Elle a son propre poids de fatalité, de conditionnement, de fonctionnement, comment remonter ce courant ? Personne n'en a encore la moindre idée. Nous nous trouvons ici au cœur du problème. D'un côté il y a le poids des nécessités, la force des choses, la détermination des mécanismes, de l'autre le choix volontaire. Et le socialisme est présenté comme un choix volontaire. Il faut le construire. Il est une décision. C'est le triomphe de l'homme sur les contraintes sociales, sur la domination de classe, sur les « lois », s'opposant à l'homme. Et lorsqu'on pense à la valeur du socialisme, c'est toujours en termes de liberté que *maintenant* (après la justice) on l'estime. Pas seulement une liberté politique mais liberté dans toutes ses dimensions. Ainsi le conflit se porte au cœur de la technique, qui devra bien être subordonnée à cette liberté.

Mais comment ne pas se rappeler que le socialisme a tiré sa force... du poids des choses, ou de la Nécessité historique, comment ne pas regarder le dernier siècle : le communisme arrivera *nécessairement* parce qu'il est, seul, dans le sens de l'Histoire. L'a-t-on oublié ? On le renie aujourd'hui. Mais c'était bien cette interprétation-là de la pensée de Marx qui lui a donné son poids et son impulsion. C'était parce que l'on était assuré du bon choix historique que l'on pouvait s'engager. L'avenir nous appartenait nécessairement. Il n'était en rien le produit ni de la volonté ni des choix libres de l'homme. Et tout cela est bien chez Marx. Comme le contraire. Aujourd'hui, donc, on préfère le contraire. Et d'affirmer que c'est l'homme qui *fait* son histoire. Étrange retournement, bien digne d'intérêt.

Alors que le socialisme était une maigre idéologie,

condamnée, pourchassée, avec ses martyrs et ses héros, qu'il n'avait apparemment aucune chance de réussir, et que l'adhésion au socialisme était vraiment un engagement de la personne, reposant sur un acte de foi, sur une vision, impliquant un choix vraiment libre parce que rien ne le déterminait, sinon le sentiment de l'injustice, du mal social, l'espoir de la liberté, de la justice, c'est *alors*, dans ce contexte-là que l'on vivait fortement la conviction que le socialisme était nécessaire, qu'il y avait une prédestination en sa faveur, et que l'Histoire était pour nous. Et c'est maintenant, alors que le communisme a conquis un tiers du monde, comporte les plus gros bataillons, qu'il est assorti de l'évidence du succès, qu'il a l'adhésion de deux milliards d'hommes, qu'il exerce fascination et terrorisme, c'est à ce moment que l'on proclame sentencieusement que le socialisme est l'expression de la liberté, que l'adhésion au socialisme est le choix par excellence ! Or, en fait aujourd'hui le socialisme est vraiment un déterminisme historique, il est un mécanisme sans plus [1], ne comportant pas la plus petite once de liberté, comment croire alors que ce produit de nécessité historique, cette institution pesante et militaire pourrait se traduire par une liberté de choix à l'égard de l'autre grande détermination historique, la technique ? Il est bien évident que le socialisme tel qu'il est n'entraîne aucune liberté, aucune mise à zéro pour repartir autrement, dans le secteur technique. Nous pouvons seulement attendre l'addition d'une nécessité historique à une autre nécessité historique et voir apparaître un techno-socialisme, procédant à la cumulation de toutes les nécessités historiques anté-

---

1. J'ai montré dans *L'Idéologie marxiste chrétienne* que le marxisme est devenu l'idéologie dominante du monde moderne.

rieures (État, bureaucratie, économie...). Le socialisme actuel, du fait de sa double déformation et de son amortissement, ne peut pas entraîner une remise en question de la technique, mais ce qui sera produit par leur combinaison ne correspondra plus en rien au socialisme rêvé promis par Marx et ses successeurs.

2
La logique technicienne[1]

Si donc on ne peut pas dire que le socialisme dans sa déformation moderne implique la liberté de choix, de décision, de remise en question à l'égard de la technique, si nous sommes en présence d'un jeu de nécessités, ne peut-on quand même présupposer que la technique par son libre jeu conduise quand même au socialisme ? Autrement dit, que, par nécessité, ce soit la technique même qui débouche dans la société socialisée ? Il faut décomposer la proposition.

En premier lieu, nous devons constater que la logique technicienne comporte une certaine orientation. Prenons trois termes : elle a un développement causal et non finaliste (et ceci vient contredire exac-

1. Le principal thème de désaccord avec le remarquable ouvrage de Castoriadis porte sur son analyse de la Technique ; il refuse absolument la spécificité, l'autonomie et l'autodétermination de la Technique. Il estime que celle-ci reçoit aujourd'hui ses caractères du fait qu'il s'agit d'une « technologie capitaliste spécifique » et que le socialisme conduirait par lui-même à mettre la technique au service de la démocratie. Malheureusement, je pense qu'ici Castoriadis n'a pas suffisamment approfondi la réalité du phénomène technicien. Je note cette opposition en me bornant à renvoyer à mes autres travaux. Mais il est essentiel de rappeler que, de ce fait, le socialisme est plus difficile à instituer, la Révolution sera bien plus radicale que Castoriadis ne le pense et que le moment historique de cette possibilité est beaucoup plus bref.

tement le choix du socialisme, et l'adaptation à des finalités non incluses dans la causalité). Autrement dit, elle se développe par ses propres raisons et non pas en fonction d'un idéal externe. Socialisme ou pas, cela revient au même. La technique continuera dans un autre régime à être ce qu'elle est et ne changera pas, ni les structures et institutions qu'elle conditionne, que l'on soit en socialisme ou non. Je n'insiste pas là-dessus, je l'ai suffisamment démontré par ailleurs. Mais la technique implique inévitablement une croissance de la puissance. Elle est tout entière orientée vers cette multiplication, cela fait partie de sa logique intrinsèque. Enfin, celle-ci entraîne une croissance de la production d'objets. Et cette production tend à être illimitée. On est donc du fait de cette puissance conduit inévitablement à ce que l'on a tant condamné comme société de consommation. Certes, là où, dans les pays pauvres et les pays socialistes, on n'a pas atteint à un niveau de consommation vitale satisfaisant, on conçoit que l'on veuille à tout prix augmenter la puissance de production. C'est tout à fait souhaitable. Mais il faut prendre garde au double fait suivant : cette multiplication de la production joue forcément dans tous les domaines en même temps. C'est-à-dire que l'on ne peut pas déclarer que l'on va augmenter les techniques de production *uniquement* pour satisfaire les besoins vitaux. En réalité le complexe technicien suppose une croissance réciproque des secteurs et une démultiplication des forces engagées. Dès lors en augmentant la production vivrière, on augmente inévitablement des techniques de production de biens secondaires.

Le second fait, c'est que la production grandit moins rapidement lorsqu'elle doit répondre aux besoins de base que pour les produits « superflus ». Ce n'est en rien une orientation capitaliste ! C'est simplement qu'il est plus difficile de produire en énorme quantité du blé que des transistors ! parce que l'un dépend de quantités et de données extérieures et que l'autre est un pur produit technique. Dès lors, il n'y a pas de véritable orientation possible : vouloir augmenter la production des biens nécessaires, par les moyens techniques, implique la croissance considérable des biens non nécessaires [1]. L'une des raisons reste que, en l'état de l'homme et de la société, « tout ce qu'il est possible de faire avec la technique, *il faut*, de toute évidence, le faire ». Ainsi la technique nous oriente nécessairement vers une société de consommation, mais ceci veut dire en même temps société de gaspillage. Car il faut inévitablement épuiser le trop-plein des produits (et ce n'est encore une fois pas la faute du capitalisme si, dans bien des domaines, il y a trop de *choses*) et on ne peut y arriver qu'en brisant, jetant, renouvelant...

Les sociétés communistes n'en sont pas encore tout à fait là, parce qu'elles ne sont pas tout à fait développées techniquement. Parce que, aussi, elles doivent faire face à des dépenses militaires énormes *avant* d'être arrivées à un plein développement techno-industriel. Mais il faut noter que l'URSS en est déjà au stade du gaspillage technique, et combien, au moins dans un domaine : justement celui des produits d'armement ! Ainsi nous devons considérer que le communisme actuel ne pourra rien changer à cette logique, et que le système technicien s'impose dans le monde socialiste exactement de la même façon que dans le monde occidental, avec ses mêmes caractères et son même processus de croissance et les mêmes

1. Je n'entre pas dans la discussion usée des besoins de base, ou primaires, ou naturels et des besoins artificiels, secondaires et superflus !

conséquences. De ce fait, il produira les mêmes conséquences sur les hommes, les groupes sociaux, les organes politiques, etc., que dans la société capitaliste. Et de même que la technique fait passer le capitalisme à un post-capitalisme, où la dominante est l'organisation technicienne de la société qui reçoit ses caractères et ses possibilités de la technique, de même la société socialiste est elle aussi immanquablement conduite à un post-socialisme, où la technique jouera le même rôle. Les deux modèles ennemis se rapprochant par leur commun dénominateur, la technique. D'ailleurs, Richta avait déjà montré que la dominante industrielle menait la société socialiste à ressembler étrangement au capitalisme pour l'essentiel des forces de production, et que le changement des rapports de production était minime. Mais le résultat de cette croissance et dominance de la technique n'est pas l'institution d'un socialisme pur, ce qui paraît c'est une *société de type différent* avec des fragments de socialisme subsistant, persistant dans la mesure où ils ne sont pas contradictoires à la technique et où au contraire ils représentent des facteurs facilitant du processus technicien. C'est tout ce que nous pouvons attendre.

Restent deux éléments sur lesquels il faut revenir, parmi les possibilités probables de la technique. Celle-ci dans ses derniers progrès peut être, nous l'avons déjà dit, un facteur de décentralisation et d'autre part, économisant du travail, elle est créatrice de temps libre, dont de culture potentielle. Et ces deux éléments sont de toute évidence conformes à l'espoir de la société socialiste. Mais qu'en est-il dans la réalité ? Il est bien exact que le micro-ordinateur et les technologies douces *pourraient* conduire à une décentralisation, à la mise à la disposition de la base de moyens très efficaces et permettant une prise de responsabilité. Nous avons déjà dit que le choix, l'orientation en ce sens n'était pas une évidence. Il faut creuser davantage. Deux éléments. D'abord une comparaison. Il y a un demi-siècle on a fait exactement le même raisonnement au sujet du moteur électrique : celui-ci était présenté comme mettant au service de l'individu une puissance considérable, donc la possibilité d'effectuer par soi-même quantité de travaux que l'on devait faire faire autrefois, cela assurait à l'homme une plus grande autonomie économique. Bien entendu ce n'était pas inexact. On oubliait seulement que si le moteur était décentralisé, la force qui l'animait était, elle, infiniment centralisée. Tout dépendait du réseau électrique qui, lui, était totalement centralisateur par nature et de façon inévitable. Et le résultat a bien été de donner à chacun des possibilités d'actions nouvelles et industrielles mais en dépendant de la plus puissante structure organisée qui existe en France et qui fait la loi à tout le monde, y compris à l'État ! En réalité, l'ordinateur et tout ce qui concerne l'informatique est du même ordre, sans, bien évidemment, *reproduire* le même modèle centralisateur (donné seulement comme comparaison pour faire comprendre le jeu technique de la décentralisation-centralisation), puisque nous entrons, avec l'informatique, dans un ensemble plus abstrait où ce n'est pas le support matériel qui est finalement le facteur de concentration. Mais la croissance de l'emploi des ordinateurs entraîne celle-ci à un autre niveau.

D'abord, il y a les intérêts de l'usager : qui va avoir besoin vraiment d'ordinateurs complexes, qui va se servir des banques de données ? Évidemment pas le petit artisan, commerçant, instituteur, ouvrier agricole, ou OS immigré... Seul celui qui a une surface sociale ou qui brasse assez d'affaires peut être concerné. De même, pas le groupuscule politique, le déviant, le non-conformiste, seul le parti ou le syndicat suffisamment puissant et institué. Il y a donc forcément concentration au profit de blocs importants, jamais dispersion, ni de puissance ni d'information, au profit du citoyen non concerné ! Bien plus, cette technique donne aux administrations centrales un moyen remarquable d'accroître leur influence (au nom de quoi y renonceraient-elles ?) et elle implique nécessairement la création de nouveaux services centraux, étroitement spécialisés sur le plan fonctionnel[1] (et si l'administration veut être efficace par l'informatique, elle ne peut y échapper...). S'il y a augmentation des possibilités d'une décentralisation, le facteur centralisateur *inséparable* joue beaucoup plus fort sur ces deux points.

Même les partisans de l'« informatique répartie », ceux qui sont tout à fait convaincus de la valeur de l'informatique pour la décentralisation, qui élaborent des types d'autonomie des petits systèmes, reconnaissent qu'il y a des limites à ceci et que les cellules locales doivent être intégrées dans un réseau, certes léger, mais d'autant plus rigoureux. D'ailleurs les procédures et normes d'usages doivent être définies au niveau le plus élevé à des fins de contrôle et d'harmonisation. Autrement dit, c'est, dans l'abstrait, le même schéma que celui du réseau électrique. Bien entendu, avec les micro-processeurs les terminaux deviennent « intelligents », mais ils restent dépendants du « centre », c'est-à-dire que l'on peut avoir au mieux un ensemble correspondant à la déconcentration mais absolument pas à la décentralisation et encore moins à l'autonomie. Si en fait

1. Pour la démonstration et les exemples, cf. Vitalis, *op. cit.*

celle-ci devait exister, grâce à la diffusion de l'ordinateur, ce serait par suite d'*une décision du pouvoir central*, qui resterait toujours maître du modèle et des processus d'harmonisation et de contrôle, strictement inévitables. Nous sommes donc vraiment en présence d'un espoir imaginaire.

Quant à l'économie de temps débouchant sur la vacance, le loisir et la liberté... Je ne reviendrai pas sur la possibilité de cette réduction ni sur le problème de la période transitoire, mais sur la valeur du loisir. Le rêve socialiste, exprimé par Marx dans le texte connu sur la diversité des occupations, lire, aller à la pêche, peindre, élever du bétail et devenir critiques après dîner (*Idéologie allemande*), le tout dans la même journée (sans devenir peintre, critique ou bouvier) – ou encore la vision de Richta sur l'élévation culturelle par la multiplicité des besoins, tout cela est pour le moment irréel. Ce n'est pas parce que l'on passera dans une société pseudo-socialiste que tout sera changé en un tournemain. Or, quel est l'usage aujourd'hui du temps libre ? La bagnole abrutissante, la TV abrutissante, la sottise des jeux télévisés, le grégarisme des loisirs... aucune invention, aucune initiative, et il y a parfaite conjugaison entre la paresse et la sottise naturelles et les moyens techniques de masse. Et il ne peut en être autrement : avec une certaine densité d'autos, il y a *forcément* abrutissement. Avec les mass médias on ne peut faire que de la pseudo-culture de masse, cela ne tient pas au régime capitaliste. Les programmes de radio et de TV dans les pays communistes sont mille fois plus désastreux, abrutissants, conformisants. Par ailleurs l'on sait à quel point les « créateurs », artistes et intellectuels, considèrent que la masse du public est inculte, informe, n'a aucun sens ni intellectuel, ni esthétique ; n'a aucune culture et qu'il faut donc le former, l'éduquer. Autrement dit le loisir donne le choix entre laisser l'homme à lui-même mais, issu d'une société sans valeurs, sans autonomies culturelles, il ne peut faire qu'un usage absurde et insignifiant de cette vacance. Ou bien former l'homme par une pédagogie directive et rigoureuse, culturelle, politique, ce qui aboutit à l'Est comme à l'Ouest à une plus grande conformisation.

Il ne faut pas faire confiance à la multiplicité des engins mis à la disposition de l'individu : chacun peut faire du cinéma avec les caméras micro, chacun peut faire de la musique, chacun peut créer de la télé grâce à la vidéo. Mais si vous mettez un appareil entre les mains d'un imbécile, il ne deviendra pas intelligent pour cela, et si vous fournissez une caméra à quelqu'un qui n'a aucun sens esthétique, il fabriquera indéfiniment des navets. Il n'est que de voir les diapos et les films de vacances de l'« amateur moyen » ! Autrement dit, le loisir et les moyens techniques n'ont aucun sens en eux-mêmes, et ne garantissent en rien que l'homme progressera de cette façon[1]. Ainsi le socialisme dans ses deux aspects traditionnels devient aussitôt esclave de la technique et la technique, malgré ses possibilités, ne conduit en rien, par sa logique interne, à la société socialiste mais à une société technicienne. Ce qu'il faut donc commencer par voir clairement et critiquer, c'est qu'il n'y a aucune connaturalité entre Technique et Socialisme, que l'on ne peut rien espérer en laissant fonctionner le cours de l'Histoire ou la logique du développement technique.

---

1. Sur les échecs de la vidéo et de la télévision communautaire, cf. A.-M. Thibault-Laulan, « Les impasses de la communication », *Communication et Langage*, n° 25.

3

Micro-technique et socialisme révolutionnaire

À la suite de ce rappel de la logique technicienne nous pouvons arriver aux trois propositions suivantes : la mutation des techniques, l'informatisation ne produiront aucun changement dans la condition prolétarienne, aucune libération de l'homme, par défaut d'une décision, d'un choix, d'une volonté qui l'utilise dans cette direction. Disons d'une volonté politique. Le socialisme quant à lui, engoncé dans son idéologie du XIXe siècle, ne peut rien par défaut de moyens, et reproduit toutes les erreurs des sociétés capitalistes. Enfin la conjonction entre socialisme et nouvelle technique, qui est souhaitable, et qui est même à mes yeux *la seule* orientation possible, n'est ni spontanée ni certaine. La compatibilité entre le socialisme et la technique au second degré n'est pas évidente. Avant 1970, il n'y avait aucune chance d'aucun changement parce que le système technicien était ce que nous avons dit. Actuellement, il y a donc eu la mutation technique que nous avons rappelée, et la technique maintenant pourrait devenir un instrument de libération de l'homme et de fin du prolétariat. *Pourrait.* Mais elle peut aussi exactement le contraire. Et spontanément, étant donné le monde où nous sommes, elle joue contre l'homme. Tout à ce moment dépend du socialisme.

Surtout, ne poussons pas un soupir de soulagement ! N'ayons pas la réaction enfantine qui consiste à dire : « Puisque c'est une question de décision politique, de vouloir politique, c'est tout simple. Il suffit de vouloir. Il suffit de changer de politique. » Nombreux sont les auteurs qui ont essayé de démontrer que la technique est subordonnée au politique, que la bonne utilisation de l'ordinateur dépend « simplement » d'un changement de politique. Et une fois que l'on a dit cela, on s'arrête, satisfait. La technique ne nous détermine plus, elle n'est plus un destin. C'est une affaire politique, donc nous sommes rentrés dans le domaine de la liberté de l'homme et l'affaire est réglée. C'est cette illusion qu'il fallait d'abord détruire à tout prix. La politique telle qu'elle existe maintenant n'a aucune prise sur la technique et se trouve parfaitement déterminée.

Mais le socialisme déclare vouloir la fin du prolétariat. Bien, prenons-le au sérieux. Il faut d'abord considérer qu'il doit s'agir d'une libération de *tous* les prolétariats. Y compris le prolétariat nouveau style étudié au précédent chapitre, le prolétariat matériellement heureux, le prolétariat de l'abondance qui subit un nouveau modèle d'aliénation. Cela change déjà un certain aspect du socialisme : il ne peut plus donner comme modèle du prolétariat celui de la misère mais l'homme aliéné dans son abondance. Il ne s'agit en rien d'augmenter le niveau de vie, d'avoir le confort, l'auto et la résidence secondaire, *en profitant de la croissance technique et au prix de nouvelles aliénations*. Mais je supplie le lecteur de ne pas lire ceci de travers : je ne dis pas qu'il faut maintenir le prolétariat de la misère. Je dis que l'objectif du socialisme ne peut plus être celui-là seul, étant donné la reproduction d'une autre aliénation. Dans la mesure où, comme nous l'avons rappelé plus haut, les deux facteurs d'aliénation sont l'État bureaucratique centralisé, la technique de croissance et de puissance, qui l'un et l'autre sont producteurs de prolétariat, le socialisme doit changer lui aussi : il doit *devenir un socialisme de la liberté et en même temps révolutionnaire*.

Il n'y a plus de socialisme révolutionnaire. Aucun. N'importe quel socialisme prétend être pour la liberté, ce qui est parfaitement mensonger étant donné qu'aucun socialiste n'a procédé à une analyse correcte de l'anti-liberté dans notre monde. C'est un mot vide de sens. Pour qu'il y ait liberté, il faut la destruction radicale de l'État bureaucratique et centralisateur, le refus de toute technique de puissance, refus de la croissance économique, refus de l'expansion, refus de l'instrumentalité généralisée. Nous sommes très loin du compte. Avant de poursuivre je voudrais remarquer que j'ai parlé d'un socialisme de la liberté, et ni libéral ni libertaire afin qu'il n'y ait pas de confusion. Libéral implique l'idée que la liberté peut être organisée, dispensée, institutionnalisée, il y a un « État libéral », une « Économie libérale », et c'est cette institutionnalisation de la liberté, cette traduction en termes politiques ou économiques que l'on vise toujours par le terme libéral. Or, le socialisme récusait déjà le libéralisme autrefois, avec les accusations que l'on connaît bien. La liberté que vise le socialisme n'était pas celle du libéralisme. Et celle qu'il doit viser maintenant, non plus. Il ne faut pas se méprendre : ce fut un soulagement dans la bourgeoisie d'entendre parler de socialisme à visage humain. Mais ce n'est en rien un retour à la bonne vieille république, démocratie, libéralisme : tout cela est fini. De même, il ne s'agit pas d'un socialisme libertaire. Là encore, le terme évoque un passé, celui de l'anarchisme. Nous avons dit plus haut que l'anarchisme n'apparaît en rien qualifié pour organiser la nouvelle société, quoiqu'il subsiste comme une force utile pour combattre l'État. Mais la visée n'est pas une société libertaire au sens vulgarisé du terme[1]. Il faut surtout éviter les contresens, et sortir des

1. Par contre je serais proche de la conception de Bakounine.

modèles tout faits. Donc changer de mots. Un socialisme de la liberté mais en même temps un socialisme révolutionnaire. Vraiment révolutionnaire, non pas selon le modèle de Lénine ni celui de Kautsky. Nous allons reprendre ceci.

Auparavant il faut constater que, de même qu'il y a une transformation dans le système technicien du fait de l'informatisation, de même, il semble que paraissent les prolégomènes d'une transformation dans le socialisme, dans le sens que j'indique. Il y a déjà des points, des pensées, des petits groupes, des recherches, des prises de conscience, qui vont dans la direction d'un socialisme révolutionnaire de la liberté. Marginaux divers, écologistes non politiques, autonomistes, mouvements féminins (non féministes au sens MLF ni politisés), ressourcement des chrétiens dans leur origine, nouveaux hippies, communautés spontanées, et puis quand même l'effort de nombreux intellectuels (au premier rang desquels, par exemple, Castoriadis et Richta). Tout va dans ce sens d'une découverte d'un socialisme totalement différent.

De même que l'informatisation *permettrait* de sortir du système technicien, de même ces granules sporadiques *permettraient* de sortir des deux socialismes qui ont échoué. Or, « ces granules sporadiques » se réclament tous du socialisme, plus ou moins clairement, et ont une visée à la fois de liberté et de révolution (au sens actuel et non reproductif). Il y a donc une double transformation qui se produit comportant des potentialités. La question actuelle, la seule importante, est de savoir si on peut les conjuguer sans compter le moins du monde sur une spontanéité. Nous l'avons dit, il faut le redire. D'un côté une mutation technique non pensée, non orientée, non voulue qui si on la laisse telle quelle renforcera le pire, de l'autre côté une mutation en gestation du socialisme, mais sans moyens. Est-ce que ce socialisme peut attribuer une finalité à cette technique-là ? Est-ce que cette technique-là peut être l'instrument de ce socialisme-là ? Il ne faut pas se cacher que cette conjonction est plus révolutionnaire que tout ce que l'on a pu imaginer ou vouloir depuis les origines. Il faut que le socialisme redevienne révolutionnaire, et reprenne la révolution au sérieux. Mais la révolution n'est pas une plaisanterie (ce qu'elle est devenue, comédie, tragédie entre les mains des partis communistes au pouvoir ou sans pouvoir). La révolution n'est ni un jeu, ni une série de réformettes mettant en cause des aspects secondaires de la société, ni une réponse à des problèmes forclos depuis longtemps. Il faut revenir à cette certitude que la révolution est une affaire sérieuse, difficile, radicale, fondamentale, concernant tous et chacun, les individus et les structures et qui ne laissera *rien* d'intact.

Il faut bien comprendre que les vagues projets, réformes ou émeutes appelés révolution depuis quarante ans dans le monde occidental n'ont rien à faire avec une révolution. Or, d'une part, une révolution n'est pas toujours nécessaire, indispensable, prégnante. Elle ne l'est que lorsque l'homme est affronté à un immense danger s'il poursuit son chemin. Il n'est nullement raisonnable de parler de révolution pour améliorer le sort des travailleurs immigrés ou diminuer la pénibilité du travail. Une révolution était nécessaire pour supprimer l'esclavage ou pour supprimer le prolétariat du XIXe siècle. Une révolution est actuellement nécessaire en face de l'État et en face de la Technique autonome. Nous sommes maintenant en présence de l'exigence de cette révolution-là, et pas d'une autre. Mais d'autre part une révolution exige une mise en question qui bouleverse tout, et d'abord nos croyances, nos idées, nos schémas habituels.

Aujourd'hui nous en prenons à l'aise avec la mort de Louis XVI ou celle de Nicolas II, avec la suppression du régime féodal ou la collectivisation des terres en Russie. Cela nous paraît très simple. Mais il faut comprendre l'effroyable difficulté matérielle que cela représentait, et le traumatisme psychologique, idéologique, spirituel que cela a été si on se met dans la peau d'un homme quelconque de 1789, nous sommes en présence d'une aventure monstrueuse et sacrilège. Mais c'est cela une révolution. Ce n'est pas une banale petite réforme. Et ce sont ces deux idées qu'il faut garder en tête pour tout ce qui va suivre, lorsque le lecteur va être tenté constamment de dire : « C'est impossible, c'est utopique, c'est monstrueux, c'est affolant. »

Oui, une révolution est toujours cela. Mais ce qui est encore plus utopique, c'est de croire que notre monde occidental va pouvoir continuer sa vie de croissance, comme ça va. Ce qui est monstrueux, c'est de croire que l'écart de richesse et de pauvreté va pouvoir s'élargir incessamment, ce qui est affolant. C'est la montée de la technique de plus en plus puissante et autonome. C'est *cela* qui est impossible. Cela, c'est-à-dire la croissance indéfinie de la richesse et du prolétariat, ensemble.

Une révolution actuellement ne peut être constituée que par les cinq éléments suivants [1] : Une *recon-*

1. Du fait de la mutation technique et de la montée de la bureaucratie, le programme de la révolution socialiste et l'objectif du prolétariat ne peuvent plus être la suppression de la propriété privée, la nationalisation des moyens de production et la planification, le tout avec simplement un « contrôle ouvrier », mais bien la *gestion ouvrière* de l'économie et du pouvoir (Castoriadis). Compte tenu de ce que pour Castoriadis il s'agit encore de gestion *ouvrière*, mais étant donné l'éclatement de la classe ouvrière, la réduction de ses effectifs et de

version totale de la puissance productrice du monde occidental par une aide gratuite, sans intérêt, sans paiement, sans prise en main, sans tutelle, sans invasion ni militaire ni culturelle, une aide au tiers monde en vue de donner à celui-ci non pas des possibilités de survie, mais des possibilités de profiter du progrès technique occidental, pour s'organiser par lui-même, sur la base des structures sociales existantes et de la culture spécifique subsistante. J'indique cette question ici de façon très sommaire quitte à la retrouver plus loin. Mais il faut en même temps aider à une production vivrière et fournir une aide de subsistance puisque l'Occident en produit trop et que le reste du monde en manque. Il est inouï de voir l'Amérique fournir des céréales à l'URSS et peu à l'Afrique... C'est *ça*, ou bien ce sera à relativement brève échéance la fin de l'Occident sous l'écrasement du poids démographique du tiers monde [1].

Le second élément de cette révolution ce sera le *choix délibéré de la non-puissance* [s]. Ce qui implique beaucoup d'aspects et d'application non seulement

---

l'extension du salariat, je préfère parler d'une gestion des *travailleurs* (tous, quel qu'en soit le niveau).

1. On reste stupéfait que des livres comme celui de G. Gilder, *Richesse et Pauvreté* (A. Michel, 1981), puissent encore paraître aujourd'hui, réaction contre toute aide à la pauvreté et au tiers monde, jugée inutile et nuisible. Ici encore, mentalité purement économiste, argumentation fondée sur les échecs économiques des politiques prenant en compte la pauvreté. Ceci n'est pas inexact, mais l'auteur oublie que d'autres paramètres doivent être pris en compte, et que la situation est explosive du fait de l'appauvrissement du tiers monde !

s. Dans l'introduction qu'il a donnée à l'ouvrage posthume d'Ellul, *Théologie et Technique, Pour une éthique de la non-puissance*, Frédéric Rognon date ce texte, ou plutôt ces textes, de 1975. Résumée en quelques phrases dans *Changer de révolution* et *Les Combats de la liberté*, l'idée de non-puissance paraît donc a posteriori avoir été au cœur des réflexions de Jacques Ellul au cours d'une assez longue période.

bien évidemment le renoncement aux moyens militaires qui écrasent nos économies, mais encore la suppression radicale de l'État centralisé bureaucratique. Il faudra à ce moment ne plus tolérer les moyens de puissance accumulés dans les bureaux du centre et moins de potentiels d'action toujours accrus.

C'est impossible? Eh bien nous avons alors le choix entre une guerre inévitable qui mettra fin à l'espèce humaine et un encadrement policier (et j'entends par policier tout ce qui concerne le contrôle social dont nous avons parlé) auprès duquel tout ce que nous avons connu jusqu'ici n'est rien. La suppression pure et simple de l'État moderne ne signifie ni la disparition d'une organisation ni l'incohérence. C'est seulement l'illusion, la fascination du soleil, du pouvoir, qui nous fait croire cela. Actuellement nous devons constater que c'est l'État bureaucratique qui produit le maximum d'incohérence, de désordre, de dysfonctions, mais qui sont cachés par l'Autorité. Enfin la non-puissance suppose l'orientation donnée par Schumacher dans *Small is beautiful*. Le refus de la croissance à tout prix, la recherche des petites unités de production, des énergies douces, des méthodes souples, d'un genre de vie décontracté. Nous rejoignons (ce que j'ai déjà souvent dit) aussi bien ce que de Jouvenel appelait l'Aménité, Friedmann la Sagesse, Illich la convivialité, ce qui est la même chose. C'est en toute action choisir non pas le moyen le plus brutalement efficace, mais le plus humain, le plus respectueux du monde naturel et du milieu humain. Évidemment cela implique un choix vers une moindre consommation, une réduction du niveau de vie, au profit d'une qualité de vie acquise pour tous et une égalisation du travail et des revenus.

Un troisième aspect, qui suit exactement celui-ci, est l'*éclatement* et la *diversification*. Dans tous les domaines, aussi bien dans les modes d'action sociale que dans les unités administratives, agricoles, industrielles, dans les moyens d'information et de communication dans la création culturelle. C'est évidemment la suppression radicale, pour la France, de Paris, de ses entreprises démentielles comme le Centre Beaubourg, etc. Ce n'est pas une affaire simplement de décentralisation et de régionalisation qui ne sont que des pis-aller, couvrant la poursuite de la centralisation. C'est évidemment l'éclatement du National, la reconnaissance des autonomismes, mais avec une forte éducation, pour que les Basques, les Bretons, les Occitans, les Alsaciens, les Flamands... ne se mettent pas à faire la sottise de tous les peuples décolonisés : refaire à leur échelle un État sur le modèle de l'État national. C'est pourquoi je ne puis absolument pas être d'accord avec les mouvements terroristes comme l'ETA, qui s'ils accèdent à l'autonomie ne sauront rien faire d'autre qu'un ÉTAT. Ils y sont rigoureusement conditionnés par leur conception même de la lutte. Mais il faut que partout ce soient les minorités qui aient d'abord la parole et les moyens d'expression. Même si elles nous paraissent délirantes. Au milieu de cent discours délirants, il y en a un qui est prophétique. Il faut tendre à la diversification, des cultures, des inventions intellectuelles ou politiques, des groupes et des partis ; le syndicat ou le parti politique ne doivent plus faire du recrutement à tout prix, mais c'est le plus petit qui aura par exemple droit au plus grand temps de parole sur les médias, et c'est le public qui jugera ! Dans cette diversification, des courants nouveaux, des parentés nouvelles, apparaîtront spontanément. Et bien entendu ceci est la *condition* pour la possibilité de l'autogestion. C'est une blague de parler d'autogestion pour des entreprises de milliers d'ouvriers, ou encore pour des organismes compliqués dans leurs méthodes et organisation, ou encore des unités complexes, comportant des corps multiples (employés, ouvriers, cadres inférieurs, cadres supérieurs, services des finances ou services des techniciens... qui va gérer quoi ?). Il n'y a d'autogestion concevable que dans des unités réduites ; au-delà de cent personnes, cela ne veut plus rien dire. Sinon par la méthode des représentants, ce qui est le contraire, on l'a vu pour la démocratie politique, de l'autogestion. Dire autogestion veut dire éclatement des ensembles industriels, commerciaux, administratifs. Mais cela implique aussi que, tout ce que l'individu peut faire seul, la collectivité n'a pas à s'en charger. Le service public ne peut être qu'un service de suppléance, de compensation et de solidarité (par exemple solidarité lorsqu'un groupe est lourdement affecté par un accident...). Il faut pousser les unités locales à produire elles-mêmes leur énergie, ou à fabriquer l'outillage immédiatement nécessaire.

Le quatrième aspect, c'est la réduction drastique du temps de travail [1]. Il est évident que si l'homme est très occupé par la participation à la gestion de son atelier, de son unité d'habitation, de sa commune, de son milieu naturel, etc., cela lui prendra beaucoup de temps. Ce sera un *autre* travail, non productif de valeur économique. Il ne s'agit plus de discuter autour des trente-cinq heures. Ceci est parfaitement désuet. Adret a raison quand il parle de deux heures

---

1. Tout le livre *La Révolution du temps choisi* repose sur l'idée essentielle que plutôt que d'accepter une amputation aveugle, involontaire, injuste, aléatoire de l'emploi, il faut mener une action volontaire pour procéder à un nouveau partage du travail.

de travail par jour[t]. C'est la visée immédiate, et immédiatement réalisable malgré les cris des réactionnaires. Ceci est en fait rendu possible par la croissance de l'automatisation et de l'information, pour la production des biens de base. La réduction du temps de travail qui, en même temps, allège la charge du travail disqualifié et la répartit sur tous, produisant la création d'emplois nouveaux, entraîne un avantage pour tout le monde, mais pour l'effectuer il faut tenir compte, comme le démontre très bien l'étude sur la révolution du temps choisi, de quatre variables, apparemment contradictoires : l'organisation du travail – la productivité – l'évolution des coûts salariaux et sociaux – le calendrier des créations nouvelles d'emplois. Mais ici encore, c'est l'informatique qui permet de répondre à l'extrême complexité de ces ajustements. Pour cela en effet, il y a un grand nombre de modalités possibles. *La Révolution du temps choisi* présente une étude détaillée, très significative des diverses orientations : aménagement du temps de travail, réduction du temps de travail, travail à temps partiel, la combinaison de ces trois transformations aboutissant à la révolution du temps choisi et à l'autogestion du temps. Cela correspond exactement à ce que nous défendons ici. Mais il y a un fait qui m'étonne : les auteurs qui envisagent toutes

t. Il est curieux de constater que ce chiffre assez précis de 2 heures de travail par jour circule depuis très longtemps. Dans un article longtemps oublié mais qui est maintenant cité partout et par tous, « Economic Possibilities for our grand-children » (« Perspectives économiques pour nos petits-enfants »), Keynes annonçait l'entrée prochaine du monde dans une ère de prospérité exceptionnelle (et logiquement sans fin) : le « problème économique » serait réglé comme l'avait été auparavant le « problème alimentaire » et, en conséquence, les hommes pourraient n'avoir à travailler que 2 à 3 heures par jour, consacrant le reste de leur temps aux seules activités importantes, les arts, la philosophie, la religion...

les possibilités concrètes ne se rendent pas compte que tout cela *est possible*, mais *n'est possible que*, par l'introduction massive de l'automatisation[1] et l'informatisation. Bien entendu, ces diversités de modulation du temps de travail font surgir aussitôt l'objection de l'extrême difficulté de l'organisation concrète de chaque entreprise. Il faut concilier la nécessité d'une organisation rationnelle et efficace du travail avec le droit ouvert aux salariés de choisir des temps, des horaires, des périodes, etc. Cette conciliation doit se faire sur le terrain. Il faut que l'entreprise puisse programmer l'organisation du travail, que l'on puisse avoir de la main-d'œuvre de substitution pour compenser les réductions d'horaires, que l'on définisse des postes de travail rigides, etc., mais actuellement ce qui était un casse-tête insoluble est devenu parfaitement réalisable et organisable grâce à l'informatique.

1. P. Cazamian (cité plus haut) insiste fortement sur le fait que la seule solution est le remplacement de tout le travail à la chaîne par l'automatisation. Ce travail idiot étant exécuté par l'intelligence mécanique, automatique, il n'est plus besoin de robotiser les hommes. L'automatisation peut éventuellement être un instrument de maîtrise. Les micro-processeurs utilisés par des travailleurs évolués leur permettent de se requalifier, de retrouver une situation de responsable. Mais évidemment le passage de la mécanisation est difficile non seulement sur le plan global, économique, mais aussi sur le plan individuel pour l'ouvrier conditionné à obéir et qui pourrait devenir responsable, à la suite de l'abolition de contraintes et d'organisation du travail périmées. L'extrême difficulté de la situation nouvelle, pour tous, c'est l'incertitude des comportements et l'avance sur un terrain où l'expérience ancienne n'est plus utilisable. Il n'existe plus une forme d'organisation du travail, mais une multiplicité possible, avec des choix de plus en plus larges. Il pourrait y avoir création continue de formes nouvelles de travail et d'organisation qui d'ailleurs pourraient coexister. À ce moment, cette organisation ne peut plus être le fait d'un supérieur hiérarchique, mais de toutes les personnes directement concernées, avec le maximum d'expérimentation sociale (Oscar Ortsman, *Changer de travail*, Dunod, 1978).

Ce que nous proposons là n'est en rien facile ni sans risques. Je sais très bien ce que l'on peut objecter : l'ennui, le vide, le développement de l'individualisme, l'éclatement des communautés naturelles, l'affaiblissement, la régression économique ou enfin la récupération du temps libre par la société marchande et l'industrie des loisirs, qui fera du temps une nouvelle marchandise. Je sais tout cela et que nous serons obligés de poser des questions fondamentales : celles du sens de la vie et d'une nouvelle culture, celle d'une organisation qui ne soit ni contraignante ni anarchique, l'ouverture du champ d'une nouvelle créativité... Je ne rêve pas, cela est possible. Il faut le vouloir. Mais il faut aussi comprendre que ceci entraîne un double problème : que faire du temps libre ? comment les unités économiques pourront-elles équilibrer leur budget ? (ou alors réciproquement : est-ce que l'on paiera seulement deux heures de travail au tarif « normal », ce qui amènera la famine du travailleur !) ? Après avoir critiqué Richta, je dirai qu'en fait il a raison. Le temps libéré, cette énorme quantité de temps libre pourra bien sûr être utilisé de façon débile ou désolante. Il y aura ceux qui vivront collés à leur écran de TV, ceux qui passeront leur vie au bistrot. Ceux qui s'éterniseront à la pétanque... oui. Mais je suis pourtant convaincu que la majorité ne se satisfera pas de cela.

Je rappelle la multiplication des hobbies, l'intérêt des gens du troisième âge pour les universités de ce nom, la réussite de toutes les entreprises qui ont essayé de fournir aux travailleurs des pôles d'intérêt différents (par exemple la remarquable réussite des jardins ouvriers de 1925), l'ardeur des militants syndicalistes au temps où le syndicalisme était actif et révolutionnaire (entre 1880 et 1914), la mobilisation des gens du Larzac ou de Plogoff, la réussite de Lip, et peut-être celle de Manufrance aujourd'hui (1981), la réussite d'un bon nombre de communautés rurales qui n'ont certes pas échoué massivement comme on veut le dire [1], l'attachement de groupes locaux pour des manifestations culturelles ou artistiques locales. Comme contre-épreuve on peut dire que chaque fois qu'il y a eu une pseudo-participation, quelque chose qui *en réalité* ne correspondait à rien, alors les gens le sentent très vite et s'en désintéressent : par exemple l'échec des élections de représentants étudiants aux conseils d'Université (où on ne fait rien et où ils ne peuvent rien), l'échec de la gestion de grands ensembles par les locataires (mais comment pourraient-ils s'intéresser à la gestion d'un « machin » qu'ils détestent habiter !). Autrement dit je suis convaincu qu'il n'est pas nécessaire de fabriquer des loisirs organisés, contrôlés, ni de « former » les gens à utiliser sainement leurs loisirs. L'homme a besoin de s'intéresser à quelque chose et c'est de manque d'intérêt que nous crevons aujourd'hui. L'homme a besoin de fabriquer une œuvre qui soit la sienne (comme les soldats de 14-18 fabriquant des vases de fleurs dans des douilles d'obus, comme les marins de la marine en bois fabriquant les fameux voiliers en bouteille...) et s'il a du temps libre, à lui, avec des possibilités d'expression multiples, je sais que cet homme « en général » trouvera sa forme d'expression et la concrétisation de ses désirs. Ce ne sera peut-être pas beau,

---

1. Excellente mise au point dans Bernard Lacroix, *L'Utopie communautaire*, 1981. Nous retrouvons exactement le même ordre d'ouvertures sur des activités multiples dans le livre déjà cité *La Révolution du temps choisi*, participation à l'administration locale, de voisinage, travaux d'entretien du patrimoine individuel ou collectif, militances associatives, production artistique ou culturelle, microculture, etc.

ce ne sera peut-être pas élevé ni efficace ; ce sera Lui. Ce que nous avons perdu.

Bien sûr, ce que je dis là représente à la fois une conviction et un pari, mais si on ne fait pas ce pari, alors ce que je sais avec certitude et ce que j'ai décrit dans toute une partie de mon œuvre, c'est la fin de ce que jusqu'ici on a essayé de réaliser en étant homme, en sombrant dans le prolétariat universel. Après un temps inévitable de flottement, les hommes libérés du travail écrasant de l'appareil mécanisé trouveront leur mode de satisfaction, d'expression de leur désir et de formation. Car il y aura ceux qui choisiront la méditation où l'étude continue, pourquoi pas ?

Nous arrivons alors au cinquième aspect de cette révolution (chacune conditionnant les autres et étant conditionnée par les autres : je décris ici les objectifs et non les étapes). *Comment résoudre le problème financier-économique* ? Il est évident que si on ramène le temps de travail industriel ou tertiaire (bureau, administration, gestion, etc.) à deux heures, cela veut dire : qu'on ne peut plus tabler sur des salaires pour faire vivre l'individu et que l'entreprise ne peut pas payer 1 000 francs l'heure de présence[1] ! Dès lors, cela

1. Castoriadis consacre de longs développements au problème de l'égalisation des salaires, opposant à juste titre cet objectif socialiste à la politique systématique du capitalisme de la différenciation des salaires. Mais je crois que le problème ne peut être résolu que par la suppression de l'idée même de salaire, lié au travail, et son remplacement par l'idée de répartition d'une fraction du revenu national pour tout membre de la société. Il y a d'ailleurs déjà des marques très nettes de cette orientation : ce qu'on appelle salaire social, indemnités de chômage, allocation logement, indemnité vieillesse, etc., tout cela appartient à l'idée de « participation au revenu national », le basculement se ferait si on arrivait à enlever le caractère « anormal » de « bienfaisance » à ces diverses « aides ». P. Drouin (*Le Monde*, 11 juin 1981) montre à juste titre que tout jeune achevant ses études devrait recevoir, à défaut d'un travail salarié, une allocation non pas de chômage, ni d'assistance, mais correspondant à un « dû »

implique une mutation dans la répartition des valeurs produites. Répartition qui devait d'ailleurs être autrefois contenue dans le projet socialiste. Marx a toujours dit qu'une augmentation des salaires ne représentait rien ! Ce qui bouleverse la théorie de Marx maintenant, c'est que la valeur n'est plus produite par le travail ouvrier, mais par la croissance des moyens scientifiques et techniques. Richta l'a parfaitement démontré. Et il a posé la loi majeure de notre économie moderne : « Le progrès ne se mesure plus maintenant en croissance du nombre des unités de valeur produites mais en temps humain économisé. » Dès lors il n'y a plus à payer un travail avec un salaire, mais à répartir entre tous les membres de la société (qu'ils travaillent ou non) le produit annuel de la richesse produite par les usines automatisées et informatisées. Les modalités de cette répartition peuvent être diverses. Il peut s'agir d'une fraction de base donnée à tout membre, dès sa naissance, de cette société, du simple fait qu'il existe[1]. Et puis divers suppléments, par exemple à celui qui travaille effectivement, ou encore diverses possibilités de gagner un peu plus par la fabrication d'objets artisanaux (qui pourront être vendus très bon marché, puisque l'artisan ne comptera pas là-dessus pour vivre). On aura alors une économie à deux secteurs, mais qui n'a rien à faire avec ce que certains appellent économie duelle ou duale sur la base d'un contresens énorme,

---

par la société quand elle ne peut pas fournir le travail que le jeune peut attendre. Ceci enlèverait le caractère humiliant de ces « aides ». Et c'est un pas de plus vers la solution que je propose.

1. Voir les ouvrages combien précurseurs de Robert Theobald, *The Rich and the Poor*, New American Library, 1961 ; *The Challenge of Abondance*, New American Library, 1961 ; « New Possibilities in Modern Technology » in Denys Mumby, *et al.*, *Economic Growth*, World perspective, SCM Press, 1966.

lorsque par exemple on désigne l'économie du Japon comme duale[1]. La véritable économie duale correspond à ce que Gorz décrit dans ses *Adieux au*

1. Malgré certains usages dans ce sens, il est tout à fait certain que par exemple le sens qui lui est donné par P. Labarde (« Industrie : risques d'une société duale », *Le Monde*, mai 1981) est inexact. Il désigne le Japon comme exemple de société duale à la suite de propos de M. Ceyrac. Celui-ci commet le même contresens : d'une part un ensemble industriel adapté aux techniques nouvelles, fortement intégré, progressif, dirigeants orientés vers informatique et mondialisme. D'autre part un ensemble traditionnel incarnant l'héritage des traditions culturelles, organisatrices, isolées, institutions de distribution, avec des hommes peu mobiles et avec revenu moindre, mais un mode de vie convivial. Le Japon a donc un secteur industriel fortement « performant », informatisé, automatisé, efficace et très intégré, et un secteur de petites entreprises dont P. Labarde souligne qu'elles sont le plus souvent des sous-traitants des grands. Le secteur « traditionnel » servant soit à « étaler » sur le plan humain le « choc du futur », soit en cas de difficulté à devenir une position de repli. Or, tout ceci ne correspond en rien au projet de la société duale ! Déjà par le simple fait que l'on y considère le second secteur comme le secteur pauvre et passéiste, alors que le vrai sens de société duale, c'est le secteur d'avenir et positif. Le premier étant le « suivant », le « porteur » et pas du tout le modèle. Il y a un contresens absolu ! Le Japon est le modèle d'une société capitaliste industrialisée et, en plus (ce qui assure son avance) : informatisée. Alors que la société duale prétend justement sortir tout à fait du capitalisme ! Ce qui montre bien l'incertitude dans ce domaine, c'est encore que Jacques Delors en donne une vue totalement différente (mais également critique) dans *La Révolution du temps choisi*. D'un côté un secteur ultra-performant, ouvrant sur l'extérieur où le travail devra garder sa fiabilité là où il ne sera pas possible de le remplacer par la machine, de l'autre un vaste secteur tourné vers l'intérieur, de moins en moins performant et en payant le prix : des emplois souvent précaires, un travail insipide, une rémunération inférieure à celle des travailleurs du premier secteur mais des horaires de travail élastiques et permissifs. Le secteur performant serait en osmose avec le marché périphérique du travail, celui des défavorisés, sur lequel il prendrait ou rejetterait une main-d'œuvre pour laquelle la garantie de l'emploi n'aurait plus aucun sens. Société de tricherie, aggravation des inégalités, déclin de la valeur-travail... Cette description qui, elle aussi, a un petit rapport avec la véritable société duale en est la déformation ridicule et montre à quel point il y a de confusions. Par contre le contenu du livre d'*Échanges et Projets*, d'où est tiré ce texte (*La Révolution du temps choisi*, 1981), présente très exactement une véritable société duale !

prolétariat[1] en opposant l'outillage et le système autonomes à l'outillage et au système hétéronomes. Je me borne à renvoyer à sa remarquable étude.

On peut ainsi penser soit en effet à une réduction d'un travail pour tous pendant deux heures par jour, pour une durée de trente ans, soit à une sorte de « service national du travail », où on travaillerait huit heures par jour pendant cinq ans par exemple : ceci dans des usines et bureaux puissamment automatisés et informatisés, absorbant tous les progrès techniques pour une production massive et de série de biens de base, élémentaires, de qualité moyenne, utilitaires et répondant à des prix modiques aux besoins courants, sans rechercher la performance, le gadget, ni la fabrication artificielle de besoins nouveaux par la publicité. De l'autre côté un secteur de faible productivité, avec grosse utilisation de travail non obligé, produisant des biens de qualité, sur un mode artisanal. Et en particulier tout le secteur agricole devrait être de ce type : la production agricole de haute qualité n'a pas besoin d'être industrialisée ni massivement mécanisée si on ne vise pas le profit, mais la satisfaction des besoins réels. La mécanisation ne peut avoir ici que le but de rendre ce travail moins dur et moins accaparant. Mais le paysan pourrait retrouver une joie communautaire. Le travail du second secteur ne dépendrait en rien du premier. Il serait parfaitement libre, correspondant à la sphère autonome de travail de Gorz, il permettrait bien entendu à celui qui s'y livrerait d'avoir un petit supplément d'argent, ou un moyen d'échange, mais qui ne changerait rien à la relation avec les autres, ne pourrait produire aucune aliénation, pas plus qu'au-

1. André Gorz, *Adieux au prolétariat*, Le Seuil, coll. « Points Politique », 1981.

jourd'hui celui qui se fabrique un poste émetteur ne provoque d'aliénation... Je sais bien entendu que ce que j'expose là paraîtra totalement illusoire et « utopique[1] ». Mais encore une fois, il faut comprendre qu'il s'agit d'une révolution, et que celle-ci implique un changement radical des structures politiques et économiques.

Ces cinq données constituent effectivement la révolution de notre siècle, la *seule* révolution qui consiste à s'emparer non pas du pouvoir mais des potentialités positives des techniques modernes et à les orienter dans le sens unique de la libération de l'homme. Or, ce qu'il faut comprendre c'est que ces cinq aspects sont cohérents. C'est-à-dire qu'ils ne peuvent pas être dissociés. Il ne servirait à rien par exemple de réduire brusquement le temps de travail si on n'a pas en même temps fait éclater les grandes unités de production, ou si on n'a pas ramené la décision à la base. L'un n'est strictement pas possible sans les autres. Et c'est cette révolution-là qui en même temps peut subordonner la technique, détruire le système technicien en tant que système, anéantir le pouvoir de l'État, amener l'égalité, faire cesser l'aliénation. Mais pas moins que cette révolution-là, tout le reste est faux-semblant. Bien entendu le lecteur qui est avide de nouveauté totalement inédite, qui a la passion de découvertes absolues, pourra

1. René Passet (*Futuribles*, 1979, « Temps de travail et volume de l'emploi ») fait une démonstration équivalente en montrant : « Par le fait que la plupart des besoins ou biens de consommation durables étant satisfaits pour un nombre croissant d'individus, la demande de ces biens perd son rôle moteur. » Et comme d'autre part le capital fixe productif augmente plus vite que la production et que la valeur ajoutée par travailleur augmente rapidement, le tassement des débouchés, l'accumulation rapide du capital, l'accroissement de productivité se conjuguent pour rendre nécessaire l'utilisation d'un nombre réduit de travailleurs.

être déçu en considérant que ce que j'avance ici n'est pas original, ne m'est pas personnel. Il y a longtemps que l'on a rêvé de cet âge d'or où l'homme pourrait ne presque plus travailler, il y a longtemps que des utopies ont rêvé de la diversification des tâches selon les goûts et les désirs de chacun, il y a longtemps que l'on a donné la suppression du pouvoir de l'État comme l'objectif révolutionnaire, il y a encore plus longtemps que l'on a avancé le choix de la non-puissance comme règle humaine de la vie en société. C'étaient des visées des anarchistes, ou du socialisme au temps où il était révolutionnaire, et, au début, de la parole de Jésus-Christ.

Je le sais bien. Mais ce qui m'importe, c'est autre chose : prenons une comparaison. Lorsque Saint-Just a proclamé sa célèbre formule selon laquelle le bonheur est une idée neuve en Europe, c'était une erreur : depuis 2 500 ans, l'*idée* de bonheur était à la fois bien connue et le bonheur était consciemment désiré, souhaité. Mais ce qui était nouveau, et il ne fait pas de doute que c'est cela que Saint Just visait, c'était un changement de moyens : l'industrialisation, la croissance de la consommation d'une richesse qui aurait dû profiter à tous, en même temps que la République proclamant la Liberté et l'Égalité, lui apparaissaient comme les moyens rendant enfin *possible* et *concrète* l'idée du bonheur. Ce qui avait changé, c'est que l'on sortait de l'idée pour entrer dans la réalisation possible. Il en est exactement de même ici. Les cinq propositions qui, combinées entre elles, constituent la révolution nécessaire de ce temps, étaient des souhaits, un idéal, une utopie mais sans l'ombre de possibilité de les réaliser. Non pas qu'un mouvement révolutionnaire au nom de ces idées fût impossible. Il y a bien eu en effet des révolutions « girondines », les révolutions de l'Ukraine ou l'installation des soviets... Mais la société moderne est un ensemble trop complexe. Avec le poids d'une vraie fatalité on revenait inévitablement à un système cohérent, centralisé, en même temps que de produire plus pour consommer plus était la visée évidente, à laquelle on ne pouvait échapper si on voulait réduire la misère, et cela voulait dire : plus de travail, en même temps que le choix du critère si décisif dans son accord avec la spontanéité de la Technique : toujours plus nombreux, toujours plus grand, toujours *plus*...

Ce qui a changé maintenant c'est précisément que le virage technique des années 1970 permet la réalisation de la totalité de ces objectifs. L'automatisation-informatisation permet en effet de réduire à l'extrême le travail obligé pour répondre aux besoins de base. Elle permet la suppression du centre de décision et l'éclatement en unités productrices et unités politiques très réduites sans rompre la cohérence. Là était la difficulté. Mais celle-ci est maintenant résolue. L'informatisation permet d'établir la corrélation des milliers d'opérations de façon à ce que cela forme un ensemble cohérent tout en laissant l'entière liberté à chaque groupe. Et c'est la même possibilité sur le plan économique et sur le plan politique. Bien entendu la production du second secteur restant rigoureusement hors de toute intervention de l'organisme informatique. De même, l'informatique permet la décision à la base. Non pas seulement du fait que, les ordinateurs devenant plus petits et moins coûteux, des particuliers peuvent se les offrir... mais surtout parce qu'ils permettent une coordination effective des milliers de décisions prises par la base.

C'était ça la difficulté : chaque groupe décidant ce qui lui convenait, l'ensemble devait voler rapidement en éclats, il fallait à tout prix une tête centralisée organisatrice dans une société aussi compliquée que la nôtre. Mais précisément cela n'est plus nécessaire lorsque d'une part les divers facteurs peuvent être combinés, d'autre part lorsque chaque groupe peut être constamment averti de ce que les autres décident, de leur orientation et se trouve dorénavant en présence d'un certain choix à effectuer en fonction des autres. Pour Castoriadis, ce qui répond exactement à la nouvelle aliénation, ce qui en même temps est l'objectif et le moyen d'un socialisme véritable, c'est la gestion des travailleurs par le moyen des conseils, par le gouvernement des conseils. Mais ici on rencontre des difficultés : les conseils seront-ils compétents ? Sans aucun doute pour gérer leur propre travail, leur unité de production par exemple, les ouvriers sont compétents. Mais comment le travail de tous ces « groupes élémentaires » serait-il coordonné ? Comment ajuster les décisions diverses ?

Castoriadis pense que la méthode des matrices de Léontief, combinée à d'autres méthodes modernes (*activity analysis* de Koopmans, par exemple, recherche opérationnelle), permet de résoudre ce problème. « Tout objectif final défini se présente comme une série de biens d'utilisation finale en quantités spécifiques devant être produits au cours d'une période donnée. Dès que cet objectif final est donné, la solution d'un système d'équations simultanées permet de définir tous les objectifs intermédiaires. » Or ceci peut valoir pour la production économique, mais pas pour le reste de la gestion de la société par des conseils. Le grand problème est celui de la coordination, de la combinaison et de la comptabilité de milliers de micro-décisions prises par des conseils gérant des organismes divers. Or, ceci est rendu possible et parfaitement normalisable par l'informatique. Non seulement chaque groupe peut être informé grâce aux ordinateurs, mais ses décisions viennent prendre place dans un ensemble, qu'il est *toujours* possible de coordonner. Et c'est ici que Castoriadis a une vue géniale quand il dit qu'au fond, en face de cette gestion ouvrière, il y aura une « usine du plan ». Celui-ci n'est ni fabriqué de l'extérieur, ni défini par des mots d'ordre arbitraires ou politiques, mais rendu possible par rapport à la gestion par la base grâce à l'informatique, et fonctionnant de façon indépendante. Avec une mémoire enregistrant les capacités de production, etc., et des services pour l'étude des répartitions et des flux, des investissements, des valeurs à attribuer aux produits, des recensements, des coefficients techniques. La gestion socialiste sera possible à partir des possibilités informatiques (dégagées de leur aspect centralisateur et commercial), on pourra tenir compte de toutes les données nouvelles intégralement et instantanément.

Il faut cependant bien prendre conscience de ce que cette usine du plan ne doit pas être l'expression d'une rationalité objective décidant « en soi » de l'avenir de la société, mais un outil obéissant à la seule rationalité, la raison vivante des hommes. Seulement la décision des travailleurs ne sera pas, inversement, le fruit d'une passion, d'une colère etc., mais s'appuiera sur une clarification complète des données, une décision en connaissance de cause. Le plan résultant des données serait finalement soumis aux travailleurs spécifiant la durée du travail, le niveau de consommation, les investissements, les tâches de production incombant à chaque entreprise, etc. Dans cette restructuration apparaîtra forcément un « troisième secteur [1] » intermédiaire entre le secteur

1. Cf. *Échanges et Projets*, n° 17, 1979.

des services publics et le secteur économique lucratif, secteur où les individus se regrouperont spontanément pour s'assurer entre eux un ensemble de prestations mutuelles, facilitant le fonctionnement de la « désynchronisation des activités ».

La société hétérogène[1] implique décentralisation et prise en charge mutuelle des prestations réciproques. Autrement dit une véritable planification, organisée à partir des décisions, des choix et des activités effectives de la base, devient enfin, pour la première fois, possible. Il est indiscutablement exact que le système informatique permet des combinaisons extraordinairement complexes et l'ajustement de décisions apparemment contradictoires. Il permet aussi de poser clairement des choix entre les hypothèses possibles, et c'est en fonction de ce genre d'informations que chaque groupe local, de production, de consommation, de gestion, de formation aura à se décider, il peut même sortir « de l'épure », et produire des décisions neuves qui, fournies à ce système informatisé, entraîneront de nouveaux aménagements, et une « carte » neuve des décisions possibles. Et de même l'informatique permet le choix de la non-puissance précisément parce qu'elle économise de l'énergie, permet de réduire les gaspillages, les doubles emplois, et tend à rendre possible le *Small is beautiful* de Schumacher avec toutes ses implications. Elle rend possible la production individualisée, par exemple d'énergie, qui peut être défalquée réellement de la production collective. Autrement dit,

1. Le terme montre à quel point la terminologie est mouvante dans ces domaines de recherche nouvelle : en effet la « société homogène » d'*Échanges et Projets* correspond à la sphère hétéronome de Gorz, et la « société hétérogène » d'*Échanges et Projets* correspond à la sphère autonome de Gorz !

l'informatisation permet la réalisation de ce que Castoriadis appelle l'usine du plan, sans que ceci implique la moindre centralisation et la moindre contrainte.

Et tel est le véritable usage de l'appareillage prodigieux de l'informatique et non pas les applications grotesques des gadgets, les utilisations purement utilitaires de comptabilisation et d'efficacité de l'entreprise ou enfin l'impératif terrifiant de l'emprise ultime du pouvoir sur toute la société et chaque individu qui sont ses trois seules applications actuelles. L'outil technique existe. Il fournit maintenant toutes les données pour une révolution fondamentale de notre société, qui entraînerait enfin la suppression du prolétariat. Castoriadis souligne à juste titre que, pour qu'il y ait gestion par les travailleurs, il faut que les institutions, les problèmes et les décisions dans la société socialiste soient *compréhensibles*, et *contrôlables*. Il ne peut y avoir aucune gestion quand on vit dans un monde aussi compliqué, contradictoire, que le nôtre, avec des machineries et des bureaucraties totalement incompréhensibles. Il faudra donc avoir un maximum d'informations, sur des données claires. Mais « le maximum d'informations dépend d'abord d'une réduction des données à l'essentiel, afin qu'elles deviennent maniables pour tous. Cette réduction sera possible du fait que le socialisme signifiera immédiatement une simplification énorme des problèmes » et la disparition d'une grande partie de la réglementation actuelle. Ceci est exact, mais j'ajouterai : connaissance, information, transparence, présentation simplifiée des données, tout cela devient prodigieusement possible précisément par l'informatique.

L'outil technique rend tout possible. Mais maintenant, ce qui manque, c'est la volonté révolutionnaire ! Autrement dit, entre l'époque de Jésus (pour la non-puissance) et le milieu du XIXe siècle (pour les anarchistes) il y a eu une volonté révolutionnaire parfois extrême, une tension des énergies, une acceptation des risques révolutionnaires et cela a toujours échoué par manque de moyens. Ou cela a abouti à l'inverse de l'intention par la nécessité de remettre de l'ordre dans l'incohérence produite par la révolution. On n'avait pas les moyens de la révolution désirée, pour laquelle on avait la volonté. Aujourd'hui on a enfin les moyens. L'automatisation et l'informatique donnent exactement toutes les possibilités pour faire une révolution *totale, radicale* et *actuelle* (c'est-à-dire correspondant aux besoins, aux impératifs de notre monde d'aujourd'hui, et non pas comme l'idéologie présente du communisme à des conditions totalement dépassées) mais ce qui manque absolument c'est maintenant l'esprit révolutionnaire.

Il faut ici apporter une précision, on a depuis longtemps distingué la « situation objectivement révolutionnaire » et la « volonté subjective révolutionnaire », l'un devait coïncider avec l'autre. C'est lorsque la situation devenait objectivement révolutionnaire que le groupe des « révolutionnaires professionnels » devait agir auprès des masses pour provoquer le mouvement en portant très haut le niveau de conscience révolutionnaire. Or, ce n'est pas du tout à cela que je fais ici allusion. Il y a une situation objectivement révolutionnaire permanente, endémique dans notre monde, en particulier par la condition du tiers monde. Mais ceci est radicalement bloqué non pas tellement par la force du capitalisme que par la qualité de l'aliénation moderne d'une part et par l'erreur sur les objectifs poursuivis (colonialisme traditionnel, impérialisme, capitalisme, etc.). La situation objectivement révolutionnaire est inerte à cause de la fausse lecture qui en est faite.

Par ailleurs il n'y a pas de groupe porteur d'une volonté révolutionnaire claire et cohérente. Le mot même de révolution a été confisqué par les moins capables de la faire parce que les plus conformistes et les plus identifiés au modèle « Étatique-Technique ». Il n'y a plus de volonté révolutionnaire parce que celle-ci implique un véritable changement total de l'orientation de la société (et que personne n'est prêt à l'accepter) au lieu d'une simple explosion de haine contre un petit groupe de privilégiés, et de même parce que cette nouvelle révolution à faire implique non pas la conquête d'avantages évidents pour les révolutionnaires (pouvoir, bien-être) mais une mise en question en même temps de leur propre vie, de leurs idéaux, des évidences que la société de consommation propose à leur existence ! Et cela personne n'est prêt à l'accepter ! Enfin il n'y a plus de volonté révolutionnaire parce que personne n'est prêt à accepter les risques. Un bouleversement tel que celui qu'il faudrait entreprendre comporte évidemment de très grands risques. Il y aura une longue période de tâtonnements, d'incertitudes, d'échecs. Avant d'avoir appris à la base à s'organiser pour gérer et prendre les décisions dans tous les domaines, avant d'avoir réussi à coordonner les divers secteurs d'organisation, de production et de consommation, avant d'avoir réussi que chacun se choisisse son activité signifiante, il est évident que des manques, des incohérences se produiront[1].

On a peur de cette situation. Ce ne sont pas seulement les puissants et les détenteurs des richesses qui font obstacle. Le schéma même selon lequel il y a les capitalistes, la classe dominante, d'où émane une

1. On en a un remarquable exemple en Pologne actuellement (1981).

classe dirigeante, la production d'un appareil d'État et d'une idéologie dominante, les autres étant de pauvres misérables exploités, réduits en esclavage, et imprégnés de l'idéologie, ce schéma n'est plus valable. La résistance à un changement révolutionnaire vient avant tout de l'existence de satisfactions de consommation indéniables (que l'on n'est pas prêt à abandonner, même pour un temps passager) et, pour ceux qui ne les ont pas, elles restent exactement la visée de tout ce que l'on peut espérer. L'objectif de la lutte sociale, c'est de conquérir ces satisfactions-là[1]. Dès lors proposer une révolution qui remet en question (pour un temps) cet idéal va exactement à l'encontre de la poussée dite révolutionnaire. C'est l'obstacle principal. Et ces pauvres ne réalisent pas qu'en voulant obtenir cette consommation, ils développent leur aliénation.

Mais en dehors même du refus de ce risque d'une régression et d'un désordre, il y a surtout la peur de ne pas savoir exactement ce que l'on va faire et ce que cela donnera. Je me rends très bien compte que ce que Castoriadis a pu écrire, ou Bookchin, ce que je présente ici apparaît forcément comme une incertitude du résultat final. Personne ne peut dire exactement ce que cela donnera, quoiqu'il y ait de fortes probabilités. Mais cette peur correspond bien à ce que j'écrivais au sujet du refus de la révolution (chez tous les pauvres et aliénés) et de l'absence de volonté révolutionnaire. Car de toute incertitude, une révolution n'est pas un programme de cinéma. Elle ne marche pas sur des rails de chemin de fer. Elle est forcément une aventure débouchant dans un certain inconnu. Une révolution ne se déroule pas comme

1. On le voit aujourd'hui avec les réactions des syndicats sitôt qu'il est question de réduire les projets des centrales atomiques !

un raisonnement mathématique. Il n'y a pas un chemin tout fait atteignant un lieu tout organisé d'avance. Elle *ouvre* un chemin, qu'elle effectue au fur et à mesure, et en même temps elle construit le but, le telos du chemin en question. C'est en pratiquant l'action révolutionnaire que l'objectif se construit au fur et à mesure. Et tel est l'exercice de la liberté.

Actuellement personne ne semble (sauf quelques intellectuels !) capable de *voir* cette réalité. Et personne n'accepte le risque de ne pas savoir d'avance où nous allons. Les deux aspects de cette absence de volonté révolutionnaire sont parfaitement compréhensibles de la part de gens, de nous tous, habitués, assimilés, sans cesse confortés dans la double certitude : il faut toujours consommer plus, il faut prévoir exactement ce qui va se passer. Ce sont nos deux conditionnements majeurs. Comment dans ces conditions pourrait-il y avoir une volonté révolutionnaire ? Dès lors nous sommes en présence de cette conjoncture paradoxale : avant 1900, il y a eu une volonté révolutionnaire qui à la fois pouvait pousser l'homme à tout risquer, et pouvait aussi avoir une visée juste par rapport à la société dans laquelle on se trouvait. Mais on manquait totalement de moyens, non pas pour « prendre le pouvoir », mais pour faire exister une société qui reste cohérente et dont les éléments soient compatibles sans hiérarchie, sans autoritarisme organisateur. On pouvait au mieux, comme certains anarchistes, faire confiance à une nature bonne de l'homme, et ce qui le rendait mauvais ayant été supprimé, cette nature bonne étant délivrée, il suffirait de laisser à la spontanéité de l'homme le soin de s'organiser, s'entraider, s'entendre et vivre ensemble dans l'Éden. Actuellement, la situation s'est inversée, nous avons les moyens d'une société « conviviale », d'une société en même temps cohérente, complexe et non oppressive, non aliénante. Mais pour y accéder il faut une volonté révolutionnaire capable de tout risquer, et personne ne veut rien risquer. Il n'y a plus de volonté ni de groupes révolutionnaires, d'aptitude à une décision déchirante pour la remise de toute décision à la base.

Dès lors il y a devant nous deux possibilités, *ou bien* l'instauration de l'un des deux socialismes traditionnels, qui s'installeront dans des sociétés pas encore aptes à passer au stade de l'informatisation-automatisation, et cela donnera les résultats déjà connus, non pas la suppression mais la production d'un prolétariat, *ou bien* l'installation et le développement de l'ensemble des procédés de l'informatique, télématique, automatisation, robotique, bureautique, dans les sociétés avancées non révolutionnaires, capitalistes (privée ou d'État) et tous ces procédés entreront inévitablement dans le processus de développement de ces sociétés-là, de leurs caractères, de leurs pouvoirs. C'est-à-dire qu'il y aura accélération et aggravation de tous les vices que nous connaissons. Contrainte politique, contrôle social, consommation et gaspillage [1], déqualification et désignification du travail, impératif du nombre, etc.

Ce n'est pas inclus dans l'appareil, mais c'est le produit de la copulation entre l'État-Nation productiviste du début du XXe siècle et le nouvel ensemble technique. Celui-ci reçoit inévitablement son caractère de ce contexte-là en même temps qu'il sert à renforcer ces tendances-*là*, à leur donner leur pou-

---

1. A-t-on réfléchi entre cent exemples aux milliers de tonnes de papier gaspillées par le mécanisme « ordinateur-imprimante », pour des objectifs d'un intérêt pratiquement nul, par exemple, le positionnement d'un compte en banque d'un client.

voir de réalisation totale. Tout ce qui constituait les composants du système technicien risque de se voir non seulement confirmé, mais justifié par la disparition des contradictions grâce à la technique au troisième degré[1]. Réciproquement l'état présent de la société se trouve renforcé, stabilisé avec la réduction des inconvénients antérieurs. Mais ceci fait donc apparaître le nouveau prolétariat dont nous parlions au chapitre précédent. Dans cette hypothèse, que signifie l'apparition d'un pouvoir socialiste dans un tel ensemble ? Si le socialisme arrive après l'installation du « tout électronique », il entrera forcément dans un système tellement complexe, tellement intégré, tellement utile aussi (évidemment utile, comme ce fut l'expérience, pour l'État et l'administration, des bolcheviks en 1918 !), tellement orienté en un ensemble en fonction des besoins devenus indiscutables de la masse de la population, tellement préconçus dans un seul sens, qu'il n'y aura aucun choix possible. Ce n'est pas vrai que l'on peut réorienter brusquement un tel complexe dans une autre direction. Le socialisme profitera de ce qu'il trouvera. Et ce n'est pas par des réformettes successives qu'il modifiera substantiellement le nouveau système technicien. Il n'aboutira en rien à la mutation radicale de société qui aurait été rendue possible par l'automatisation et l'informatisation. Il sera au contraire conditionné par l'appareil mis en place. La régionalisation par exemple ne sera jamais rien d'autre qu'un mode de gestion plus souple favorable au pouvoir central, centralisé, centralisateur.

---

1. Je rappelle que pour moi il y a eu un premier degré de la technique avec le machinisme, un second degré avec l'extension des procédés techniques à tous les domaines de la société, de la vie. Le troisième degré est l'informatisation et le règne de la télématique.

Or, je suis bien conscient, ici, que le lecteur pourra être très surpris, considérant que tout ce que je viens d'analyser revient en définitive à ce que je critiquais si fort chez Garaudy, Bookchin, Y. Bourdet, Groupe socialiste Informatique et Industrie. Ce serait un remarquable contresens. En effet ce que j'ai critiqué chez eux, ce n'est pas d'avoir vu la conjonction hypothétique entre le socialisme et la nouvelle technique, c'est leur idéalisme en la matière. C'est-à-dire d'une part de ne pas avoir considéré que cet hypothétique n'était en rien une réalité à portée de la main ou une nécessité historique. D'autre part et surtout de n'avoir jamais évalué ni les processus de changements, ni les conditions de cette réalisation, ni l'effort à fournir, ni le prix à payer et l'exigence rude que cela impliquait pour les hommes du monde occidental. C'est-à-dire de n'avoir calculé, ni le chemin à parcourir, ni les chances à réaliser cette conjonction, la seule possible si on veut sortir de l'effroyable impasse de l'« Étatisme-Technique » où nous sommes engagés. Impasse que l'on ne reconnaît pour telle qu'à la fin, car le chemin qui y mène est si agréable, si séduisant, si rempli de bonheurs factices qu'il paraît peu vraisemblable que l'homme le rejette pour s'engager dans la voie dure, ascétique, volontaire, exigeante et sans « grande bouffe » qui permettrait seul d'accéder enfin à cette humanisation de la Technique et du pouvoir dont on parle tant. « Car large et agréable est le chemin qui mène à la perdition. Difficile, étroit et pénible, le chemin qui mène au salut. » Cette antique parole est plus vraie encore aujourd'hui qu'il y a deux mille ans. Elle est devenue vraie pour l'humanité en bloc, alors qu'elle pouvait autrefois passer pour présenter une alternative individuelle. Il n'y a pas d'autre alternative, et c'est de n'avoir pas dit tout cela que j'ai critiqué si durement les doux rêveurs dont la compréhension est exacte mais qui en sont restés au stade du rêve.

4
La chance et la stratégie

Nous avons donc une double chance. L'informatisation pourrait permettre de sortir de la rigueur du système technicien. Le socialisme de la liberté, naissant dans certains groupes, pourrait permettre de sortir du dilemme inacceptable capitalisme privé-capitalisme d'État, ou encore libéralisme bourgeois-dictature socialiste. Mais de même que le socialisme de la liberté ne peut pas naître et survivre sans l'appareillage nouveau, de même celui-ci ne peut servir à la décentralisation véritable, à la remise de décision à la base, à l'autonomie, à la créativité, etc., que s'il est instauré *par* et *dans* un socialisme de liberté. Autrement dit, c'est la *co-naissance* des deux qui est le seul problème sérieux de notre temps. Un socialisme arrivant *après* ne pourra rien changer, une informatisation arrivant *après* servira à la productivité, la centralisation, etc. La question est donc de savoir si une volonté révolutionnaire peut naître, si peuvent s'instaurer *ensemble*, un nouveau régime politique-économique, socialisme de la liberté, et une mise en place de la technique au troisième degré exclusivement au service de ce socialisme-là.

Ce n'est encore pas absolument impossible. C'est un problème de moment historique, de chance historique. Il existe ainsi dans le cours de l'histoire des moments où se conjuguent des complexes de forces et de données, qui peuvent semble-t-il de façon égale donner naissance à un désastre ou à un progrès. Nous sommes donc à mes yeux et pour une période probablement brève à ce point de croisée possible entre un socialisme de liberté et une cybernétisation de la société. Ce socialisme peut être la volonté, cette cybernétisation peut être l'instrument. La partie n'est pas jouée. Le socialisme n'est pas encore dégagé de ses modèles négatifs et de ses obsessions fausses. En même temps, l'informatisation n'est pas encore conçue comme le contre-système technicien, le moyen de le contrôler, de le démembrer au lieu de l'achever et de le clore.

Il y a, disions-nous, des tendances parmi des groupes se réclamant du socialisme à concevoir ce socialisme à la fois de grande envergure, fondamentalement révolutionnaire et capable d'utiliser correctement l'appareil informatique. Mais quel effort ne faudrait-il pas pour que leurs tendances se regroupent et soient effectivement prises au sérieux par les masses socialistes, et par les dirigeants ! Comment faire pour cesser de s'obséder sur les questions du capitalisme, des nationalisations, de la croissance économique... Et de l'autre côté, comment empêcher que le monde de l'informatique, même de façon tout à fait involontaire et non machiavélique, ne devienne l'agent du système technicien, achevant un mouvement de concentration, de contrôle ? Quand cette société cybernétique sera « prise », au sens d'une banquise ou d'une mayonnaise, il sera rigoureusement trop tard. Aucun pouvoir politique ne pourra rien faire pour s'en emparer, à moins évidemment de procéder à une sorte d'iconoclasme sauvage, matériel, pour la simple destruction des engins, et humain par la liquidation des spécialistes ! Il faut se dire qu'actuellement chaque recherche, chaque progrès de l'informatique conforte malgré les apparences la croissance du système et appelle le pouvoir. Mais il n'y a pas encore eu de prise de conscience dans ce domaine-là de ce qu'il serait encore possible de faire. Les techniciens n'en sont qu'au bricolage d'application de ce prodigieux instrument. Donc, il y a un jeu encore ouvert. Mais cela implique une conception très rigoureuse. Celle-ci comporte à mon sens à la fois une stratégie avec des étapes parfaitement claires et une lutte intellectuelle et spirituelle.

La stratégie : si nous admettons l'industrialisation acquise, réalisée, avec de hauts niveaux de productivité, ce qui est la condition préalable, avec production massive de biens de consommation utiles, un socialisme révolutionnaire pour la liberté doit, aussitôt la prise du pouvoir, effectuer deux opérations qui doivent être ses soucis essentiels, tout le reste étant du petit réformisme sans intérêt, y compris la « dictature du prolétariat », c'est en même temps *mettre fin à l'État* central et en même temps procéder avec la plus grande célérité à l'*automatisation* la plus poussée de toutes les usines et à l'*informatisation* la plus perfectionnée de tout ce qui est commande des machines et travail du secteur tertiaire, avec diffusion des systèmes informatiques à tous niveaux. Ce sont les deux objectifs qui doivent être visés par le pouvoir socialiste. Je ne dis pas que cela puisse être instantané, je ne dis pas qu'il ne faille pas un certain délai pour accomplir cette œuvre double. Mais il est indispensable que ce soit par là que l'on commence. *Sans cette double opération, il n'y aura jamais de socialisme.*

Il ne faut pas en particulier commencer à renforcer l'État pour arriver à son dépérissement. Il faut le supprimer partout où cela est déjà de suite possible[1]. Il faut que par exemple les « grands corps » ayant une certaine organisation intrinsèque deviennent autonomes. Je prends l'exemple de la Justice et de la Magistrature, de la Sécurité sociale, de l'Université, des Postes et Télécommunications, etc., partout il y a possibilité de supprimer le contrôle de l'État, la bureaucratie, et la centralisation. La « décentralisation » ne doit pas être seulement géographique, mais aussi fonctionnelle. Je sais bien le danger que l'on évoquera aussitôt : le corporatisme et l'organisation de corps opposants. Si nous sommes en présence d'un vrai mouvement socialiste qui s'est produit, je prétends que ce danger est minime. Or, il est essentiel que l'Université ou la Justice cessent d'être des organismes d'État. La Justice doit être

1. Je souligne une fois de plus mon accord avec les thèses de Castoriadis qui a écrit : « il va de soi que cette société signifierait *dès le premier jour* la suppression de l'exploitation et de l'appareil d'État séparé », ce qui rend compte dit-il de la vraie pensée de Marx. Mais cela ne veut pas dire qu'il n'y aura pas de problèmes de transition ! « En un sens, toute la société socialiste est déterminée par l'existence de ces problèmes de transition. » Et en particulier, nous devons prendre en compte, comme le fait Castoriadis, le problème de la cohésion de la société. « Comment la société sera-t-elle capable d'établir et de conserver son *unité* explicite et concrète sans qu'une instance séparée et relativement autonome, l'appareil d'État, soit chargée de cette tâche ? » « L'unité de la société post-révolutionnaire ne pourra être effectuée que moyennant l'activité unificatrice permanente des organes collectifs. » J'en suis d'accord : mais concrètement, pour sortir du schéma de Bakounine, cette entreprise ne sera possible que par un échange constant d'informations, par des utilisations et des réponses aux décisions des organes multiples : il faut alors remplacer les structures par des flux. Ce n'est pas une pyramide de conseils qui peut répondre à cette exigence de cohérence, mais une circulation permanente d'informations significatives. À la conception hiérarchique de la société qui maintenait la cohérence doivent succéder la conception informative, l'échange des informations et décisions particulières étant le facteur d'unité, comme le sang dans le corps. Mais exactement ceci n'est possible que par l'informatisation, la communication, etc., de même que celles-ci ne peuvent avoir leur *vraie* utilité que par la suppression des structures et hiérarchies.

totalement indépendante pour jouer son rôle de troisième pouvoir. Il est anormal qu'elle soit dirigée par un ministre, de même que l'Université ou l'Enseignement : une éducation *nationale* ne doit pas signifier une éducation *étatisée*, c'est toujours la même confusion que nous rencontrons. L'Éducation et l'Enseignement doivent être l'affaire des Enseignants et des Étudiants dans l'Université, des Enseignants et des Parents dans le premier et second cycle. Nous sommes là en présence de transformations, et je pourrais en citer d'autres, qui peuvent être effectuées très rapidement. C'est par le démembrement que l'État disparaîtra, et non par un mythique dépérissement aussi vague qu'imperceptible. Je sais encore l'objection : « Vous allez rendre au secteur privé des conquêtes socialistes. » Ceci me paraît absurde. Enlever des secteurs d'action collective à l'État n'est pas une privatisation. On ne peut parler de privatisation que si l'on remet une activité rémunératrice à une entreprise privée commerciale ou industrielle. Remettre le téléphone à un groupe financier, là est la privatisation. Mais détacher les télécommunications totalement de l'État pour les faire gérer par une coopérative des intéressés me paraît un mode nouveau. Or, tout ceci peut être accompli sans drame : ce sont des pans entiers de cet État omniprésent qui disparaîtraient d'un coup. Et c'est beaucoup plus fondamental que le pseudo-socialisme constitué à coup de nationalisations.

Mais *en même temps* la première tâche de ce pouvoir socialiste doit donc être l'informatisation de tous les services, poussée à la plus extrême limite et l'automatisation accélérée de toutes les usines. Je pense que cela pourrait aller beaucoup plus vite qu'on ne l'imagine si on oriente la production des ordinateurs, robots, etc., dans le sens utile et non pas dans la fabrication des gadgets ou encore dans la perspective de la conquête d'un micromarché sur le plan du commerce international. Nous n'avons absolument pas à nous préoccuper du « créneau » encore libre où nous pourrions placer notre camelote, ce serait encore une fois rester dans la logique capitaliste. Mais il faut aussi accepter que les modèles traditionnels du socialisme, en particulier la planification, sont parfaitement obsolètes, et ne correspondent à rien. La planification nouvelle doit être à base d'informatisation et de ce fait totalement souple, et non pas construite pour une administration lourde et pléthorique. La situation révolutionnaire rend les structures malléables, et aujourd'hui cela doit s'exprimer non par des comités révolutionnaires ni par « le peuple armé », ni par la répression, mais par le modelage des structures de production et de distribution en fonction des possibilités informatiques. Car, n'en doutons pas, il ne faudra pas moins que cette situation révolutionnaire pour y arriver. Sans quoi on en restera, je le répète, soit au bricolage, soit à l'élimination de l'homme par la toute-puissance de la société. Telles sont les deux premières tâches *immédiates* et *possibles* d'un socialisme révolutionnaire.

La *seconde étape* va être, en fonction de cet acquis, de cette infrastructure véritable, en même temps la réduction du temps de travail, rendue possible par l'automatisation, et la suppression d'un grand nombre de services administratifs, rendue possible par l'informatisation. Il faut alors une réduction massive du personnel de l'État, du personnel ouvrier et du personnel gestionnaire de tout le salariat d'État. Autrement dit en apparence une augmentation du chômage, mais ceci étant alors aussitôt compensé par l'attribution non pas d'une allocation de chômage mais d'une fraction du revenu national comme je l'exposais plus haut. Ce sera le moment le plus délicat.

L'étude sur la révolution du temps choisi souligne à juste titre que l'on ne peut pas traiter l'organisation du temps globalement, uniformément pour tout le monde en même temps, mais de façon diversifiée souple, décentralisée, afin de laisser s'exprimer les préférences individuelles et satisfaire une demande multiforme. Et ce remodelage du temps est forcément ambigu au départ : si nous demandons davantage de temps pour consommer davantage de produits de l'industrie des loisirs, notre demande reste dans la logique du système économique. Si à l'inverse nous demandons plus de temps pour alléger les contraintes déformantes et le poids que la vie professionnelle fait peser sur les autres activités, alors il faut accepter les conséquences des perturbations à introduire dans le système économique. Il faut aussi accepter les conséquences culturelles et politiques de cette remise en cause du primat de l'économie, et par exemple notre habitude de tout quantifier et de tout référer à une unité monétaire. Une société moins uniformisée par la contrainte d'un modèle économique ne peut être que davantage pluraliste et diversifiée. En effet, bien évidemment, il y aura encore des travailleurs qui, pour un temps, resteront salariés, par conséquent, il y aura deux régimes de rétribution, et il y aura une certaine tension. Dès lors il faudra le plus rapidement possible organiser la généralisation du procédé de répartition du revenu. Mais cela implique évidemment une sorte de reconversion. Reconversion du personnel ouvrier, recrutement d'un très grand nombre d'informaticiens au service du travail et nouvelle conception du travail des techniciens.

La *troisième étape* sera alors *la mise en place de l'autogestion* et de la remise du pouvoir « à la base », avec l'indépendance dans le choix de travail, la pluralité des travaux et création de l'économie duelle. Ici je n'ai pas à présenter un programme, je peux me borner à renvoyer à l'ouvrage de Castoriadis déjà cité, qui est le premier, et à mon avis le seul, à avoir présenté une conception en même temps fondamentale et réalisable de l'autogestion [1], évidemment radicalement révolutionnaire, mais qui sort tout à fait soit de l'idéalisme inconscient, soit d'une organisation qui ne peut pas fonctionner comme la fausse autogestion yougoslave ou algérienne. Il faut bien se persuader que tant qu'il y aura un État centralisateur (même proclamé fédératif!) et un Parti unique détenant tous les moyens de contrôle, il n'y a aucune autogestion possible de la part des travailleurs et des usagers. Car l'autogestion n'est pas un mode de gestion des entreprises économiques mais de toutes les unités de travail et de pouvoir. Il faut accéder à l'autogestion de la commune, et une véritable autogestion, c'est-à-dire avec le moins de mécanismes de représentation possible. Normalement nous sommes conduits à la démocratie directe rendue possible par

1. Castoriadis estime que les conseils de travailleurs doivent être essentiellement les conseils d'entreprise de production, qui seront chargés en même temps de l'administration de la population sous tous ses aspects, organes d'auto-administration locale et articulation du pouvoir central... Le conseil d'entreprise ne serait pas seulement l'organe de gestion de la production mais aussi de l'auto-administration de tous les secteurs... Je ne suis pas du tout d'accord avec cette perspective : d'abord parce qu'elle privilégie à l'extrême la fonction « production-travail », qui est le fait important de la vie (ce que je ne crois pas), ensuite parce que cela sera rendu assez vain par la réduction considérable du temps de travail dans l'entreprise. Il faut au contraire une multiplicité de conseils suivant les secteurs et les activités. Et pourquoi, après tout, seuls les « travailleurs » auraient-ils la gestion d'un service social, d'une animation culturelle, etc. ?

le temps dégagé et par les moyens d'information universalisés permettant de mettre au courant très rapidement les intéressés, de recueillir leurs avis et de les traiter de façon à avoir des orientations claires.

Je reprends ce que disait Castoriadis. Il est évident que cela n'implique pas le triomphe des incompétents, et la suppression des techniciens. Mais comme il l'a exactement montré, c'est une juste coopération. Le technicien dans un domaine précis doit indiquer : ce qui est possible d'une part et les moyens d'autre part. Mais ceci veut dire qu'il doit prendre en compte les multiples objectifs possibles, non pas un seul, qui serait le plus utile ou le plus rentable (aux yeux du technicien). Il doit seulement indiquer que pour atteindre tel objectif, il faut telle et telle condition ; pour en atteindre un autre, il faut d'autres conditions, abandonner tel avantage, etc., et en même temps les multiples moyens techniquement utilisables pour arriver à tel ou tel résultat. Il ne faut surtout pas, insiste Castoriadis, séparer les fins (décidées par le peuple) et les moyens (établis par le technicien) [1] : les uns et les autres sont du ressort des *deux* ensemble. Le technicien établit dans les deux cas les *possibles* et le peuple dans les deux cas fixe le

1. Castoriadis note avec raison qu'il faut réintégrer les fins et les moyens. Il ne s'agit pas dans une société socialiste de déclarer que les gens décideront *quoi* faire, et les techniciens formulant *comment* le faire. Il rejoint ce que j'expliquais dans *L'Illusion politique* : le technicien du « comment » avale en réalité le « quoi ». La technique n'est pas neutre et c'est elle qui supprime les intentions et les finalités. En réalité le technicien doit fournir seulement les diverses possibilités, les divers facteurs à combiner et les conséquences que l'on peut attendre dans chaque cas, le conseil des travailleurs décide aussi des moyens et des filières. Il choisit les instruments. « Un socialisme de la chaîne de montage est une contradiction dans les termes. » Mais là encore pour calculer toutes les combinaisons possibles des moyens, et toutes les conséquences, l'informatique est indispensable.

souhaitable. Mais plus avance cette organisation autogérée, plus régresse le pouvoir de l'État, et la structure administrative. Tout peut en définitive se ramener à une coexistence de micro-groupes autogérés. Leur rapport s'effectuant sur le mode fédératif et contractuel. Ce que je dis là n'est pas nouveau ? Je le sais bien et que je reviens au modèle que Bakounine avait établi. Mais j'insiste encore une fois sur le fait qu'au moment de Bakounine c'était totalement irréalisable, et même dans le modèle conseilliste de Castoriadis, quoique déjà plus accessible, c'est partiellement non fonctionnel, parce que les moyens manquaient. Actuellement non seulement nous sommes en présence de ce qui devient possible par l'informatisation, mais de la seule forme où elle peut trouver son véritable emploi. Ce retournement radical implique alors la suppression de toute administration, puisqu'il n'y a plus rien à gérer de l'extérieur, et donc un nouveau secteur de travail qui disparaît. Bien entendu, dans chaque unité, il y a un personnel de fonctionnement mais forcément limité. Et nous arrivons à ce que j'indiquais plus haut quant à la substitution de la répartition du revenu national sur la base de ce qui a été produit l'année précédente, à un mécanisme de salaire. Il ne faut pas non plus rêver. Il faut qu'il y ait un certain intérêt pécuniaire à ce travail réduit mais pesant, ennuyeux, sans satisfaction profonde, peu gratifiant. Et cela se traduira par une volonté de produire davantage du nécessaire pour que l'an prochain la répartition soit plus élevée. Toutefois même si on arrive à ce troisième palier, l'œuvre de suppression du prolétariat ne sera pas achevée.

En effet nous ne pouvons pas éviter de poser ici, en *quatrième étape, la question des pays sous-développés et du tiers monde*. Cela implique trois transformations dans un pays socialiste autogéré. D'abord l'acceptation que tout le revenu national ne soit pas distribué, mais une partie relativement importante mise à part pour cette aide au décollement du tiers monde. En effet ici il faut rappeler avec une extrême violence que tant qu'un homme est dans la misère, tant qu'un homme est torturé, tant qu'un homme est esclave ou méprisé, c'est l'ensemble des hommes qui est mis en question : la suppression du prolétariat doit être universelle ou bien *tout le monde* reste soumis à cette condition et à cet esclavage réciproque. Il ne peut pas y avoir une île bienheureuse dans un océan d'injustice et d'aliénation. Précisons bien tout de suite que par « décollement économique » il ne peut s'agir de vouloir identifier le tiers monde au monde occidental, de le pousser dans une exploitation ruineuse de ses richesses, dans l'urbanisation et dans la fabrication des mêmes produits que ceux de l'Occident ou de produits qui nous seraient utiles : il est primordial que l'on considère l'intérêt effectif de ces peuples pour eux-mêmes et choisis pour eux-mêmes. Autrement dit, la relation pays développés-tiers monde devrait être sur le même modèle que celui établi par Castoriadis pour la relation entre Techniciens et Non-Techniciens dans l'autogestion. La seconde transformation[1] consiste dans la reconversion d'une partie de la puissance de production des pays développés pour qu'elle soit orientée vers les nécessités en biens de consommation et en biens d'équipement des pays du tiers monde. Il s'agit de produire ce qui sera utile pour ces pays, en se plaçant dans leur contexte culturel, géographique et sanitaire.

---

1. Cf. les cinq propositions des pages 361-367.

Au fond pendant deux siècles les entrepreneurs, les industriels ont prétendu qu'ils se bornaient à répondre à la demande, aux besoins exprimés des consommateurs : ils connaissaient ces besoins, ils fabriquaient ce que l'on attendait : c'est exactement la même situation pour le tiers monde. C'est-à-dire qu'il faut connaître les besoins effectifs et y répondre et non pas leur imposer nos produits. Il faut bien leur fournir un outillage adapté à l'industrialisation par petites unités et une infrastructure originale. Mais cela veut dire qu'il y aura des entreprises orientées uniquement vers cette production-là, car on pourra difficilement fabriquer dans la même usine les moteurs ou machines devant être utilisés dans les pays tempérés très avancés, et par exemple dans les pays tropicaux encore stationnaires. Tout un secteur économique doit leur être consacré.

Enfin, la troisième transformation, c'est qu'il faudra que l'opinion (et les techniciens) accepte que cette aide soit gratuite. Je pense que ceci est évidemment tout à fait inconcevable dans des organisations capitalistes. On ne peut pas « donner ». Au contraire le socialisme paraît devoir être caractérisé par la générosité, par le désintéressement, qui pour les riches sont la forme concrète de la solidarité. Autrement dit, il faudra que ces pays acceptent de ne tirer aucun avantage économique ni politique de cette aide. Or, ceci me paraît justement possible dans le cas d'une société constituée d'unités réduites et autogérées (qui ne pensent pas avoir une mentalité politique de conquête nationale) et d'une répartition par tête du revenu national annuel (ce qui rend acceptable que l'on se prive effectivement et que l'on n'essaie pas de tirer un bénéfice de l'aide au tiers monde). Mais toute cette entreprise devra évidemment être menée avec précaution et avec des garanties. D'un côté il peut s'agir d'installer dans tel pays du tiers monde par force ou par complot ou par pressions économiques un gouvernement correspondant à nos vœux, à notre idéologie. De l'autre côté, il ne s'agira pas davantage de livrer à un gouvernement corrompu, mégalomane ou dictatorial cette aide pas plus qu'à une bourgeoisie exploiteuse, ce qui ne servirait en rien à supprimer le prolétariat. C'est donc un travail précis, minutieux, impliquant par exemple que l'on travaille non de « gouvernement » à « gouvernement » mais par petites unités à partir des groupes de base, villages, clans... sur le modèle (mais efficace !) des jumelages de villes par exemple !

Les choix de cet ordre impliquent une certaine réduction de notre niveau de consommation. Mais il est intéressant de constater que si tous les mouvements de gauche ont énergiquement protesté contre l'austérité que préconisaient Giscard et Barre, nous retrouvons exactement cette idée chez le Grand Club Socialiste d'*Échanges et projets* sous le nom de « frugalité assumée en commun ». Le choix d'après eux (in : *La Révolution du temps choisi*) est entre une austérité subie, inégalitaire, imposée par les circonstances défavorables et une frugalité commune, générale, volontaire et organisée, provenant d'un choix pour plus de liberté et moins de consommation de biens matériels. Ce serait lié à une consommation élargie des biens de base (ce que nous retrouvons !), une « abondance frugale »[u], correspondant à l'*austérité révolutionnaire* prônée par le Parti communiste

u. La mise en avant de ce concept par Ellul ne semble pas ressortir de la « politique de l'oxymore » dénoncée par Bertrand Méheust. Mais l'idée a été reprise successivement par Jean-Baptiste de Foucauld dans *L'Abondance frugale* (Odile Jacob, 2010), puis par Serge Latouche dans *Vers une société d'abondance frugale* (Mille et une nuits, 2011).

italien. Nous sommes ici en présence de l'option décisive de notre société. Il ne s'agira pas d'un appauvrissement, car ce dont on serait privé c'est de satisfactions de plus en plus marginales (l'immense domaine des gadgets par exemple) mais il faut mettre un peu d'abondance là où il y a de la misère, et de la frugalité là où il y a gaspillage (public et privé), un peu moins d'ardeur dans le travail productif et un peu plus de rigueur dans la consommation.

Telles sont *les étapes inévitables et leur ordre pour la suppression des aliénations*. Mais si vous placez l'une d'elles avant les autres, si vous prétendez fonctionner dans un ordre différent alors vous créez inévitablement un sur-prolétariat par l'accumulation des aliénations renouvelées. En particulier, par l'établissement du « socialisme » (pseudo) dans les pays non industrialisés où la production n'est pas surabondante, par l'apparition de la société « informatisée-technicisée » avant le stade socialiste, par la volonté d'informatiser, d'automatiser à fond dans des pays capitalistes à structure étatique renforcée, ou encore par la volonté de passer à l'autogestion dans les pays qui ne sont ni développés industriellement ni en mesure d'appliquer en grand l'informatisation. Marx nous a appris de façon rigoureusement exacte que, maintenant que nous sommes dans une société « solidaire » mondiale, et où les formes sociales sont plus astreignantes qu'elles l'ont jamais été, les « périodes » historiques se suivent avec une certaine rigueur. On ne peut plus se contenter du schéma traditionnel, naissance d'une société, épanouissement, déclin et mort. Les phases ne se déroulent ni sur un mode organique ni sur un mode mécanique, mais, ce qu'il nous a rappelé fortement, c'est que l'on passe de stades à d'autres au travers de crise (que l'on appelait souvent le « déclin ») ; on peut certes contester la dénomination qu'il donnait à ces stades, et l'étroitesse du critère choisi (force de production/mode de production), mais ce qu'il nous a enseigné, et qui est irrécusable, c'est qu'il y a un certain ordre dans cette succession et que l'on ne peut passer à un stade nouveau que lorsque les conditions pour y accéder (économiques mais aussi sociales et politiques) sont réunies.

Je ne ferai pas l'injure au lecteur de lui rappeler les textes essentiels concernant le fait qu'un ordre social et de production ne disparaît jamais avant d'avoir produit tout ce qu'il pouvait produire, ils sont trop connus. Mais par rapport à la pensée de Marx, ce qui a changé, c'est que d'une part le socialisme n'est pas le produit nécessaire du capitalisme : la société industrielle capitaliste peut déboucher sur un autre type de société. Pendant longtemps, s'inspirant de la formule d'Engels, on a dit : le choix historique sera entre le socialisme et la barbarie, ce n'est plus exact, c'est entre le socialisme et la société technicisée. Le capitalisme peut déboucher sur cette société technicienne qui va barrer définitivement la route au socialisme. Et le second changement, c'est que le socialisme (industrialiste) n'est pas la dernière forme de société possible, la forme achevée de l'histoire. C'est le socialisme, plus les techniques d'automatisation, d'informatisation, de gestion, technématique, télématique, avec usage des robots, etc. Mais, et j'achève par là ce rappel, nous avons vu que d'une part les sociétés dans lesquelles une certaine forme de socialisme s'est développée restent figées, *par la forme même qu'elles ont adoptée*, dans l'industrialisme rétrograde, d'autre part le « socialisme » s'implante dans des pays totalement arriérés, et enfin les techniques de pointe se développent dans les pays capitalistes seuls. Ce qui veut dire qu'elles obéissent à la « loi du profit », qu'elles augmentent les pouvoirs de l'homme sur l'homme, qu'elles fonctionnent dans le cadre national et, avec comme seule raison de leur développement, la concurrence entre industries nationales sur le marché mondial, avec pour conséquence que l'on produira des objets absurdes grâce à des techniques admirables pourvu qu'ils se vendent (application par exemple des microprocesseurs aux engins électroménagers ! ou encore télévision par satellite, etc.). La combinaison capitalisme et technique bloque donc le passage au socialisme et produit de nouveaux types d'aliénations.

Mais ce n'est pas une fatalité : de nombreuses études récentes très concrètes montrent que ce que je dessine ici à grands traits n'est pas du tout de l'imaginaire produit par un intellectuel irresponsable, mais la seule issue raisonnable dans notre crise de civilisation. Par ailleurs, la « révolution du temps choisi » démontre très finement que permettre l'exercice de préférences individuelles entre Temps et Revenu n'est nullement « un luxe de riches ou une politique pour les cadres », à partir d'un niveau de vie élevé. (Je ne rappelle pas tous les arguments, mais par exemple le constat simple que le manque de temps libre entraîne dans les familles pauvres des coûts financiers importants par obligation de faire appel à des services extérieurs...) Mais bien entendu, il faut toujours y revenir, le « temps choisi » implique un nouveau modèle de développement, donc une rupture avec nos idéologies passées et dépassées. La crise morale et culturelle que connaît notre société pose nécessairement la question de la requalification du Temps. Et les recherches d'un développement alternatif tournent toutes plus ou moins autour de la question du temps : le partage de l'emploi et la baisse de la durée de travail sont souvent présentés comme les prémisses d'une croissance différente. Tout ce qui a trait à l'écologie, aux énergies décentralisées, à la convivialité, à l'autosuffisance, à l'expérimentation sociale repose sur des modes différents d'usage du temps. Si l'on veut laisser s'exprimer ces nouveaux potentiels de créativité, il faut ouvrir la gestion du temps à des formules nouvelles.

Or, tout ceci implique une certaine adaptation psychologique et morale, une acceptation, une adhésion. Il ne saurait être question d'opérer ces diverses révolutions sans l'accompagnement d'une mutation culturelle. La clef de la Révolution dont nous venons d'esquisser les grandes étapes est une révolution culturelle. Non pas dans le sens de la rupture totale avec le passé, d'un rejet des racines culturelles de l'Occident ni de l'héritage spirituel et politique, mais peut-être au contraire d'une retrouvaille de cette profonde réalité de notre histoire. Je n'en reprendrai pas les valeurs, nous les connaissons bien. Mais il faut les actualiser d'une part et les concrétiser d'autre part. Le socialisme redevenant révolutionnaire implique, par-delà ces retrouvailles, le changement psychologique qui conduira l'homme à accepter les risques de cette aventure, qui lui permettra de manifester la générosité, et qui lui donnera les motivations spirituelles pour s'engager dans ce chemin. Ni le réalisme ni la politique seule ne permettraient une telle révolution. Il y faudra des raisons plus profondes. Il faudra aussi engager la lutte contre les illusions dont nous avons déjà parlé. Disons seulement ici que c'est toute une pédagogie, c'est une apologétique, c'est une maïeutique, ce n'est pas de la propagande. Sitôt qu'il y aurait dans ce processus propagande, nous retrouverions les vices, les erreurs, les mensonges, la hiérarchie, la centralisation, la confiscation du pouvoir et de l'argent qu'il faut justement éliminer.

Cette révolution culturelle implique, entre autres, le remodelage de tout le système éducatif. À partir du moment où on dégage du temps libre au cours de toute la vie, comme nous l'avons vu ce temps peut aussi être utilisé soit à une recherche de culture, soit à un perfectionnement dans le sens technique ou scientifique (orientation de Richta). Dès lors, il n'est plus nécessaire de concentrer l'acquisition de toutes les connaissances et de toute la culture dans les dix à quinze premières années de la vie : on peut alléger les études à ce moment, fournissant seulement les bases pour un développement qui s'échelonnerait tout le long de la vie. La formation continue n'aurait plus seulement un caractère contraint pour se tenir « au niveau professionnel ». Et en même temps cela élimine l'inégalité sociale au plan culturel, il n'y a plus dès le départ des groupes exclus, puisque le « rattrapage » peut se faire tout le long de la vie.

Chacun comprend que cela impliquera, des années sans doute, une lutte contre certains groupes qui s'opposeront, et à l'objectif final (qu'ils ne comprennent pas) et aux étapes stratégiques nécessaires. Il y aura bien entendu la structure des multinationales, et ce sera l'un des obstacles les plus difficiles à surmonter, pour lequel on ne voit guère d'autre solution que la nationalisation par rupture de la relation entre le groupe installé sur le territoire national et les autres filiales ou la « tête », s'il y en a encore une... Ce serait à mon sens le seul cas où la nationalisation serait utile, comme moyen tactique. Opérer après tout comme les pays colonisés ont fait pour le canal de Suez ou les entreprises pétrolières. Je ne crois pas qu'il y ait d'autre issue. Mais il y aura aussi le jeu financier, et les spéculations, là encore, il est possible qu'il faille employer la manière forte. Une fois de plus, la révolution n'est pas une entreprise idyllique, même si cela n'implique pas de violences physiques. Les mesures contre ce genre de spéculations ont souvent été étudiées. Je n'y reviendrai pas.

Mais ce qui me paraît (relativement) plus important ce sera l'opposition de groupes que l'on ne peut plus simplement classer comme bourgeois ou capitalistes. Ce sont les techniciens composant toute la technostructure qui se sentiront dépossédés à partir du moment où on prétendra user de la technique *autrement*, lui assigner d'autres fonctions et objectifs. Les techniciens ne peuvent pas comprendre que toute technique n'est pas à appliquer, que le plus grand n'est pas forcément le meilleur et qu'il ne faut pas viser le rendement avant tout. Ce qu'ils défendent ce n'est pas un profit, des avantages matériels, c'est une certaine conception de la technique, une certaine organisation de la société à partir du primat technique, une technostructure. Il y a ensuite un groupe qui dépend de cette technostructure même s'il ne s'agit pas de véritables techniciens : ce sont tous les cadres de toutes les entreprises. Et il ne s'agit pas seulement des cadres privés, mais fonctionnaires, bureaucrates, etc., aussi. Ici encore ce n'est pas une question d'argent d'abord, mais de statut social, de pouvoir, de commandement, et de prestige par leur référence à l'autorité dernière, État et Technique. Les cadres ne comprendront pas plus les objectifs ou les étapes stratégiques que les techniciens. C'est leur enfermement dans une conception unilatérale, unifiée, dans un certain nombre d'évidences à leurs yeux indiscutables, c'est leur volonté de rester sur un certain terrain étroitement délimité, de ne pas en sortir pour risquer une invention sociopolitique, c'est cela qui fera problème[1].

Enfin le troisième groupe qui sera redoutable, c'est la classe politique. Or, ici nous retrouvons le même phénomène : un groupe humain ayant sécrété une structure socioculturelle, à partir d'une compétence ou d'un monopole. Au fond ce que Marx reprochait aux capitalistes (avoir assimilé leur intérêt à l'intérêt collectif en organisant un certain modèle de société : le capitalisme, caractérisé par des institutions particulières), nous le retrouvons pour les techniciens avec la technostructure et pour les politiciens avec l'État bureaucratique centralisé. Or, il faut bien comprendre que les « institutions », les « structures » ne se défendent pas seules, et réciproquement le groupe humain a peu de capacité de résistance quand il n'est pas dans une forteresse institutionnelle. La classe politique, tout entière, quelles que soient les nuances, et les plus socialistes ou communistes n'y échapperont pas, se défendra en bloc contre une révolution de ce type. Elle ne peut pas la faire ni même la supporter, parce que, selon la prévision et l'accusation des anarcho-syndicalistes, elle est devenue globalement solidaire à partir du moment où elle a accepté de jouer le jeu de ces institutions. Les politiques ne sont pas nécessairement corrompus, mais, même quand ils sont de bonne volonté et gagnés à des idées de gauche, d'une part ils ne peuvent pas sortir d'une conception étroitement réformiste, leurs idées sur la révolution sont antédiluviennes, ils ne peuvent

1. Je ne parlerai pas du groupe important mais occasionnel des promoteurs et entrepreneurs qui représentent en effet un capitalisme mais se trouvent à la jonction entre celui-ci et la technique. Mais ils s'effondreront très rapidement en groupe social de résistance. Ils n'existent que par les mécanismes du marché.

pas comprendre les véritables problèmes de la société moderne[1], ils ne peuvent pas comprendre que, pour répondre aux « défis » actuels, il faut sortir des formes et procédures traditionnelles de la politique, que les institutions démocratiques du XIXe n'ont plus rien à faire avec nos questions. D'autre part ils constituent bien un groupe solidaire, il y a vraiment une « classe politique », cohérente, fermée, unie par des préconceptions de fond, et organisée en institutions, partis, État, administration. Autrement dit, nous retrouvons le même phénomène que pour les deux groupes précédents : une certaine idée, une conception de la politique, de l'action, avec une solidarité de groupe, et une organisation institutionnelle qui sert en même temps à défendre des privilèges et des prestiges (ceci étant caché) et en même temps à exprimer publiquement l'activité de ce groupe et qui le légitime de ce fait. L'institution est l'apparence de l'utilité, de la valeur, du service dont ce groupe est affecté dans l'opinion. Ce n'est pas, encore une fois, une relation simple au « capitalisme ». Chacun de ces groupes n'en dépend pas directement et chacun a ses propres tendances et ses propres intérêts (qui peuvent être parfaitement contraires à ceux du capitalisme économique au sens étroit).

Ainsi l'action à entreprendre est à trois niveaux : rupture du rapport entre l'institution et un groupe donné (qui s'y réfugie comme le bernard-l'ermite dans une coquille vide), désintégration de l'institution (fût-elle informelle, comme par exemple les Anciens de l'X ou les Anciens de l'ENA, etc.), enfin et surtout (car c'est de cela que dépend tout) le changement de compréhension et de mentalité.

1. Cf. ce que fut le stupéfiant enfermement de l'ancien Premier ministre Raymond Barre dans son système bon pour 1930.

Autrement dit, il faut dans la situation où nous sommes inverser le processus d'un marxisme simpliste selon lequel, si on transforme les conditions économiques, la mutation psychique, morale, etc., suivra nécessairement. Toutes les expériences ont montré le contraire, et ce que l'on sait maintenant du comportement des Soviétiques suffirait à démontrer que ce n'est pas le socialisme qui existe là-bas ! Mais ne nous méprenons pas : quand j'écris ceci je ne veux nullement inverser la proposition, et revenir à une conception « individualiste-libérale-bourgeoise » selon laquelle il faudrait d'abord agir sur l'individu, le changer moralement et, quand il serait devenu bon, modifier les institutions [1]. Ceci est un idéalisme sans fondement. Je vise une autre réalité : celle des préjugés, opinions, jugements de valeur, morale implicite, attitudes de comportement social : tout ceci peut être transformé par une prise de conscience coïncidant avec un effort de changement de l'orientation de la société, sans que cela implique pour autant l'accession à une vertu supérieure, au bien, etc.

Ce qui bloque avant tout le type de révolution qui est l'unique voie de suppression du prolétariat, c'est la conviction qu'elle est impossible, c'est un ensemble de pré-jugements, de « paradigmes » dirait Kuhn, de « données immédiates de la conscience » sociale : or, ceci peut se modifier par un changement de compréhension des phénomènes, une « épistémologie » différente, une présentation nouvelle des réalités sociales, une prise de conscience des gravités, des urgences, des priorités. Tout cela organisé en fonction d'une sorte d'inventaire critique des valeurs de notre civili-

1. Celles-ci étant alors seulement considérées comme utiles pour endiguer et bloquer le mal qui est dans l'homme. Conception très calviniste !

sation. Mais ce cheminement intellectuel et psychique ne s'effectuera ni par propagande (il s'agit d'acquérir davantage de lucidité), ni par développement des connaissances techniques utilitaires, ni par une sorte de conversion morale. Quoique chacun de ces deux derniers points soit nécessaire : par exemple la lutte contre le nucléaire repose sur une sorte de conversion morale (de non-violence entre autres) mais doit être assortie de connaissances techniques, pour ne pas dire de bêtises et présenter des solutions de rechange. Enfin cela n'aura pas lieu par des incantations traditionnellement politiques, sur la liberté, l'égalité, la fraternité, la solidarité, etc., etc. Le seul chemin ici est d'ordre intellectuel et moral en même temps. Mais d'une morale qui ne soit ni répétitive, lénitive et conformisante, et d'un développement intellectuel qui ne soit pas de l'ordre de la « science » scientifique, ni de celui de la gratuité littéraire [1].

Il faut une connaissance de notre réalité d'homme d'aujourd'hui dans les structures de cette société d'aujourd'hui. Une prise de conscience critique et affirmative, ce qui implique de l'audace et un déga-

---

1. Une fois de plus je rejoins Castoriadis quand il écrit que si le faire des individus n'a qu'un but c'est de consommer plus, avoir plus de pouvoir, si tout a pour orientation une expansion vaine, vide, contradictoire, si les hommes n'ont que des modèles égoïstes, « si la seule raison pour laquelle nous ne nous tuons pas les uns les autres lorsque cela nous arrangerait est la peur de la sanction pénale, alors non seulement, il ne peut être question de dire qu'une nouvelle société pourrait mieux réaliser des valeurs déjà établies, incontestables, acceptées par tous, mais il faut bien voir que son instauration présupposerait la *destruction* radicale des valeurs contemporaines et la création culturelle nouvelle, concomitante à une transformation immense des structures psychiques et mentales des individus socialisés... L'instauration d'une société autonome exigerait la destruction des valeurs qui orientent actuellement le faire (et j'ajouterais : le vivre) individuel et social, consommation, pouvoir, statut, prestige, expansion limitée de la maîtrise rationnelle... ».

gement des modèles tout faits. Le nœud du problème réside dans le croisement des deux données majeures, sur lesquelles repose toute notre civilisation, et qui nous habitent tous[1]. À savoir le Nombre et le Sacré. Mais ce n'est pas une affaire métaphysique. Le Nombre[2] détermine nos convictions concernant l'efficacité, le toujours plus grand, la puissance (celle-ci étant aussi bien celle de l'individu que de la classe ou de la nation, cela revient au même car le problème n'est pas de savoir si c'est la classe bourgeoise ou la classe prolétarienne qui va gagner, mais que la question est de « gagner », d'être le plus puissant), la consommation (un aspect seulement du nombre, de la nécessité où nous sommes que le quantitatif vienne voiler l'absence de qualitatif).

Pour prendre un seul exemple, nous voici donc en présence de la récusation de l'efficacité comme critère dernier de toute activité, de la recherche du profit comme mobile privilégié, ce qui entraîne un système hiérarchique, autoritaire, exclusiviste, qui obéit toujours à des rationalisations technocratiques et vise un « aménagement-rationalisation », alors que la mutation culturelle et mentale exigera dorénavant un « aménagement-libération ». Il y a conflit entre les *exigences* de la technique moderne, son *origine*, son *processus* de développement, ses *implications*, et puis ce que le socialisme propose et prophétise comme modèle de société. Même si j'accepte que le socialisme puisse en triompher et imposer son orientation, il faut mesurer ce que cela veut dire véritablement. Ainsi la technique est tout entière axée sur le concept

---

1. J'aborde ici le thème d'une dizaine de mes livres ! Je ne puis ni le développer ni l'expliciter : c'est un rappel et une mise en place.

2. Cf. l'admirable livre de Bernard Ronze, *L'Homme de quantité*, Gallimard, 1977.

d'efficacité. Or, celui-ci n'est pas une idée générale, abstraite, il comporte des implications, des conséquences inévitables d'une part, et aussi des exigences pour pouvoir jouer. Il est radicalement impossible de continuer la progression technique en éradiquant la motivation centrale d'efficacité. Mais là où il y a primat de l'efficacité, il y a évacuation à la fois des valeurs et de la liberté. Il n'y a aucune demi-mesure. On ne peut pas estimer que l'on appliquera une efficacité relative, ou subordonnée ; ou bien on obéit au critère d'efficacité, et il est alors possible de développer la technique. Ou on refuse de lui obéir, et on bloque totalement la technique même. Je veux bien que l'on choisisse d'autres valeurs, par exemple le primat de la liberté. Mais il faut alors savoir, et être bien au clair, que l'on exclut l'efficacité, et que de ce fait la recherche technique, la passion technicienne, n'ont plus aucune raison d'être. Et c'est ici que vient buter le socialisme.

S'il fait prévaloir dans la société une autre conception, si, par exemple, il rend la liberté individuelle effective, praticable, par suppression des contraintes de tous ordres, s'il ouvre grandes les portes de l'initiative et laisse l'individu ou le groupe choisir spontanément ses activités, il y a inévitablement abandon de l'efficacité comme valeur subordonnante et éclatement des orientations en tous sens. C'est-à-dire désagrégation du système technicien, et de ce fait en même temps régression technique, économique, etc., et le remplacement par des techniques douces n'est pas toujours évident ni facile[1] car celles-ci ne

1. Il est par exemple très intéressant d'utiliser la géothermie, mais pour cela il faut parfois forer à 2 ou 3 000 mètres de profondeur... ce qui implique un équipement énorme qui n'est et ne peut être produit que par les techniques dures de puissance et d'efficacité !

peuvent se mettre en place que grâce à une infrastructure considérable et très contraignante des techniques classiques. Pour accéder au socialisme « libre » ou « à visage humain », sans régression technique, pour libérer l'individu qui continuerait spontanément à travailler, à opérer dans le monde technique, pour obéir à une autre valeur que celle de l'efficacité tout en conservant la technique comme instrument matériel, pour user de la technique tout en cessant d'obéir à la logique de la technique, il faut une mutation de l'homme. Une mutation psychologique, idéologique, morale, une transformation des finalités de la vie. Et ceci devrait s'effectuer en *chacun*. Car il ne s'agirait évidemment ni de quelques exemples héroïques ni d'une élite. Si quelques exemples de mutation paraissent, il est évident que cela ne remet en rien en question le système technicien : car celui-ci fonctionne par la conjonction entre une masse qui adhère et le fait fonctionner, et sa logique propre. Tant qu'il y a une quasi-totalité des membres de la société en accord avec l'efficacité d'abord, il n'y a pas une chance que cela change.

L'apparition d'une élite qui réoriente la masse risque d'être dangereuse. Car cette élite, si elle veut faire prédominer la nouvelle échelle des valeurs, peut vouloir le pouvoir, établir sa dictature pour amener le reste à entrer dans la bonne voie, mais ceci implique alors nécessairement l'emploi des moyens techniques de manipulation psychologique et d'encadrement des masses. C'est-à-dire expression de l'esprit de puissance. La prise du pouvoir par les partis communistes a produit une soumission aux techniques au lieu de leur reprise en main et de l'apparition d'un nouvel homme idéal. Il ne peut donc s'agir que de la conversion de *chacun*, de l'apparition en chacun d'une nouvelle conception de vie, où en effet la production, le travail, l'élévation du niveau de vie, la recherche de la réussite etc., etc., ne sont plus les motifs déterminants. Et qui plus est, la dernière difficulté tient au fait que cette conversion doit avoir lieu pour que le socialisme soit possible *avant* la prise du pouvoir et non pas *après* ! Car il s'agit bien d'une mutation de civilisation, et si le changement des hommes devait s'effectuer après la prise du pouvoir, ils feraient pénétrer dans le monde nouveau exactement tous les comportements, les besoins, les désirs qui existaient dans le monde ancien. C'est-à-dire que la technique continuerait à être orientée exactement de la même façon à l'intérieur du socialisme et de ce fait le nierait de l'intérieur. Il faut que le socialisme (s'il prétend détruire le système technicien, reprendre en main la technique et la réorganiser) ne consiste pas en une prise de pouvoir de nouveaux rapports sociaux mais *en même temps*, ou plutôt *en préalable*, en une mise en question de l'efficacité. Nous avons parlé jusqu'ici de la viscosité du système technicien, qui fait pénétrer dans la société socialiste une perpétuation des actions, mais il faut y adjoindre la viscosité de l'être humain qui ne peut changer en un tournemain révolutionnaire, même s'il s'agit des hommes les engagés dans ce combat ! Les deux s'additionnent et se combinent. Et l'on trouve ici le conflit qui avait opposé les marxistes et les anarcho-syndicalistes. Les premiers affirmaient que les caractères de l'homme étant le résultat des rapports de production, changer ceux-ci conduit à changer l'homme. Les seconds insistent sur la nécessité de toute une longue éducation préalable (Griffuehles, Pelloutier, Pouget) qui devait entraîner une transformation de l'homme pour le rendre capable de vivre le socialisme. L'expérience communiste a montré qu'ils avaient raison et l'existence du système technicien vient confirmer plus encore leur opinion. Si l'homme ne change pas avec la révolution socialiste, le socialisme lui ne changera rien au système technicien et la logique de celui-ci infléchira cette société vers une technicisation à outrance, hors et contre tout socialisme à visage humain, par la subordination de toutes choses à l'efficacité dans tous les domaines.

Je ne m'étendrai pas sur la seconde composante de notre nœud gordien : avec le Nombre, le Sacré. Nous avons investi de sacré quelques données de la société occidentale en expansion depuis le XVIIe siècle. Sacré de l'argent, du travail, de la science, puis Sacré de l'objet. Ayant exclu le Sacré traditionnel (de la nature) et des religions traditionnelles (le Sacré chrétien pour l'Occident[1]), il fallait bien le remplacer par quelque chose d'autre, et investir de sacré, comme l'homme l'a toujours fait, ce qui lui tenait le plus à cœur, ce qui lui paraissait essentiel, ce qui était déterminant dans sa vie. Mais à partir du moment où ces objets sont investis de sacré, ils deviennent immuables et intangibles. L'homme a pour eux une révérence absolue. Qu'est-ce qui composait sa vie ? La Science et la Technique. Elles ont reçu valeur du nouveau Sacré qui avait d'ailleurs vaincu, éliminé l'ancien. Il y eut le Sacré des moyens de la puissance, de la domination et de la consommation : les objets à consommer sont plus que des objets (cf. Bataille et Baudrillart), l'argent, le travail... tout cela n'est plus du domaine des simples données naturelles composantes du milieu, utiles certes mais sans plus. Chacun

1. Mais il ne faut pas se méprendre : je ne regrette pas le Sacré chrétien. Je crois que le Sacré, dimension sociologique utile pour l'homme, n'a rien à faire avec la Révélation chrétienne et que c'est par trahison de celle-ci et facilité que l'on a peu à peu fabriqué du Sacré chrétien.

a reçu valeur de vérité, instance dernière, critère de jugement, séparation du bien et du mal, intangibilité, chacun est devenu porteur en même temps de valeur morale, et fortement intégré dans le psychisme (comme ces mangeurs, qui ne peuvent s'empêcher de dévorer pour compenser un manque, dût leur être en souffrir...). Le Sacré, le Nombre, tels sont les deux fondements de notre vie psychique qui nous empêchent radicalement de voir notre situation comme elle est, et de nous engager dans la double mutation cohérente et concordante qui seule peut sauver notre société en mettant fin au prolétariat.

Et me voici devant une question radicale : n'y a-t-il pas contradiction entre tout ce que je viens d'écrire dans ce chapitre et puis le reste de mon œuvre ? J'ai montré tout au long de bien des livres que la révolution à notre époque est impossible, que notre société est totalement récupératrice, que la technique est autonome, que personne ne peut la saisir et l'orienter, qu'elle est ensemble de moyens ayant annulé toutes les fins, qu'elle est une sorte de destin, que la croissance de l'informatique ne peut que fermer le système (et je me suis constamment trouvé d'accord avec l'excellent livre de Vitalis), que l'homme politique ne peut rien, qu'il n'y a pas de démocratisation possible ni de la bureaucratie ni de la technique... et voici que tout à coup j'ai l'air de changer d'opinion, j'affirme qu'une révolution socialiste est possible, que la révolution informatique, télématique, technétronique donne enfin au socialisme la possibilité d'effectuer ce qu'il a toujours visé, et réciproquement le socialisme permet de ressaisir, maîtriser et orienter toute la technique, en un temps qu'il permet de déstructurer le système technicien. Ai-je ici ouvert une porte, alors que dans tous les livres précédents j'ai eu l'air de passer ma vie à fermer des portes, à exclure toute possibilité d'échapper à ce destin technicien...

Le lecteur qui porterait ce jugement aurait une vue très incomplète de ma tentative. Il me faut revenir sur deux développements antérieurs. Dans l'Avertissement de *La Technique ou L'Enjeu du siècle* (1954), je précisais exactement que ce que je décrivais là, c'était l'évolution de la technique, de la société technicienne, selon son développement intrinsèque et à condition qu'un facteur externe n'intervienne pas. Autrement dit, si nous laissons faire « la force des choses », ou « les lois de l'histoire », ou encore si nous adhérons à la technique même, si nous la concevons comme le progrès et la plus haute réussite de l'homme, alors, voici ce qui arrivera. Mais j'ai bien précisé : cela arrivera si l'homme n'intervient pas. Et je réservais expressément la possibilité que l'homme change le cours des choses, mais en montrant seulement à quel point ce serait difficile. Or, cette affirmation se retrouve pratiquement dans tous mes autres livres. Et dans *Autopsie de la révolution* je consacrais un chapitre à « La révolution nécessaire », montrant ce que devrait être l'action de l'homme dans cette société si vraiment on voulait en changer le cours, si l'on voulait aussi sortir de la logorrhée insignifiante au sujet de la révolution.

Or, ici je dis exactement la même chose, en précisant toutefois quelque peu. L'intervention de l'homme est possible... oui mais, laquelle et à quel prix ? La révolution est possible, oui mais, avec quelle profondeur et quel radicalisme ? Ce n'est pas un mot magique, ni une opération à laquelle nous sommes habitués. Ce que j'ai montré c'est l'inestimable difficulté, complexité de cette révolution socialiste assortie de l'informatique. C'est aussi l'incommensurabilité de cette révolution par rapport à tout ce que jusqu'ici on a nommé ainsi. C'est encore l'extrême faiblesse des chances que l'on puisse réussir cette opération « révolution-informatisation ». C'est enfin l'extrême brièveté du temps pendant lequel l'opération est possible. Je n'ai donc en rien changé. Le lecteur aujourd'hui ne peut pas se contenter d'être soulagé d'apprendre qu'enfin une révolution, une reprise en mains sont possibles : il doit d'abord mesurer la profondeur et la radicalité d'une telle opération. Et il y a beaucoup de chance pour qu'alors il recule effrayé en disant que c'est décidément irréalisable. Et je répondrai : « très difficilement réalisable, mais en tout cas la seule voie non utopique et pleinement humaine ». Et finalement j'accorde que pour mettre fin à cette puissante structure où nous sommes englués, pour aborder avec courage cette mise en question totale, pour accepter même la simple idée qu'il puisse en être ainsi, il faut des motivations qui soient essentielles, radicales et une assurance qui dépassent celles de l'histoire ou de la théorie. Car l'existentiel dans cette affaire est étroitement intégré au structurel. Le socialisme moderne ne me semble plus capable de fournir à l'homme une telle audace. La Science nous retient sur l'autre bord. Il n'y a plus de morale. Les valeurs de notre société occidentale ont été à juste titre récusées depuis un demi-siècle. Les autres sociétés n'ont pas de valeurs morales ou religieuses susceptibles de nous guider dans ce drame où seul pour le moment l'Occident est engagé. Il faut un levier extrêmement puissant (des motivations suffisantes pour tout risque) *et* un point d'appui immuable.

Ici je ne m'avance plus qu'avec la plus grande circonspection. Il ne faut pas que les quelques pages de cette fin mettent en question l'analyse des cinq chapitres précédents. Il ne faut pas que le lecteur y voie un cheminement habile pour conduire immanquablement à cette conclusion. Il ne faut pas que le lecteur interprète le tout comme une entreprise apologétique. Je quitte maintenant le domaine du constat et de l'exigence pour entrer dans celui de la conviction personnelle, du témoignage et de la proposition. Je crois (et c'est maintenant affaire de foi explicite), je crois qu'en définitive seule la Révélation de Dieu en Jésus-Christ pourrait donner à la fois le levier et le point d'appui. Le levier, car si l'on veut être honnête et considérer le message biblique et non pas les pratiques et morales chrétiennes résolument déformatrices au cours des siècles, nous dirons que ceci implique :

– la désacralisation de tout ce que l'homme se donne à lui-même comme idoles ;

– la relation humaine totalement désintéressée (ce que l'on nomme : Agapê) dans l'amour, la recherche de l'intérêt des autres et non de soi, l'abnégation ;

– l'esprit total de Non-Puissance, qui dépasse la non-violence, qui est le choix, en conséquence de l'amour, de ne pas dominer, de ne pas exploiter, de ne pas user même des moyens de puissance que l'on pourrait avoir ;

– l'espérance, qui suppose que l'on recommence indéfiniment dans les situations désespérées, que l'on accepte des changements et des mises en question ;

– l'exigence du changement : tout est en effet toujours à recommencer, à faire nouveau (et c'est ce que l'on appelle le Saint-Esprit) ;

– la liberté : il ne faut jamais oublier que le Dieu d'Israël est d'abord, avant tout, révélé comme le Libérateur (absolu), et que ceci nous engage dans tous les chemins de la liberté ;

– le réalisme : apprendre à voir soi-même les hommes et les choses comme ils sont, sans idéalisme et sans illusion (c'est ce que l'on appellera reconnaître le « péché ») ;

– la justice : non pas juridique ou de rétribution, mais d'exactitude et de paix (la justice étant le facteur décisif de la paix) ; toutefois la justice est soumise à l'amour ;

– la vérité : non pas dogmatique ou scientifique ni même intellectuelle, mais pratiquée dans la transparence des relations et le don de la personne. Toutefois la vérité est soumise à l'amour.

Tel est l'homme qui nous est montré en Jésus-Christ. Tel est l'homme qui pourrait se dire chrétien. Tel est le levier qui pourrait engager le processus révolutionnaire dans ses deux dimensions coexistantes. À mes yeux, il n'y en a pas d'autre possible. Je sais bien que, aussitôt, le lecteur (mais je suis mon premier lecteur !) bondira en disant que, de ces neuf qualités, l'Église, les chrétiens, la chrétienté ont donné l'exemple inverse. Que l'Église et les chrétiens ont fabriqué un nouveau sacré, ont écrasé les hommes, ont enfermé l'homme dans la culpabilité, ont été réactionnaires et ont développé la puissance, qu'ils ont formulé les pires dogmatismes, qu'ils ont protégé les injustices, qu'ils ont combattu la vérité, qu'ils ont fait vivre l'homme dans un idéalisme trompeur… Lecteur, je sais cela mieux que toi, et c'est ma repentance de chaque jour. C'est la transformation de Jésus-Christ en christianisme, de la relation fraternelle en institution, de la révélation en religion, de la parole en chose, c'est la prise de possession de ce qui ne nous appartient pas. C'est l'installation quand nous étions en marche. C'est-à-dire que ce qui aurait dû être mise en question et victoire sur ce qui caractérise notre monde a été finalement subordonné à l'esprit de ce monde, la puissance, la réussite, l'argent, l'efficacité en même temps que le désespoir. Mais précisément quoique cela ait été comme ça, parce que l'espérance est au cœur de la vérité chrétienne, je réponds simplement : « Ce n'est pas obligé qu'il en soit toujours ainsi. » Nous pouvons commencer à vivre cette réalité nouvelle (et il y en a des signes, je l'ai dit !). L'homme chrétien peut devenir le levier.

Quant au point d'appui, lui, il n'a pas changé. Car l'homme peut proclamer que Dieu est Mort, qu'est-ce que cela peut donc faire à Dieu, s'il est Dieu ? Ce n'est pas aujourd'hui que cette petite prétention humaine s'est fait jour, au VIIe siècle avant Jésus-Christ, deux mille cinq cents ans avant Nietzsche, Rabschake avait déjà dit cela. Le point d'appui est fidèle, immuable, suffisamment solide dans la mesure où il est le Tout Autre.

Nous pouvons peut-être entrer dans le commencement d'une ère où enfin l'esclavage et le prolétariat prendront fin, parce que le Dieu d'Abraham, d'Isaac, de Jacob et de Jésus-Christ *est*, et qu'il est le *Libérateur*. Que l'homme entre vraiment dans le risque dernier de jouer sa partie avec lui, et toutes les choses avant-dernières changent, l'inéluctable prolétariat disparaîtra dans cet immense mouvement.

Bibliographie des œuvres de Jacques Ellul

Histoire

Étude sur l'évolution et la nature juridique du Mancipium (thèse en doctorat en droit), Bordeaux, Delmas, 1936.

Essai sur le recrutement de l'armée française au XVI*e et* XVII*e siècle.* Mémoires de l'Académie des sciences morales (Prix d'histoire de l'Académie française), 1941.

Introduction à l'Histoire de la discipline des Églises réformées de France, chez l'auteur, 1943.

Histoire des institutions, Paris, PUF : t. I et II : *L'Antiquité*, 1951, t. III : *Le Moyen Âge*, 1953, t. IV : XVI*e*-XVIII*e siècle*, 1956 ; t. V : XIX*e siècle*, 1957 ; Paris, PUF, coll. « Droit fondamental », 1991.

Histoire de la propagande, Paris, PUF, 1967 ; Paris, PUF, 1976.

Sociologie

La Technique ou l'enjeu du siècle, Paris, Armand Colin, 1954 ; Paris, Economica, 1990.

Propagandes, Paris, Armand Colin, 1962 ; Paris, Economica, 1990.

L'Illusion politique, Paris, Robert Laffont, 1965 ; Paris, Le Livre de poche, 1977 ; Paris, La Table Ronde, coll. « La Petite Vermillon », 2004.

Exégèse des nouveaux lieux communs, Paris, Calmann-Lévy, 1966 ; Paris, La Table Ronde, coll. « La Petite Vermillon », 2004.

Métamorphose du bourgeois, Paris, Calmann-Lévy, 1967 ; Paris, La Table Ronde, coll. « La Petite Vermillon », 1998.

Autopsie de la Révolution, Paris, Calmann-Lévy, 1969 ; Paris, La Table Ronde, coll. « La Petite Vermillon », 2008.

Jeunesse délinquante (en collaboration avec Yves Charrier), Paris, Mercure de France, 1971.

De la Révolution aux révoltes, Paris, Calmann-Lévy, 1972 ; Paris, La Table Ronde, coll. « La Petite Vermillon », 2011.

Les Nouveaux Possédés, Paris, Fayard, 1973 ; Paris, Mille et une nuits, 2003.

Trahison de l'Occident, Paris, Calmann-Lévy, 1975 ; Cressé, PyréMonde, 2014.

Le Système technicien, Paris, Calmann-Lévy, 1977 ; Paris, Le Cherche Midi, 2012.

L'Idéologie marxiste chrétienne, Paris, Le Centurion, 1979 ; Paris, La Table Ronde, coll. « La Petite Vermillon », 2006.

L'Empire du non-sens, Paris, PUF, 1980.

La Parole humiliée, Paris, Seuil, 1981 ; La Table Ronde, coll. « La Petite Vermillon », 2014.

Changer de Révolution. L'inéluctable prolétariat, Paris, Seuil, 1982 ; La Table Ronde, coll. « La Petite Vermillon », 2015.

Le Bluff technologique, Paris, Hachette, 1988 ; Paris, Fayard, coll. « Pluriel », 2012.

Déviances et Déviants, Toulouse, Érès, 1992.

La Pensée marxiste, Paris, La Table Ronde, coll. « Contretemps », 2003 ; Paris, La Table Ronde, coll. « La Petite Vermillon », 2012.

Les Successeurs de Marx, Paris, La Table Ronde, coll. « Contretemps », 2007.

« Je suis sincère avec moi-même » et autres lieux communs, Paris, Gallimard, coll. « Folio », 2013.

THÉOLOGIE

Le Fondement théologique du droit, Paris, Delachaux, 1946.

Présence au monde moderne, Genève, Roulet, 1948.

Le Livre de Jonas, Paris, Foi et Vie, 1952.

L'Homme et l'Argent, Paris, Delachaux, 1953 et 1979.

Le Vouloir et le Faire (introduction à l'éthique chrétienne), Genève, Labor & Fides, 1964.

Fausse Présence au monde moderne, Paris, Éditions de l'ERF, 1964.

Politique de Dieu, politique des hommes, Paris, Éditions Universitaires, 1966.

Contre les violents, Le Centurion, 1972.

L'Impossible Prière, Paris, Le Centurion, 1972.

Sans feu ni lieu. Théologie de la ville, Paris, Gallimard, 1975 ; Paris, La Table Ronde, coll. « La Petite Vermillon », 2003.

L'Espérance oubliée, Paris, Gallimard, 1972 ; Paris, La Table Ronde, coll. « Contretemps », 2004.

L'Éthique de la liberté, 3 vol., Genève, Labor & Fides, 1973-1981.

L'Apocalypse : architecture en mouvement, Paris, Desclée de Brouwer, 1975.

La Foi au prix du doute, Paris, Hachette, 1980 ; Paris, La Table Ronde, coll. « Contretemps », 2006 ; Paris, La Table Ronde, coll. « La Petite Vermillon », 2015.

Les Combats de la liberté, Genève, Labor & Fides / Paris, Le Centurion 1984.

La Subversion du christianisme, Paris, Seuil, 1984 ; Paris, La Table Ronde, coll. « La Petite Vermillon », 2004.

Conférence sur l'Apocalypse de Jean, Nantes, Éditions de l'AREFPPI, 1985.

La Raison d'être, Méditation sur l'Ecclésiaste, Paris, Seuil, 1987.

La Genèse aujourd'hui, Nantes, Éditions de l'AREFPPI 1987.

Anarchie et Christianisme, Lyon, Atelier de Création Libertaire, 1988 ; Paris, La Table Ronde, coll. « La Petite Vermillon », 1998.

Si tu es le Fils de Dieu. Souffrances et tentations de Jésus, Zurich, EBV, Paris, Le Centurion, 1991.

Ce Dieu injuste... ? Théologie chrétienne pour le peuple d'Israël, Paris, Arléa, 1991.

Le Défi et le nouveau. Œuvres théologiques (1948-1991), Paris, La Table Ronde, 2007.

DIVERS

À temps et à contretemps. Entretiens avec Madeleine Garrigou-Lagrange, Paris, Le Centurion, 1981.

Un chrétien pour Israël, Monaco, Éditions du Rocher, 1986.

Ce que je crois, Paris, Grasset, 1987.

L'Homme à lui-même, correspondance Jacques Ellul et Didier Nordon, Paris, Éditions du Félin, 1992.

Ellul par lui-même. Entretiens avec Willem H. Wanderburg, Paris, La Table Ronde, coll. « La Petite Vermillon », 2008.

Pour qui, pour quoi travaillons-nous ?, Paris, La Table Ronde, coll. « La Petite Vermillon », 2013.

TABLE DES MATIÈRES

Cet ouvrage a été achevé d'imprimer
par Novoprint en février 2015 pour le compte
des Éditions de La Table Ronde.

Dépôt légal : mars 2015.
N° d'édition : 256203.

Imprimé en Espagne.